大数据时代营销工程与创新研究丛书·黄敏学 主编

# 价格波动风险下钢铁业的营销管理研究

肖橹 刘茂红◎著

北京大学出版社
PEKING UNIVERSITY PRESS

**图书在版编目(CIP)数据**

价格波动风险下钢铁业的营销管理研究/肖橹，刘茂红著. —北京：北京大学出版社，2016.3

（大数据时代营销工程与创新研究丛书）

ISBN 978-7-301-26763-9

Ⅰ. ①价… Ⅱ. ①肖… ②刘… Ⅲ. ①钢铁工业—网络营销—营销管理—研究 Ⅳ. ①F407.3

中国版本图书馆 CIP 数据核字(2016)第 009919 号

**书　　名**　价格波动风险下钢铁业的营销管理研究
JIAGE BODONG FENGXIAN XIA GANGTIEYE DE YINGXIAO GUANLI YANJIU
**著作责任者**　肖　橹　刘茂红　著
**策划编辑**　刘　京
**责任编辑**　兰　慧
**标准书号**　ISBN 978-7-301-26763-9
**出版发行**　北京大学出版社
**地　　址**　北京市海淀区成府路 205 号　100871
**网　　址**　http://www.pup.cn
**电子信箱**　em@pup.cn　　QQ:552063295
**新浪微博**　@北京大学出版社　@北京大学出版社经管图书
**电　　话**　邮购部 62752015　发行部 62750672　编辑部 62752926
**印 刷 者**　北京中科印刷有限公司
**经 销 者**　新华书店
720 毫米×1020 毫米　16 开本　18.5 印张　342 千字
2016 年 3 月第 1 版　2016 年 3 月第 1 次印刷
**定　　价**　54.00 元

---

# 总　序

武汉大学中国营销工程与创新研究中心(Marketing Engineering and Innovation of China at Wuhan University, MEI)致力于将工程管理的模型方法与营销管理有机结合起来,利用大数据带来的营销可计算性,通过模型分析和决策优化为企业构建出能洞察市场、快速反应的市场营销系统,提升营销的精准性和时效性。

近年来,大数据从概念到应用日益普及,很多企业面临很多机遇和挑战,也给我们提出了很多的问题和困惑,希望我们能够解决这些问题,最典型的问题是,企业拥有越来越多的数据,如何将数据转换成生产力?如何洞察数据背后的机制和智慧?如何利用数据来有效判断市场和服务市场?现有的营销策略和方法如何做升级和调整?本丛书力图通过与不同产业企业的结合,将基于数据的工程分析方法与现代的营销管理有机结合起来,试图构建出大数据时代新型的营销管理体系,实现大数据时代的"产(行业)、学(学术)、研(模型)"的有机结合。正是基于这一考虑,MEI 组织了一个跨学科的团队,利用在中心攻读博士学位的有行业背景和跨学科背景的博士生,来进行交叉研究,既提炼出行业营销工程化管理中的关键问题,同时又发展出新的理论和模型来解决这些问题,做到理论与实践结合、模型与方法结合、数据与分析结合,力图通过更为系统的思路和方法,来解决企业经营管理中特别是营销活动中的问题。考虑到行业的代表性,我们在进行跨学科研究时,特意选择了与互联网结合紧密的不同行业,有代表媒介的社会化媒介业、代表工业品的钢铁行业、代表服务的基金行业、代表虚拟生活的游戏业,以及代表日常生活的快速消费品行业,试图从不同视角来探究大数据时代营销工程模型方法与企业营销管理的有机结合,为中国的营销工程与创新研究做出应有的贡献。

由于很多研究都是前瞻性和综合性的问题,导致没有很多可以直接借鉴的成果,这在给我们课题组提供了理论研究创新空间的同时,也给我们的研究带来了巨大的挑战。因此,本成果只能对相关的研究进行初步的汇总,还有很多问题尚需要进一步探讨,构建和采用的模型还不够全面,分析的案例企业还可更典型些。这些种种不足都将会在后续研究加以改进和完善,也恳请各位专家和同行不吝赐教,给予宝贵的批评和意见,为我们的后续研究提供建设性帮助。本著作是集体智慧的结晶,也特别感谢与我们合作多年的期货公司以及相关产业企业提供的资料和数据,让我们得以充分的探究和分析,加快了我们研究的进程。

黄敏学

博士、教授/博士生导师

武汉大学中国营销工程与创新研究中心主任

# 前　言

中国钢铁业在国民经济中一直占有重要的地位。一是对国民经济的重要性,根据中国钢铁协会统计,2011 年钢铁行业销售额超过 3.6 万亿元,占当年 47.1 万亿元的 GDP 中的 7.6%。二是对国有经济的重要性,目前钢铁行业中 80%的产能都是国有企业主导的,因此钢铁业的良性发展对国有经济的发展有着重要的推动作用。然而,自 2008 年以来钢铁业却面临"增产不增效"的困局,在生产总值和销售收入平均保持 18%增长的同时,钢铁业的利润率却持续下降,如 2011 年主要钢铁业的实现利税 1 611 亿元,同比下降 2.08%,实现利润 875.3 亿元,同比下降 4.51%;平均销售利润率仅为 2.42%,同比下降 0.59 个百分点,这远低于同期全国规模以上工业企业平均利润率 6%的水平(骆铁军,2011),整个行业进入微利时代。

是什么原因导致刚刚转暖的钢铁业又进入寒冬?已有的很多研究,包括业界的很多建议,都认为钢铁业要摆脱利润率持续下降的两条关键出路是苦练内功和做大规模(骆铁军,2011;罗冰生,2011;胡军,2005)。苦练内功就是对内通过加强技术改造和设备升级,实现减耗增效和高附加值产品的研发;做大规模就是对外通过并购整合实现做大做强,提升钢铁企业的规模经济。我国钢铁业的"十二五"规划,也将上述思路作为行业发展的重要手段。最近几年,我国对钢铁业的技术升级的投入力度不断加大(Zhang and Wang,2008),事实上我国钢铁企业的生产技术水平与国际同行相比并不落后。同时,政府不断引导国有钢铁企业不断兼并重组实现做大做强,目前我国钢铁企业的规模在世界上也是具有相当竞争力的。

其实,很多业内专家和企业发现,真正导致钢铁业利润急剧下降的根本原因是钢铁业定价权的丧失(纪超,2009),直接面对外部原材料和钢材产品价格的波动风险。一是在上游的原材料如铁矿石的采购中，我国钢铁企业70%依赖于进口，而国际上铁矿石又被三家企业垄断，最近铁矿石的定价模式也从原来的年度长协价变为短期的指数定价和现货定价，形成铁矿石价格的剧烈波动和采购成本不断上升的趋势；据测算，2011年我国钢铁行业的整体利润还不及三家铁矿石企业利润的一半，换言之，我国钢铁业是在为上游的铁矿石企业打工。二是在下游的钢材产品定价中，我国钢铁企业由于产品同质化和对市场驾驭能力的不足（Ma，2002），导致钢材产品的价格也呈现出波动不断加剧的趋势，这又侵蚀了钢铁企业的利润来源。可见，钢铁企业定价权的丧失，外部原材料铁矿石和钢材产品价格的剧烈波动，这些钢铁行业经营环境的剧烈变化才是导致最近几年钢铁企业利润持续下降的根本原因所在。

钢材产品和相关原材料如铁矿石和炼焦煤都属于基础性物质的大宗性工业品，它们定价模式的市场化和多方博弈化（Fortenbery and Zapata，1993）是不可逆转的潮流和趋势，作为钢铁企业只能去顺应这一发展趋势和调整自己的经营策略和管理方式。那处于困境中的我国钢铁业如何面对这一挑战呢？能否将外部价格剧烈波动的风险做到“化险为夷”甚至是“化害为利”？换言之，企业能否变被动接受外部价格波动为主动应对这一挑战呢？事实上，金融市场中的期货合约为企业管理和驾驭大宗商品的价格波动风险提供了很好的工具与手段。我国政府也在2009年就恢复了钢材期货合约的推出和交易，目前螺纹钢的日交易合约数超过了30万手，日交易额超过100亿元，我国成为全球最大也是最活跃的钢材期货交易市场。那进一步的问题是，企业如何有效整合期货工具来管理风险，为企业经营管理保驾护航，而不会出现借力不成而反受其害的结果呢？必须指出的是，很多企业在利用期货市场时，出现了巨额亏损，影响了企业的正常经营，如东航事件和中信泰富事件。

如何将企业经营管理与管理价格波动风险的期货工具有机结合起来呢？钢铁企业经营管理的核心是营销管理，因为，一方面营销管理要销售企业的钢材产品，另一方面营销管理对原材料的采购和生产运营发挥着龙头指挥作用。因此，对当前钢铁业利润下滑问题的研究，需要从营销学、金融学、战略管理、产业经济学等多个学科视角，运用量化的交叉研究方法，来系统性探究价格波动风险下钢铁业的营销管理问题。本研究就是在这一背景下，以钢铁业为研究对象，通过系统性研究钢铁业的发展规律和营销模式，在实证分析影响钢铁业绩效的主导因素基础上，通过探究钢铁业的价格波动规律和联动机制，进而指出我国钢铁业必须借助价格风险管理工具，有机地将价格波动管理与企业营销管理结合在一起，在适应外部价格波动的环境下确保企业经营管理的有效进行。

由于本研究是一个跨学科的、交叉性的、前沿性的研究，需要将各个学科中的研究方法进行有机的整合，才可能回答价格波动风险下钢铁业的营销管理模式问题。为此，本研究采用了案例研究和二手资料分析的方法来梳理钢铁业的发展规律与工业营销模式，采用了产业经济学中基于实际数据的计量建模方法来分析钢铁业的经营效率和行业价格波动风险与联动机制，还采用了期货研究中的协整方法来研究价格波动之间的相关性和规律性。通过上述定性数据与定量数据相结合、定性探索研究与定量描述研究相支持的研究思路和方法，力求系统全面地回答本研究提出的问题。本研究将有助于加深对工业品营销规律的认识，特别是加强对价格波动风险下大宗工业品营销管理的理解和认识，同时还有助于加深对钢铁业的发展规律认识，更好地把握钢铁业在新时期的营销新模式和经营新思维，走出钢铁业利润率持续下降的“增产不增效”的困局。

本书是集体智慧的成果和努力。丛书总主编黄敏学教授负责的课题支持完成了本课题，并负责本书的总体研究思路和技术路线设计，相关具体研究写作工作是由本书的两位合作者最终共同努力完成的。其中，第一位作者肖檐有期货投资管理背景，目前是武汉大学深圳研究院市场营销专业的在读博士，他利用在企业从事投资管理的经验和实践，结合行业背景来进行研究，主要负责本书中与钢铁行业相关的营销与期货等方面的研究和写作；第二位作者刘茂红从武汉大学产业经济学专业博士毕业，目前是武汉科技大学管理学院副教授，武汉科技大学前身是武汉钢铁学院，因此学校与钢铁行业有着密切的联系和合作，也正是借此机会获得了大量一手的行业内数据，主要负责本书中钢铁行业的产业相关分析，本书也是刘茂红主持的湖北省教育厅项目的成果体现。本书的研究和完成，还要特别感谢在武汉钢铁公司工作的武汉大学市场营销在职博士生黄勇提供的数据资料和分析支持；也要感谢湖北美尔雅期货经纪有限公司的王长松总经理、孙晋副总经理、黄勇经理、王翔宇经理等提供的期货专业知识指导和前期研究资料的提供。另外，还要感谢在读的武汉大学市场营销博士生肖邦明和在清华大学攻读硕士学位的吴邦刚对相关资料的收集与整理。正是因为他们的大力支持和无私奉献，才有今天这本书的出版。

肖　檐　刘茂红

2016 年 1 月

# 目 录

# 第一章　我国钢铁业的经营现状与价格波动挑战

我国钢铁业在国民经济中一直占有重要的地位，根据中国钢铁协会统计，2011 年钢铁业销售额超过 3.6 万亿元，占当年 47.1 万亿 GDP 中的 7.6%。而且，钢铁业 80% 的产能都是国有企业主导的，可见钢铁业的良性发展对国有经济的发展有着重要的推动作用。然而，在钢铁业生产总值和销售收入保持 18% 的增长的同时，利润率持续下降，2011 年主要钢铁业实现利税 1 611 亿元，同比下降 2.08%，实现利润 875.3 亿元，同比下降 4.51%；平均销售利润率仅为 2.42%，同比下降 0.59 个百分点，这远低于同期全国规模以上工业企业平均利润率 6% 的水平（骆铁军，2011），造成了钢铁业“增产不增收”的持续困局，行业整体进入微利时代。本章在对钢铁业经营现状分析的基础上，指出造成这一困局的根本原因是企业缺乏对价格波动风险的认知和对策。

## 第一节　我国钢铁业的经营现状与面临的困局

进入 21 世纪后，我国经济持续快速增长，成为世界第二大经济主体。经济的发展推动了钢铁业的长足发展，钢铁企业的经营规模、经济效益和社会效益随经济的增长而得到逐步提高。然而，资源短缺、成本上升、海运费飞涨使得钢铁企业的生产和经营成本持续上升，最明显的为铁矿石（蒋舒和吴冲锋，2007）。从 2008 年下半年开始，受美国次贷危机和全球金融危机的影响，我国钢铁业增速放缓，企业经营面临困难。

## 一、我国钢铁业的规模扩大与国际地位提升

### （一）我国钢铁业的产品生产快速增长

作为国民经济的支柱性产业,我国钢铁业坚持走新型工业化道路,努力满足相关行业快速发展的要求,积极应对新挑战,不断解决新问题,实现了跨越式发展,产业规模迅速扩大,钢产量连续跨越 2 亿吨、3 亿吨、4 亿吨的台阶,2008 年粗钢产量超过 5 亿吨,2011 年粗钢产量达到 6.8 亿吨。值得注意的是,2011 年下半年粗钢生产呈明显下降趋势,全年粗钢日均产量为 187.2 万吨,比上年同期提高 15.52 万吨。另外,2011 年生铁产量 6.3 亿吨,钢材产量高达 8.8 亿吨。图 1.1 显示了 1982—2014 年我国粗钢产量的走势。2014 年我国全年粗钢产量同比增长 0.9%,至 8.23 亿吨。2011 年生铁产量 6.3 亿吨,钢材产量高达 8.8 亿吨。2013 年生铁产量为 7.0897 亿吨,同比增长 7.8%,钢材产量首次突破 10 亿吨,达 10.6762 亿吨,同比增长 11.4%;2014 年生铁产量为 7.1159 亿吨,同比增长 0.4%,钢材(含重复材)产量 11.3 亿吨,同比增长 4.5%。

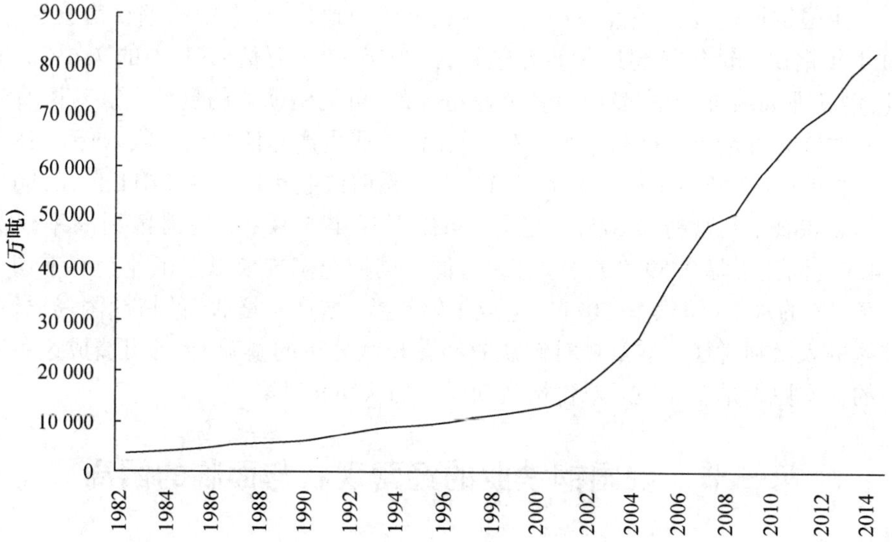


**图 1.1　1982—2014 年我国粗钢产量**

资料来源:中国钢铁工业协会。

表 1.1 列出了 1981—2014 年我国粗钢、生铁和钢材的产量及年增长速度。2014 年我国钢铁企业的生铁、粗钢和钢材产量分别达到 7.1 亿吨、8.2 亿吨以及 11.3 亿吨,同比增长了 0.47%、0.9% 和 4.5%。

**表 1.1　历年全国粗钢、生铁和钢材产量及增长速度**

| 年份 | 产量(万吨) | | | 增长率(%) | | |
|---|---|---|---|---|---|---|
| | 粗钢 | 生铁 | 钢材 | 粗钢 | 生铁 | 钢材 |
| 2014 | 82 270 | 71 160 | 112 557 | 0.9 | 0.47 | 4.5 |
| 2013 | 77 904 | 70 897 | 106 762 | 7.5 | 6.2 | 11.4 |
| 2012 | 71 654 | 65 791 | 95 186 | 3.1 | 3.7 | 7.7 |
| 2011 | 68 327 | 62 969 | 88 131 | 8.9 | 8.4 | 12.3 |
| 2010 | 62 665 | 59 022 | 79 627 | 9.3 | 7.4 | 14.7 |
| 2009 | 57 707 | 54 375 | 69 340 | 12.6 | 15.87 | 13.0 |
| 2008 | 51 234 | 47 067 | 61 380 | 4.7 | -0.16 | 8.5 |
| 2007 | 48 971 | 46 945 | 56 607 | 16.3 | 15.2 | 20.2 |
| 2006 | 42 102 | 40 417 | 47 084 | 18.3 | 19.78 | 23.4 |
| 2005 | 35 579 | 34 473 | 38 151 | 25.8 | 28.5 | 19.3 |
| 2004 | 27 280 | 25 185 | 29 723 | 22.7 | 17.9 | 23.3 |
| 2003 | 22 234 | 21 367 | 24 108 | 22.0 | 25.1 | 25.2 |
| 2002 | 18 225 | 17 079 | 19 250 | 20.7 | 16.6 | 22.6 |
| 2001 | 15 163 | 15 554 | 16 068 | 18.0 | 18.7 | 22.2 |
| 2000 | 12 850 | 13 101 | 13 146 | 3.7 | 4.5 | 8.6 |
| 1999 | 12 395 | 12 533 | 12 102 | 8.2 | 5.7 | 12.7 |
| 1998 | 11 459 | 11 852 | 10 738 | 5.2 | 3.0 | 7.5 |
| 1997 | 10 891 | 11 511 | 9 987 | 7.6 | 7.4 | 7.0 |
| 1996 | 10 124 | 10 721 | 9 338 | 6.2 | 1.8 | 4.0 |
| 1995 | 9 536 | 10 529 | 8 980 | 3.0 | 8.1 | 6.5 |
| 1994 | 9 261 | 9 741 | 8 428 | 3.4 | 11.5 | 9.3 |
| 1993 | 8 954 | 8 738 | 7 707 | 10.6 | 15.1 | 15.1 |
| 1992 | 8 093 | 7 589 | 6 694 | 14.0 | 12.2 | 18.7 |
| 1991 | 7 100 | 6 765 | 5 638 | 8.6 | 8.5 | 9.4 |
| 1990 | 6 535 | 6 237 | 5 153 | 6.1 | 7.2 | 6.1 |
| 1989 | 6 159 | 5 820 | 4 859 | 3.6 | 8.0 | 3.6 |
| 1988 | 5 943 | 5 704 | 4 689 | 5.6 | 3.7 | 6.9 |
| 1987 | 5 628 | 5 503 | 4 386 | 7.8 | 8.7 | 8.1 |
| 1986 | 5 221 | 5 064 | 4 058 | 11.6 | 15.5 | 9.9 |
| 1985 | 4 679 | 4 384 | 3 692 | 6.7 | 9.6 | 9.5 |
| 1984 | 4 384 | 4 001 | 3 372 | 9.5 | 7.0 | 9.8 |
| 1983 | 4 002 | 3 738 | 3 072 | 7.7 | 5.3 | 5.9 |
| 1982 | 3 716 | 3 550 | 2 902 | 4.4 | 3.9 | 8.7 |
| 1981 | 3 560 | 3 417 | 2 670 | -4.1 | -10.1 | -1.7 |

资料来源:中国钢铁工业协会。

### (二)我国钢铁业的国际地位显著提升

从世界范围来看,我国钢铁工业的发展速度远远高于全球平均水平,我国已成为世界最大的钢铁生产、消费和出口国,在世界钢铁业的地位显著提升,钢铁产品的进出口格局发生了根本性逆转,彻底结束了我国钢铁材料供给不足的历史。表1.2列出了世界主要国家的粗钢产量情况。2001年世界粗钢产量8.48

**表 1.2　2001—2010 年世界主要国家粗钢产量**

单位:万吨

| 国家 | 2001 年 | 2002 年 | 2003 年 | 2004 年 | 2005 年 | 2006 年 | 2007 年 | 2008 年 | 2009 年 | 2010 年 |
|---|---|---|---|---|---|---|---|---|---|---|
| 中国 | 15 163.4 | 18 224.9 | 22 233.6 | 27 279.8 | 35 579.0 | 42 102.4 | 48 928.8 | 51 233.9 | 57 707.0 | 62 665.4 |
| 日本 | 10 286.6 | 10 774.5 | 11 051.1 | 11 271.8 | 11 247.1 | 11 622.6 | 12 020.3 | 11 873.9 | 8 753.4 | 10 960.0 |
| 印度 | 2 729.1 | 2 881.4 | 3 177.9 | 3 262.6 | 4 578.0 | 4 945.0 | 5 346.8 | 5 779.1 | 6 283.8 | 6 684.8 |
| 法国 | 1 934.3 | 2 025.8 | 1 975.8 | 2 077.0 | 1 948.1 | 1 985.2 | 1 925.0 | 1 787.9 | 1 284.0 | 1 541.6 |
| 德国 | 4 480.3 | 4 501.5 | 4 480.9 | 4 637.4 | 4 452.4 | 4 722.4 | 4 855.0 | 4 583.3 | 3 267.0 | 4 381.5 |
| 英国 | 1 373.1 | 1 166.7 | 1 326.8 | 1 376.6 | 1 323.9 | 1 387.1 | 1 431.7 | 1 352.1 | 1 007.9 | 970.9 |
| 俄罗斯 | 5 752.9 | 5 977.7 | 61 445.0 | 6 558.3 | 6 614.6 | 7 083.0 | 1 238.7 | 6 851.0 | 6 001.1 | 6 702.1 |
| 美国 | 9 008.5 | 9 158.7 | 9 367.7 | 9 968.1 | 9 489.7 | 9 855.7 | 9 810.2 | 9 135.0 | 5 819.6 | 8 059.4 |
| 加拿大 | 1 527.6 | 1 600.2 | 1 592.9 | 1 630.5 | 1 532.7 | 1 549.3 | 1 557.2 | 1 484.5 | 928.6 | 1 299.0 |
| 巴西 | 2 671.8 | 2 960.4 | 3 114.7 | 3 290.9 | 3 161.0 | 3 090.1 | 3 378.2 | 3 371.6 | 2 650.6 | 3 282.0 |

资料来源:中国钢铁工业协会。

亿吨,2010 年世界粗钢产量 13.9 亿吨,中国粗钢产量占全球产量的比重从 2001 年的 17.8% 跃升至 2010 年的 45% 。

## 二、我国钢铁业面临的经营困局

### (一) 我国钢铁业的“增产减收”困局

近十年来,受生产规模增长和钢材价格上涨的影响,2011 年我国钢铁业实现销售收入 3.6 万亿元。图 1.2 描述了 2004—2010 年我国钢铁企业的销售收入情况,从中可以看出钢铁企业大部分收入来自钢材销售,收入结构比较单一。

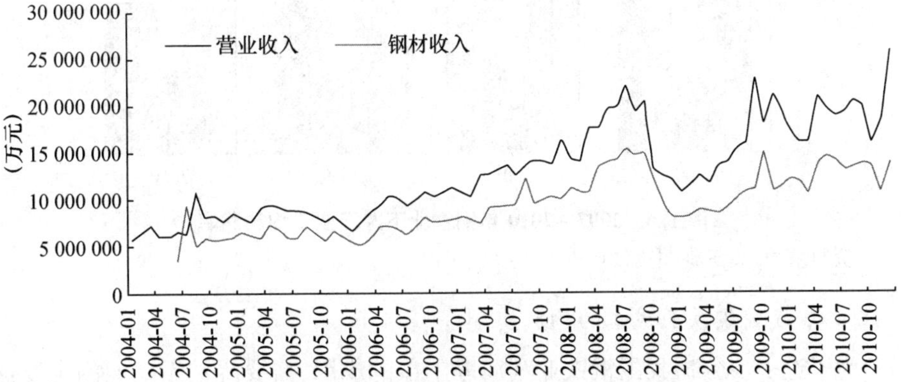


**图 1.2　2004—2010 年我国钢铁企业销售收入**

与销售收入持续增长相背离的是,钢铁业的利润率持续下降,从图 1.3 可以看出,钢铁业在 2003 年达到利润率高峰后,整个行业的利润率一直呈现下降趋势。2009 年和 2010 年净利润分别为 349 亿元和 620 亿元,分别比 2004 年的 765 亿元降低了 58.81% 和 19% 。并且,2009 年和 2010 年的销售利润率分别为 2% 和 2.7% ,低于大部分行业的平均水平。

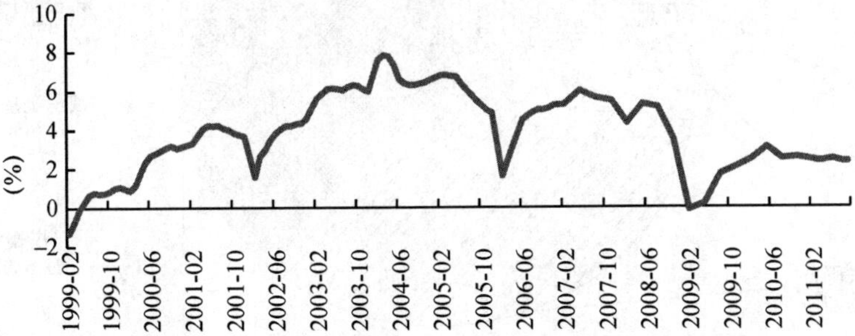


**图 1.3　1999—2011 年我国钢铁业月度平均利润率**

资料来源:美尔雅期货公司。

更值得关注的是,作为支撑性产业的钢铁业的利润率还远远低于其下游相关行业。如图 1.4 所示,钢铁业下游相关产业的利润率都在 6% 以上,远远高于钢铁业的 3% 以下的平均利润率。

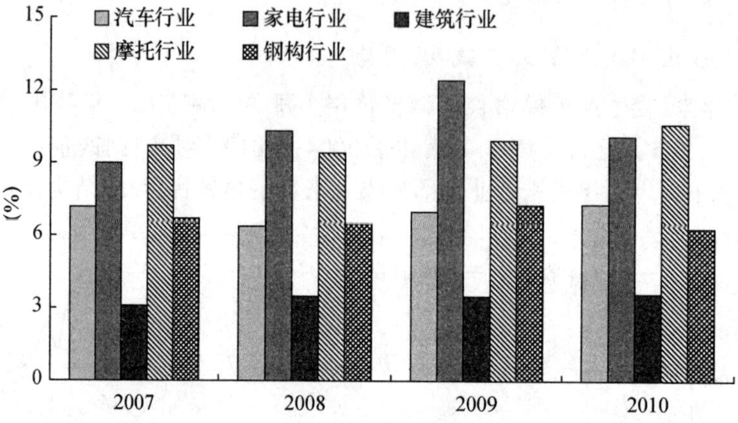


**图 1.4　2007—2010 年钢铁业下游行业平均利润率**

资料来源:美尔雅期货公司。

(二) 我国钢铁业成本的构成

为了进一步分析我国钢铁业利润率下滑的成因,需要弄清钢铁业的主要成本构成。如图 1.5 所示,在钢材成本构成中,主要原材料(铁矿石、废钢、合金)占 46.73%、燃料(煤炭)占 22.68%、工序费用占 24.49%、期间费用 6.10%。这

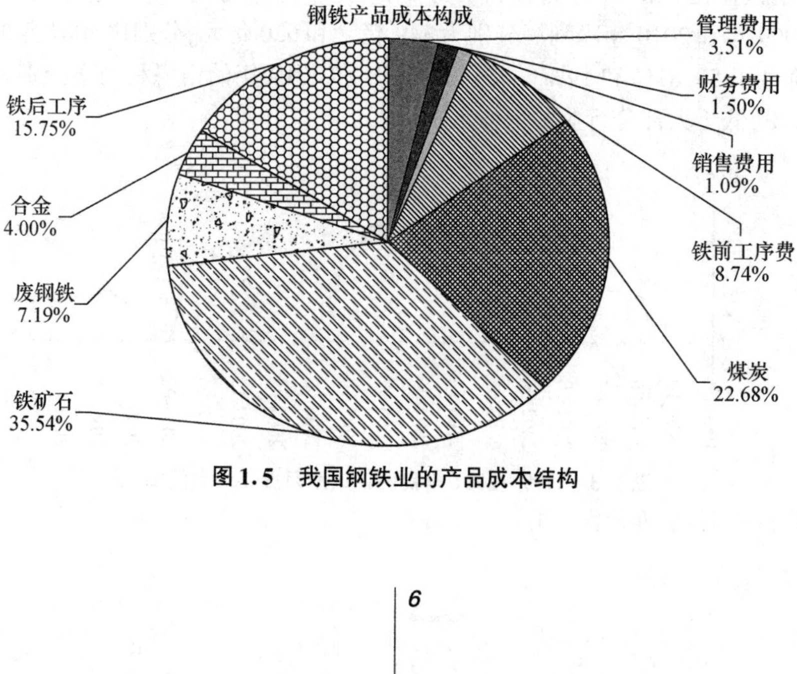


**图 1.5　我国钢铁业的产品成本结构**

里的期间费用包括销售费用、管理费用和财务费用。在原料构成中,铁矿石(35.54%)占到总成本的1/3还多,可见作为原材料的铁矿石的价格波动变化将极大地影响钢铁业的成本构成。

(三)我国钢铁业利润率持续下滑的成因分析

从上面的成本构成可以很容易看出,导致钢铁业利润率下降的重要原因是近年来铁矿石、煤炭等钢铁产品大宗原材料价格的快速上涨,导致钢材成本上升幅度大于钢材价格上升幅度。同时,受国际金融危机和供需矛盾的影响,导致钢铁企业利润率呈下降趋势,生产经营出现"增产减收"的局面。图1.6描述了2004—2010年我国钢铁企业的净利润走势。可以清楚看到,在2009年,由于受国际金融危机的影响,国际、国内钢材市场需求低迷、价格大幅下滑,但铁矿石、煤炭等大宗原材料的价格降幅明显低于钢材价格的跌幅,导致钢铁业在规模扩大的情况下,销售收入和盈利水平未能实现同步增长,甚至出现了部分月份的亏损情况。

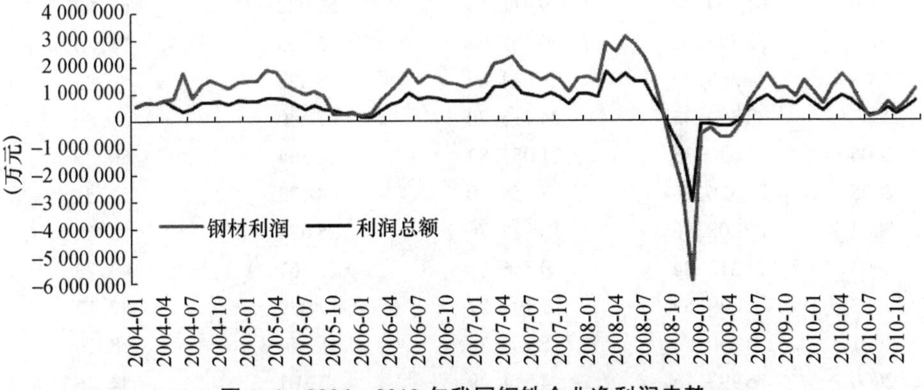


**图1.6 2004—2010年我国钢铁企业净利润走势**

资料来源:美尔雅期货公司。

对于铁矿石来说,随着中国对进口铁矿石的依赖和铁矿石定价模式的改变,中国钢铁业在铁矿石定价话语权上越来越弱。近年来,我国进口铁矿石价格除2009年因国际金融危机影响同比略有下降外,其他年度均出现不同程度的上涨,其中2005年和2009年涨幅达到71.5%和65%以上(见图1.7)。

表1.3列出了1981—2010年我国钢铁企业每年进口铁矿石量及其产铁量的情况。从中可以看出,铁矿石的进口量连年持续增长,2009年和2010年的进口铁矿石高达6.3亿吨和6.2亿吨。

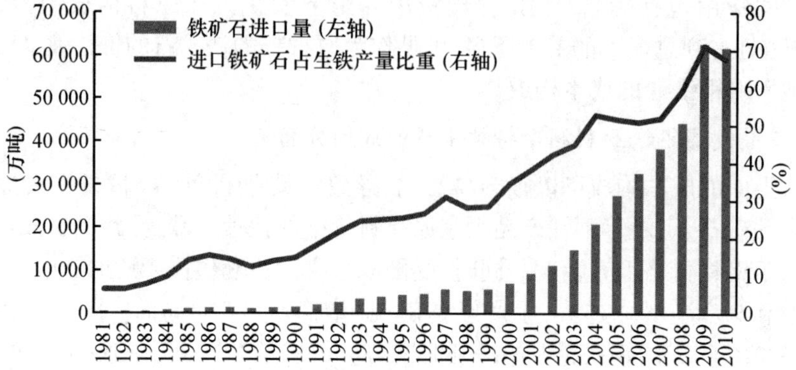


**图 1.7 1981—2010 年进口铁矿石量及对外依存度**

**表 1.3 1981—2010 年全国进口铁矿石量及其产铁量值**

| 年份 | 进口铁矿石量（万吨） | 进口铁矿石产铁量(万吨) | 当年生铁总产量（万吨） | 进口矿产铁占生铁产量比重(%) |
|---|---|---|---|---|
| 2010 | 61 864.47 | 39 912.56 | 59 022 | 67.62 |
| 2009 | 62 777.92 | 40 501.88 | 56 863 | 71.23 |
| 2008 | 44 365.74 | 28 623.06 | 48 323 | 59.23 |
| 2007 | 38 309.33 | 24 715.70 | 47 660 | 51.86 |
| 2006 | 32 630.33 | 21 051.83 | 41 364 | 50.89 |
| 2005 | 27 526.05 | 17 758.70 | 34 473 | 51.51 |
| 2004 | 20 808.86 | 13 525.76 | 25 674 | 52.68 |
| 2003 | 14 812.84 | 9 556.65 | 21 367 | 44.73 |
| 2002 | 11 149.59 | 7 193.27 | 17 079 | 42.12 |
| 2001 | 9 230.83 | 5 955.36 | 15 554 | 38.29 |
| 2000 | 6 997.16 | 4 514.29 | 13 101 | 34.46 |
| 1999 | 5 527.40 | 3 566.06 | 12 533 | 28.45 |
| 1998 | 5 177.07 | 3 340.05 | 11 852 | 28.18 |
| 1997 | 5 510.58 | 3 555.21 | 11 511 | 30.89 |
| 1996 | 4 387.00 | 2 830.32 | 10 721 | 26.40 |
| 1995 | 4 115.00 | 2 654.84 | 10 529 | 25.21 |
| 1994 | 3 734.30 | 2 409.23 | 9 741 | 24.73 |
| 1993 | 3 302.00 | 2 130.32 | 8 738 | 24.38 |
| 1992 | 2 517.21 | 1 624.01 | 7 589 | 21.40 |
| 1991 | 1 903.45 | 1 228.03 | 6 765 | 18.15 |
| 1990 | 1 419.12 | 915.56 | 6 237 | 14.68 |

（续表）

| 年份 | 进口铁矿石量（万吨） | 进口铁矿石产铁量（万吨） | 当年生铁总产量（万吨） | 进口矿产铁占生铁产量比重（%） |
|---|---|---|---|---|
| 1989 | 1 241.40 | 800.90 | 5 820 | 13.76 |
| 1988 | 1 075.62 | 693.95 | 5 704 | 12.17 |
| 1987 | 1 209.80 | 780.52 | 5 503 | 14.18 |
| 1986 | 1 200.46 | 774.49 | 5 064 | 15.29 |
| 1985 | 1 011.40 | 652.52 | 4 679 | 13.95 |
| 1984 | 596.98 | 385.15 | 4 001 | 9.63 |
| 1983 | 438.47 | 282.88 | 3 738 | 7.57 |
| 1982 | 345.15 | 222.68 | 3 550 | 6.27 |
| 1981 | 333.64 | 215.25 | 3 417 | 6.30 |

资料来源：国家统计局和海关总署快报。

必须看到的是，进口铁矿石价格的上涨，一方面形成了输入性通胀，另一方面也带动了国产铁精矿价格的上涨，将推动我国钢铁产品成本的持续上升，并导致产品利润空间的不断缩小。目前，国际铁矿石市场由三大巨头垄断，并形成垄断价格，而且三大矿山改变沿用了四十多年的定价机制，一定程度上就是配合金融资本企图，为铁矿石定价的金融化奠定基础。过去采取的年度定价模式已被指数定价、现货定价等更短期的定价模式所取代，使钢铁企业面临高昂的铁矿石进口价格，价格波动也更为剧烈，使企业面临更具风险性的国际铁矿石市场。一旦未来铁矿石定价以指数期货为基础完全金融化，则我国钢铁业只能获取微薄的加工利润，即使在铁矿石垄断的格局被打破、铁矿石的供求关系发生改变的情况下，我国也难以获得铁矿石定价的主动权。因此，了解全球铁矿石衍生品市场有助于现货商规避市场波动风险。这需要我国钢铁业积极参与建立铁矿石期货，在世界铁矿石定价权上取得一定的主动权。

其次，煤炭在炼铁生产中具有举足轻重的作用，一般占钢铁成本的 20% 以上。近年来，我国国民经济的快速增长，拉动了以煤炭为主的能源需求快速增长，一方面迫使煤炭企业超强度、超环境容量长期超能力开采，引发煤炭资源性地区环境、安全等一系列的社会问题；另一方面煤炭资源赋存条件指示煤炭供给向生态环境恶化的地区集中。随着我国资源意识的增强，对煤炭开采的管理力度不断加大，煤炭企业重组、整合日趋活跃，加上煤炭资源在钢铁生产中的不可替代性，煤炭价格呈稳步走高之势，煤炭成本占钢铁产品成本的比例不断上升。

# 第二节　我国钢铁业经营的新挑战和新思维

由以上分析可以看出,导致钢铁业利润率下降的主要原因似乎是原材料价格上涨。但问题是,作为产业链主导地位的钢铁业为什么不能发挥自己的龙头作用,通过合理的定价来消化原料成本上涨带来的压力,而作为用钢的下游如汽车、建构等行业的企业却能化解钢铁成本带来的压力,仍然保持着6%以上的利润率(见图1.4)。可见,片面地认为原料成本上涨等外部因素是影响钢铁业利润率的首要原因,会妨碍对钢铁业本身经营中存在问题的正确认识。事实上,对于钢铁业来说,面临最大的新问题是价格波动风险,这需要企业有新思维去规避甚至利用价格波动风险。

## 一、价格波动风险对我国钢铁业的新挑战

### (一) 我国钢铁业对钢材价格波动的高敏感性

由于钢材市场价格变动的因素较多、较复杂,如供求关系、国家政策调控、下游产业的周期性变化等,本研究以钢材市场价格(指数)变动情况为代表进行分析。近年来,我国钢材价格指数随着国民经济保持平稳发展。图1.8描述了2004—2010年的CSPI钢铁价格综合指数(1994年4月=100)。从图中看出,我国钢铁产品的发展态势呈现周期性调整,2009年和2010年的平均综合指数分别等于103和118。并且,再过去的几年中,2008年的钢铁价格最高,综合价格指数的平均值高达138。

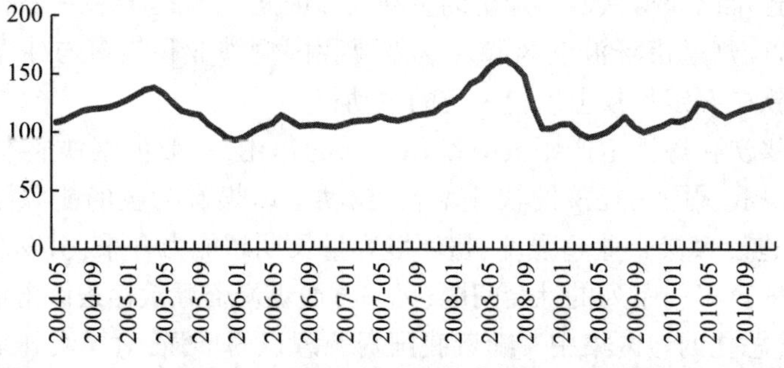


**图1.8　2004—2010年CSPI钢铁价格综合指数(1994年4月=100)**

资料来源:美尔雅期货公司。

从图1.8可以看出,虽然钢材市场的价格总体趋向于稳定,但是价格的平均波动幅度仍然在10%以上,远远高于钢铁业的平均利润率3%。以2011年为

例，如果钢材的平均销售价格在现有基础上提升1%的话，钢铁业可以直接增加300亿元的额外利润，将使得当年的利润总额(875.3亿元)增加30%以上。可见钢铁业对钢材价格的波动还是非常敏感的。那钢铁企业能否通过合理的经营方法和工具来规避钢材价格波动风险呢？

如图1.9所示，不同企业由于采取的经营模式略有不同，导致企业间的利润率差异性非常大。为什么作为我国前五名的主要钢铁企业利润率差距这么大呢？特别是在钢铁业产品同质化和技术相似化的竞争格局下，哪些新的经营模式会给企业带来更大的利润空间呢？可见，企业如果能有效地驾驭价格波动风险，在同样恶劣的竞争环境下仍然能取得较高的利润，这需要企业突破现有的经营思维模式。本研究将通过对行业内代表性企业的经营效率分析来给出合理的答案。

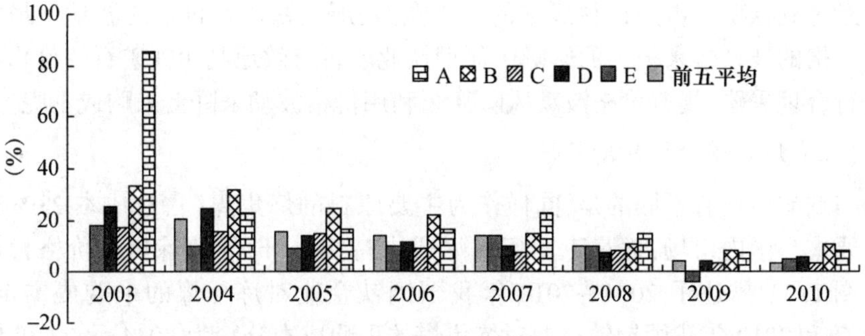


**图1.9　2003—2010年我国主要钢铁企业的利润率比较(前五名)**

资料来源：美尔雅期货公司。

（二）铁矿石价格的高波动性

铁矿石是钢铁生产的最主要原料(占到总成本的35%)，铁矿石价格变动对钢铁企业成本变化影响最大，对企业效益的直接影响最为强烈。我国是铁矿石贫乏国，国产铁矿石的品位较低，铁矿石需要依靠大量的进口(70%左右)。图1.10描述了2004—2010年我国钢铁企业进口富矿粉和国产精矿粉采购成本走势。从中可以看出，进口铁矿石的价格在不断上升。其中，2009年和2010年我国钢铁企业对国产精矿粉的采购成本分别为639元/吨和920元/吨，对进口富矿粉的采购成本分别为663/吨955/吨。在过去几年中，铁矿石价格最高点在2008年，国产精矿粉的采购成本为1 163元/吨，进口富矿粉采购成本为998元/吨。

必须指出的是，铁矿石的价格虽然不断上升，但还是呈现出很强的波动性，也就是说铁矿石价格的变化不是一成不变的，而且这种波动性达到20%以上。

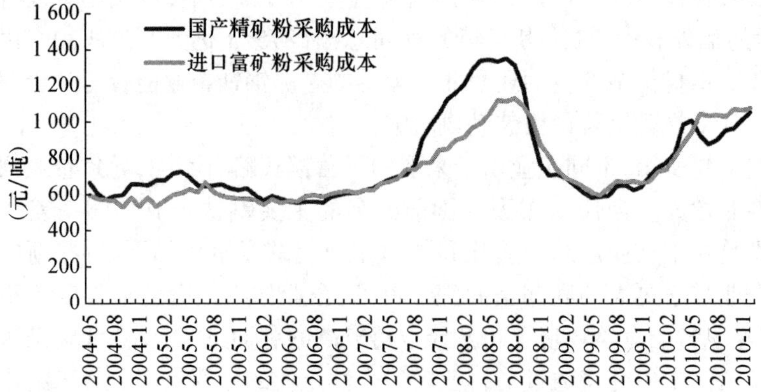


**图 1.10　2004—2010 年我国钢铁企业进口和国产铁矿粉采购成本走势**

如果考虑到铁矿石占到钢材成本的 1/3 左右,那么铁矿石价格的波动性最终对钢材价格的波动带来很大的影响。那钢铁业能否有效地利用铁矿石的价格波动来进行合理采购,规避价格波动风险甚至利用价格波动来降低采购成本呢?

(三) 炼焦煤价格的增长性

与铁矿石略有不同的是,同样作为主要原料的炼焦煤(占总成本 23%),由于主要来自国内市场,而最近由于采煤成本持续上升,导致炼焦煤价格稳步增长。图 1. 11 描述了 2004—2010 年我国钢铁企业对炼焦煤的采购成本走势。2009 年和 2010 年我国钢铁企业对炼焦煤的采购成本分别为 1 044 元/吨和 1 317 元/吨。在过去几年中,炼焦煤价格最高点在 2008 年,平均价格高达 1 366 元/吨。

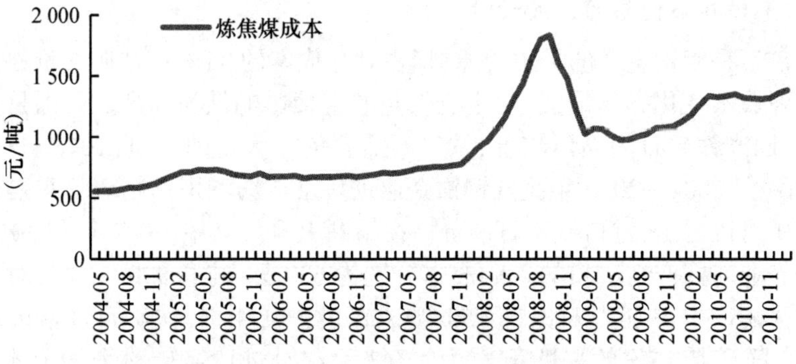


**图 1.11　2004—2010 年我国钢铁企业对炼焦煤的采购成本走势**

可见,在钢铁业中,作为主要原材料铁矿石(35%)和炼焦煤价格的变化将会直接引起钢材成本的波动,最终导致钢铁企业效益的变动。在当今钢材价格波动和钢材原料价格波动日趋频繁的今天,企业如何有效应对价格波动风险,化危为机呢?

## 二、价格波动风险下我国钢铁业经营的新思维

### (一)影响我国钢铁业经营的核心因素由内部转向外部

已有对钢铁业的研究和企业经营思路大多围绕企业内部挖潜的思路在做(本研究将在第二章对此问题进行系统综述),如通过技术改造提升企业生产效率,通过兼并重组扩大企业经营规模、实现规模经济等(王斌,2009)。事实上,从上面的分析可以看出,对钢铁企业利润影响较大的不再是企业内部因素,如表1.4的钢铁业成本构成所示,在钢铁业中真正反映企业内部经营效率的成本构成只有30%左右,即所谓的工序费用占24%,期间费用占6%(包括管理费用、财务费用和销售费用)。对于内部因素的工序费用来说,企业通过技术改造和规模化经营来优化与提升的幅度其实非常有限,一般不到5%,最终对企业成本控制的影响还不到2%。对于期间费用来说,虽然企业调整幅度可以很大,但是由于期间费用对钢铁最终成本的影响比例只有6%,这也使得通过对于期间费用的优化和管理来提升钢铁企业效益的空间也比较有限。

**表1.4　钢铁业的成本构成与价格波动测算**

| 波动因素 | | 成本占比(%) | 波动幅度(%) | 波动原因 | 对利润率影响 | 企业对此的可控性 |
|---|---|---|---|---|---|---|
| 采购环节 | 铁矿石价格 | 35 | > ±20 | 依赖进口 | 巨大 | 难以控制 |
| | 炼焦煤价格 | 23 | > ±10 | 煤成本上升 | 较大 | 较难控制 |
| 生产环节 | 工序费用 | 24 | < ±5 | 生产效率 | 较大 | 空间有限 |
| | 管理费用 | 3.5 | < ±20 | 管理效率 | 较小 | 空间有限 |
| | 财务费用 | 1.5 | < ±20 | 财务效率 | 较小 | 适度空间 |
| | 销售费用 | 1 | < ±20 | 销售效率 | 一定 | 适度空间 |
| 销售环节 | 钢材价格 | — | > ±10 | 市场需求 | 巨大 | 较难控制 |

相反,从表1.4可以看出,影响钢铁业经营利润的都是一些外部因素,如采购环节的铁矿石价格波动和炼焦煤价格波动,以及销售环节的钢材价格波动。这需要钢铁企业在延续既有的挖掘内部潜力和整合外部资源的基础上,高度重视对外部因素的驾驭和管理,即对采购环节的原材料价格波动风险和产品销售环节的价格波动风险的管理。问题是,作为生产制造型的钢铁业,一是无法左右

原材料价格的变动,二是无法控制销售环节的价格波动。这就需要钢铁企业洞察价格波动后带来的风险以及潜在的机会,如果企业能够在相对低点采购原材料,同时在合适的时机将产品的销售价格锁定,这样就可以确保企业利润,实现规避企业因价格波动所带来的风险。企业的这些操作其实是在利用所谓的金融衍生工具即期货工具,对未来价格波动风险进行管理和控制。

(二) 外部价格波动风险的管理与钢材期货

我国虽然是一个发展中的经济市场化国家,但是在金融市场中的改革开放力度还是非常大的,在已有的期货市场中推出了与钢材相关的螺纹钢和线材期货品种,以及与钢材原料相关的焦炭品种,这为钢铁企业规避风险和利用价格波动机会提供的平台与市场。我国自 2009 年推出钢材期货以来,已经发展成为全球最大、交易最活跃的钢材期货市场,日交易量超过 30 万手,日均交易额超过 100 亿元。期货市场的快速成长和发展,为钢铁企业管理价格风险和锁定企业利润提供了很好的金融工具与管理手段。

我国在发展钢材期货市场时,就考虑到我国钢铁业的特点,认为钢材期货比较适合我国市场,主要表现在:(1) 国内钢材产品需求旺盛;(2) 推出的期货合约的标的线材和螺纹钢产量占国内钢产量的 1/3;(3) 国内钢铁业集中度不高,处于完全竞争状态,价格波动幅度较大;(4) 销售渠道广泛,中间商参与众多;(5) 受价格影响大,各环节参与者套期保值需求强烈。期货市场的主要功能是价格发现和规避风险,钢材期货也不例外。问题是,钢铁企业如何利用钢材期货,有机结合企业的经营管理,实现风险规避的同时,为企业的经营发展保驾护航。一个更为严峻的问题是,很多制造企业在参与期货市场,利用期货帮助企业管理风险时往往舍本逐末,从以现货为主、期货为辅的经营管理思路,变成了以期货为主、现货为辅的投机发展思路,结果造成很多企业将大量资金投放到期货市场,影响了企业正常的经营管理流程。并且,由于对期货市场上的投机风险估计不足,特别是期货市场的杠杆交易会放大企业风险敞口(如钢材期货合约只需要 8% 左右的保证金就可以交易,资金杠杆放大 12 倍以上),导致很多企业在期货市场上折翼沉沙陷入困境,甚至破产。

因此,正确认识钢材期货对价格波动风险的管理功能,结合企业的经营管理特点,合理利用钢材期货规避价格波动风险,是每个钢铁企业在当今价格波动日益剧烈的环境下必须系统思考和解决的问题。本研究将突破以往孤立地考虑期货问题和企业经营问题,将以企业经营管理为主线、为根本,以钢材期货为辅助、为工具,来探究钢铁业在价格波动日益剧烈的时代如何合理优化企业现有的经营模式,化险为夷、化害为利,帮助企业应对挑战和建立价格波动时代的企业新型竞争优势。

### （三）钢铁业营销与价格波动风险管理

对于钢铁业来说，既然外部价格波动风险对企业影响最大，那企业如何将经营管理和外部价格波动风险管理有机结合起来呢？目前，钢铁业出现了产能过剩，钢材大部分产品都属于买方市场，因此作为企业经营龙头的营销管理对钢铁企业来说尤为关键。事实上，很多钢铁企业从原来重视产品的生产转向重视营销和贸易，特别是对钢铁产品的渠道管理和大客户管理尤为重视。对于营销管理来说，一个首要问题就是面临钢材产品的价格波动和企业产品定价问题（梁欣和左相国，2007），因此价格波动风险管理与控制对营销管理来说是无法回避和必须时刻面对解决的问题。如果能合理地将钢材价格波动风险管理与钢铁业的营销管理有机结合起来，将大大提升钢铁业营销管理水平和企业盈利空间。

由于营销是企业龙头，对于钢铁企业来说，如果能有效发挥营销的引导作用，合理制订企业的生产计划和采购计划，在一定程度上可以帮助企业有效地规避原材料价格带来的风险（张丙豪和肖燕敏，2005；李拥军，2007）。比如，钢铁企业如果能够提前确定产品销售订单，那么企业就可以提前选择合理的时机进行原材料采购，或者采取其他价格波动风险管理工具如期货工具来进行价格锁定和规避价格风险。事实上，越来越多的钢铁企业认识到，营销和采购的高度关联性，大多将钢铁企业的营销职能和采购职能进行了有机整合，成立所谓的贸易部或者经营部，以实现对整个企业的原料采购和产品销售的统一协调和管理。

基于上述钢铁业的特点，本研究以营销管理作为钢铁企业应对价格波动风险的突破口，通过引入期货这一价格波动风险管理工具，来优化和提升企业现有的营销管理模式，构建出钢铁业在外部价格波动风险下的更优盈利模式。突破以往钢铁业研究中，只注重企业的技术改造和内部挖掘以及兼并重组与规模效益的常规思维模式，转而关注外部价格波动风险对钢铁企业带来的风险和机会，并通过整合运用钢材期货等衍生品工具，来系统地优化现有的企业营销管理模式，进而提升企业的综合竞争能力和优势。目前，这方面的研究还非常少，一个主要原因是钢材期货上市时间也比较短，从 2009 年 4 月上市只有 6 年时间，很多学者还没有完全认识到期货与企业的有机结合问题。另一个原因是，对于此问题的研究还需要融合营销学、管理学、金融学、产业经济学等多学科的理论来支撑。

## 第三节　价格波动风险下钢铁业营销管理研究的思路

虽然在金融领域对价格波动风险的研究非常多,但是从企业经营管理的角度来系统探究企业如何有效管理价格波动风险,实现企业营销模式的创新和突破的研究,作者还没有发现。为此,本研究将以钢铁业为研究背景,通过梳理钢铁业的发展规律和工业营销的模式,在分析影响钢铁业绩效的主要因素、探究影响钢铁业价格波动的外部产业因素间的互动机制,以及评估钢铁业中管理价格风险的期货工具的有效性和合适性的基础上,探究价格波动风险下如何利用期货工具应对营销管理风险和优化企业营销管理策略,力求填补这一交叉领域研究的空白。

### 一、研究目的与研究框架

#### (一) 研究目的

经济全球化带动了大宗商品价格的剧烈波动,给中国制造企业的经营带来巨大的市场风险。传统的制造型企业往往关注的是产品本身和销售渠道的问题,也有站在产业背景下以更加宏观的视角展开研究的,但钢铁业对系统的营销问题的关注相对较少。以往关于钢铁业的研究包括从各个方面切入来探讨钢铁业的问题,例如从产业结构的角度、企业的战略规划角度、价格波动的角度等,这些不同的切入视角为我们提供了研究我国钢铁业的多个研究层次,但目前并没有一个系统的研究能够将这些多视角的研究以整合的方式提出来,从而为我国钢铁业的发展提供一个更为全面和系统的分析。因此本研究从被传统制造业忽视的营销管理角度作为切入点,在总结和归纳之前学者对于钢铁业研究的基础上,从金融学、营销学、战略管理学、产业经济学的跨学科多层次视角,对我国钢铁业的经营管理展开系统全面的分析,并提出相应的管理措施,以期扭转目前钢铁业利润率极低的特点,实现高效经营(企业对内部管理的控制)、控制风险(企业对外部环境的适应)的目标。

为此,本研究有如下五个方面的目的:一是弄清作为工业品的钢铁业营销的规律和模式;二是分析影响钢铁企业经营绩效的主要因素;三是探究钢铁业的价格联动机制和价格波动风险的评估;四是评估钢铁业中价格风险管理工具的适用性;五是创新价格风险波动下的营销管理策略适应行业发展环境。

#### (二) 研究框架

为实现上述研究目的,本研究的主要框架内容如图 1.12 所示。

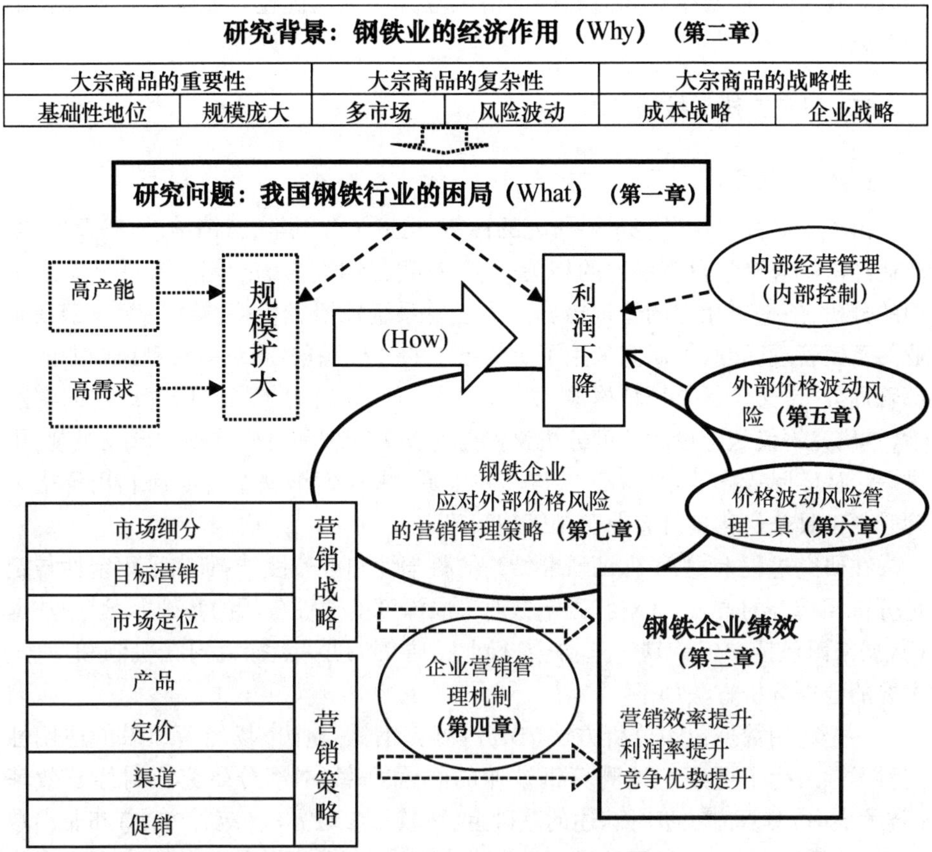


图 1.12　本研究的框架和主要内容

本研究的内容主要分为七个部分。每个部分的主要研究内容和整体思路说明如下：

第一章（即本章），主要目的是提出研究问题和理清研究的思路。第二章是本研究的背景说明，主要是弄清钢铁业的发展规律和研究的必要性与重要性。第三章是本研究的支撑，主要分析目前钢铁业的经营绩效和导致绩效存在差异的主要原因。第四章是本研究的基础，主要梳理作为工业品的钢铁业营销的规律和特点，为后续价格波动风险下的营销创新提供基础。第五章是本研究的关键，主要探究钢铁业价格波动的特点，以及影响价格波动的不同因素之间是如何联动的，为后续管理价格波动风险提供依据和支持。第六章是本研究的核心，主要探究钢材期货的特点，以及能否利用钢材期货进行钢铁企业的价格风险管理。第七章是本研究的重点也即落脚点，主要探究在价格波动风险下企业的营销管理有哪些风险,以及企业如何利用价格风险管理工具优化企业营销管理和化解经营风险。

## 二、研究方法与数据来源

### (一) 研究方法

由于本研究采用了跨学科研究的视角,运用了金融学、营销学、战略管理学、产业经济学等跨学科多层次的相关知识,对我国钢铁业的营销管理展开系统全面的分析,并提出相应的管理措施。为了更系统地研究价格波动风险下钢铁企业的营销管理问题,本研究采用了更加系统的分析视角,既包括对钢铁企业的内部管理分析,又包括外部价格波动风险的分析。同时为了增强研究结论的实践性,本研究不仅从理论的角度分析钢铁业的营销管理和价格波动的形成机制,更进一步从实际操作的角度(套保与套利工具)来探索钢铁企业如何利用价格风险管理工具来优化提升企业营销管理策略。

在研究过程上,为了保证研究结论的科学性和可靠性,本研究采用定性与定量分析相结合的方式,在对我国钢铁业采取深度的定性分析的基础上,运用数据(数据来源包括中国钢铁工业协会、行业报告等)进一步探究内在机制和规律。主要的数据分析方法如下:

一是利用数据包络分析方法(DEA)测算钢铁企业市场经营绩效的适用性与科学性。为了更系统地测算钢铁业的经营效率,本部分研究在对经营效率(技术效率)测算方法进行综述的基础上,比较了参数方法(统计方法)和非参数方法(数学规划方法)运用的优缺点,进一步验证了数据包络方法在本研究中应用的适用性(方便地处理多输出生产过程)以及科学性(DEA 有效的生产单位才是真正的技术有效)。

二是运用面板回归分析探讨我国钢铁业的经营效率提升机制。本部分在锁定了对我国钢铁企业经营效率具有重要影响的几个变量(生产集中度、企业规模、企业费用投入等)基础上,通过对 2005—2010 年六年数据的回归分析构建出了提升我国大中型钢铁企业经营效率的机制。

三是使用向量自回归模型(VAR)来探讨上下游大宗商品与钢铁企业之间的价格联动机制。采用 VAR 模型可以进行相关时间序列系统的预测,分析随机扰动对变量系统的动态影响,是一种有效地挖掘钢铁业价格波动联动机制的模型。

四是运用协整分析探索钢材期货品种之间以及期货现货之间关系的长期特点和短期特点。采用的协整方法的优点在于可以验证几个同阶单整的时间序列之间是否可能存在一种长期的稳定关系，其线性组合是否可能降低单整阶数。而其他方法只采用平稳时间序列来建立回归模型，或者先将非平稳时间序列转化为平稳时间序列，然后再做回归。相比此方法更能形象地揭示出两变量间是否存在长期均衡关系。

(二) 数据来源

钢铁业是一个相对比较开放和透明的行业，目前有很多专业性网站包括中国钢铁工业协会的网站提供了很多公共的数据和资料。本研究的数据主要有两类，一类是文字数据资料，主要通过网站搜索和文献搜索来获取，重点是了解行业发展规律和重点企业经营情况；另一类是数字数据，主要通过专业咨询机构如“我的钢铁”和权威行业协会如中国钢铁工业协会，以及与相关行业研究机构如美尔雅期货等建立合作关系，争取获取一手的原始数据资料。考虑到数据的保密性，本研究在进行数据分析时采取的是真实数据处理，而在行文报告数据时对部分绝对值的数据进行了适当处理，一般呈现的是总体特征的数据或者是相对特征的数据，特此进行说明。

## 三、研究结论与学术创新

(一) 主要的研究结论

通过定性数据和定量数据分析，本研究得出了若干研究结论，这些结论不同于已有研究的观点和看法。主要有下面七点：

一是指出导致钢铁业利润率持续下降的根本原因是我国钢铁业不适应市场环境的变化。具体来说，主要原因是外部大宗商品价格的上涨特别是原材料价格上涨给钢铁企业造成巨大压力，另一方面更为重要的原因是钢铁企业不适应剧烈的价格波动，没能调整自身的经营管理模式特别是营销模式的创新，不能将价格波动带来的风险做到化险为夷甚至化害为利，这需要企业系统地利用金融中的风险管理工具与企业经营管理的有机结合。

二是指出对我国钢铁业最大的挑战是行业定价模式的转变和行业利益分配的重新洗牌。这要求钢铁企业在关注内部的生产规模、技术能力提升等问题的同时，更要关注以铁矿石金融化所推动的行业定价方式和博弈模式的改变，这要求钢铁企业主动利用现代金融中的衍生工具来参与价格的博弈和利益的分配，在做好企业主业“现货”的基础上，利用虚拟市场“期货”这一金融工具来发现价格和规避风险。

三是指出我国钢铁业目前的营销模式主要是以销售为主，钢铁企业间的产品同质化和市场重叠化现象严重，钢铁业的营销重点放在了渠道开发和管理上，没有从大宗商品和工业品营销的定位来构建钢铁业的创新营销模式,这需要作为大宗工业品的钢铁业营销,必须突破一般性的营销思维,建立跨市场的(基础性的现货市场、虚拟性的期货市场)、高风险下的(把握价格波动的规律、驾驭价格波动的风险)、多方利益的(供应商、客户)营销管理模式。

四是通过效率分析模型,指出我国钢铁业发展中的规模性扩张缺乏效率,现有的扩张没有处理好规模与效率的协调发展问题。一个关键的原因是,我国钢铁业的规模性扩张考虑更多的是地区互补和产品互补,最终结果是生产线的丰富,而不是有效的规模扩张即同质性兼并整合。

五是通过向量自回归模型(VAR),揭示了进口铁矿石价格波动、焦煤价格波动、下游钢材价格波动、钢铁业经济效益之间的联动机制,论证了我国钢铁业在铁矿石定价中处于被动挨打的局面。指出影响钢企利润的因素是焦煤成本、价格指数。值得注意的是,作为原料的国产精矿粉和进口铁矿石成本的变动对钢企利润的影响并不显著,这也论证了我国钢铁业利润非常低,丧失了对进口铁矿石的定价权。与之对比,进口铁矿石对焦煤成本、国产铁精矿粉、钢企利润、钢材价格指数的影响均不显著,而反过来焦煤、国产铁矿粉、钢企利润和钢材价格指数均显著影响进口铁矿石成本,这说明进口铁矿石的定价模式中已经充分考虑了国内钢企的利润水平以及国产铁精矿粉、钢材价格、焦煤价格的变动趋势。

六是借助协整关系模型,探究了钢材相关品种价格波动的波动率和风险,并通过与英国、日本、迪拜、印度等国家钢材期货进行对比,发现上市品种无论是在合约特性上还是品种的活跃程度上都有显著差异性,指出我国钢铁业要有效地管理价格波动风险,需要借助期货市场的品种合约,利用期货与现货的相关性进行有效的套保和套利,实现价格波动风险的规避。

七是通过文献梳理和案例研究,指出我国钢铁企业要规避价格波动风险,必须将企业的营销管理策略与价格波动风险管理工具如套期保值和套利进行有机结合,充分发挥作为制造企业所拥有的现货优势,通过借助期货市场的灵活性、虚拟性、杠杆性等特点,来规避企业营销管理风险,实现企业持续经营。

### (二) 力求的学术创新

本研究力求作为跨学科的交叉性研究,以钢铁业作为研究背景,系统地探讨了作为大宗商品的钢铁业的发展规律和工业营销模式,并在分析钢铁业价格联动机制的基础上,探究了钢铁业如何有机整合价格风险管理工具,实施营销模式创新和突破,实现利润率提升和竞争力增强。具体来说,本研究在以下几个方面力求有所创新:

一是基于多学科和多维度研究工业品营销,拓展了营销研究的视角。本研究采用了跨学科研究的视角，运用了营销学、金融学、战略管理、产业经济学等跨学科多层次的相关知识，对我国钢铁业的营销管理展开系统全面的分析，突破以往研究的单一学科特性，实现了多学科理论的融合和研究的交叉突破。

二是基于系统性和复杂性研究大宗商品营销，拓展了营销研究的对象。本研究以钢铁业为例，从企业内部可控层面（战略管理和营销策略）以及企业外部适应层面（波动风险环境）出发，探究了具有大宗商品特性的工业品的经营管理模式、价格波动规律和联动机制，以及价格风险管理与营销对策的有机结合，弥补了工业品营销管理研究中的部分空白。

三是运用理论探索和现实分析结合的方法，探究了以钢铁业为对象的大宗工业品营销的运作思路。本研究不仅从理论的角度分析钢铁业的市场管理和环境风险，更进一步从实际操作的角度（套保与套利工具）来探索钢铁企业如何利用该工具来管理价格从而实现规避风险的目的。如按照企业在钢铁产业链中的位置把企业分为钢铁生产企业、用钢企业、钢贸企业三类。将根据不同类型企业的价值链特点对其风险点给予揭示，并测算其风险度，同时探讨风险对冲方式，并挑选每种类型的钢铁企业如何利用期货工具来对冲现货风险的一个实际案例，试图进一步揭示期货工具管理营销风险的可操作性，以期给予广大涉钢企业一定的借鉴意义。

四是采用基于实际行业数据的产业分析和金融分析的计量方法，探究大宗工业品的营销管理问题，丰富了现有的营销研究方法。例如，数据包络方法（DEA）能够相对准确地测算我国钢铁企业的市场经营绩效状况，回归分析能够很好地揭示出我国钢铁企业经营效率提升机制（主效应、中介效应以及调节效应），向量自回归模型（VAR）也考虑到了我国钢铁业价格波动传导机制的时滞性，协整的计量研究方法也分别从长期和短期的角度揭示了钢材期货产品与现货产品之间的长期均衡特点以及短期动态关系。

# 第二章 我国钢铁业的发展与市场运作

第一章分析指出钢铁业面临巨大的价格波动的风险和挑战,必须从仅仅重视内部经营管理因素转而扩展到也要关注外部市场环境因素,特别是与钢铁业相关的原料如铁矿石和焦炭行业的发展情况,以及钢铁业本身的现货市场和期货市场情况。为了更系统地探究影响钢铁业利润率低下的原因,本部分将首先对我国钢铁业的重要地位和发展情况作为研究背景进行梳理,进而从产业组织的视角来梳理已有研究对钢铁业绩效的探究,最后以钢铁产业链为主线分析钢铁业的市场各环节间的联系与市场运作模式。由于本部分内容的相关研究较多,本研究重点对相关研究进行梳理和评述,为后续研究进行行业背景的铺垫和分析框架的准备。

## 第一节 我国钢铁业的重要性与发展

我国正在进入重型工业化阶段,一批高增长产业群如房地产、汽车、基础建设、机械等都是钢铁消费大户,它们的发展将推动钢材消费的快速增长。由于我国人口众多,实现工业化还需要一段时间,这给钢铁业发展提供了很好的空间,确保了钢铁业作为中国经济结构中的“支柱型产业”地位。既然钢铁业如此重要,我国钢铁业的未来发展趋势是怎样的呢?更进一步,我国钢铁业能从国际钢铁业发展中借鉴哪些经验呢?本部分将对这些问题进行初步探究。

## 一、钢铁的大宗商品特性与钢铁业的重要性

### （一）钢铁的基础性作用

铁是地球上最丰富且价廉的金属元素之一，几乎是所有产业不可或缺的基础素材，其制品种类多、用途广泛，没有钢铁就不会有现代社会，可以说，民生一日不能没有它。钢铁是由铁矿石提炼，经由加工过程制作成各种用途的制品，其加工切削品或使用过的旧品变成废钢，可以无限次数回收循环使用，是不会污染环境而且很方便再生的一种物质。钢铁经熔解后铸成模型，可轧延成棒状、板状、管状的各种用途制品，容易加工又可大量生产，加入极少量其他物质经热处理可改变材料性质增加硬度，或提高铁纯度使物性软化，也可用温度控制高温急冷或缓冷使物性变硬或软；它的唯一缺点是会生锈，为避免钢铁制品与空气中的氧接触氧化生锈，一般都采用涂装物、镀锌等，或熔炼时添加镍、铬制成不锈钢。

钢铁素有"工业粮食"之称，钢铁材料是诸多工业领域中的"必选材料"，既是许多领域不可替代的结构材料，也是产量极大、覆盖面极广的功能材料。钢铁工业长期以来是世界各国国民经济的基础产业，在国民经济中具有重要的地位，钢铁工业发展水平如何，历来是一个国家综合国力的重要标志，钢铁产量与人均钢消费量一直是一个国家经济发展程度的重要指标。美国、日本、西欧经济发达国家无不经历了以钢铁为支柱产业的重要发展阶段。丰富的钢材产品和很高的钢铁产品产量，为国家基础设施的建设提供了充足的原材料，大大保证了我国五年计划的顺利实施，带动了农业机械化的进程，促进了汽车产业等重工业产业的发展。

### （二）钢铁的大宗商品属性

大宗商品是用于工农业生产与消费的大批量买卖的物质商品，包括三类商品：一是黄金、原油等金融属性强、避险保值功能强的商品；二是以有色金属为代表的工业品；三是农产品。在金融投资市场，大宗商品指同质化、可交易、被广泛作为工业基础原材料的商品，如原油、有色金属、农产品、铁矿石、煤炭等。钢铁及其相关原材料都具有大宗商品属性，呈现出以下特点：

**基础性**。由于大宗商品多是工业基础，处于最上游，因此反映其供需状况的期货及现货价格变动会直接影响到整个经济体系。由于钢铁的主要成本是铁矿石，占总成本的1/3略多，而近几年来国际铁矿石的垄断（力拓、必和必拓、淡水河谷）导致价格的持续上涨（23—173美元），也推动了钢铁业生产成本（56%）和钢材价格的上涨，并带动煤炭等能源价格的提高，抬高了建筑、机

械、电力、电子等行业的生产成本。因此，作为国民经济基础的钢铁业发挥了基石的作用。

**战略性**。2011 年主要钢铁企业的销售收入高达 3.6 万亿元，占到当年 47.1 万亿元 GDP 的 7.6% 左右，而且，钢铁业中 80% 的企业是国有企业，可见钢铁业在国民经济中的战略性地位。

**复杂性**。大宗商品可以设计为期货、期权作为金融工具来交易，以更好地实现价格发现和规避价格风险。因此，大宗商品在商品期货交易市场进行交易，既可做实货交易，又可做期货交易。这使得大宗商品的交易同时面临多个市场的挑战，在增加了风险管理手段的同时，也增加了市场参与的难度和风险。特别是充当价格管理功能的期货市场以及流动性极强的国际市场，增加大宗商品的复杂性。目前，钢铁业相关的期货品种有螺纹钢、线材、焦炭等，为此很多钢铁企业都尝试利用期货市场来对冲现货市场上的风险。

**风险性**。由于大宗商品的价格形成是市场中多方力量博弈的结果，因此会受到国际市场的扰动（Hammoundeh *et al.*，2003）、政府调控（仰炬等，2008）、宏观经济（Pindyck and Rotemberg，1990）、资金流动（李艺等，2008）、期现市场联动（Fortenbery and Zapata，1993）、投机行为（Deaton and Laroque，1996）、存货水平（Johnson and Song，1999）、关联性大宗商品浮动（蒋舒和吴冲锋 2007）等因素影响。这些众多因素使得大宗商品的价格形成机制非常复杂，也增加了大宗商品价格预测和把握难度，提升了其风险性。对于钢铁业来说，目前铁矿石的定价受制于海外三大矿山企业和国际投资资金，铁矿石价格波动非常大，给钢铁业带来极大的冲击和影响。

（三）钢铁业的重要性

钢铁业是国民经济的支柱产业，是关系国计民生的基础性行业，作为原材料工业，在国民经济中占有不可替代的地位。钢铁业作为原材料的生产和加工部门，处于产业链的中间位置。它的发展与国家的基础建设以及工业发展的速度关联性很强，和钢铁产业关联度较大的产业主要有固定资产投资、房地产投资、基建投资、机械工业、汽车工业等，钢铁工业将随着这些行业的发展而发展，随着这些行业的衰退而衰退。钢铁工业向上游产业的联系是采矿业、能源工业、交通运输业，如钢铁工业生产主要消耗大量的铁矿石、煤炭、电力、石油等原材料，使用大量的机电设备，同时也是交通运输消耗的大户；同时，钢铁工业提供的产品又是其他许多产业的基本原材料。向下游又与机械工业、汽车制造业、建筑业、交通运输业等各种重要的行业存在密切的联系。

钢铁企业规模的不断扩大,使许多钢铁企业从小型成长为大型,产钢冶炼能力不断提高。这使得其在我国国民经济中的地位不断上升,占全国的 GDP 总量已超过 7%,成为带动国家和地区经济发展的龙头产业,有力地带动了与钢铁相关的铁路运输、交通、能源等行业的发展。同时,钢铁产业由于其规模巨大,效益良好,很大程度上缓解了我国的就业压力,保证了钢铁企业职工优良的福利待遇,促进了国内消费水平的提高,从而在很大程度上带动了相关第三产业的发展。

## 二、我国钢铁业的发展进入成熟阶段

钢铁业曾经是世界工业化进程中最具成长性的产业之一,在过去的一百多年中,钢铁业得到了飞速的发展,无论产值、产品结构还是工业技术,都有了前所未有的提高。进入 21 世纪,钢铁仍然是人类不可替代的原材料,是衡量一个国家综合国力和工业水平的重要指标。

经过六十多年的发展,我国钢铁业取得了举世瞩目的成就,逐步步入了成熟的发展阶段。1949 年,我国的钢铁产量只有 15.8 万吨,居世界第 26 位,不到当时世界钢铁年总产量的 0.1%。2010 年,中国钢铁产量为 6.2665 亿吨,产量居全球第 1,超过第 2 到第 8 的总和。

### (一)我国钢铁业的发展历程

总体上,我国钢铁工业可以大致划分为四个阶段:第一阶段(1947—1978 年)为“以钢为纲”的发展阶段,第二阶段(1978—2000 年)为稳步快速发展阶段,第三阶段(2001—2010 年)为加速发展阶段,第四阶段(2011 年至今)为深度调整阶段(见表 2.1)。

**表 2.1　我国钢铁产业发展历程整理**

| 发展阶段 | 产值及产量 | 国家宏观政策 | 代表性事件 |
| --- | --- | --- | --- |
| **第一阶段(1949—1978 年)** | | | |
| 新中国成立初期 | | 发扬艰苦奋斗的精神,推动钢铁产业尽快恢复生产 | 鞍钢、本钢、石景山钢铁厂(首钢前身)等的高炉很快恢复投产 |

（续表）

| 发展阶段 | 产值及产量 | 国家宏观政策 | 代表性事件 |
| --- | --- | --- | --- |
| “一五”计划时期 | “一五”计划钢铁产量：1957年生铁594万吨，钢535万吨，钢材436万吨，平均增长率分别达到25.2%、31.7%和31%。冶炼的钢种从1952年的170个左右，增长到1957年的352个，钢材品种从1952年的300多个，增长到1957年的4000多个 | 国家制定了“以钢为纲”的工业发展指导方向。1956年提出中央和地方均要积极发展钢铁企业，沿海和内地均要发展钢铁企业，不仅要有大型钢厂，还要建立中小型钢厂，从而形成了钢铁部门大中小并举的一贯方针 | 确立了除鞍钢、武钢、包钢外还要在山西太原、四川重庆、湖南湘潭、安徽马鞍山、北京石景山创办中型钢铁企业，在河北邯郸、河南安阳、山东济南、江苏南京、新疆乌鲁木齐、贵州贵阳、安徽合肥等18个市创办小型钢铁企业的产业布局。钢铁产业逐步建设发展形成了“三大”“五中”“十八小”的格局 |
| 1958—1960年，“大跃进”时期 | | 在1957年年底提出15年后可能赶上或者超过英国，后来15年又被相关部门缩减到2年，提出在1959年要实现生产2500万吨钢，1958年的钢产量指标要从1957年的535万吨提高到1070万吨，即一年之内翻一番。“以钢为纲”“大跃进”的号角就此吹响 | 这一阶段走的是以追求产值、产量增长速度为目标的粗放型展道路。由于给钢铁产业定了基本不可能实现的目标，虽然动员全国人民大炼钢铁，结果是炼出了大量的废铁，小高炉等的拆除又造成了极大的浪费 |
| 1961—1965年 | 1965年产钢1233吨，为1957年535万吨的2.28倍，工业产值也达到1957年的2倍 | 1961年，党的八届九中全会提出了国民经济建设的“调整，巩固，充实，提高”的方针，经过五年的恢复和发展，到1965年，钢铁工业不论在钢产量还是钢品种上都达到了历史最高水平 | 三线建设的目标是要采取多快好省的方法，在西北和西南地区建立起一个比较完整的后方工业体系。在加速钢铁工业基地建设的同时，又促进了当地交通、煤炭电力建设等其他产业的迅速崛起和发展，为国民经济的发展注入了新的活力 |

（续表）

| 发展阶段 | 产值及产量 | 国家宏观政策 | 代表性事件 |
| --- | --- | --- | --- |
| 1966—1978 年 | 1952—1978 年，钢铁工业产量平均每年递增 12.9%，产值每年递增 11.8%，实现利润每年递增 9.67% | 自 1962 年提出“以阶级斗争为纲”，钢铁工业的四个制度（厂长负责制、总工程师制、经济核算制、计件工资和奖金制度）遭到猛烈攻击 | 1969—1973 年连续 5 年实现可观的增长，平均每年新增 300 多万吨钢铁，从而达到 2 500 万吨钢的水平。到 1976 年，钢铁产量最终突破了 3 000 万吨 |
| **第二阶段（1978—2000 年）** | | | |
| 1978—1991 年 | 1986 年，我国钢产量（粗钢）超过了 5 000 万吨，达到 5 221 万吨。1991 年突破 1 亿吨 | 1978 年，党的十一届三中全会后，我国开始实行改革开放政策，这就为钢铁产业利用国外资金、技术和资源创造了条件 | 上海宝钢、天津无缝钢管厂等具备世界先进水平的现代化大型钢铁企业建立起来的同时，一些老的大型钢铁企业得到了技术改造和升级，我国钢铁工艺设备的现代化水平得到不断提升 |
| 1992—2000 年 | | 1992 年，邓小平同志南方谈话和同年 10 月召开的党的十四大，确立了社会主义市场经济体制的改革目标，这极大地激发了企业的活力 | 1994 年以来，武钢、本钢、太钢、重钢、天津钢管厂、“大冶”“八一”等列入国家百家现代企业制度试点；酒泉钢铁、邯钢、抚顺钢铁公司、天津钢铁等 57 家企业，列入第二改革试点。到 1998 年，试点改革任务圆满完成，建立了企业法人财产制和法人治理结构 |
| **第三阶段（2001—2010 年）** | | | |
| 2001—2005 年 | | 新城镇化建设的大力推行，钢材产品的需求大增，也给钢铁产业带来了很好的发展机遇 | “十五”期间，钢铁工业的固定资产投资总额为 7 167.37 亿元，超过 1949—2000 年我国钢铁工业固定资产投资的总和 |

（续表）

| 发展阶段 | 产值及产量 | 国家宏观政策 | 代表性事件 |
|---|---|---|---|
| 2006—2010 年 |  | 钢铁产业振兴规划，“十二五”钢铁产业发展规划等纷纷出台 | 大型钢铁企业技术装备水平大幅提升，钢铁产量大幅提升 |
| **第四阶段(2011 年至今)** | | | |
| 2011— | 根据《钢铁工业“十二五”发展规划》预计，2015 年国内粗钢导向性消费量约为 7.5 亿吨。我国粗钢需求量最高峰可能出现在 2015—2020 年，峰值约 7.7 亿—8.2 亿吨，此后维持一段时期后，需求将出现下滑 | 经济发展方式转变和产业升级、工业化、城镇化不断深入发展导致的固定资产投资增速放缓都预示着我国钢铁业结束高增长已成定局，“十二五”期间，需求增速将会下滑，进入平稳发展期 | “十二五”期间，高强钢筋的需求将由 2010 年的 5 650 万吨上升到 11 200 万吨，轴承钢由 370 万吨上升到 500 万吨，合金弹簧钢由 260 万吨上升到 450 万吨，合金模具钢由 30 万吨上升到 50 万吨，电站用高压锅炉管由 48 万吨上升到 70 万吨 |

总体上讲，我国钢铁业经过四个阶段的发展，取得了令世人瞩目的成绩。1978—2010 年，我国粗钢产量由 3 178 万吨增加到 62 665 万吨，增长了 18 倍，平均每年递增 11.9%。目前我国不仅是全球最大的钢铁生产国和消费国，还是全球最大的钢铁进出口国。我国钢铁业的发展对全球钢铁业的发展具有重要影响。

（二）我国钢铁业的发展取得巨大成就

1. 钢铁产量增长幅度很大

自 1949 年新中国成立以来，我国钢铁工业已经走过了 66 年的发展历程。从 1949 年钢产量 15.8 万吨，占世界钢总产量比不到 0.1%，到 1996 年已超过日本升至第一，占比也升至 13.4%。至 2014 年，我国钢产量达到 8.227 亿吨，在全球所占比重为 49.5%。截至 2014 年，钢铁产业的产品中，焦炭从 53.6 万吨增加到 47 691.1 万吨，增长了 888.8 倍；生铁从 25 万吨增加到 71 159.9 万吨，增长了 2 845.4 倍；粗钢产量从 15.8 万吨增加到 82 269.8 万吨，增长了 5 205.9 倍；钢材产量从 14 万吨增加到 112 557.2 万吨，增长了 8 038.8 倍。

此外，1952 年时，我国没有一家企业年钢产量超过 100 万吨，产量最高的鞍钢也只有 78.9 万吨；1978 年，钢产量超过 100 万吨的钢铁企业已有了鞍钢、武钢、首钢三家企业，其中产量最大的鞍钢年产钢 686 万吨。截至 2014 年，河北钢铁、宝钢、沙钢、鞍钢、武钢、首钢等年钢产量超 3 000 万吨，山钢集团、马鞍山钢铁、天津渤海、本钢、中钢公司、华菱集团、建龙集团、方大、日照钢铁、安阳钢铁、太钢、包钢、敬业钢铁、酒泉钢铁、纵横钢铁等年钢产量超1 000万吨。

钢材的品种和科技含量也有了大幅度的提高。我国能冶炼的钢材品种已经由100多种到现在的1 000多种,合金钢产量由1952年的2.5万吨到2014年的3 786.25万吨。其他钢材比如无缝管、型钢、镀层钢板等也有了很大的生产规模。

2. 产业布局调整取得显著成效

从国家实行“三大、五中、十八小”的战略方针开始,从沿海到内陆,从东北到西南,已经形成了比较完善的钢铁产业布局。1949—2000年,东北地区钢产量所占比例由72.6%下降为14.1%,华北地区由16.6%上升为25.8%,华东地区由5.1%上升为31.9%,西南地区由5.7%上升为8.9%,中南和西北地区的钢产量由新中国成立初期的零到占据全国钢产量的15.9%和3.4%。同时,为了适应市场经济体制下市场的新需求以及资源条件的变化,各大钢铁企业纷纷改组或者搬迁,已达到和国民经济与生态环境的平衡协调发展。比如首钢的搬迁、华凌集团的组建,还有一些联合钢铁企业的组建等,都是积极有效的布局和调整。

历时数年的首钢搬迁顺利完成,标志着首钢进入结构调整和转型发展的新阶段;经国务院批准,山东在全国率先进行钢铁产业结构调整,提出的钢铁产业减量调整设想,将成为全国钢铁工业“十二五”结构调整的重要原则;重钢老厂区完成“环保搬离”主城区;东北特钢集团大连基地环保搬迁项目竣工投产;攀钢钒钛资源综合利用及产业结构调整的一系列重大战略项目获得国家批准并开始实施;经国家发改委批准的河北省产业升级和结构调整的标志性工程邯钢新区精品板材基地全面建成投产。

3. 技术水平和技术装备不断提高

现今的钢铁企业早已改变了新中国成立初期设备均要靠进口、从管理到技术都很落后的局面,而成为技术创新的受益者。在钢铁科研部门的努力下,我国在很多方面的技术已经达到先进水平,有些甚至在世界上都处于领先地位。各大钢铁产业分别与高校以及国内外的科研院所联合起来共同搞技术开发,用信息化带动工业化,着重高新技术的发展,走新型工业化道路。

邢钢积极开发衍生产品,已经成为全国最大的高强度汽车标准线建造专用线材和五金产品专用线材的生产企业,首家高水平汽车冷成型技术的零部件生产企业;福建三钢攻克了炼焦配加当地白煤的技术难题,使吨钢成本大幅度降低;吉林通钢高炉引进阜阳远距离喷煤新技术,同类炉型800米远距离喷煤新技术等许多技术开发的结果使我国的钢铁企业逐步在国际市场上占据优势地位。

4. 节能减排与绿色生产步入良性发展阶段

宝钢发布《绿色宣言》《产品环境声明》,表达我国钢铁企业践行绿色理念、做绿色产业链驱动者的决心;山钢集团济钢积极配合济南市提出建设城市集中供热、污水处理、废旧塑料消纳“三大节能减排中心”;太钢投资兴建的国内首套可同时处理不锈钢除尘灰和碳钢除尘灰的全功能冶金除尘灰资源化装置正式投产;首钢京唐公司高效化、低成本“全三脱”生产洁净钢水的工艺技术成果通过验收,标志着炼钢“全三脱”与全干法除尘两项世界顶尖技术的并用;唐钢在城市钢铁厂环境搬迁的巨大压力面前,迎难而上,全力推动绿色转型,在努力打造世界级清洁钢铁企业与城市和谐发展之路上,探索出了一条新路;国丰钢铁投资 15 亿元实施环保治理、节能减排等七大系统的改造。

(三) 我国钢铁业的产业格局不尽如人意

虽然我国钢铁业发展取得了巨大成就,但是总体产业格局不够良性,严重制约了钢铁业的效率。总体来看,国内钢铁产品市场属于完全竞争的市场、无序竞争的市场、低效率竞争的市场。除了宝钢、沙钢以外,其他钢铁企业经营效率非常低下。

1. 行业集中度低

生产专业化程度低,尚不能达到规模经济。从《2014 年世界主要钢铁企业粗钢产量排名》和国际钢铁协会公布的相关材料看,全球几个主要产钢国家中,中国钢铁市场的 CR10(行业集中度)值只有 36.58,而韩国、巴西钢铁市场仅 CR3 的值就高达 90.97、89.86;此外,日本、俄罗斯、印度、美国等国钢铁市场上的 CR4 值也分别达到了 83.42、83.32、67.03、60.54。由此可见,我国的钢铁工业是极端分散的作坊生产模式,而世界主要钢铁生产国大多是极高寡头垄断型的生产模式。钢铁企业的集中度偏低,一定程度上限制了我国钢铁企业的竞争力。

我国钢铁企业存在的另一个问题就是钢铁产品生产专业化程度低。目前,国内钢铁联合企业大都是“万能型”工厂,板、管、棒、线、型材等都生产,专业分工不明确,产品生产专业化程度低。发达国家的大型钢铁企业集团,虽然多数也由多个生产厂组成,但已经基本实现产品生产的专业化分工,钢铁大集团之间也基本上形成大类产品的分工。

2. 钢铁企业结构不合理

技术改造和产业升级任务十分艰巨。据冶金工业部门的统计,我国落后工艺和装备还占相当比例,如炼铁高炉中约有 4 500 万吨的生产能力是比较落后的,约占总能力的 35%,其中属于限期淘汰的 100 立方米以下的小高炉生产能力约有3 000万吨。炼钢设备中,转炉约有1 200万吨是属于落后生产能力,占目前转炉的12%;电炉约有1 000万吨属于落后生产能力,占电炉能力的34%。轧钢设备中,具有国际先进技术水平的设备不到50%。另外,我国用于新产品开发与投产的费用与发达国家相比偏少。国际钢铁企业用于企业新产品开发费用一般在年销售收入的4%以上,而我国钢铁企业用于企业新产品开发年投入不足销售收入的1%。

3. 产品生产成本高

根据1999年美国动态钢铁咨询公司提供的有关成本的指标情况看,我国大多数指标位居中下游。这反映出我国钢铁业的素质不仅与世界发达国家存在较大差距,同发展中国家相比也存在成本劣势。根据冶金行业近几年的统计分析,在普通产品如线材、螺纹钢、型钢和钢坯等方面,我国的竞争对手主要是韩国及巴西,它们在这些产品上具有成本优势;而对于高附加值、高性能产品方面如汽车板、涂镀层板、合金钢棒型材等产品,竞争对手主要是日本、韩国、德国等。

4. 钢铁产品质量有待进一步提高

我国钢铁产品的实物质量水平与国外相比还存在一定的差距。根据冶金行业1999年的数据,当年生产的钢材中,执行国际先进水平标准的占36%,执行国际一般水平标准的占51%,实物质量达到国际先进水平的仅占钢材总量的26.3%。这说明国内只有少部分企业的产品在质量上可以和国外大公司相抗衡,而多数企业产品在档次上比较低。据冶金行业调查统计,我国由于不能生产、产量低、质量达不到用户要求等原因,年需从国外进口钢材约700万吨,而能生产的大宗钢材品种,产品质量与国外相比也存在一定差距,如钢制纯净度低、有害气体和杂质含量较高、性能的均匀性差。

5. 钢材产品销售服务水平相对较低

钢材产品销售服务是提高产品竞争力的一个重要方面。由于我国钢铁市场刚刚由卖方市场转入买方市场,钢铁企业对市场销售服务的重要性还没有充分认识,营销网络刚刚开始建立,同国外成熟的营销体系和服务理念相比,存在很大差距。目前,国内钢铁销售存在的主要问题是,市场缺乏统一协调管理,企业产品相互压价。市场信息反馈功能弱,销售与产品开发功能不能结合,企业产品开发缺乏市场的引导。加工服务中心是完善分销网络不可或缺的一部分,而我国的加工服务中心基本上处于空白。另外在对外营销方面,一是对外营销缺乏相应的联合,各自为政,各设网点,成本高,收益差;二是对开拓国际市场重视不够,尚未建立完整的国际市场营销网络。

## 三、国际钢铁产业发展的借鉴

### （一）国际钢铁产业发展阶段

1. 1975—1996 年：美国钢铁业下滑、亚欧钢铁业迅猛发展

1975—1996 年的 21 年间，国际钢铁业布局主要发生了以下重大变化：亚洲钢铁业发展迅速。韩国浦项制铁（POSCO）在 1975 年时榜上无名，到 1996 年已经接近新日铁的钢产量而名列全球第 2 位，1998 年则超过新日铁，成为全球最大的钢铁企业。1996 年，中国的粗钢产量也首次超过日本，中国成为世界第一产钢大国。鞍钢、首钢和宝钢加上印度钢铁管理局和日本的 4 家钢铁企业，亚洲共有 8 家钢企进入全球 20 强，占 45%，超过了欧盟的 30% 和美国的 15%。

**美国钢铁业持续走下坡路。**美国除粗钢总产量被中、日超过之外，1975 年名列全球第 2 位的美国钢铁公司（USS）在 1996 年退至第 9 位，名列第 9 位的伯利恒钢铁公司（Bethlehem）退至第 16 位，由 1975 年名列第 12 位的共和钢铁和莱克斯—杨斯顿公司合并而成的 LTV 钢铁公司保持在第 18 位，而 1975 年进入 20 强的国民钢铁、内陆钢铁和阿莫科则榜上无名，美国进入 20 强的企业降为 3 家。

**欧洲企业跨国并购重组初见成效。**1996 年，欧洲钢铁企业进入 20 强的虽少于亚洲，但已出现于齐诺尔、里瓦、阿尔贝德、LNM 等大型跨国集团，这一现象主要和欧盟实施的经济一体化政策有关。于齐诺尔集团是由法国的于齐诺尔公司和 Sacilor 公司于 1987 年合并而形成的年产能 2 290 万吨的大型钢铁企业，由法国政府控股 50%。1995 年，该集团完全私有化后，其年产能精简为 1 850 万吨。1998 年，该集团又购入比利时年产能 450 万吨的两家钢厂及德国约 200 万吨的落后产能，并于 1998 年正式形成年产钢 2 320 万吨的于齐诺尔集团，产品以钢板为主。阿尔贝德集团为卢森堡最大的钢铁企业，19 世纪 80 年代，其粗钢年产能为 500 万吨，属于以生产棒材为主的中型钢铁厂。在先后收购年产能 230 万吨的比利时钢板生产商 Sidmar、年产能 360 万吨的德国 Kloeckner 厂后，在 1996 年成为覆盖西欧地区、年产能 1 180 万吨的大型钢铁企业，卢森堡政府拥有其 30% 的股份。第二次世界大战前成立的意大利产业复兴公社（1R1）下属的钢板厂 Itrsider、不锈钢厂 Terni 和钢管厂 Defitasider 于 1988 年合并为钢产量为 1 150 万吨的国营钢铁公司 ILVA。此后，该公司于 1994 年将不锈钢厂卖给德国，1996 年将钢管厂卖给阿根廷，其钢板厂于 1995 年加入电炉钢生产商里瓦公司后组成里瓦集团，并由此形成 1 330 万吨的年生产规模。

2. 1996 年至今:并购重组愈演愈烈、钢铁巨鳄层出不穷

1996—2005 年的 10 年间,国际钢铁企业发展的最大特点是通过合并重组使企业的规模明显扩大。排名前 20 位企业的粗钢产量不仅比 1996 年增加了近 1 倍,20 强的产量集中度也由 1996 年的 31.3% 上升到 2005 年的 37.6%。原本已卓有成效的欧洲钢铁企业的合并逐渐走向跨地区的全球化收购,而亚洲钢铁企业的合并重组也已步入正轨。诸多在 1996 年榜上有名的企业纷纷消失,合并而成的新面孔则层出不穷。典型的例子有:

克鲁斯集团由英国钢铁公司和荷兰的中型钢铁企业霍高文于 1998 年合并而成。英国钢铁公司在 1998 年成为欧盟第一家上市钢铁企业,年产能 1 420 万吨。为提高企业竞争力,英国钢铁公司希望登陆欧洲大陆市场,而荷兰年产能 540 万吨的霍高文公司也希望扩大规模以提高市场竞争力。于是两家企业于 1999 年正式合并,当年钢产量 2 129 万吨,排名世界第五位。

德国民营高炉生产企业赫斯钢铁公司(年产能 450 万吨)和德国最著名的军火和钢铁商克虏伯公司(年产能 460 万吨),于 1992 年合并成立了克虏伯赫斯公司。克虏伯赫斯公司于 1994 年与蒂森公司(年产能 1 190 万吨)镀锡板部门及不锈钢部门合作成立了专业子公司。终于在 1998 年,两家公司完全合并成立了蒂森克虏伯集团,蒂森公司持股 60%。新集团钢产能压缩至 1 680 万吨,但企业竞争力却有所加强。

法国于齐诺尔集团、卢森堡阿尔贝德集团及西班牙中型钢铁企业 Aceralia,于 2001 年经欧盟委员会批准,合并成立安赛乐集团,年产钢能力达 4 600 万吨,超过新日铁和浦项制铁,居世界第一位。蒂森克虏伯与安赛乐两家欧洲大型跨国钢铁集团终于形成,欧洲钢铁市场也实现了高度集中。

英国 LNM 集团是一家靠并购起家的钢铁企业。1995 年成功收购哈萨克斯坦最大的钢铁厂,1998 年收购特立尼达、加拿大和墨西哥等国的亏损钢铁企业以及美国内陆钢铁公司后进入世界级钢铁企业行列。此后通过收购波兰等国家的大型钢厂,于 2000 年成为全球第四大钢铁企业。2004 年 12 月,LNM 集团旗下的伊斯帕特国际公司在收购母公司资产后整体上市,并以集团董事长拉克希米·米塔尔之名命名为米塔尔钢铁公司。2005 年 4 月,米塔尔钢铁公司并购美国国际钢铁公司后,超过安赛乐集团成为全球最大的钢铁企业,生产厂遍布欧、亚、北美、中美和非洲。

亚洲方面,日本钢管公司和川崎制钢合并为 JFE 钢铁公司后,其规模和竞争力倍增,排名跃升至第 5 位。中国宝钢在合并了上海各钢厂和梅山钢铁公司后成立了上海宝钢集团,规模迅速扩大,名次由 1996 年的第 20 位上升至 2009 年的第 6 位,在 2014 年全球钢铁企业粗钢产量排名第 4。鞍钢、武钢等也通过合并

重组扩大了规模。而俄国的钢铁企业除在本国进行合并重组外,还参与了跨国并购重组,已成为国际钢铁业一股重要的组成力量。

（二）日本钢铁产业发展经验的借鉴

钢铁工业曾经是日本经济最重要的支柱产业之一。早在 1901 年日本就建立了拥有炼铁炼钢和轧钢的钢铁联合企业,第二次世界大战后,日本政府对钢铁工业实施倾斜政策,使钢铁工业在 1951—1967 年期间得到迅速发展,1973 年钢产量即已达到 1 亿吨水平,1993—1995 年日本一直是世界第一大产钢国,从 1996 年起,中国成为世界第一大产钢国,2003 年日本粗钢产量位居世界第二位。日本钢铁产业政策的优势主要有:

1. 大力扶持技术开发

日本是一个自然资源非常贫乏的国家,要想依照传统方式来打造钢铁大国几乎是不可能的,日本政府意识到只有依靠新技术,才能实现钢铁大国甚至是钢铁强国的梦想,完成本国的工业化进程,在国际市场处于强势地位。因此,日本政府提供了一个能鼓励私营企业和工人去开发新技术的环境,支持教育,为工业化发展提供受过良好教育的劳动力;加大对知识产权的保护力度,保护研究人员的劳动成果不受侵害;建立起支持技术开发的出资融资制度,对新技术的开发给予资金支持,如日本开发银行产业技术振兴资金融资制度和有基础技术研究促进机构的出资融资制度,这两项制度都在一定程度上扶持了日本的钢铁业。另外,政府还对各种科研项目提供补助金,以及对用于科研的经费在一定程度上给予税收优惠等,这些鼓励技术开发的政策,增强了私营企业和工人从事科研、开发新技术的积极性,从而带动了钢铁业的快速发展。

2. 比较成熟的准政府机构

日本钢铁同盟是一个社团法人,它由经营炼铁炼钢轧制及其他与钢铁有关的 64 家公司(企业)68 家商社和 6 个团体会员组成。钢铁同盟对日本钢铁工业发展所起的作用是很大的。对于钢铁业内公司企业间关系的协调、钢铁产品进出口的协调、新设备的研制新技术的开发、钢铁标准的制修订和国际接轨、钢铁统计、国际合作等方方面面,钢铁同盟都发挥了巨大的作用,它甚至代表钢铁企业与政府谈判,为钢铁企业争取更多的有利条件。同样,因为有了钢铁同盟取代政府在钢铁企业间协调关系、组织生产、制定生产标准等,政府对钢铁业的直接管理就能大大减少,从而集中力量来进行相关的宏观调控。因此,日本的钢铁产业政策大多是一些引导性的政策,引导钢铁业朝正确的方向发展。

3. 重视环境保护

可持续发展越来越受到各个国家的关注,这不仅要求我们要合理利用资源,建立节约型社会，还要在工业化的进程中减少对环境的破坏，注意对环境的保护。日本曾在其工业高速发展的20世纪六七十年代，也是钢铁工业发展到顶峰的时期，出现了对环境的严重破坏，引起了日本举国上下的关注，日本政府及时调整了产业政策，加大了对环境保护的力度。首先通过各种立法来打击破坏环境的企业行为，先后制定了公共水域水质保护法、工厂废水排放管理法等，同时也注意制定一些奖励政策，鼓励各钢铁企业节能减排。另外，对于环境保护设备的投资给予一定的税收优惠，支持企业可持续经营的改造。

4. 重点扶植大型企业

日本政府积极支持各大型钢铁联合企业的发展，其政策大都是根据大型企业的情况来制定的，兼顾其他中小型钢铁企业。这样的政策往往更有利于大型企业的发展，使它们逐渐壮大，获得规模经济，逐步成为日本钢铁工业的核心，从而尽可能地增加利润、降低成本。同时也鼓励企业间的强强联合，不断扩张企业的实力，使其在行业中的核心地位不断加强，这也在无形中加大了中小企业的竞争压力，恶化了生存环境，越来越多的中小企业面临倒闭，行业的集中度提高，这也在一定程度上更便于政府的管理。几个大企业不仅主宰国内的钢铁业，而且在国际竞争中也有很强的实力，在国际市场上获得较大的份额，为日本取得产钢大国的地位奠定了基础。

## 四、钢铁产业重组模式的借鉴

### （一）钢铁产业整合重组的主要模式

钢铁产业的整合重组存在多种模式，较为典型的是按参与重组企业的规模和产业整合所涉及的经济区域范围划分为以下三类：

**低粒度整合重组模式。**指低产能、低市值的中小型钢铁企业之间的合并，此类整合重组主要通过现、债交易方式实现资产融合，形成较松散的合作体系，大多发生在某国家或地区内部。这种区域内的低粒度重组模式下的产业整合动因大多是为了实现企业自身规模的快速扩张，以应对外部竞争，提高企业生存能力。

**强弱协同整合重组模式。**指大企业重组小企业，一般为具有比较优势的大型钢铁企业集团对地区内或国内实力较弱的地方钢铁企业实施兼并重组，少数情况下也有对国外经营不良企业的收购。在此类模式下，大型企业往往能够利用其市场、技术、管理等方面的优势，推动形成从原材料供应、生产专业化分工、研发平台与营销网络共享、人力资源配置到企业文化整合等较深层次的整合。例如，2007年宝钢并购八一钢铁，2003年美国US. Steel收购已破产的塞尔维亚

Sartid 钢厂以及米塔尔对哈萨克斯坦、南非等国钢铁企业的并购重组等。强弱协同模式下的产业整合重组不仅是为了扩大企业市场份额,更主要的动因是追求协同效应以降低生产经营成本、增强技术创新能力和融资能力等。

**强强联合重组模式。**指高产能、高市值的大型钢铁企业之间发生的并购重组,此类产业整合范围已不再局限于一国之内,其并购资金规模动辄数十亿甚至上百亿美元。例如,1999 年荷兰霍戈文公司与英钢联重组成立 Corus 集团,2003 年日本川崎制铁和 NKK 合并为 JFE 集团,以及 2006 年世界排名第一的米塔尔收购排名第二的阿赛洛集团等。在强强联合重组模式下,参与并购重组的多是具有明显规模经济效应的千万吨级跨国钢铁集团,直接收购已有一定规模的钢铁企业所带来的产能扩张成本要明显低于新投资建设的产能成本。且由于钢铁业发展的规律是在行业高峰期攫取利润、行业低谷期占领市场,对仍未走出低谷期的行业主导企业来说,其并购扩张的内在需求会越加强烈。就目前全球产业环境来看,由于世界主要发达国家和地区钢铁产业已基本完成国内整合,国际化重组是近年的主要整合趋势;而亚非、拉美地区钢铁企业的价值在一定程度上仍被低估,更有可能成为产业整合重组的重心。

(二)钢铁产业整合重组模式的演进

从 19 世纪末至今的世界钢铁产业发展进程中,各国家和地区不同模式的产业整合重组并不是同时出现的,而是在国家经济发展、现代企业制度不断完善、工业技术进步的推动以及世界经济的周期性变化影响下,逐步由区域内的低粒度整合、强弱协同整合过渡到跨区域的强弱协同整合,形成一定数量的高产能高市值大型企业后,才开始国际化强强联合重组。西方发达国家钢铁产业经过了五次并购浪潮的洗礼,已由成长期逐渐转入成熟期,考察分析其产业整合重组模式的演进过程,对尚处于成长期的我国钢铁业具有重要借鉴意义。综观世界钢铁产业的整合重组进程,美国、日本、欧盟地区钢铁产业通过不断地整合而相继崛起,其产业发展路径具有如下特征:一是并购重组的企业规模和交易金额由小到大,从中小企业间的低粒度整合重组、大企业对小企业的并购重组发展到大企业之间的强强联合重组,并购规模也从几十万美元上升至几百亿美元;二是产业整合的地域范围不断拓展,企业并购重组通常始于州、省,进而扩大到整个国家,最后形成实力雄厚的跨国钢铁集团;三是产业整合的推进机制一般由初期的中小企业自发重组逐步发展到政府主导或推动大型企业间的重组,随着国内整合的深入,市场力量又会重新占据主导地位,政府退回到提供规制和政策保障的角色。

### （三）美、日、欧盟及典型跨国钢铁集团整合重组的特点

由于钢铁产业具有规模经济性，整合重组始终是行业企业发展壮大、国家和地区经济实力提升的重要途径。如前所述，美国、日本、欧盟先后占据世界钢铁业龙头地位，发展到今天，许多大型钢铁企业已通过国际化重组形成了跨国集团，这些国家和企业集团的整合重组模式具有各自的特点。

首先，美国在最早两次并购浪潮中确立了产业领先地位，但到20世纪70年代，随着市场需求回落，全球钢铁产能出现了相对过剩。此种形势下，美国和欧盟都制定了危机应对方案，所不同的是，美国实行价格保护、对国内产业进口补贴等政策实际上削弱了国内钢铁企业并购重组的内在动力，在90年代众多企业纷纷破产的压力下才被动地进行产业整合重组；而欧盟国家在发现行业补贴使产能继续扩大（如法、德、比利时等）时，果断地采取了生产能力评估、审查补贴等抑制性措施，关闭落后企业，各国首先在政府支持下进行国内企业重组，然后是整个欧洲层面的整合，有效地减少了过剩产能，同时也降低了产业整合的社会成本。

其次，日本顺应20世纪六七十年代发生的第三次并购浪潮进行产业整合重组，取代美国成为世界第一钢铁强国。在新日铁成立之前，日本钢铁产业已达到高度集中。六大钢铁公司通过地区性兼并使其自身规模不断扩大，对产业集中度的提高有45%的贡献率。八幡和富士制铁重组成功的原因一方面是获得了日本政府的全力支持，另一方面是由于二者实为第二次世界大战前的日本制铁拆分而成，具有良好的合作基础和认同感。此后，在从90年代末至今的第四次并购浪潮中，日本政府不再介入具体企业重组项目，转而通过修改和制定法律法规来简化企业兼并时的手续，降低企业兼并成本，为强强联合式产业整合重组创造条件。

目前世界最大的跨国钢铁集团阿赛洛、米塔尔，通过一系列成功的并购重组成长为全球产业巨头，其并购与整合过程也具有鲜明特点：一是并购对象的选择，多为生产成本低或者成本压缩空间大、技术装备水平和国内市场占有率较高，但因经营管理不善而被低估的国有企业；二是并购策略的灵活性，视目标企业规模和运作状况，采取先租赁后收购、先部分控股再逐步扩大股份、联合收购等策略，并在谈判时以承诺不裁员、投入改造资金、承担债务或社会福利成本等方式赢得当地政府的支持；三是在保证被并购企业独立经营的前提下，注重管理模式的移植与知识、技术共享，以使被并购企业原有的生产要素与米塔尔的先进技术、管理体系相结合，从而发挥最大的协同效应。

## 五、我国钢铁业面临的挑战

### （一）从内陆向沿海转移

中国建设临海大型钢铁基地是建设钢铁强国的重要战略举措，2008 年 3 月 20 日国家发改委批复“同意广西防城港和广东湛江钢铁基地项目开展前期工作”，意味着南方两个千万吨临海大钢铁项目正式启动。“十二五”时期是我国钢铁工业布局调整的战略机遇期，钢铁产业沿海布局的特征也日趋明显。目前，我国依托沿海港口优势，已形成了曹妃甸钢铁精品基地、湛江沿海钢铁精品基地、防城港沿海钢铁精品基地、日照钢铁精品基地的基本格局。

### （二）从政策依赖向市场竞争转变

在国内钢铁业处于微利的情况下，国家对钢铁产业的宏观调控政策也很明确——控制产能，调整结构。在这种背景下，逼迫钢铁企业不得不向市场要效益，向全面的市场竞争转变。各钢铁企业的技术装备、能耗和污染物排放水平参差不齐，高能耗、高污染的落后设备在一些企业中仍占较大比重，跨区域重组的制度障碍依旧存在，市场机制在推进兼并重组中的作用不突出，重组后企业在业务和组织结构重组方面仍有较大困难，重组的协同效应难以发挥。今后一段时期，钢铁企业首要的任务是保证生存，提高盈利水平，不再一味追求规模扩张。

### （三）铁矿石金融化属性越来越明显

铁矿石是目前全球最后一个未被金融化的大宗商品，国际金融资本早就看到了全球铁矿石交易市场这块巨大的“蛋糕”，一直在想方设法能分一块。三大矿山改变沿用了四十多年的定价机制，一定程度上就是配合金融资本企图，为铁矿石定价的金融化奠定基础。年度定价模式已被指数定价、现货等定价模式取代，使钢铁企业面临高昂的铁矿石进口价格，价格波动也更为剧烈，使企业面临更具风险性的国际铁矿石市场。随着定价周期的缩短，现货矿的比重由原来的 30% 上升至当前的 60% 以上，无论是矿石供应商、贸易商还是终端企业，都面临波动日益剧烈的矿价。一旦未来铁矿石定价以指数期货为基础完全金融化，则我国钢铁业只能获取微薄的加工利润，即使在铁矿石垄断的格局被打破、铁矿石的供求关系发生改变的情况下，我国也难以获得铁矿石定价的主动权。因此，了解全球铁矿石衍生品市场有助于现货商规避市场波动风险。积极参与建立铁矿石期货，在世界铁矿石定价权上取得一定的主动权。

### （四）积极掌控海外铁矿石及煤炭等资源

世界铁矿石资源尤其是高品位的铁矿石，主要集中在澳大利亚、巴西、印度、南非四国，这四个国家出口的铁矿石占全球海运铁矿石的85%以上。2014年，我国分别从世界上67个国家或地区进口了铁矿石，从进口数量来看，主要集中在澳大利亚、巴西、南非三个国家，共进口7.63亿吨，占我国铁矿石进口总量9.33亿吨的81.8%。目前，世界铁矿石贸易主要集中在巴西淡水河谷、澳大利亚力拓和必和必拓这三大矿业公司手中。2009年，三大矿山公司分别出口铁矿石2.2亿吨、2.0亿吨和1.2亿吨，它们控制了世界海运铁矿石贸易总量的70%。中国、欧盟、日本、韩国及中国台湾是海运铁矿石的主要消费区域。特别地，我国在铁矿石海运贸易中的份额快速提高，2008年已接近50%，2009年更是快速增长到67%。因此，三大矿业公司实质上已经形成了对世界铁矿石海运市场，包括中国在内的进口市场的高度垄断。

## 第二节　我国钢铁业的产业组织分析

已有产业经济学研究指出产业组织结构对产业绩效影响非常大，为了进一步探究影响钢铁业的绩效特别是利润率下降的主要原因，本部分将借鉴已有的产业组织理论，运用SCP模型来分析我国钢铁业的产业组织结构和产业组织绩效，试图从产业组织结构入手来剖析我国钢铁业所面临的问题。

### 一、我国钢铁业的市场结构

#### （一）关于市场结构的认识

1. 市场结构的概念

关于对市场结构概念的界定，国内外学者对于市场结构概念的界定有两类代表性的观点：第一类认为，市场结构就是市场上的垄断竞争关系；第二类认为，市场结构就是市场关系及其决定因素的构成。

第一类观点主要是从张伯伦的垄断竞争理论中引申出来的。张伯伦本人并没有直接定义市场结构概念，但他按竞争垄断程度将市场形态划分为完全竞争、垄断竞争、寡头垄断与完全垄断四种类型的研究，这体现了他对市场结构本质的认识。国内有学者也从这个角度来理解和规定市场结构的含义，如王俊豪（1995）认为，市场结构主要是市场主体（企业）的构成及其相互关系，它在很大程度上决定了市场竞争或垄断程度。

第二类观点主要来自现代产业组织学的市场结构理论，现代产业组织学的创始人之一贝恩将市场结构作为产业组织理论研究的中心内容，他对市场结构的研究是通过考察同一产业中不同企业之间的关系及其决定因素来实现的。他将市场结构最突出特征归纳为卖者的集中程度、买者的集中程度、产品差异程度和进入壁垒的状况四点。其中卖者集中程度与进入壁垒的状况，贝恩认为是最为重要的两个因素(Ohlin,1968)。西方学者关于市场结构的定义一般均与以贝恩为代表的主流产业组织学派的市场结构概念基本吻合。克拉克森和米勒在所著的《产业组织:理论、证据和公共政策》教科书中将市场结构定义为“市场结构，即市场或产业结构涉及影响竞争过程性质的那些市场属性，它包括厂商的规模及规模的分布、壁垒和进入条件、产品差异以及厂商成本结构和政府管制的程度”(Clarkson and Miller, 1989)。泰勒尔在《产业组织理论》中，将市场结构理解为“市场结构即市场上卖者的数量、产品差异程度、成本结构以及供给者纵向一体化的程度”(1997)。

借鉴上述第二类观点，在本研究中，我们把钢铁业市场结构定义为影响钢铁业市场竞争过程和性质的市场属性，包括市场集中度、产品差别化和进入壁垒。

2. 市场结构的内容

决定市场结构的因素很多，主要有集中度、产品差别化、企业规模、企业进入和退出壁垒、市场需求的增长率、市场需求的增长率、市场需求的价格弹性等。根据市场结构理论及其应用的文献资料，研究一个产业的市场结构可以概括为四个方面:

**集中度研究**。市场集中度是用于表示在特定产业或市场中，卖者或买者具有怎样的相对的规模结构的指标。它是指在某一特定产业中，市场份额控制在少数大企业手中的程度，是反映特定产业市场竞争和垄断程度的一个基本概念。一般情况一下，卖者的数目越少，集中度越高，市场就越容易垄断；由一个非常大的企业和若干个小企业构成的市场，会比有较多规模相当的企业构成的市场更容易出现垄断。市场中还可能出现买方垄断，即为数较少的大买主同为数较多的小卖主讨价还价时，卖方很难将价格维持在高于正常利润以上。产业组织理论主要研究的是卖方集中度。

**产品差别化研究**。产品差异度是指企业以某种方式改变那些基本相同的产品，使得产品具有不同特征，从而引起买者对该产品的偏好。产品差异程度越大，则该产业的竞争性越弱，垄断性越强。但产品差别化不是坏事，社会和消费者宁愿承受一定程度的市场支配力，以换取消费水平的提高。产品差异一般分成两类，一类是真实的或客观的差异，主要包括产品的性能和设计差异、销售的地理位置差异等；另一类是人为或者主观的差异，主要包括买方的主观差异、买方的认知差异以及卖方的营销行为造成的差异。产品差异化是一种有效的非价格竞争手段，是市场经济下产业升级的必然结果，因此有必要研究产品差别化的现状以及影响因素，以体现一个产业组织的市场结构特征。

**规模经济研究。**规模经济的外延包括工厂规模经济、企业规模经济以及产业规模经济,工厂规模经济的形成是由于大批量生产体制和生产方式的建立和发展导致的长期平均生产成本的不断下降,企业规模经济是由于企业经营规模扩大所带来的经济上的有利性,产业规模经济是产业内分工和专业化的发展。我们通常指的规模经济一般是企业规模经济这一层次。

**企业的进入和退出壁垒研究。**对进入和退出壁垒的分析,主要是从新兴市场卖方主体的角度考察产业内原有企业和准备进入的新兴企业之间的竞争关系,以及最终反映出来的市场结构的调整。退出壁垒指的是现有企业在退出某个产业时所遇到的阻碍。在一般情况下,进入壁垒较高的产业,退出壁垒也较高;而进入壁垒较低的产业,退出壁垒也较低。

3. 市场结构的度量

市场结构的衡量指标大致包括市场集中度指标和市场绩效指标两大类。市场结构的四个决定因素中,市场集中度较之其他几个因素比较容易量化,它是对市场结构的直接衡量。市场绩效指标则是市场结构、市场行为、市场绩效三因素双向动态关系的体现,具体包含市场行为和市场绩效对于市场结构影响的各种信息(邓伟根,2001)。市场集中度指标的测量方法主要分为绝对法、相对法和综合集中度指标三种。

**绝对法。**市场集中度指标中的绝对法是指直接计算前几位企业在市场中的份额。根据统计处理方法的不同,绝对法又包括 CRn 指数和 EI 指数。

CRn 指数(concentration ratio, 简称 CRn)是指行业内规模最大的前几位企业的有关数值 $X$(可以是产值、产量、销售额、销售量、职工人数、资产总额等)占整个市场或行业的份额。

$$\mathrm{CRn} = \sum_{i=1}^{n} \frac{X_i}{X} = \sum_{i=1}^{n} S_i.$$

目前标准的 CRn 是计算前几位企业市场份额的和。由于 CRn 指标计算简单,直观易懂,容易获得所需资料,因此它为国内外在市场集中度的实证研究中广泛使用。

熵指数(entropy index,简称 EI,又称因托比指数)是因托比于 1997 年,借用信息理论中用以度量系统有序程度的熵提出来的。熵指数的公式为:

$$\mathrm{EI} = \sum_{i=1}^{n} S_i * \log(1/S_i).$$

其中,$S_i$ 表示产业中第 $i$ 位企业的市场份额,$n$ 表示产业内企业数。

由公式可见,熵指数实质上是对每个企业的市场份额 $S_i$ 赋予一个 $\log(1/S_i)$ 的权数。所以,它与 HI 指数相反,给予大企业的权数较小,而给予小企业的权数较大。由于 EI 的计算公式比较复杂,其数值又无直接的经济含义,因此,在实践中很少被使用。

**相对法**。相对法主要包括洛伦茨曲线(Lorenz curve)和基尼系数(Gini coefficient)。其中,洛伦茨曲线通过描绘行业中企业规模分布偏离均等的状况来反映市场集中程度。它表明市场占有率与市场中由小到大企业的累计百分比之间的关系。而基尼系数是由洛伦茨曲线衍生而来的相对集中度的量化指标:

基尼系数=均等分布线与洛伦茨曲线围成的面积/均等分布线以下的三角形面积

基尼系数的值在 0 与 1 之间变动,当基尼系数等于 0 时,表明洛伦茨曲线与均等分布线重合,产业内所有企业规模相等;基尼系数越是趋向 1,表明企业规模分布的差异越是明显。

**综合集中度指标——赫佛因德指数**。赫佛因德指数(Herfindahl index,简称 HI)也称赫希曼—赫佛因德指数(Hirschman-Herfindahl index),这个指标最初由 A. 赫希曼提出,1950 年由哥伦比亚大学的 O. 赫佛因德在他的博士论文《钢铁业的集中》中进一步阐述。由于它兼有绝对集中和相对集中度指标,同时能避免两者缺点,因而日益被人们所重视。该指数用公式表示为:

$$\mathrm{HI} = \sum_{i=1}^{n} S_i^2.$$

其中,$S_i$ 表示产业中第 $i$ 位企业的市场占有率,$n$ 表示产业内企业数。

从上式可以看出,赫佛因德指数给每个企业的市场份额一个权数,这个权数就是其市场份额本身。因此,HI 指数对规模较大的前几家企业市场份额比重的变化反应特别敏感。

4. 市场绩效指标

**勒纳指数(LI)**。勒纳指数量度的是价格与边际成本的偏离程度。计算公式为:

$$\mathrm{L.I.} = (P - \mathrm{MC})/P.$$

其中,$P$ 为价格,MC 为边际成本。勒纳指数并不代表企业潜在的垄断行为,反映的是企业的实际行为。另外,公式中边际成本是难以观测的,常用 AC 来代替。

**贝恩指数**。贝恩指出,在一个市场上,如果持续存在超额利润,一般都表明有垄断因素的存在,即集中程度很高。因此,贝恩通过对企业超额利润的衡量来判断市场垄断或竞争的强度。贝恩指数的计算公式为:

$$\mathrm{BI} = \mathrm{TTE}/V.$$

$$\mathrm{TTE} = (R - C - D) - \mathrm{IV}.$$

其中,$V$ 为投资总额,TTE 为超额利润,超额利润就是总收入 $R$ 减去当期成本 $C$、

折旧额 $D$ 和正常投资报酬 IV。

因此,贝恩指数实际上代表的是行业的超额利润率。贝恩指数越高,表示行业的垄断力越强。

5. 市场集中与市场结构的关系

上文提到市场结构的构成要素很多,但根据市场结构理论及其应用的文献资料,最主要的因素是规模经济、市场集中和进入壁垒。其他的许多因素可以直接或间接地归入这三者之中(见图 2.1)。

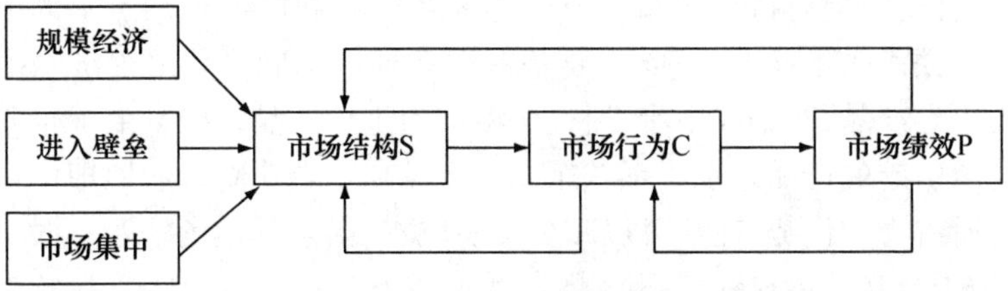


**图 2.1 SCP 分析模型结构**

资料来源:金培(1999)。

前两个因素可归结为企业规模差异,后一个因素则是企业的数量。而产业集中度概念的引入,是用来同时反映这两个因素,来决定一个行业是垄断的市场结构还是竞争的市场结构。市场集中度是以寡占垄断理论为基础,反映在某一特定产业中市场份额控制在若干最大企业手中的程度,是衡量产业竞争和垄断程度的主要指标,也是市场结构定位和产业政策取向的重要依据。哈佛学派认为,市场集中度作为市场结构的一个重要因素,对企业行为和经济绩效的影响最大。产业组织理论把市场集中度作为考察市场结构的首要因素。在一些经济文献中,市场集中度一般都作为决定市场结构的主要因素进行分析,用于表示在特定产业或市场中,卖者或买者具有怎样相对的规模结构的指标。由于市场集中度是反映特定市场的集中程度的指标,所以它与市场中垄断力量的形成密切相关,也正因为如此,产业组织理论把市场集中度作为考察市场结构的首要因素。

### (二)我国钢铁业市场结构状况

在四种市场结构中,一般认为钢铁企业是属于寡头垄断行业,但我国的钢铁业却呈现出完全竞争格局,这种格局对我国钢铁业同时保持竞争和长期高额利润提出了挑战。下面通过对产品差别化、规模经济、进入壁垒、退出壁垒、市场容量和产业集中度对钢铁业的市场结构进行分析。

1. 产品差异化

产品差异化是指同一产业内不同企业的同类产品由于质量、性能、式样、销售服务、信息提供、消费者偏好等方面存在的差异导致的产品间替代关系不完全性的状况,或者说是特定企业的产品具有独特的可以与同行业其他企业产品相区别的特性。产品差异化是决定市场结构的一个主要因素,决定了市场集中度的水平。扩大企业间的产品差别,就会使同一产品的不同企业的产品减少了可替代性,也就意味着企业在市场竞争中的区别较为鲜明,提高了市场集中度,发挥了规模经济,获得可持续利润。产品差异化的来源主要有:(1) 不同钢铁企业所生产的钢铁产品本身的差别,主要是钢铁品种的不同。如山东济钢主要是以中厚板为主导产品,莱钢以中小型材、H 型钢为主导产品。(2) 由于企业销售条件的不同所引起的产品差别。钢铁企业的产品在本企业附近的地理位置上和交通运输上所占有的优势,往往可以减少交易成本,封杀其他竞争者。据不完全统计,每增加千米吨的钢材铁路运输将会增加成本 4%。(3) 品牌差异。购买者在心理上相信一些企业产品存在的差异,即企业的信誉问题,这是由于钢铁企业在生产和销售过程中为顾客提供优质服务,塑造良好的企业形象,加强顾客的产品忠诚度所形成的人为差异。由于我国钢铁产品内在质量差别很小,产品在市场上基本同质,消费者对其外观质量及包装都要求不高,钢铁企业的差别化程度比较低,因此企业之间不易通过产品差异化来提高价格、排挤竞争对手。这也是企业能够大量进入该行业的原因之一。

2. 规模经济

所谓规模经济,一般认为是指随着生产和经营规模的扩大而收益不断递增的现象,通常又被称为规模的“收益递增规律”。按照权威性的包括拉夫经济学辞典的解释,规模经济指的是,对于某一产品(无论是单一产品或复合产品),如果在某些产量范围内平均成本是下降或上升的话,我们就认为存在规模经济或规模不经济。从国际钢铁工业的发展历程来看,钢铁业是一个典模经济行业,其企业组织规模和企业经济效益之间存在很强的依存关系,其企业组织规模的大小主要取决于主导设备功率的大小和市场占有率的高低。从我国钢铁业的发展历程来看,新中国成立以来,我国的钢铁工业取得了巨大的成就。从 1996 年首次超过 1 亿吨大关、跃居世界第一以后,我国钢产量连年增长,并一直保持钢产量世界排名第一的位置。但总体来看,我国钢铁业的综合竞争力仍较弱,突出表现在产业组织的整合程度较低,效率低下,尚未实现规模经济。

3. 进入壁垒

进入壁垒是指新企业在进入该产业时所遇到各种不利因素和限制。产业组织理论认为,进入壁垒可以分为经济壁垒和政策壁垒,经济壁垒又可分为产品差异和规模经济。钢铁工业是一个“高起点、大批量、专业化”的产业，其进入需大规模的投资，因而进入壁垒很高。但长期以来，由于我国钢铁市场巨大的需求潜力，钢铁市场供不应求的状况一直得不到有效解决，近几年来我国钢产量均小于需求量，整体上我国钢铁产量小于需求的局面仍未打破。加上最近几年国家经济的持续增长，房地产和汽车市场的快速发展以及对钢铁市场的巨大需求，吸引着资金流向钢铁企业，只要经济条件允许，这种流动就会发生。相对于工业化国家，我国钢铁工业市场存在进入壁垒失效的问题。

**规模经济壁垒的失效**。钢铁业是规模经济显著的行业，现存企业为追求利润最大化，必然努力使自己达到规模产量，以获得规模效益，增强成本优势。新企业的进入意味着现有企业市场份额的减少，规模效益降低，也给潜在企业起到了不好的示范作用。从生产布局来看，目前我国内地31个省、直辖市、自治区，除了西藏之外，全部都有钢铁企业。过去是计划经济和战备观念有意分散布局，后来又有地方政府和投资方的急功近利，使全国钢铁生产企业从大约600家迅速扩张到1 000多家，遍地开花。这样准入门槛低，使得相当数量的企业生产规模、技术水平低、设备老化，国际上许多淘汰的工艺和装备在这些企业中大量存在，这就必然导致高能耗、高污染、低效率，类似当年的小化肥、小水泥。随着技术进步，平炉被淘汰，转炉、电炉、薄扛连铸被推广，从炼钢开始短流程炼钢方式已渐成气候，这也促使准入门槛降低。但钢铁业物流是大出大进的，全国遍地开花，我国又不重视水运，过分依赖铁路更造成运力紧张。这种情况不仅影响了钢铁企业规模经济效益，而且严重影响了钢铁业的整体发展。

**产品差别壁垒失效**。我国钢铁产品结构不合理、产品档次低、产品差别小。一方面，高档次的板材产品供不应求，需要大量进口。例如，2004年我国进口钢材自给率已超过100%，但钢板只有七成左右，热轧及其他表面处理的薄板等产品占钢材进口的2/3，冷轧、镀锌、硅钢板的进口依赖一直在50%左右。另一方面，由于我国钢铁业的产业集中度低，不少钢铁企业规模小，技术水平又低，又只能生产长线产品，因此长线产品尤其是建筑用钢产能还在迅速扩大。这就导致低附加值的线材产品在我国钢铁生产中比例过高，而对于长线产品来说，由于受国内基建项目和建筑业的影响较大，一旦建筑业的需求下降，这类产品将供过于求。

**政策壁垒失效**。2005年以前，我国的钢铁产业几乎不存在明确的政策性壁垒。地方政府及一些部门出于自身利益的考虑，不但没起到用政策导向构筑进入壁垒的作用，反而竞相铺摊子、上项目、重复建设与引进、搞自成体系，加剧了钢铁工业投资和生产的分散化倾向。各地政府为了提高自身的收入，不加限制地允许小企业对钢铁进行投资，企业在进入钢铁业的资本、绝对性费用、政策、法律等方面几乎不存在壁垒。这种低壁垒为企业进入大开方便之门。当前我国钢铁企业数目繁多、规模经济效益不显著就是最好的例证。2005 年 7 月 20 日，我国颁布了《钢铁产业发展政策》，规定我国今后原则上不再大幅度扩大钢铁生产能力，而要提高准入门槛，淘汰落后产能。国家支持大型钢铁企业进行跨地区的联合重组和股份制改革并争取上市。通过钢铁产业组织结构调整、实施兼并和重组，提高产业集中度，促使钢铁综合竞争能力达到国际先进水平。

4. 退出壁垒

退出壁垒，就是企业在退出某个行业市场时所遇到的限制等，很显然，进入壁垒的因素和退出壁垒的因素密切相关。一般来讲，进入壁垒低的行业，退出壁垒也较高，行业垄断就较高。钢铁企业工序较多，从原料处理到炼钢、炼铁、轧钢的一体化生产，迫使加入者必须联合进入，一条小规模的生产线也要几亿元的投资，建一个有竞争力的现代化的轧钢厂则需要几十亿元的资金，退出成本也较高，因为设备的专用性强，固定成本高。因此，钢铁业属于进入和退出壁垒比较高的行业，应该有较高的垄断利润。但正如前述，因为利益的驱使和地方政府的作用，我国钢铁业也只有表象的高壁垒和限制，实质上大量企业涌入，使行业陷入了激烈的竞争，没有形成垄断利润，影响了行业整体的长远发展。

5. 市场容量

2002 年我国钢铁表观消费量达到了 2.1 吨，产量为 1 亿吨，2003 年我国钢材表观消费量 2.66 亿吨，比 2002 年增长 25.95%，钢材产量 2.41 亿吨，同比增长 25.50%；2004 年中国表观消费量为 3.1 亿吨，同比增长 17%，钢产量超过了 2.7 亿吨，同比增长 12%。2012 年我国钢材表观消费量为 9.13 亿吨，钢材（含重复材）产量为 9.5186 亿吨，增长 7.7%。2013 年中国钢材表观消费量为 10.19 亿吨，钢材产量首次突破 10 亿吨，达 10.6762 亿吨，同比增长 11.4%。2014 年我国钢材表观消费量为 10.46 亿吨，比上年同期增长 2.6%，全年钢材产量达 11.26 亿吨，同比增长 4.5%。我国钢铁消费的持续增长和巨大空间反映了经济的高速发展对钢铁的持续走高，并对世界钢铁市场的复苏和良好表现起到了支撑作用。可以预见，在短期内，国内这种状况将会持续。然而从全球范围来看，钢铁产能已经严重过剩，2001 年全球钢铁产能就已经达到了 11 亿吨，但钢铁产量为 8.3 亿吨，世界各国的钢材出口商，挟过剩的生产能力，都想进入加入 WTO 的中国市场，占有一块市场。2003 年年初，日本 JFE 集团宣布，将与日本商社联手投资 250 亿日元在中国建设钢厂。韩国浦项制铁公司在中国已有四个合资公司，俄罗斯也对中国市场虎视眈眈。中国的市场已不仅是国内企业的市场，而且成了国际的市场，随着我国钢铁企业的盲目扩张和国外企业的大举进入，市场必将供大于求，我国的钢铁市场容量必将达到饱和，必须建立正确的产业政策和行业规划，控制好规模。

6. 产业集中度

根据HHI 指数的测算方法，我们分别统计了我国钢铁业2005—2010 年的企业层面和产品层面的集中度情况，如表2.2 所示。

**表2.2　按产品类别分类的钢铁业产品结构、产品垄断性(2005—2010)**

| 市场结构、产品结构 \ 年份 | | 2005 | 2006 | 2007 | 2008 | 2009 | 2010 |
|---|---|---|---|---|---|---|---|
| 市场结构 HHI | | 5.6 | 5.4 | 5.1 | 4.5 | 4.5 | 4.7 |
| 产品结构 | 非合金钢连铸方坯 HHI | 3.6 | 3.6 | 4.8 | 3.8 | 4.1 | 4.0 |
| | 四大家市场份额(%) | 21.6 | 23.7 | 35.1 | 24.9 | 21.8 | 22.7 |
| | 低合金钢连铸方坯 HHI | 3.9 | 4.0 | 4.5 | 4.4 | 4.2 | 4.5 |
| | 四大家市场份额(%) | 22.9 | 23.2 | 34.7 | 25.5 | 23.1 | 23.5 |
| | 非合金钢连铸板坯 HHI | 10.0 | 9.4 | 10.5 | 8.4 | 8.8 | 7.0 |
| | 四大家市场份额(%) | 60.1 | 59.4 | 64.3 | 53.3 | 56.7 | 49.1 |
| | 低合金钢连铸板坯 HHI | 8.7 | 9.6 | 11.0 | 11.2 | 16.0 | 11.3 |
| | 四大家市场份额(%) | 45.2 | 44.2 | 43.8 | 34.8 | 19.7 | 17.0 |
| | 非合金钢线材 HHI | 4.7 | 4.6 | 5.2 | 4.6 | 4.5 | 4.8 |
| | 四大家市场份额(%) | 26.9 | 26.0 | 35.5 | 24.9 | 22.7 | 22.4 |
| | Ⅱ级钢筋 HHI | 3.6 | 3.6 | 4.0 | 3.8 | 4.1 | 3.9 |
| | 四大家市场份额(%) | 25.8 | 25.2 | 32.9 | 24.7 | 26.4 | 27.0 |
| | Ⅲ级钢筋 HHI | 7.7 | 6.5 | 5.6 | 6.2 | 7.8 | 5.9 |
| | 四大家市场份额(%) | 10.8 | 12.1 | 18.6 | 21.1 | 22.2 | 20.4 |
| | 非合金钢圆钢 HHI | 13.4 | 10.2 | 9.8 | 11.6 | 10.2 | 58.3 |
| | 四大家市场份额(%) | 34.4 | 36.3 | 48.5 | 42.5 | 34.4 | 2.2 |
| | 非合金钢中板 HHI | 7.3 | 8.7 | 8.2 | 7.0 | 6.8 | 6.8 |
| | 四大家市场份额(%) | 32.6 | 20.4 | 32.5 | 22.1 | 18.5 | 20.6 |
| | 非合金钢中厚宽钢带 HHI | 12.4 | 13.4 | 13.6 | 11.3 | 11.7 | 9.9 |
| | 四大家市场份额(%) | 36.7 | 40.9 | 45.9 | 51.4 | 53.8 | 52.5 |
| | 热轧薄宽钢带 HHI | 34.2 | 40.3 | 22.8 | 23.7 | 23.8 | 22.7 |
| | 四大家市场份额(%) | 70.8 | 67.9 | 59.3 | 62.2 | 59.6 | 59.0 |
| | 冷轧薄宽钢带 HHI | 21.1 | 16.1 | 17.1 | 16.5 | 15.0 | 14.4 |
| | 四大家市场份额(%) | 87.7 | 64.8 | 65.1 | 60.3 | 63.6 | 66.5 |
| | 热轧窄钢带 HHI | 10.4 | 11.0 | 10.9 | 11.8 | 12.0 | 14.0 |
| | 四大家市场份额(%) | 10.3 | 10.5 | 17.9 | 15.2 | 13.4 | 12.6 |

注：四大家市场份额指的是宝钢、鞍钢、首钢和武钢的市场份额总和。

资料来源：中国钢铁工业协会。

从企业层面的市场结构来看，我国大中型钢铁企业市场集中度2005—2010

年一直处于下降的趋势,对照美国司法部定出的标准,我国的大中型钢铁企业处于竞争型状态,与寡占型市场结构相差很远。

从产品层面的市场结构来看(见表2.3),在我们一共统计的13类钢铁产品中,热轧薄宽钢带的市场集中度较高,处于寡占型区间内,四大家对该钢铁产品市场份额达到了59%。另外,产品的市场集中度最高的是非合金钢圆钢,处于高寡占型区间,但四大家对该产品的市场份额极少,只有2.2%。

**表2.3　以HHI值为基准的市场结构分类**

| 市场结构 | 寡占型 | | | | 竞争型 | |
|---|---|---|---|---|---|---|
| | 高寡占型1 | 高寡占型2 | 低寡占型1 | 低寡占型2 | 竞争型1 | 竞争型2 |
| HHI值<br>0 < HHI < 100 | 30 < HHI | 18 < HHI<br>< 30 | 14 < HHI<br>< 18 | 10 < HHI<br>< 14 | 5 < HHI<br>< 10 | HHI < 5 |

注:美国司法部(Department of Justice)利用HHI作为评估产业集中度的指标,并且定出以上标准。

## 二、钢铁业的市场行为

市场行为是指一个产业在一定的市场结构基础上,为了实现更优的市场结构和良好的市场绩效而采取的一种策略行为。就目前的情况来看,我国钢铁业主要的市场行为包括调整价格、联合重组和掌控上游资源。

### (一)调整价格

价格行为是指企业为了击败竞争对手、争取更多的市场份额,而采用的降低价格获取垄断利润的行为。但我国钢铁产业集中度不高,单个企业无法通过调整自身价格来影响市场价格,因而不能获取垄断利润。

### (二)联合重组

联合重组是提高企业竞争力、改善市场集中度的一个重要因素。弱弱重组、强强联合无疑是提升我国钢铁业市场集中度的一个重要途径。但是,由于我国钢铁市场需求旺盛,每个企业都有自己的发展空间,各企业各自为营,没有进行联合重组的动力,因此是无法提升优化市场结构的障碍。

### (三)掌控上游资源

由于我国铁矿石资源禀赋差异以及海外铁矿石的综合成本优势,使我国70%以上的铁矿石要靠进口供应。世界铁矿石资源主要集中在四个国家,贸易被三大矿山公司垄断。根据有关机构对世界主要矿山扩产计划的调查,2015年全球铁矿石产能将达到26亿吨,其中,4.76亿吨是确定实施的项目,5.95亿吨是有意向实施的新增产能。从具体时间表来看,4.76 亿吨基本在 2011—2015 年逐年释放,不会造成明显的供应过剩。由于矿业投资主体的高集中度,5.95 亿吨意向产能非理性实施的可能性很小。因此,尽管海外矿山的供应将会有所增加,但全球铁矿石供需基本平衡甚至供应偏紧的状况,在较长时间内仍将继续。其次,在未来的铁矿石供需链上,由于三大矿山拥有世界级铁矿石资源,开采成本低,市场竞争优势十分显著,它们仍将继续保持强势地位。

## 三、我国钢铁业整体市场绩效转弱

### (一) 我国钢铁业市场绩效的业界分析

中国钢铁工业在第九个五年规划一直到"十一五"规划时期都保持较快速度发展,年均增速在 20% 以上。李新创指出,"十一五"期间除 2008 年经济危机影响产量与上年几乎持平外,2006 年、2007 年、2009 年我国钢铁产量分别同比增长 18.7%、16.7% 和 12.64%,增速逐步下降,而 2010 年钢铁业增速为 9.26%,降到了个位数。根据中国钢铁工业协会的统计,2014 年大中型钢企实现销售收入 35 882.07 亿元,同比下降 2.98%;实现利润 304.44 亿元,同比增加 87.54 亿元,增幅 40.36%。值得注意的是,上述利润主要是副业支撑。据中钢协常务副会长朱继民介绍,304.44 亿元的利润中主业利润仅有 80 多亿元,副业收入主要来自投资收益、营业外收入等。虽然整体利润有所提升,但仍有企业处于亏损之中。2014 年钢铁业累计亏损面 14.77%,同比下降 4.55 个百分点;亏损额 117.47 亿元,同比下降 8.02%;销售利润率为 0.85%。从利润的构成情况来看,主营业务保持盈利,但盈利水平很低。与其他产业相比,0.85% 的销售利润率在整个工业行业中垫底。

根据中国钢铁工业协会提供的数据,中钢协副秘书长李新创对我国钢铁业 1999—2011 年 9 月的行业平均利润率进行整理发现:认为,目前钢铁业所面临的问题具体体现在"三高两低",所谓"三高":第一高是全球钢铁市场需求处于高位;第二高是全球钢铁产能过盛导致全球钢产量处于高位;由于钢铁业发展与支撑所需要的原料不能够及时有效供应,造成第三高,即原料成本居高不下。由此造成了"两低":一低是目前全球钢铁业特别是以中国钢铁业为代表的整个行业效益非常低;二低是整个行业处于低位发展阶段。截至 2011 年 12 月,我国钢铁业盈利水平跌至历史最低水平(见图 2.2)。

### (二) 我国钢铁业市场绩效的学界研究

以上关于我国钢铁业市场绩效的介绍来自钢铁业业界的一些分析、评论和报告,而在学术界内,也有不少学者针对我国钢铁业的现状展开了深入的研究和

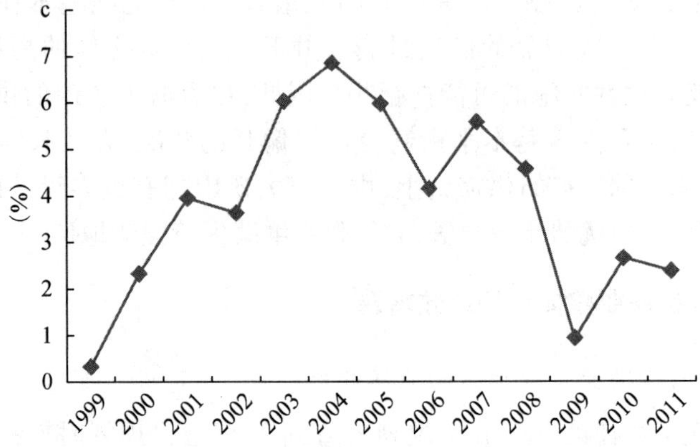


**图 2.2　我国钢铁业 1999—2011 年的年平均利润率(%)**

注:2011 年的平均利润率为 1 月到 9 月的平均值。

资料来源:美尔雅期货公司。

分析。接下来,我们沿着之前学者的研究脉络对此类研究作出梳理和总结。

1. 钢铁业市场结构和市场绩效分析

前文中已经提到,关于产业市场结构的研究主要包括集中度、产品差异化、规模经济、进出壁垒等内容,很多学者也是按照这些研究内容对我国钢铁业的市场结构与市场绩效的关系展开了分析和研究。

徐康宁(2006)认为,中国钢铁产业集中度不高,而且处于下降趋势,主要有三个方面的原因:一是大型企业内部积累和外部扩张缓慢,发展速度低于产业发展速度。如同马克思(1867)所说,在市场的规模上,资本的积累远远赶不上资本的集中。值得一提的是,我国的钢铁企业资本积累过慢还有其自身的特殊原因,许多大型钢铁企业受一时市场利益的诱惑,在产业快速增长的时期脱离了钢铁主业,将稀缺的资本用于不可靠的多元化经营,特别是非相关的多元化经营。和国际上成熟的钢铁大型企业不同,国内众多钢铁大型企业都有过"脱主业化"经营的历史或现状,比如,大型钢铁企业之一的首钢在主业之外,曾用了 4 年的时间寻求新的发展主业,即芯片研制和生产,计划投资 110 亿元,但最后的结果是宣布放弃该项目。二是市场准入壁垒低,企业进入过度。由于国内处于工业化的中期阶段,钢铁业的投入产出见效快,市场利益明显,在没有产业进入限制的情况下,短期内就出现大量产业新进入者的状况。而且,这一轮的钢铁产业扩张中,新进入者的主体基本上是民营经济。三是钢铁工业对本地的产业结构变化有重要影响,促进工业化的绩效比较明显,而且税收贡献大,地方政府从本地区利益出发,往往会积极新上钢铁项目或扩大钢铁生产能力,这在无形中对小规模企业也起到了保护作用。“九五”和“十五”期间，大部分省份都在加快钢铁工业的发展，共有19个省、自治区、直辖市把钢铁产业作为自己的支柱产业，其结果是我国的钢铁产量高居世界第一，但产业集中度却在世界上处于较为落后的水平。

冶金工业经济发展研究中心课题组(2006)开展了提高我国钢铁工业集中度的研究，该课题组分析比较了国内外钢铁集团发展的主要特点，得出我国钢铁企业的成长发展模式与国外钢铁企业相比有很大不同，主要以各企业的自身规模扩张为主，平行发展。该课题组提出了我国钢铁业兼并重组过程中，遇到的主要障碍包括企业产权制度、管理体制、财税体制、劳动人事与社会保障体制等方面的缺陷以及市场竞争的激烈程度对产业重组压力不足。在此基础上，该课题组提出了关于提高钢铁产业集中度的设想，包括确定钢铁工业产业组织结构调整的目标和方向；率先推进国有钢铁企业联合重组，发挥政府的主导作用；结合重组和产业布局，兼顾区域内重组和跨地区重组；结合搬迁、新建与企业重组，通过增量资产带动存量资产重组；积极推进剩余范围内中小型钢铁企业联合重组等建议措施。

2. 我国钢铁业的企业数量、进入壁垒、退出壁垒与市场绩效的关系

在产业层面上，西方学者一般认为新企业进入对产业现有市场结构和利润率的冲击并不大，但进入行为在原则上可以导致价格降低和利润缩小是毋庸置疑的(Geroski,1991)。Dunne *et al*.(1988)使用美国五次工业普查的数据对进入退出行为进行了综合性描述，得出了一系列普遍性结论：在1973—1978年，美国产业的平均进入率达40%；新进入企业的数量虽然众多，但规模平均只相当于原有企业的25%左右；新进入企业对市场份额的渗透并不激烈，总体渗透率平均为8.3%。Schwalbach(1991)的研究也得出了类似的结论。Geroski(1989)则通过实证研究指出，进入对利润率的影响是较微弱的，而这实际上反映了普遍较高的进入壁垒。总的来说，在西方学者看来进入普遍存在但影响有限，他们也并不担心进入会造成产业绩效低下的问题。

国内许多学者在研究进入行为如何影响行业的市场结构和绩效时往往使用由Bain提出并被日本学者广泛采用的“过度竞争”或“过度进入”概念，认为新企业进入是产业集中度低、产业亏损加剧和利润率低下的直接原因。理论探讨或描述某个产业“过度进入”现象的文献较为丰富，但实证研究则很少，有代表性的是秦海(1996)和曹建海(2000)的研究。他们的研究均涉及多个产业，其中包括钢铁产业。秦海认为我国钢铁产业存在严重的过度竞争现象，这是我国钢铁产业处于弱势的主要原因。曹建海则认为我国钢铁产业存在过度进入现象，新企业的过度进入与过度竞争之间存在密切关系。罗云辉和夏大慰(2002)、唐

要家(2004)已指出了他们研究中存在的某些不足,另外他们的研究中也同样存在使用两位数产业进行产业分类的问题。

黄健柏等(2006)在评述了研究企业进入行为的影响因素和市场效应的相关国内外文献基础上,提出了一个研究企业进入与行业利润率之间双向动态关系的分析框架。黄健柏等人运用向量误差修正(VEC)模型将企业进入和行业利润率纳入一个统一的框架内,分析了我国钢铁业近年来高速发展过程中的企业进入和利润率变动,解释了为什么在利润率为负的情况下某些产业中的企业进入仍然十分剧烈,此外,黄健柏等人还从跨产业比较的角度测度了四个亚产业的进入壁垒和竞争强度。

3. 基于因子分析的我国钢铁业市场绩效评价

戴魁早(2008)认为应该从市场绩效的视角来考察钢铁业的集中度问题。经典的产业组织理论认为,市场绩效是产业中主要企业在既定市场集中度下,其行为所导致或形成的产业的资源配置效率和利益分配状态,而通过研究产业的市场绩效能够判断出集中度的合理性程度(杨公朴和夏大慰,2006)。因此戴魁早(2008)借助因子分析模型,通过对反映了钢铁业市场绩效状况的核心企业绩效的分析来考察我国钢铁业的集中度问题。在他的研究结论中,一共提取了影响我国钢铁业市场绩效的四个公共因子,分别是盈利能力、营运能力、成本费用和偿债能力。其中,盈利能力包括总资产综合利用效果、销售收入的收益水平、生产经营过程中发生的耗费与获得的收益;营运能力包括资产增长率和资本保值增值率;成本费用包括销售成本水平、销售费用率和销售间接费用率;偿债能力包括流动资产周转次数和资产负债率。该研究最终得出的结论认为我国钢铁企业总体市场绩效水平不高;生产规模是影响我国钢铁业市场绩效的重要因素但不是唯一因素,钢铁企业的布局和产品差异程度也对钢铁业的市场绩效产生重要影响;临近市场型钢铁企业的市场绩效要好于资源依托型钢铁企业的市场绩效;生产规模较大的钢铁企业(如鞍本集团、宝钢、武钢、邯钢等)的营运能力和偿债能力有待提高。

4. 关于我国钢铁业技术效率及其影响因素的研究

关于我国钢铁业技术效率及其影响因素研究的主要文献都发表在国际期刊上,说明国际学者对中国钢铁业的技术效率给予高度重视。代表性研究有:

Kalirajan and Cao(1993)以1988年(改革开放10年)中国钢铁业统计年鉴数据为基础研究了经济改革政策对我国钢铁企业技术效率的影响,该研究指出1988年我国钢铁企业的产量只达到了产量潜能的60%。另外,关于经过改制后的我国钢铁企业,只针对自己能够控制的投入项目进行经济规划,而对由政府计划控制投资项目不予以关注。

Steinfeld(1998)通过案例分析指出,20 世纪 90 年代,因为国家政府部门对首钢和鞍钢在预算方面(融资和投资管理)管理失误,导致企业亏损和技术效率低下。另外,针对 90 年代国有大型钢铁企业的技术效率相对其他钢铁企业普遍低下的现象,Steinfeld 认为国家当时提出的"抓大放小"的政策尚有缺陷,大型国有企业仍然有很大的改进空间。

Oleksandr Movshuk(2004)研究了中国国有钢铁企业 1988—2000 年的企业改革、重组对其生产力变化和技术效率变化的影响,得出两点结论:首先,我国大型国有钢铁企业生产前沿面(TFP)呈现上升趋势(1988—2000 年),但是技术效率并没有呈现显著改善,甚至在 90 年代中期在下降;其次,大型钢铁企业相对小规模企业并没有显著的效率优势。

Ma *et al.* (2002)通过中国钢铁业 1989—1997 年的数据,选择了 88 家钢铁企业,研究了企业的产品结构对其技术效率的影响。Ma 等人分析了不同类型的钢铁产品在中国的应用范围,比如长材多应用于基础建设行业,板材多应用于生产制造行业等;另外,在研究企业效率时,所有的 88 家钢铁企业根据其生产的钢铁产品被分为四个组,分别为 PCF(生产生铁、粗钢、成品钢材)、CF(生产粗钢和成品钢材)、F(生产成品钢材)和 P(生产生铁)。该研究的结论指出企业的产品结构在所有因素中对技术效率的影响是最强的。F 类型的钢铁企业的平均技术效率达到了 90%,而 P 类型的钢铁企业的平均技术效率只有 54%。该结果体现了钢铁产品靠近下游产品线的技术效率相对靠近上游产品线较高。

### (三) 我国钢铁业及其各子行业企业市场绩效的现状

根据中国产业分类代码,我们在分析我国钢铁业整体市场绩效时,将研究对象定义为黑色金属冶炼及压延加工业。在我国产业分类代码中,钢铁业的各子行业包括炼铁业、炼钢业、钢压延加工业和铁合金冶炼业。在下文中,按照我国产业分类代码分别列示我国的钢铁工业及其各子行业的企业数量和成本变化数据。

1. 企业数量变化分析

**总体分析。**2001—2009 年,我国钢铁工业企业数量(指按规以上工业独立核算法人企业的历年年末统计数据,与国家统计局统计时点变更, 2007—2009 年的实际计时间为当年 11 月末, 下文亏损数和亏损率等相关标亦同)快速增加,由 3 155 家增长到 7 754 家,年增长率为 11. 90%;其中亏损企业数量由 754 家增长到 274 家, 年均增长率为 14. 80%; 2001—2007 年, 损企业亏损额(2007—2009 年的实际统计区间均为当年的 1—11 月份,下文主营业务收入、主营业务成和主营业务毛利率等相关指标亦同,本文未作年度调整)相对较小,最低为2002年的25亿元,最高为2005年的100亿元,但在2008年跃增到187亿元,同比增加138亿元, 2009年进一步增长到256亿元;亏损企业比率最高为2009年的29.33%,最低为2003年的16.09%。

**铁合金行业**。2001—2009年,铁合金行业企业数量由568家增长到1 624家,年均增长率为14.35%,其中,2001—2005年,铁合金行业企业数量增长较快,2006—2009年增长平稳;亏损企业数量由237家增长到690家,年均增长率为14.25%;2001—2008年,亏损企业亏损额相对较小,最低为2004年的5亿元,最高为2006年的18亿元,但在2009年跃增到46亿元,同比增加30亿元;亏损企业比率最高为2009年的41.57%,最低为2007年的23.63%。

**炼铁行业**。2001—2005年, 炼铁行业企业数量由903家波动上升到1 061家的最高点, 从2006年开始呈现出逐年递减趋势,到2009年企业数量减少到752家,这一方面是由于2006年以来国家淘汰落后产能工作在炼铁环节得到了较好的体现, 另一方面是由于2008年以来国际金融危机的蔓延使部分炼铁企业停产倒闭所致。2001—2009年,亏损企业数量分别为188家、176家、133家、183家、295家、263家、188家、244家和244家;2001—2007年,亏损企业亏损额相对较少,最低为2003年的4亿元,最高为2005年的14亿元,但在2008年跃增到20亿元,同比增加13亿元,2009年进一步增长到26亿元;亏损企业亏损额由4亿元增加到23亿元,年均增长率为24.26%;亏损企业比率最高为2009年的32.450%,最低为2003年的15.76%。

**炼钢行业**。2001—2009年, 炼钢行业企业数量分别为286家、264家、267家、306家、385家、391家、389家、370家和350家;其中亏损企业数量分别为46家、49家、34家、70家、104家、76家、62家、96家和92家;2001—2007年,亏损企业亏损额相对较少,最低为2007年的4亿元,最高为2005年的10亿元,但在2008年跃增到37亿元,同比增加33亿元,2009年小幅降低到31亿元;亏损企业比率最高为2005年的27.01%,最低为2003年的12.73%。

**钢压延加工行业**。与其他三个子行业不同,2001—2009年,钢压延加工行业企业数量增速始终较高, 由1 699家增长到4 992家,年均增长率为14.42%;其中亏损企业数量由353家增长到1 073家, 年均增长率为14.91%;2001—2007年,亏损企业亏损额相对较少,最低为2002年的8亿元,最高为2005年的6亿元,但在2008年跃增到11亿元,同比增加8亿元,2009年进一步增长到17亿元;亏损企业比率最高为2009年的21.49%,最低为2003年的12.79%。

综合上述分析,可以看到在钢铁工业各子行业之间,企业数量变化有很大的不同。在铁合金行业,近年来尤其是金融危机以来行业竞争日益剧烈,但是,仍有不少企业利用区域基础资源条件(硅石、兰炭等)在利益刺激下投入铁合金的生产；而在炼铁和炼钢行业，在国家淘汰落后、节能减排的压力和行业竞争的驱动等因素共同作用下，企业数量均出现减少；钢压延加工行业与铁合金行业类似，虽然近年来亏损企业数量及亏损额大幅增加，但在下游行业需求日益多样化、高级化等因素的带动下，仍有不少新的企业加入本来就很激烈的竞争。上述四个子行业的加和反映在整个钢铁业上，企业数量仍处于不断增长的态势。从亏损率上看，21 世纪以来各子行业均呈现出周期性波动的特征，最高“波峰”分别为 2005 年和 2009 年。2009 年的下跌主要是由国际国内宏观形势造成的，国际上对我国钢材产品需求乏力，国内虽然受益于国家大规模经济刺激计划的拉动需求有所增加，但无论是生铁、粗钢还是钢材产量有增无减，2009 年 10 月和 11 月累计同比增速处于 2008 年以来的最高点，大量产能在短期内急剧释放，为以后行业的发展埋下了隐患。总体上看，行业供给的增速超过了需求增速，短期内亏损率难有明显下降。同时从亏损额上看，这次危机远比 2005 年严重，2008 年行业亏损额是 2005 年的 1.87 倍，2009 年行业亏损额是 2005 年的 2.56 倍。因此，从企业角度看，需要进一步配合国家相关产业政策的实施，加强淘汰落后、节能减排和兼并重组实施的力度，促进行业的稳定健康发展，早日走出此次危机。

2. 企业主营业务成本变化分析

**总体分析**。2001—2009 年，我国钢铁工业主营业务收入和主营业务成本呈逐年递增趋势，其中主营业务收入由 5 543 亿元增长到 42 080 亿元，年均增长率为 33.59%；主营业务成本由 4 804 亿元增长到 38 443 亿元，年均增长率为 34.60%；最高主营业务毛利率为 2003 年的 15.07%，最低为 2008 年的 8.64%。2009 年，我国钢铁工业主营业务收入为 39 154 亿元，同比减少 6.95%；主营业务成本为 36 532 亿元，同比减少 4.94%；主营业务毛利率为 6.70%，同比降低 1.94 个百分点。2009 年，受各种因素综合影响，钢铁工业主营业务收入首次出现同比下降，主营业务毛利率也降到最低点。2001—2008 年，我国铁合金行业主营业务收入和主营业务成本呈逐年递增趋势，其中主营业务收入由 168 亿元增长到 2 150 亿元，年均增长率为 43.90%；主营业务成本由 149 亿元增长到 1 943 亿元，年均增长率为 44.25%；最高主营业务毛利率是 2004 年的 12.32%，最低是 2006 年的 6.33%。2009 年，铁合金行业主营业务收入为 1 923 亿元，同比减少 10.56%；主营业务成本为 1 794 亿元，同比减少 7.51%；主营业务毛利率为 6.54%，同比降低 3.08 个百分点。

**炼铁行业**。2001—2009 年，我国炼铁行业主营业务收入和主营业务成本呈逐年递增趋势，其中主营业务收入由 168 亿元增长到 2 266 亿元，增长了 4.38 倍，年均增长率为 27.18%；主营业务成本由 373 亿元增长到 2 078 亿元，增长了

4.57 倍，年均增长率为 27.82%；最高主营业务毛利率是 2002 年的 12%，最低是 2008 年的 8.30%。2009 年，炼铁行业主营业务收入为 1 992 亿元，同比减少 12.126%；主营业务成本为 1 836 亿元，同比减少 11.64%；主营业务毛利率为 7.80%，同比降低 0.50 个百分点。

**炼钢行业**。2001—2009 年，我国炼钢行业主营业务收入和主营业务成本呈逐年递增趋势，其中主营业务收入由 2 125 亿元增长到 8 513 亿元，增长了 3.01 倍，年均增长率为 21.93%；主营业务成本由 1 802 亿元增长到 7 892 亿元，增长了 3.38 倍，年均增长率为 23.49%；最高主营业务毛利率是 2003 年的 18.69%，最低是 2009 年的 7.29%。2009 年，炼钢行业主营业务收入为 7 279 亿元，同比减少 14.50%；主营业务成本为 6 848 亿元，同比减少 13.23%；主营业务毛利率为 5.91%，同比降低 1.37 个百分点。

**钢压延加工行业**。2001—2009 年，我国钢压延加工行业主营业务收入和主营业务成本呈逐年递增趋势，其中主营业务收入由 2 916 亿元增长到 29 152 亿元，年均增长率为 38.94%；主营业务成本由 2 555 亿元增长到 26 529 亿元，年均增长率为 39.70%；最高主营业务毛利率是 2003 年的 13.79%，最低是 2008 年的 8.99%。2009 年，钢压延加工行业主营业务收入为 27 961 亿元，同比减少 4.08%；主营业务成本为 26 050 亿元，同比减少 1.81%；主营业务毛利率为 6.84%，同比降低 2.16 个百分点。

通过以上分析可以看出，2001—2009 年钢铁工业及其各子行业受到整体行业景气度影响，主营业务成本的增幅均高于主营业务收入的增幅，由此导致主营业务毛利率均呈现出不同程度的下降，只是波动程度不一。其中，铁合金行业的主营业务毛利率波动性虽然相对较小（主营业务毛利率最高值与最低值之差为 5.99 个百分点），但周期性较为明显，主要原因可以归结为该行业整体规模较小，对成本变化较为“敏感”，成本控制能力较弱；炼铁行业主营业务毛利率相对最为稳定（主营业务毛利率最高值与最低值之差为 4.76 个百分点），说明炼铁行业生产工艺较为成熟稳定，虽然近年来受到铁矿石大幅涨价的影响，但仍然能够保持相对稳定的成本控制能力；炼钢行业的主营业务毛利率波动最大（主营业务毛利率最高值与最低值之差为 12.78 个百分点），说明近年来在钢铁产品结构调整升级带动下，炼钢工艺出现了较大调整，成本构成出现较大变动；与其他子行业相对呈现出周期性波动不同，钢压延加工行业主营业务毛利率基本呈下降趋势（主营业务毛利率最高值与最低值之差为 6.95 个百分点），说明近年来虽然该子行业大量的固定资产投资（近年来占钢铁业总投资的一半以上）极大地促进了其装备水平的提高和生产工艺的改进，但受日益激烈的竞争影响，成本控制能力并未相应增强。并且，2009 年各子行业的主营业务收入和主营业务毛利率同比均呈下降趋势,说明行业的不景气对各个子行业的影响是一致的。

# 第三节　我国钢铁业的市场运作

从前面对钢铁业的产业组织分析可以看出,钢铁业绩效下降与产业组织有着密切的关系,但是产业组织结构具有相对的稳定性,其变化需要有一个过程,因此通过钢铁业的产业组织结构优化来提升绩效还是很困难的。那能否从钢铁业的市场运作中来优化钢铁业的经营管理呢?由于钢铁的大宗商品和工业品特性,从产业链来说涉及的市场交易环节较多。下面将从产业链视角和钢铁业运作涉及的现货市场与期货市场来分析钢铁业市场运作的特点,为解决钢铁业绩效低下问题提供思路。

## 一、钢铁业产业链分析

### (一) 钢铁业的生产过程

根据钢铁的生产工艺,是铁矿石和焦炭通过处理炼出生铁,然后生铁通过处理变成粗钢,粗钢通过再加工变成钢锭或者直接变成钢材,钢锭再通过延伸加工变成钢材产品。图 2.3 显示的是钢铁业的生产过程。

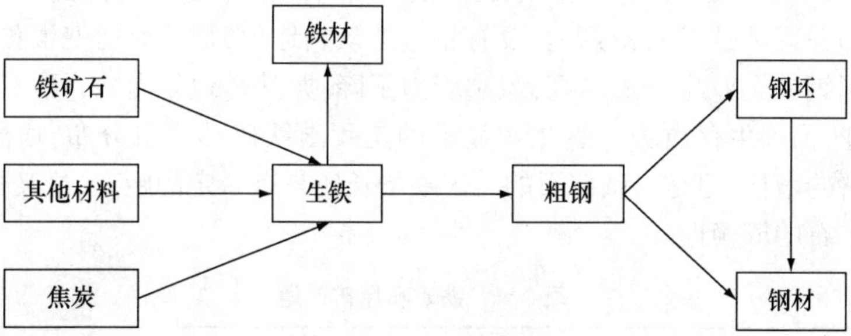


**图 2.3　钢铁产业链**

根据钢铁的生产工艺可以推算出各个工序的生产成本。炼铁工艺的生产成本构成主要为原材料(球团、铁矿石等)、辅助材料(石灰石、硅石、耐火材料等)、燃料及动力(焦炭、煤粉、煤气、氧气、水、电等)。炼钢工艺的生产成本构成主要为生铁、废钢、合金、电极、耐火材料、辅助材料、电能、维检等费用。

### (二) 钢铁上游行业分析

1. 铁矿石行业分析

我国铁矿石主要来自进口,如图 2.4 所示,2009 年中国进口铁矿石 6.28

亿吨,其中从澳大利亚进口铁矿石 2.62 亿吨,从巴西进口铁矿石 1.42 亿吨,两家合计 4.04 亿吨,占到中国进口铁矿石比例的 64%,中国钢铁产业对澳大利亚铁矿石的需求弹性很小,铁矿石涨价对中国造成的损失较大。

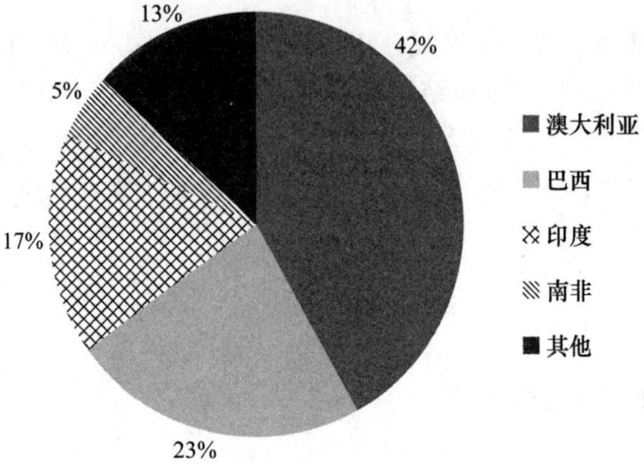


**图 2.4　2009 年进口铁矿石分国别比例统计**

我国铁矿石资源地区分布呈现出两个特点:一是贫矿多,贫矿储量占总储量的 80%;二是多元素共生的复合矿石较多。此外矿体复杂,有些贫铁矿床上部为赤铁矿,下部为磁铁矿。这导致我国铁矿石对外依存度较高,约在 60% 以上。而且我国在国际铁矿石谈判上,没有相应的谈判地位,加上海运费屡创新高,这使得我国钢铁企业生产成本高,盈利能力下降,尤其是地处内陆,且没有自有矿山的企业,面临生存压力。表 2.4 显示的是我国铁矿石产量分布,虽然产量有 18% 左右的增长,但是与铁矿石的需求量增长还是有一定的距离,这又加大了对国际铁矿石的依赖性。

**表 2.4　铁矿石原矿产量**

| 省份 | 2010 年 2 月(吨) | 2010 年 1—2 月(吨) | 2009 年 2 月(吨) | 2009 年 1—2 月(吨) | 累计同比增长率(%) |
|---|---|---|---|---|---|
| 全国 | 61 506 749 | 124 342 748 | 58 095 343 | 105 543 646 | 17.81 |
| 河北 | 25 447 174 | 47 827 025 | 27 254 009 | 46 688 091 | 2.44 |
| 辽宁 | 8 715 284 | 18 599 769 | 8 603 390 | 16 432 888 | 13.19 |
| 四川 | 7 576 039 | 15 802 210 | 5 885 845 | 10 538 295 | 49.95 |
| 内蒙古 | 3 990 797 | 8 168 110 | 3 101 318 | 6 117 928 | 33.51 |
| 山西 | 2 607 322 | 5 512 945 | 1 805 700 | 3 474 658 | 58.66 |
| 安徽 | 2 412 584 | 4 311 163 | 1 652 177 | 3 312 421 | 30.15 |

（续表）

| 省份 | 2010年<br>2月(吨) | 2010年<br>1—2月(吨) | 2009年<br>2月(吨) | 2009年<br>1—2月(吨) | 累计同比<br>增长率(%) |
|---|---|---|---|---|---|
| 北京 | 1 610 956 | 3 380 331 | 1 375 269 | 2 820 787 | 19.84 |
| 山东 | 1 423 363 | 3 147 808 | 1 542 235 | 2 542 286 | 23.82 |
| 福建 | 1 022 793 | 2 762 720 | 675 354 | 1 498 783 | 84.33 |
| 云南 | 949 931 | 2 339 873 | 1 163 625 | 2 246 854 | 4.14 |
| 湖北 | 885 839 | 1 718 549 | 785 717 | 1 502 623 | 14.37 |

资料来源:中国钢铁工业协会。

从铁矿石价格的变化趋势来说,总体是上涨。这是因为,首先,由于我国需要进口大量的高品位的铁矿砂,主要来自澳洲和巴西,它们没有可替代性,价格需求弹性极弱,即铁矿砂价格升高还是得进口;其次,世界主要的铁矿石供应商将铁矿砂供应合约由长协改短协,并且铁矿石大幅涨价;一旦价格协议由长期改为短期,那么铁矿石的价格波动会升高,相应地钢材各类产品也会波动,价格风险也会提高。

2. 焦炭行业分析

焦炭是煤炭(炼焦煤)通过炼焦生产后得到的产品,其主要用途是生铁冶炼。焦炭是联系煤炭和钢铁业的重要环节。近年来,在钢铁业快速发展的拉动下,上游焦炭行业的产品需求不断增加,从而吸引大量投资进入炼焦行业,该行业的规模不断扩大。但同时,该行业也出现了产能过剩的问题。焦炭供应状况和价格走势影响到钢铁业的众多方面。我国焦炭市场的价格变化基本与钢材市场的走势一致,但整体的波动不是很大。

国内焦炭产量呈现区域性,主要产焦省山西、河北两省产量占总产量的一半以上,重点产焦省份占总产量的80%。炼焦行业多为中小企业,大钢厂一般自产焦炭,因此焦炭的价格对中小钢企影响较大。焦炭成本及运费的上升也势必带动钢材价格的上涨,由于焦炭价格上涨将推动生铁和钢坯成本上升,对于那些从市场购买生铁和钢坯的小企业来说,焦炭价格高涨对其造成的冲击也最大,大中型企业自身生产部分焦炭,受影响较小。

从焦炭价格趋势来说,原油、煤炭和焦炭都是能源品种,焦炭价格、煤炭价格和原油价格的联动性很强,就价格的历史走势来看也几乎是同趋势,用煤炭价格和原油价格的变化趋势来预判焦炭价格的变化是合理的。因此在近期煤价和原油价格上涨的带动下,焦炭价格也会出现上涨的势头。

3. 海运费用变化趋势

海运费用也是影响钢材成本的因素,因为铁矿砂和焦炭需要长距离运输才能抵达生产地，它可以间接影响钢材初级产品生产成本，所以运费也需要考虑。一般把海运费用分成两个层次来看：第一个层次就是干散货（焦炭、铁矿砂）进口时的海运费用，即从产地运至我国，目前铁矿砂的运价水平比较平稳，预计这个部分的运价短期内大幅上升到危机前水平的可能性比较小；第二个层次就是干散货在境内原材料加工地与钢材产品生产地之间的运输费用，尽管当前的运价指数都处在2007年至今的平均水平之下，但是运价同比增长率却都处在历史峰值，可见海运费用也是在波动中上升。

（三）钢铁业自身的成本分析

由于因为所有钢铁产品都是从钢坯而来，所以分析重点就是在钢坯的成本上，大致来看，钢坯成本是由铁矿石、焦炭和海运费用构成的，而这三个影响因素也可以分成两个层次，铁矿石价格是相对固定的因素（即便未来是以季度为时间间隔来定价，它的价格波动也是相对稳定的），焦炭价格和海运费用则是相对多变的市场化因素，而且就海运费用而言，它还有可能影响焦炭和铁矿石的价格。图2.5显示的是基于钢铁产业链的价格-成本分析逻辑结构图。

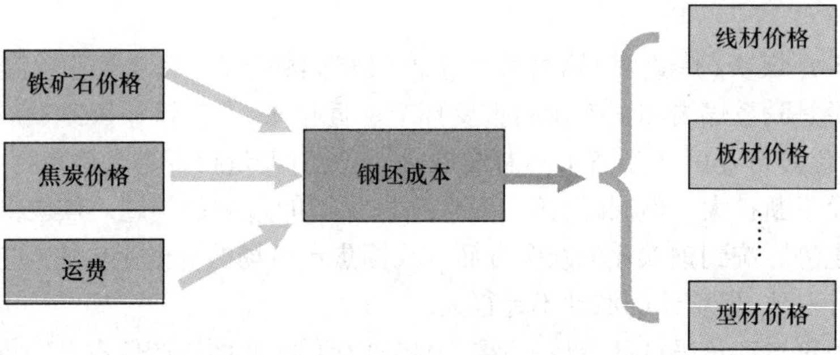


**图2.5　价格-成本分析逻辑结构**

结合国内钢铁企业的平均情况，炼铁工艺中影响总成本的主要因素是原料（铁矿石、焦炭）成本，而包括辅料、燃料、人工费用在内的其他费用与副产品回收进行冲抵后仅占总成本的10%左右。我国目前主要的炼钢设备为转炉和电炉，基于冶炼原理的不同，转炉和电炉在主要的原料（生铁、废钢）配比有一定的差异，转炉工艺一般需配置10%的废钢，电炉工艺废钢的使用量则占到80%。因此，炼钢工艺中因为耗电量的增加、合金的加入以及维检费用的上升使得除主要原料外的其他费用占到炼钢总成本的18%左右。炼铁、炼钢工艺中的其他费用波动不大。以1吨钢生铁需要1.6吨铁矿石、0.45吨焦炭为计算依据，并参照我国钢铁业的平均铁钢比（0.96）和废钢单耗（0.15吨）作为测算依据，形成以下模型：

$$生铁吨制造成本=(1.6\times 铁矿石+0.45\times 焦炭)/0.9$$

$$粗钢吨制造成本 = (0.96 \times 生铁 + 0.15 \times 废钢)/0.82$$

$$钢材制造成本 = 粗钢吨制造成本 + 轧制成本(约 150 元/吨)$$

海运费约为25.5美元,2010年长协矿CVRD－南部粉矿(63.5%)进口到岸价格为(110+25.5)=135.5美元/吨,换算到国内矿石价格为135.5×6.83(汇率)×1.13(增值税)=1 045元/吨

废钢、钢铁冶金焦价格参数假定不变(全国废钢平均价格按2 800元/吨计算,全国钢铁冶金焦平均采购价格按1 900元/吨计算)。

钢铁企业的粗钢成本因受多因素的影响,不同的工艺、不同的炉况、冶炼不同的产品均会使成本发生很大变化。上述模型仅是从行业研究角度,对整个钢铁业所测算的一个平均水平。在实际研究时,考虑到炼铁、炼钢工艺中其他费用波动不大,一般仅对价格波动大且对成本有较大影响的铁矿石、焦炭、废钢的价格变动所引起的粗钢成本的变动值进行测算。1.6这个数据根据高炉大小有所不同,焦比0.45也是全国平均水平。0.9和0.82是全国平均的人工水平。

### (四)与钢铁业高度相关的钢材经销商分析

经销商在钢铁销售体系中起到中转站的作用,存货周转率与资金周转率相对较快,但在流通环节并不提供增值服务,销售模式单一,对下游用钢客户控制力度较弱。经销商最大的问题就是资金压力。对下游销售时,对资金快速回笼要求较高,赊销时间和金额需要控制得较好,否则会导致应收账款质量不高,影响企业经营。除宝钢拥有自己的销售网络外,其他钢企大多通过经销商代理销售,面对下游经销商处于强势地位。随着钢铁业的兼并重组,大型钢铁企业实力显著提升,履约与还款能力强,是银行的优质客户,对下游经销商议价能力较强。

很多经销商是做钢厂的代理发展起来的,经销商企业的服务品牌是因为钢厂的品牌而确立的。一家长期固定经销某一家钢厂的代理商因为有固定的资源,随时满足客户的需求,从而建立了自己的固定客户群体,才有了稳定的业务和现金流。优点是合作关系长久,货源稳定,容易获得钢厂的优惠措施,缺点是在面对钢厂处于从属地位,议价能力较弱。

### (五)下游行业对钢材需求的分析

从下游各行业对钢材产品消耗量的比重来看,房地产开发(包括基建在内)、工程设备、汽车是消耗钢材的主力。如按2010年钢材的消耗比例来看,上述四个板块就占了钢需求的约90%。下面从这四个行业分析对钢铁业的影响:

**房地产行业需求的影响。**2009年商品房屋的销售火爆,较2008年的销售水平有明显增加。截至2010年5月,房屋销售的绝对量也是增加的,要特别注意的是进入2010年后商品房的销售面积增速有下降的趋势,再考虑近期国家对

房地产市场一系列的调控政策,预计未来商品房销售面积的增速还会有继续回落的可能和空间。

**机械设备行业和基建需求的影响。**对城市交通、铁路、公路和港口的固定投资是代表基建因素。这一部分可以分成两个层次剖析:第一个层次是基础设施建设所带来的直接的对钢材的需求;第二个层次是由景气在行业间的传导所致,城市交通、铁路、公路和港口的建设投资与工程设备对外出口都会刺激对工程机械设备的需求,而由传导机制可知,对工程机械设备需求的增加,会加大对钢材产品的消耗,进而也会增加对钢材产品的需求。综上所述,机械设备行业和基建行业的发展刺激了钢材的需求,对钢铁业呈正面影响。

**汽车和造船对钢铁需求的影响。**交运设备制造行业对钢铁业景气度传导的逻辑如图 2.6 所示。目前来看,汽车和造船行业产量依然稳定,对钢材的需求起到了一定的支撑作用。但是长期来看汽车、船舶制造业对钢材产品的需求均存在后劲不足的问题。

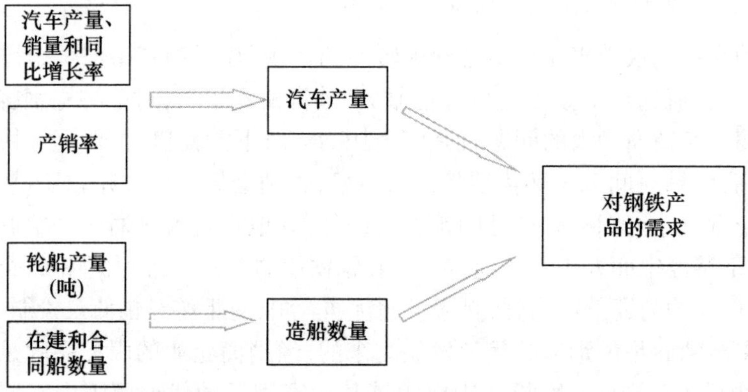


**图 2.6　交运设备制造行业对钢铁业景气度传导的逻辑图**

**家电行业对钢铁产品需求的影响。**进入 2010 年后空调、彩电和电冰箱的月产量显示明显的上升势头,再加上国家家电下乡的政策支持,预计在未来家电行业对钢铁的需求会持续增加,但是由于家电行业对钢材的消耗较少,所以来自这个行业的需求不是主要因素。

(六) 钢铁产业链现状评价

1. 我国钢铁产业前向竞争力对比分析

在当前经济全球化的条件下,我国钢铁产业前向竞争力不仅表现在国际市场竞争中,在国内市场同样存在激烈的国际竞争。当前拉动中国钢铁产业增长的主要前向产业为建材、机械、汽车等产业(高铁梅,2004),这些产业可分为内需型产业和国际化产业。其中,内需型产业如建筑业组织分散,而汽车、造船等国际化产业集中度相对较高,世界六大汽车制造商全球集中度达70%以上。2007年中国钢铁产业CR6为37.30%,与内需型产业相比具有比较势力优势,但与汽车、造船等国际化产业相比,企业规模和产业集中度都处于劣势。2008年钢铁板材和长材价格倒挂,一定程度上表现出我国钢铁产业与汽车业、造船业等板材用户和建筑业等长材用户的比较势力差异。这种差异反映在产业利润国际分割上,就形成了产业利润外流和国民福利损失。钢铁产业对内需型产业比较强势,拉高了产业利润,形成了利润的后向国外转移的空间;而相对于国际化产业处于比较弱势,又制约了通过提高出口产品价格实现成本的前向国外转移。

我国钢铁产业与国外钢铁产业相比集中度偏低,2007年我国钢铁产业的CR6指标值不到20%,而在世界主要产钢国中,巴西为99.0%、韩国为88.3%、日本为73.2%、印度为67.7%、美国为61.1%、俄罗斯为69.2%,几乎都是寡占市场。从企业规模看,2007年,安赛乐·米塔尔钢铁集团钢产量达1.164亿吨,约占全球的10%,而宝钢作为中国最大的钢铁企业,粗钢产量仅为2 860万吨,相当于安赛乐·米塔尔的1/4。世界前10位大型钢铁企业平均年粗钢产量为3 631万吨,比中国前5位钢铁企业平均年粗钢产量2 362万吨高出53.73%。我国钢铁企业规模偏小,实施国际投资和市场竞争的力量偏弱,而产业组织分散更制约了整体产业策略能力的形成。

**前向产业比较效率**。从技术指标看2007年中国钢铁产业连铸比达到97.7%,与发达国家已相差无几,但板管带比仅为50.6%,明显低于发达国家70%以上的水平。连铸比的快速提高得益于近年来国际成熟技术的引进与扩散,是我国后发优势的表现。板管带比的落后,一方面受中国当前的钢材需求结构的影响,另一方面反映了我国钢铁产业产品层次较低的现状。从进出口贸易指标看,2007年中国钢材出口单价分别为日本、德国、比卢联盟和法国钢材出口单价的74%、50.36%、61.26%和58.43%,表明我国出口钢材层次偏低,出口盈利能力较弱。相反,2007年我国钢材进口平均单价为1 230美元/吨,接近我国出口钢材平均单价的2倍,也明显高于美国985美元/吨、韩国724美元/吨、比卢联盟876美元/吨的水平。这说明我国钢铁产业的国际竞争仍依赖低成本低价格优势,在高技术高附加值产品上甚至还不能满足国内需求,反映出产业的技术创新能力不足。从要素效率看,2006年国外纽柯、新日铁、浦项等大型钢铁企业的人均年产钢量接近我国重点大中型钢铁企业的10倍,人均销售收入更是我国重点大中型钢铁企业的12.68倍。从两项指标的差别来看,与国外大型钢铁企业相比,我国重点大中型钢铁企业在人均销售收入方面差别更大,说明我国钢铁产业的产品、市场开发效率相对更低。

**前向产业竞争力因素的整合。**我国钢铁产业与国外同业比较的前向势力不足还表现在与前向产业的关系整合上。由于钢材品种多样,高端产品专业性强,与前向用户建立长期合作关系成为市场竞争的趋势。国际大型钢铁公司多与汽车、造船等前向产业建立了长期战略联盟关系,增强了排斥外部竞争的能力,而我国钢铁企业在这方面起步较晚,产品以间接出口为主,因而缺乏对高端产品市场的竞争能力。在与国外同业的整合上,当前我国钢铁产业投资仍以国内为主,国外投资尚在起步,这种远离国际市场的孤岛式投资模式也增加了开发国际市场的难度。在国家策略能力与企业策略能力的整合方面,对国内市场的保护不仅会遭到外国的反制,还会弱化国内竞争,阻碍产业创新,对出口实施补贴也常常遭受国外的反倾销诉讼与制裁,因此,国家的直接干预能力有限。

2. 我国钢铁产业后向竞争力

我国钢铁产业后向竞争力主要体现在铁矿石资源的进口方面。

**后向产业比较势力。**一是与铁矿石国际供应商比较,中国钢铁产业集中度偏低。淡水河谷、必和必拓、力拓三大铁矿石供应商占到市场总额的70%—75%,已形成寡头垄断结构。虽然2007年我国铁矿石进口量占到国际贸易量的46%和新增贸易量的近90%,但国内产业集中度低,进口组织分散,难以形成议价中的企业策略能力。二是我国铁矿石进口来源国高度集中。2007年我国从澳大利亚、巴西和印度进口铁矿石总数量为32 260.76吨,占全年总进口量的84.21%,其中,澳大利亚占38.01%,巴西25.48%,印度20.72%。这就使我国的铁矿石进口容易受到出口国控制。三是我国钢铁产业与欧、日、韩三方主要矿石资源竞争者比较,不仅产业集中度偏低,而且组织相对松散,常常导致国际铁矿石供方对我国的定价歧视。例如,2006年欧洲等大量需要的球团矿涨价幅度较小,而我国大量需要的块矿、粉矿价格涨幅较大;2008年更是直接实行了同类矿石的差别定价,甚至提出按到岸价格定价的海运差价共享要求。

**后向产业比较效率。**高炉大型化对于提高矿石资源利用率具有标志性意义。近几年来,虽然我国重点大中型企业加快了高炉大型化的进程,但仍然存在大量容积300立方米以下的小高炉,不仅影响了铁矿石的利用效率,还加剧了能源、水资源的消耗和环境污染。相反,日本和韩国的炼铁高炉都已完全实现了大型化,高炉容积基本都在3000立方米以上。同时,我国小高炉炼铁产能过大,还容纳了大量小钢厂的存在,是产业集中度偏低的主要原因之一。可见,小高炉问题是我国钢铁产业提高后向产业效率、节约利用资源、提高后向产业集中度和治理产能过剩的焦点问题。

**后向产业竞争力因素的整合。**钢铁产业的周期波动影响到铁矿石供求的稳定性,供求双方都具有追求稳定关系的动机,成为双方战略整合的基础。当前日、韩、欧盟国家等依赖进口铁矿石资源的钢铁生产大国都加强了与矿石供方的战略整合，形成与供方的紧密合资合作关系。而我国对国际矿石资源的投资控制明显不足，近几年铁矿石国际贸易定价常常受到国际供方与其他进口方的两面夹击。但我国作为铁矿石进口的超级大国，具有改变国际供求格局的能力，因而从长期来看存在与供方战略整合的市场需求条件。然而，我国钢铁企业规模偏小，限制了其国外资源投资的能力。另外，供需方的战略合作是长期性的商业行为，合作的长期稳定性也会受到企业体制性因素影响，我国钢铁产业以国有或国有控股企业为主体，无形中降低了与资源供方战略整合的能力。

## 二、钢铁业相关交易市场介绍和分析

### （一）钢材现货交易市场的基本状况

1. 国家及相关组织有关钢材交易市场的统计

钢材交易市场已成为钢材流通中商流、物流、信息流的主要载体。保守估计，2008 年我国钢材交易市场已经达 1 500 个左右。钢材交易市场中的钢材实物库存情况基本反映了所在区域钢材的社会库存情况。掌握了重点城市、具有导向作用的钢材交易市场的各大类钢材（如钢筋、型钢、热轧板带）在某一期限内的净流入（出）量、期末（初）库存量、市场交易价格等数据，将有助于我们准确地分析、判断某一地区在某一时段内钢材的供需变化情况。

国家统计局在对《亿元以上商品交易市场成交情况》进行统计时，根据商品交易市场经营商品类别将商品交易市场划分为综合市场和专业市场两大类（可称为一级市场形式），其中专业市场又细分为生产资料市场、农产品市场、旧货市场等 13 类市场（可称为二级市场形式）。生产资料市场又细分为农业生产用具市场、农业生产资料市场、煤炭市场、木材市场、建材市场、化工材料及制品市场、金属材料市场、机械电子设备市场、其他生产资料市场 9 类市场（可称为三级市场形式）。目前按类别对商品交易市场所进行的统计只统计到三级市场形式。钢材交易市场包含于金属材料市场中，钢材作为金属材料进行统计，金属材料作为唯一的统计对象不再进行细分，即目前我国尚没有针对钢材交易市场的专项统计制度，这也是时至今日我国缺少关于“亿元以上钢材交易市场”的市场个数、市场年度交易额、市场区域分布等方面准确信息的根本性原因。

金属材料市场所交易的金属材料包括黑色金属材料和有色金属材料。黑色金属材料包括：（1）各种工业矿采选品，如黑色金属矿采选品，包括铁矿石原矿、铁矿石成品矿、人造富铁矿、锰矿石原矿、锰矿石成品矿、人造富锰矿、铬矿石原矿、铬矿石成品矿等；（2）黑色金属冶炼及其压延产品，如钢、生铁、铁合金、钢材、钢坯、钎子钢、轧制钢球、重熔钢、炼铁副产品、球墨铸铁、金属化球团、海绵铁、钒渣和粗末冶金原料、钢板网等。

2. 金属材料交易市场的重要地位及其总体情况

金属材料市场包括黑色金属材料和有色金属材料两个大类,但由于有色金属材料与黑色金属材料在产量方面悬殊,2014 年全年我国粗钢产量同比增长 0.9% 至 8.23 亿吨,而 10 种有色金属产量为 4 417 万吨,粗钢产量是 10 种有色金属总产量的近 18.63 倍。据此可推算出在金属材料交易市场中,黑色金属材料成交量应是 10 种有色金属成交量的 18.63 倍左右。

金属材料交易市场的数量及规模与各地区经济社会的发展水平密切相关,亿元以上金属材料交易市场多集中于经济较为发达地区。从省、自治区、直辖市分布来看,2008 年亿元以上金属材料交易市场数量居前三位的分别是浙江、江苏和山东,市场数量分别为 40 个、37 个和 28 个,年成交额居前三位分别是上海、江苏、浙江,成交额分别为 2 341.4 亿元、2 294.72 亿元和 1 533.92 亿元。这三个地区年成交额共计 6 170 亿元,占全国亿元以上金属材料交易市场总成交额的 55.91%。这表明长三角地区是我国钢材消费最旺盛的地区,也是钢材流通最为活跃的地区。

全国共有 9 个省份的亿元以上金属材料交易市场数量超过 10 个,分别是浙江、江苏、山东、上海、河北、辽宁、天津、广东、重庆;全国共有 5 个省份亿元以上金属材料交易市场年成交额总超 500 亿元,分别是上海、江苏、浙江、山东、天津;单个金属材料市场平均成交额超 50 亿元的省份有 6 个,分别是上海、山西、江苏、广西、内蒙古、安徽,其中上海单个金属材料市场平均成交额超过 100 亿元,这进一步印证了上海地区的钢材交易市场确实在全国钢材流通中发挥着“风向标”的作用。

亿元以上金属材料市场在各区域的分布情况是:华东地区有 137 个,占总数的 51.31%;华北地区有 41 个,占总数的 15.36%;东北地区有 23 个,占总数的 8.61%;西南地区有 22 个,占总数的 8.24%;华中地区有 18 个,占总数的 6.74%;华南地区有 15 个,占总数的 6.74%;西北地区有 11 个,占总数的 4.12%。即经济越发达、钢材消费越旺盛的地区,其亿元以上金属材料市场的个数越多。各区域亿元以上金属材料市场的年成交总额如表 2.5 所示。

**表 2.5 各区域亿元以上金属材料市场的年成交总额**

| 区域 | 华东 | 华北 | 华南 | 西南 | 东北 | 华中 | 西北 |
|---|---|---|---|---|---|---|---|
| 年成交总额(亿元) | 7 299.60 | 1 192.93 | 690.13 | 658.10 | 587.96 | 377.68 | 229.14 |
| 占成交总额比例(%) | 66.15 | 10.81 | 6.25 | 5.96 | 5.33 | 3.42 | 2.08 |

3. 大型钢材交易市场的基本情况

表2.6是2008年全国范围内成交额超过100亿元的钢材交易市场名单。

**表2.6　2008年全国成交额超100亿元钢材交易市场名单**

| 排名 | 钢材交易市场名称 | 年成交额(万元) | 区域 |
|---|---|---|---|
| 1 | 上海逸仙钢材市场经营管理有限公司 | 4 700 000 | 华东 |
| 2 | 中储发展有限公司天津储宝分公司 | 3 617 800 | 华北 |
| 3 | 宝山钢材交易市场管理有限公司 | 2 988 585 | 华东 |
| 4 | 江苏无锡生产资料交易市场 | 2 855 696 | 华东 |
| 5 | 博兴县兴福镇黑白铁市场 | 2 800 000 | 华东 |
| 6 | 江阴市金属材料市场 | 2 558 130 | 华东 |
| 7 | 杭州城北金属材料市场 | 2 485 363 | 华东 |
| 8 | 无锡南方不锈钢市场 | 2 310 000 | 华东 |
| 9 | 安徽省徽商钢材市场 | 2 060 051 | 华东 |
| 10 | 杭州运河钢材市场有限公司 | 2 034 714 | 华东 |
| 11 | 江阴景澄物流交易市场 | 2 030 974 | 华东 |
| 12 | 杭州物资城 | 1 992 856 | 华东 |
| 13 | 南京生产资料中心批发市场 | 1 925 600 | 华东 |
| 14 | 江阴长江港口物流园区交易中心 | 1 913 434 | 华东 |
| 15 | 浙江新世纪金属材料现货市场 | 1 797 000 | 华东 |
| 16 | 广东鱼珠国际建材市场 | 1 676 521 | 华南 |
| 17 | 南京幕燕金属物流中心有限公司 | 1 606 346 | 华东 |
| 18 | 南宁市虎邱城北钢材市场有限公司 | 1 540 790 | 华南 |
| 19 | 广东揭阳市国际金属物流中心有限公司 | 1 500 000 | 华南 |
| 20 | 内蒙古包钢集团鹿畅达物流有限公司 | 1 496 335 | 华北 |
| 21 | 云南省钢材市场 | 1 200 000 | 西南 |
| 22 | 杭州三里洋钢材市场有限公司 | 1 153 875 | 华北 |
| 23 | 山东泰山钢材大市场 | 1 100 000 | 华东 |
| 24 | 鞍山市钢材现货市场有限公司 | 1 070 000 | 东北 |
| 25 | 上海华东钢材管理有限公司 | 1 025 339 | 华东 |
| 26 | 山东青岛金属集团有限公司市场管理服务分公司 | 1 015 640 | 华东 |

钢材交易市场已成为我国钢材流通体系的重要组成部分，由于其适应了我国钢铁市场基本特点，因此得以快速发展，并初具规模，区域分布基本合理，极大

地促进了钢材流通效率的提高。我国钢材交易市场作为钢材流通中不可或缺的多功能载体,既是钢材流通体制发展的必然结果,又是各地区政府大力支持的结果。

(二) 钢材现货交易市场的运行特性和机理

1. 钢材现货交易市场的基本构成要素

钢材交易市场的基本职能是组织管理和服务中介,即为本市场内的进场企业提供交易场地、交易设施和各种交易配套服务系统,并收取一定的管理费或服务费。钢材交易市场的基本构成要素是:(1) 钢材交易市场作为独立的企业而存在, 该企业通过为进驻钢材交易市场的商家提供实现钢材交易所必需的各种服务来获取收益;(2) 有相当数量且从事钢材流通的贸易商进驻到钢材交易市场中。因此, 钢材交易市场在运行模式上具有以下特点:一是市场中存在两个市场主体,即市场经营管理单位和进场经营者;二是市场中存在两种经营行为,即进场经营者作为独立的市场主体的经营行为,和市场经营管理单位与进场经营者作为一个整体即市场的经营行为;三是市场中存在两个责任主体,即市场经营管理单位和进场经营者分别对其经营行为承担行政责任。

2. 钢材现货交易市场的开办形式

钢材交易市场在开办形式上具有以下特征:(1) 产地型,主要围绕钢铁生产企业,如宝山区域,围绕宝钢打造精钢基地,形成上海北郊钢铁服务产业圈;(2) 消费地型,主要围绕制造业工业带,如上海的松金闵、嘉定沿江沿海工业带, 浙江的甬台温工业带,江苏的苏锡常工业带;(3) 交通枢纽型,主要围绕港口、铁路, 如长江沿江、环渤海港口等;(4) 复合型,多为产地-交通枢纽型、消费地-交通枢纽型。绝大多数钢材交易市场分布在经济繁荣的大中型城市, 通过辐射、覆盖周边地区, 使钢材交易市场成为专门从事销售钢材的钢材流通企业的聚集地, 在本地区发挥出较强的区域性钢材集散功能和信息处理功能。

3. 大型钢材现货交易市场的运行特征

成交额超 100 亿元的 26 个钢材交易市场, 仅宝山钢材交易市场管理有限公司属于所谓的票据式钢材交易市场,其他 25 个钢材交易额市场均拥有钢材存放场地及相关的物流设施,属于“前店后库”式钢材现货交易市场。这 26 个成交额超百亿元的钢材交易市场的共同特征是:(1) 钢材交易市场的管理模式是企业化管理,其营业收入来自对“驻场” 企业的服务;(2) 钢材交易市场的开办者的经济成分是多元的,但国有经济成分占据了主体地位;(3) 钢材交易市场的主要 “驻场” 企业是经销商,经销商既是商品资源的提供者,又是商品资源的购买者;(4) 钢材交易市场的价格是放开的,其价格走势反映了所在地区钢材现货交易的基本状况,钢材交易市场由此具备了信息集散功能;(5) 钢材终端用户是钢材交易市场的顾客,钢材用户通过交易市场可以获得更为充分的商品供应信息,可以在更多的经销商中进行选择,可以更好地控制采购成本。

4. 票据式钢材交易市场的运行特征

票据式钢材交易市场的基本特点是市场开办者为“驻场”企业提供一个交易场所,“驻场”企业之间交易方式是票据式的。票据代表了商业契约与商业承诺。“驻场”企业所拥有的钢材资源是以一定的凭据来体现的,其有形的资源可能存放在本地区仓库中,也可能存放在千里之外的异地仓库中。票据式交易市场的交易形式是:(1) 购销双方洽谈业务;(2) 业务谈成后开提货票;(3) 提货人拿提货票到指定的仓库去提货。其不足之处在于采购者在签订正式采购合同前看不到现货。票据式钢材交易市场的实质:(1) 钢材流通中商流与物流的分离;(2) 商流中同一交易对象可进行次数交易;(3) 交易过程中缺少相关的增值服务。因此,票据式钢铁交易市场中存在商业投机的可能性。

5. 钢材现货交易市场的运行机理

钢材交易市场的运行机理是指钢材市场基本运行所具有的内在机制。当前,我国钢材交易市场的运行机理主要体现在以下四个方面:

第一,钢材交易市场的定价模式是买卖双方基于供求关系的竞争性定价。钢材交易市场中,所有交易集中在固定场所进行,所有交易者之间能够方便地获取整个交易市场的信息。每一笔交易都是透明的,一笔交易的成交价格对其他同类型钢材交易都起参考坐标的作用。对同种商品来说,所有交易人和每一笔交易之间的相互参考,将有助于最终形成统一价格。这个统一价格代表着市场上所有交易者谈判达成的综合平均价格,是一种相对公平、客观的价格。在供求机制和竞争机制充分发挥作用的情况下,这种价格实际上就相当于该市场上的均衡价格。统一价格的形成,意味着同类型钢材价格对任何人都是一样的,也就是形成了非人格市价。非人格市价的存在对经销商的交易行为起到了行业约束的作用,这有助于经销商通过改进服务、提高效率等方式强化竞争手段,而不是一味地进行价格竞争。

第二,钢材交易市场降低买卖双方的交易费用。钢材交易市场之所以能把大量的买者和卖者集中在某一固定地点从事交易活动,主要是为买卖双方降低交易费用提供了便利条件。首先,钢材交易市场的交易行情汇集了产品质量、价格以及供求关系及其可能趋势在内的各种市场信息,并快捷、准确、成本低廉地向驻场企业提供,为驻场企业调整产品结构提供了较为有价值的信息支持。其次,钢材交易市场信息的充分性有助于减少买卖双方的交易谈判费用。钢材交易市场中的买卖双方对钢材供求信息的占有比较对称,交易费用的承担也比较对称，这提高了交易双方之间的信任度，有助于交易双方形成较为稳定、持久的隐性契约关系，从而减少交易的谈判费用。最后，钢材交易市场减少了交易风险费用。经销商的经营场所是比较固定的，而且其转移及退出交易市场的机会成本相对较高，使得钢材购买者的交易履约成本、监督成本、违约的可能性等一系列不确定性风险成本大为降低。

第三，钢材交易市场中信息的充分性有助于形成交易市场内公平竞争的局面。当绝大多数买者、卖者处于中小规模经营时，交易市场对买者和卖者的集中，不仅使卖者之间的竞争更为公开、透明，而且由于钢材交易市场具有信息集散功能，任何一位买者、卖者都可以较为容易地掌握全面的市场信息，对卖者欺诈行为的抑制作用强。

第四，钢材交易市场通过供需集群的方式实现了规模经济。一是中小型用钢企业形成卖者规模效应，我国现阶段大多数用钢行业内中小企业数量众多，中小企业由于自身实力有限，其发展受到资金、人才、技术等各方面的制约，难以达到规模经济的要求。商品交易市场的出现，为中小企业提供了需求集中释放的空间，通过其需求信息的反馈及市场机制的作用，带动了生产资料、技术、劳动力等各种生产要素的集中。钢材交易市场作为原材料生产要素市场，减少了中小企业寻找生产原料的时间和费用，使得中小企业获得原料的成本大为降低；而且需求的集中释放，形成了对生产资料需求的规模经济，使中小企业群体在原材料采购当中拥有一定的价格谈判能力，从而获得较为理想的采购价格。二是钢材交易市场的存在弥补了经销商组织结构上的不完整性。钢材交易市场中的主体是钢材经销商，由于钢材经销商群体中缺少垄断型企业，存在组织结构上的不完整性，弱化了其与上下游企业的谈判能力。但大批量钢材经销商在钢材交易市场的集中经营，使其在相互竞争的同时可以形成同业之间规范运作的行为规则。钢材经销商在钢材交易市场中按照行业规则进行经营，一方面形成了卖者的规模效应，有助于打造以钢材交易市场为载体的社会化信誉；另一方面弥补了经销商群体组织结构的不完整性，即钢材经销商群体在钢材交易市场中通过群体间的协作对交易价格进行调整，从而向钢铁企业钢材终端用户释放符合经销商利益需求的信息，钢材交易市场降低了维护交易秩序的费用。

### （三）钢材期货市场的基本状况

#### 1. 钢材期货市场发展的必要性

2009年3月螺纹钢和线材期货在上海期货交易所上市，钢材期货经历了快速的成长过程。

首先，期货市场的发展是解决现货矛盾的必要条件。期货市场最初的产生，正是由于现货市场上产品的生产与销售具有时空差异性，从而产生了价格波动风险。随着一个产业的扩张，生产者、销售者、需求者所在的时空点会逐渐多元化，表现在现货市场上就是产地与市场的分散化和供给与需求的时间缺口。由基本的供给需求理论可知，空间上的阻隔和时间上的缺口会使得现货市场经常性地处于不均衡状态，价格波动频繁。此时，应用某种工具来避免这种现货价格波动带来的经营风险就成为企业持续经营乃至行业持续发展的必要条件。故而期货工具因其价格发现和风险规避两个基本功能，成为最佳的现货矛盾解决方案。

价格发现，是指由期货市场形成的权威价格对现货市场具有指引作用。只有当期货价格可以稳定地预期未来的现货市场时，产业参与者才有可能在此基础上进行套期保值，规避风险。所以价格发现是套期保值的前提条件。

规避风险，是期货市场最基本也是最重要的经济功能。当企业根据权威的期货价格并结合自身的经营状况制订了理想的套期保值方案时，就可以在相当程度上锁定产品价格、生产成本或是利润区间，将价格波动风险最小化。

只有当一个产业中的参与者充分利用了期货市场的两个基本功能，才能解决现货市场上的价格矛盾，从而有利于产业的健康发展。

其次，期货市场的完善有助于资源的优化配置和大宗商品定价权的获得。通过形成一个全国乃至全球范围内的权威期货价格，可以指引生产者、经营者和需求者安排自己的生产经营计划，根据价格和市场预期合理调节资源配置，避免因信息不对称造成的资源配置失衡和浪费。另外，由于期货市场的交易标的是均质的期货合约，所以期货市场十分接近于完全竞争市场，所形成的价格也是由市场供求决定的均衡价格。如果能够培养出某种大宗交易品的全球期货市场，就可以取得这种交易品的全球定价权，对于我国该项产业的发展与安全十分有利。

2. 钢材期货市场对推动钢铁产业发展所起的作用

钢材期货市场可以从多个方面推动钢铁产业发展和解决现货市场存在的一些矛盾：

**有助于形成统一价格，抑制集中度过低造成的负面影响。**我国钢铁产业2009年的CR4（行业前四名份额集中度指标）仅为24.4%，远远低于西方发达经济体的产业集中度。集中度过低造成定价过程分散，不同地区、不同时点的定价受到多重因素影响，难以形成全国性统一价格，从而造成价格战、恶性竞争和资源配置失衡。利用期货市场可以在全国范围内形成钢材权威价格，处在产业链条不同阶段的市场参与者都可以作为参照，合理安排生产计划和经营策略，引导资源配置优化。

**有助于规避价格波动风险,保证企业利润。**钢铁产业的行业利润较低,近十年的平均利润率仅为4.2%。狭窄的利润空间意味着全行业对于产品价格下跌风险和成本价格上涨风险的抵御能力十分脆弱。参与钢材期货交易则可以使钢铁生产企业提前锁定(或部分锁定)产品的销售价格,避免销售期遭遇钢价下跌风险。上游原料如铁矿石若能推出期货交易,则可给钢铁生产企业提供"双保险",同时锁定(或部分锁定)上下游价格,确保利润空间的稳定。可见,期货市场的避险功能对于钢铁产业这样的低利润率行业意义尤为重大。

有助于锁定钢材价格风险,培育大型钢铁贸易商。我国目前没有大型钢铁贸易企业,钢材流通领域发展的滞后在一定程度上制约了整个产业链的发展质量。究其原因,正是钢材价格的波动风险阻碍了贸易商的规模化。期货市场的风险规避功能有利于钢铁贸易商对其巨大的商品库存进行套期保值,解除了后顾之忧的钢铁贸易企业有望走上快速规模化的道路。期货市场对流通环节的推动,将大大加快钢铁产业的结构升级与整体发展。

**有利于我国获得钢材的全球定价权。**我国目前是全球最大的钢材生产国和钢材消费国,但是对钢材价格的话语权却明显不足。如果利用现货市场的有利地位,积极发展完善钢材期货市场,上海有望建成全球性的钢材交易中心,从而获得定价权,为产业安全提供坚实保障,为产业发展铺平道路。

3. 目前我国钢材期货市场发展的问题

我国钢材期货交易已取得良好开端,正沿着健康的轨道迅速发展。螺纹钢期货在2009年3月27日—2013年11月28日(单边统计,每手10吨)的累计成交量达到了9.3亿手,累计成交额37.4万亿元,日均成交量81.7万手,日均成交额为329.8亿元,已经连续四年成为全球最大钢铁类期货品种,显示出了这个新兴品种的勃勃生机和巨大的成长空间。上述的协整检验也证明,螺纹钢期货交易量和我国钢材产量之间具有长期稳定的均衡关系,这正是期货市场健康发展最重要的表现之一。我国钢材期货上市时间虽短,但协整检验的结果表明,钢材期货的推出是成功的,它已经较好地与现货生产与交易衔接起来,协同运行,而在以后的发展中它必将为我国钢铁产业提供巨大的前进动力。

尽管如此,就钢材期货市场的交易与现货市场的交易情况来看,钢材期货市场与现货市场的均衡关系并不稳定,原因可能来自以下几个方面:

**钢材期货上市初期,交易不稳定。**钢材期货上市初期存在一定程度上与现货市场脱节的现象,其原因很可能是品种上市初期,市场参与者参与情绪热烈,而且整个市场又处在建仓期,使得期货交易在某种程度上出现与现货脱节的情况,这种问题在进入2010年后逐渐改善。

**信息不对称与过度交易。**在我国钢材期货市场中,大型资本拥有他人不可比拟的优势,它们凭借独有的信息资源和资金实力投入到交易中。这种交易并非全部来自套期保值,也有可能来自对钢材价格的主动投机。这就使期货成交量在相当意义上成为资金推动的结果,而非现货市场的真实反映。

**金融危机的扰动影响。**期货市场如股票市场一样,属于虚拟经济。在现实经济周期中,虚拟经济既与实体经济保持密切的关系,但也表现出独有的运行特征。自 2008 年爆发全球性金融危机以来,实体经济遭遇寒冬,股票和期货市场等虚拟经济受到的打击则更为严重,多种大宗商品的交易价格最多跌至危机前的 20% 以下,之后的反弹也是同样的猛烈与迅速。在非理性情绪的影响下,期货市场会与现货市场出现某种不协调是可以预见的。而钢材期货上市的初期正处于经济危机影响最强烈的时期,其与现货市场的协整关系不可避免会受到扰动。

(四) 铁矿石期货市场的基本状况

每年全球铁矿石的现货市场价值达到 2 000 亿美元,仅次于原油,而我国的铁矿石交易量就占全球总量的 50% 以上,且对外依存度也在 50% 以上,可见我国在全球铁矿石市场中的重要地位。2009 年新加坡交易所率先推出了铁矿石掉期交易,填补了市场空白。2011 年 8 月 12 日,新加坡交易所推出了铁矿石期货,这是继 2011 年 1 月 29 日印度商品交易所(ICEX)推出首个铁矿石期货后,全球第二个推出铁矿石期货的交易所。铁矿石期货以及掉期交易的推出与发展,为全球铁矿石供应商、贸易商以及终端用户规避市场风险提供了途径。

1. 掉期交易

掉期交易是指交易双方约定在未来某一时期相互交换某种资产的交易形式。虽然掉期交易以高风险著称,但从成交与持仓的情况来看,全球掉期交易的成交与持仓均在稳步攀升。新加坡交易所于 2009 年 4 月推出场外铁矿石掉期交易,2011 年 7 月成交量达到 7 845 手,折合 392.25 万吨,持仓量达到 6 255 手。

与场内期货交易相比,掉期交易有以下特点:(1) 掉期交易是场外一对一的交易,不同于场内的集中交易方式;(2) 掉期交易的合约是非标准化的,由买卖双方自行协商确定合约条款,因此流动性相对较差;(3) 掉期交易的非标准化给投资者带来了较大的灵活性,可按自身需要进行交易;(4) 掉期交易的交割方式可由买卖双方自行议定,实物及现金交割均可,而场内交易则由交易所规定;(5) 掉期交易的信用风险由买卖双方自行承担,风险程度较大,而场内交易的信用风险由交易所或结算所担保,风险相对较小。

2. 铁矿石掉期交易合约对比

印度铁矿石期货与新加坡铁矿石期货虽有一些共同点,但差异较大,如表

2.7 所示。两合约的相同点:从合约来看,两个铁矿石期货均以62%品位的铁矿石 CFR 中国青岛(北方港口)作为交易标的,合约大小为100吨,最后交易日均为合约到期月份的最后一个工作日。合约最小变动价位,经过汇率折算,基本均为0.10美元/吨。

**表2.7　两个铁矿石期货合约对比**

| 项目 | 新加坡交易所铁矿石期货 | 印度商品交易所铁矿石期货 |
| --- | --- | --- |
| 交易品种 | SMMBIO | 62%铁矿石:IRONORE62FDDMMMYY (e.g. IRONORE62F31AUG10) |
| 交易单位 | MBIO价格指数的100倍,即100吨 | 100吨 |
| 报价基准 | 以美元计价,两位小数(如US $145.60) | 以卢比计价,每千吨(CFR中国北方港口包含一切在印度同样适用的关税,税款和其他征费) |
| 最小变动价位 | 0.10美元(每合约US $10) | 每千吨0.50卢比 |
| 交易时间 | 北京时间10:00—20:00(英国夏令时至北京时间19:00) | 10:00—19:30(周一至周五);10:00—14:00(周六);最后到期日交易时间至17:30 |
| 合约月份 | 当前月份和其后连续5个月 | 2011年1月29日发布新合约,1—12月 |
| 最后交易日 | 交割月份合约最后一个工作日 | 交割月份合约最后一个工作日 |
| 交割方式 | 现金交割 | 实物交割 |
| 最后交割结算价 | 最后交割结算价是以最后交易日《金属导报》公布的MBIO指数(铁矿石(MBIO)指数是将58%至66%品位的矿,通过对铁矿石质量以及运费等进行加权计算折合成62%品位,CFR中国青岛的价格) | 以合同到期1个月的TST国际现货价格平均价折合成卢比的价格(参考汇率为到期日RBI汇率) |
| 交割品级 | 指数数据标准化为62%品位的铁矿石CFR青岛的价格 | 最低品位62%(同时包括对其他一些化学成分及尺寸大小的规定) |
| 上市时间 | 2011年8月12日 | 2011年1月29日 |

两合约的差异:(1) 计价方式存在差异。印度铁矿石期货以卢比计价,主要考虑印度贸易商的便利性,同时受汇率波动的影响;而新加坡铁矿石期货以美元计价,以吸引全球投资者参与。(2) 交割方式存在差异。印度铁矿石期货以实物交割为主,交割单位为500吨;新加坡铁矿石期货以现金交割,合约到期后通过现金划转了结头寸。(3) 最后交割结算价存在差异。印度铁矿石期货交割结

算价以合同到期一个月的 TSI 国际现货价格平均价折合成卢比的价格,而新加坡铁矿石期货以最后交易日《金属导报》公布的 MBIO 指数来确定。众所周知,目前全球主要铁矿石指数分别是普氏指数、TSI 指数和 MBIO 指数,这些指数通过不同的机构收集并计算出每日的铁矿石价格信息。因此,铁矿石期货采用这些铁矿石指数在一定程度上加快了指数化定价的进度,同时也为期现收敛提供了依据。

# 第三章 我国钢铁业经营效率的测评与提升机制

从前两章对我国钢铁业的发展与面临困局的分析中可以看出,虽然我国钢铁业面临“增产不增收”的困局,但是在国民经济中仍然占据着非常重要的地位。现在的问题是,什么原因导致钢铁业的利润率下降。第二章中有关钢铁业的产业组织分析指出,我国钢铁业整体绩效转弱,那导致绩效转弱的原因是什么?因此,本章通过实际的面板数据和运用数据包络(DEA)模型,对我国钢铁业的实际经营效率进行测评,试图找出影响我国钢铁业经营效率的因素,并分析这些因素对我国钢铁业经营效率提升的作用机制,以破解我国钢铁业绩效持续下降的困局。

## 第一节 企业经营效率的测评方法研究

由于企业经营效率的测评方法很多,为了更好地结合钢铁业的特点,选择合适的测评方法,本章将对相关经营效率的测评方法进行对比性研究和分析,为钢铁业后续的实际经营效率测评提供理论和方法上的支持。

### 一、经营效率的概念及其影响因素

#### (一) 企业经营效率的概念

传统的经济理论认为经济增长主要源于两部分:要素的投入和生产率的提

高。前者可能在短期内带来高增长,但基于收益递减规则,可持续增长只能通过生产率的增长来获得。早期的理论把全要素生产率的增长归功于技术进步,而现在越来越多的学者把它分解为经营效率的变动和技术进步两个部分(Farrell, 1957)。所以对经营效率的研究是伴随着对生产率和技术进步的研究与测算出现的。

1. 企业经营效率概念的不同层次的理解

Kreps(1990)从经济活动中人的目的与其行为的一致性角度定义了企业经营效率概念。Kreps 认为,企业的经营效率意味着特定行为方案的选择,也就是说,在特定的目标和偏好下,不存在其他更加被人们乐于接受的替代方案。根据这一理解,Kreps 为我们提供了组织分析的“效率原则”,即如果当事人能有效地达成协议并履行该协议,那么经济活动就是高效率的。不难看出,Kreps 对效率概念的理解已不仅限于宏观经济的层面上,而是一种涉及企业个体行为方案选择的概念。

Daft(1998)通过运用“组织目标”及“组织有效性”概念讨论了组织效率的问题。其中,组织目标是指组织在未来所期望达到的某种状态,它反映了组织存在的原因以及寻求达到的结果;而组织有效性就是指组织实现其目标的程度。另外,Daft 将组织效率与组织有效性的概念区分开来,指出“组织效率是一个关于组织内部工作的概念,是指单位产出所耗资源的数量,可以用投入产出率来衡量”。Daft 认为,效率高并不意味着就能实现目标,因为它所生产出的产品可能是不被需要的;反之,一个组织实现了其利润目标,但又可能是缺乏效率的。可见,在 Daft 看来,效率是一个关于企业内部活动过程的概念,效益则是一个关于企业活动结果的概念。

林融和葛四友(1998)讨论了效率(efficiency)和效益(effectiveness)的概念及其关系。他们认为,经营效率和经济效益是两个不同的概念:效益是买卖的交易、管理的交易、限额的交易三种交易综合作用的结果;效率则是限于三种交易中的管理交易的作用。本研究所关注的效率正是这种基于管理的视角,是我国钢铁业管理效率即通过有效地管理,将生产投入转换为产出的过程。

2. 企业经营效率概念的提出、定义及其内涵

根据上述对企业经营效率概念的理解,本研究定义的企业经营效率是指反映企业经济活动的投入与产出的关系,是企业在经营活动的过程中产出对投入或者说是收益对成本的比值,其一般计算式可以通过下面的式子表示:

效率 = 产出/投入

或

效率 = 收益/成本

企业经营效率计算中的产出或收益,不是任意的产品,而应当是能满足人们

欲望的有用物,即人们通过消费该物品能获得一定程度的满足。投入或成本是指利用一定的科学技术条件生产出一定产品所需的社会资源数量(林融和葛四友,1998)。从一般意义上讲,效率指的是现有生产资源与它们对人的满足之间的对比关系,"有效率"意味着利用一定的生产技术条件和资源为人们提供了最大可能的满足(樊纲,1995)。从上述概念中,我们进一步分析企业经营效率的具体内涵,可以从以下几个方面概括:

第一,企业经营效率与企业经营目标相一致。按照定义,企业经营效率是指产出与投入之间的比例,但对于各具体企业,效率的内涵是有差别的。有的企业可能把利润率作为衡量效率水平高低的唯一指标,有的企业则可能把服务社会作为效率评价的重要内容,等等。企业经营效率内涵上存在差别,根本的原因是各企业所追求的目标不同(Daft, 1998)。换言之,企业对于效率的理解从来不是空洞的,它总与企业的经营目标联系在一起;企业经营效率实质上是企业经营目标实现程度的反映,企业经营效率的内容由企业经营目标的内容决定。在现代经营条件下,由于企业经营目标多元化、复合化的特征,企业经营效率的内容已不仅局限于利润范畴甚至经济范畴内;企业经营目标会因企业的性质、发展要求的不同而不同,企业经营效率的内容也会因此存在差别(樊纲,1995)。

第二,企业经营效率标准与价值标准相统一。企业经营效率反映企业经营目标的实现程度,不可能摆脱价值标准的影响,因为企业经营目标的确定体现着企业所有者和经营者的基本价值取向与追求。业主制企业与股份制企业,国有企业与私人企业,其目标存在不同,根本原因是企业所有者与经营者以及参与企业活动的其他人群的价值取向、动机、偏好不同;现代经营条件下企业经营目标的多元化反映了人们价值取向与追求的复杂性(林融和葛四友,1998)。正是由于企业经营目标所体现的价值标准,企业经营效率与企业价值标准具有内在的联系与一致性。

企业效率是企业各类关系和活动效果的综合体现。企业是建立于各种投入要素基础上的各类关系的集合体。由于企业生产过程的有机性,企业经营效率的形成从来不是来自孤立的要素和活动,而是企业各要素和活动综合作用的结果(樊纲,1995)。强调这一点的目的在于说明,企业内在构成关系的分析是企业效率分析的重要内容。

### (二) 企业经营效率的分解

企业的内在效率是由企业将资源投入转换为产品产出的实际能力来决定的(林融和葛四友,1998)。这种能力与技术、企业制度这两个方面的因素有关。其中,技术是指参与企业生产活动的各种要素的自然属性以及将这些要素有效组合的能力,例如生产设备性能、原材料的自然属性、生产的工艺过程、劳动者的技能等;企业制度是指参与企业生产的各类员工的心理与社会属性及其关系方面,如个人性格、动机、上下级关系等(樊纲,1995)。历史地看,生产的改进、生产效率的提高总是以技术的变革为基本前提的。制度则是企业生产有序运行、技术效率得以充分发挥的保证。制度的作用虽然不能脱离技术前提,但制度的滞后和不完善将成为技术效率发挥的障碍;企业对自身制度的改进将能弥补其技术的不足或使技术的能力更充分地发挥出来。

企业的外在效率,也即企业的市场效率,是企业内在效率的价值体现,是企业环境对企业生产认可程度的综合反映。在商品经济条件下,企业的主体环境是市场环境,因此企业的外在效率就是企业的市场效率,它决定于企业对市场的认识和运用能力(Farrell, 1957)。

本研究中所指的企业市场效率不同于经济理论中的配置效率,配置效率主要是从全社会资源配置的宏观意义上来讲的,反映市场作为一种普遍机制的综合效果;我们所研究的企业市场效率则着眼于企业的经营效果,反映企业对市场机制和市场环境的运用能力。

企业效率是企业内外众多因素作用的综合反映,企业效率的分析与研究者的理解和研究目的相关。Farrell(1957)最早将效率分解为技术效率和配置效率, Forsund *et al*. (1980)在此基础上增加了规模效率。现有微观经济理论中的一种观点是把效率分解为配置效率、技术效率和动态效率。

### (三)企业经营效率的构成及钢铁企业经营效率评价指标体系的建立

企业的经营效率取决于诸多因素,具有综合性特征,因此实施市场经营效率的评价必须构建一个综合反映绩效不同侧面的评价指标集。一直以来,对于什么是效率,以及关于企业经营效率的准确概括和定义存在较大争议。

关于绩效的定义,Daft(2009)在《组织理论与设计》一书中认为:绩效是衡量企业目标达成度的指标,可由效能及效率两个方面来解析,效能在于追求组织目标的达成,效率则强调投入与产出间的关系,即寻求资源成本最小、产出最大的值。

本研究已经在上一节中定义了企业经营效率。根据 Daft 的观点,经营效率的构成应该体现企业经营相关费用的投入和产出之间的关系,而在选取投入和产出指标时,不同的学者在各自的研究中有不同的选择。

在国外对钢铁业经营效率的研究中:Ray and Seiford(1998)选择了劳动力资本投入、流动资本、固定资产和创新技术投资作为钢铁企业的投入变量,将粗钢产量和生铁产量作为企业经营的产出变量;Ma and Evans(2002)则选取了劳动资本、固定资本、流动资本作为企业经营的投入变量,选取了钢铁企业的工业总产值作为企业经营的产出变量。

在国内对钢铁业经营效率的研究中:焦国华等(2007)在指标选取时,选取工业增加值、利税总额作为经营效率的产出变量,将资本总额、工资总额与能源消耗作为投入变量;徐二明和高怀(2004)则选取了管理费用、销售费用和技术费用作为经营的投入变量,将企业的年营业利润作为反映企业经营的产出变量。

总结之前学者对我国钢铁企业经营效率评价指标的选取,我们发现所选取的经营效率评价指标并没有全面体现企业经营的投入和产出范围,因此在本研究中,我们在之前学者研究的基础上,对我国钢铁企业的经营绩效评价指标进行扩展,以达到更加全面的包括企业经营的所有投入项和产出项的目的。

具体来讲,我们在本研究中选取的企业经营效率的投入指标包括企业的销售成本、销售费用、管理费用和财务费用,因为这四项费用基本囊括了我国钢铁企业的资本投入。在产出方面,我们选取了企业的销售收入和实现利税这样一个双产出指标系统,我们看到,以往的文献中一般采用工业总产值作为产出变量(Zhang and Wang, 2008; Ma and Evans, 2002),但是工业总产值是最终工业产品的价值,不同的钢铁企业工业流程可能存在差异,工艺流程短的企业中间产品外购,工艺流程长的企业中间产品自己生产,用工业总产值衡量时,就会忽略长工艺流程企业中间产品的产出,所以本研究在销售收入的基础上又添加了企业的实现利税额作为第二个产出变量,而之所以使用实现利税而不是利润作为产出变量,主要是考虑到各地方税收政策差异会影响到企业的利润情况,采取利税总额作为产出变量可以排除政策的影响而重点关注企业层面的经营效率问题。

## 二、效率测算的方法

### (一) 生产函数与生产前沿面理论

微观经济理论中,用生产可能集和生产前沿面描述厂商的技术情况。生产可能集描述在当前的技术水平下,所有可行的投入产出向量的集合。生产前沿面描述在当前技术水平下有效率的投入产出向量,即给定投入和其他产出不变时一种产出的最大值,或给定产出和其他投入不变时一种投入的最小值,即技术有效的投入产出向量集合。生产单位的实际产出接近其最大值的程度称为该生产单位的技术效率。技术有效的生产单位一定位于生产前沿面上,位于生产前沿面下方的生产单位一定是技术无效的(Kreps,1990)。技术效率的经验研究,即测量生产单位的实际技术效率,从而研究造成生产单位技术有效或无效的原因,对于企业的经济分析和管理研究是非常重要的。进行技术效率的经验研究一定要基于某种适当的技术效率测量方法。目前广泛使用的技术效率测量方法有参数方法(统计方法)和非参数方法(数学规划方法)两大类。

从理论上看,生产函数描述的是投入要素的数量与产出之间的关系,表明生产过程中的技术水平。也就是说,对于给定的生产要素和产出品价格,要求选择投入物的最优组合,在适度的经济规模下充分发挥生产技术水平和经营管理水平,使得总产出达到最大。这也可以理解为理论上的一个假定:生产函数表达的是最佳投入与产出的关系(Kreps, 1990)。

但实际的生产经营过程并不全是在最优状态下进行的,因此在实际的生产函数测算中,直接使用实际产出(如总产值)和投入(如资金、劳动力)数据进行生产函数的常规拟合(如回归估计)时,得到的生产函数只能反映"平均"意义上的投入产出关系和技术水平。出于对经验分析中的生产函数和理论假定中的生产函数的背离现实,不少学者开始描述有效生产前沿面的生产函数的研究。完整提出生产前沿面概念并进行经验研究的是经济学家 Farrell。在其论文"生产效率度量"(1957)中,Farrell 构建了用于测量双因素投入单因素产出企业的技术效率与规模效率的模型,Farrell 随后将简单的双因素成本分析扩展到多因素成本比较,其原始模型是生产前沿面研究的基础,在此后的几十年间,对生产前沿面的研究层出不穷,从研究方法来看主要有参数方法和非参数方法两大类。

### (二) 经营(技术)效率测算方法的介绍和比较

在实际运用中,生产(经营)前沿面需要进行确定,以统计方法进行的称为参数方法,以数学规划方法进行的称为非参数方法,关于企业技术(经营)效率测算方法的梳理可以通过图 3.1 来展示。

首先介绍企业效率测算中的参数方法。假设在样本中共有 $n$ 个决策单位,它们的投入及产出是同质的,其前沿生产函数为:

$$y_i^* = f(x,\beta), \quad i = 1,2,3,\cdots,n \tag{3-1}$$

其中,$x$ 为当前所使用的投入水平,$y_i^*$ 为当决策单位技术有效时所生产出来的产出水平,也就是在当前的投入水平下,所能获得的最大产出水平。使用参数方法,要估计前沿生产函数中的参数 $\beta$,所以称之为参数方法。

设实际产出水平为 $y$,显然 $y \leqslant y^*$,因此设实际的生产函数为:

$$y_i = y_i^* \mathrm{e}^{-u} = f(x,\beta)\mathrm{e}^{-u} \tag{3-2}$$

其中 $u \geqslant 0$,且 $e-u \leqslant 1$,$u$ 代表决策单位获得最大可能产出水平所受到的非价格约束的影响。$u$ 的大小取决于决策单位受约束的程度。一个决策单位的技术效率可以通过两个途径来估计:一是根据投入的使用程度,即在一定产出下最小投入与实际投入之比来估计;二是根据产出的情况,即在一定的投入组合下实际产出与最大产出之比来估计。按照后者的定义,技术效率可用公式表示:

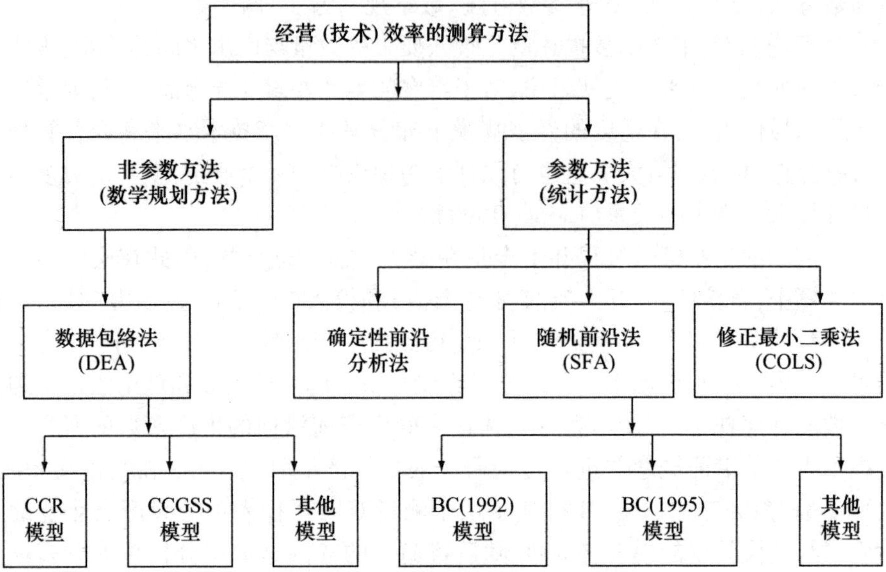


**图 3.1　经营(技术)效率测算方法梳理**

$$TE_i = y_i / y_i^* = e^{-u} \tag{3-3}$$

前沿生产函数的类型可以分为确定型和随机型。确定型前沿生产函数没有考虑信息的度量误差和随机性质,如(1)式就是确定型前沿生产函数。而随机型前沿生产函数对前者所作的主要改进是在确定型生产函数上增加了一个随机扰动项。这时前沿生产函数可以表示为:

$$y_i^* = f(x,\beta)e^v \tag{3-4}$$

实际生产函数则可表示为:

$$y_i = y_i^* e^{-u} = f(x,\beta)e^{v-u} \tag{3-5}$$

式(3-5)与式(3-2)相比只是增加了一个扰动项 $v$。这时,扰动项由两部分组成: $u$ 和 $v$。$v$ 是具有对称性质的随机扰动项($-\infty < v < \infty$),并假定满足正态分布 $N(0,\sigma_v^2)$。$u$ 则是满足单侧分布(大于或等于0),它反映受技术效率影响的扰动项,并被假定独立于 $v$。在具体估计前沿生产函数时,要假设函数采用某种形式,可以采用柯布–道格拉斯生产函数,也可以采用超越对数生产函数等。以非约束的柯布–道格拉斯生产函数(对数形式)为例:

$$\ln y_{i,t} \leqslant \ln y_{i,t}^* = A + \beta_k \ln K_{i,k} + \beta_L \ln L_{i,t} + v_{i,t} \tag{3-6}$$

其中, $y_{i,t}$ 和 $y_{i,t}^*$ 分别代表第 $i$ 家决策单位的实际产出和可能的最大产出; $K$ 和 $L$ 分别代表资本投入和劳动力投入; $v$ 代表随机变量,反映外部因素对企业生产的影响且满足正态分布 $N(0,\sigma_v^2)$;下标 $i$ 和 $t$ 分别代表决策单位和时期的序号。

由式(3-5)、式(3-6)可以得到：

$$\ln y_{i,t} = A + \beta_k \ln K_{i,k} + \beta_L \ln L_{i,t} + v_{i,t} - u_{i,t} \tag{3-7}$$

由式(3-7)可以得到：

$$\mathrm{d}A/\mathrm{d}t = \mathrm{d}\ln y_{i,t}/\mathrm{d}t - \beta_k \mathrm{d}\ln k_{i,k}/\mathrm{d}t - \beta_L \mathrm{d}\ln L_{i,t}/\mathrm{d}t - \mathrm{d}u_{i,t}/\mathrm{d}t \tag{3-8}$$

式(3-7)也可以表达为：

$$\mathrm{d}A'/\mathrm{d}t = \mathrm{d}A/\mathrm{d}t + \mathrm{d}u_{i,t}/\mathrm{d}t \tag{3-9}$$

$$\mathrm{d}A'/\mathrm{d}t = \mathrm{d}\ln y_{i,t}/\mathrm{d}t - \beta_K \mathrm{d}\ln K_{i,k}/\mathrm{d}t - \beta_L \mathrm{d}\ln L_{i,t}/\mathrm{d}t \tag{3-10}$$

其中，$\mathrm{d}A'/\mathrm{d}t$ 为实际全要素生产率的变动，$\mathrm{d}A/\mathrm{d}t$ 为由前沿生产函数得到的全要素生产率的变动，即前沿的移动或技术进步。

以上介绍的是参数方法测算企业的技术（经营）效率，下面我们详细讨论经验技术效率测量的非参数方法——DEA 方法，该方法得到的 DEA 有效即真正的技术有效（Koopmans, 1951）。经验技术效率测量，是通过实际生产单位的投入产出数据（样本数据），构造经验生产可能集，估计经验生产前沿面，从而给出生产单位的效率测量。这里讨论的 DEA 方法，是数学规划方法的一种。该方法测量的 DEA 有效的生产单位（也称为决策单元）一定在生产前沿面上，即技术有效。该方法得到的生产单位的效率测量，代表生产单位与生产前沿面的距离，满足效率测量应满足的性质。

设有 $n$ 个生产单位的投入产出数据 $(X_j, Y_j)$，$j=1,K,n$，其中，$X_j=(X_{1j},K,X_{mj})T>0$ 代表具有 $m$ 个投入要素的投入向量，$Y_j=(Y_{1j},K,Y_{sj})T>0$ 代表具有 $s$ 个产出的产出向量。根据前面给出的生产可能集的性质，我们构造的经验生产可能集 $T$ 满足以下公理性假设（Farrell, 1957）：

(1) 凸性。即如果 $(X_j, Y_j) \in T, j = 1,K,n$，$\sum_{j=1}^{n} \lambda_j = 1, \lambda \geqslant 0$，则 $\left(\sum_{j=1}^{n} \lambda_j X_j, \sum_{j=1}^{n} \lambda_j Y_j\right) \in T$。

(2) 无效性。即如果 $(X,Y) \in T, X' \geqslant X, Y' \leqslant Y$，则 $(X',Y') \in T$。

(3) 锥性。即如果 $(X,Y) \in T, k > 0$，则 $(kx, \gamma x) \in T$。

(4) 最小性。即经验生产可能集 $T$ 是满足上述公理(1)到公理(3)的所有集合的交集。

满足上述四个条件的生产可能集 $T$ 是唯一确定的：

$$T = \left\{(X,Y) \,\middle|\, \sum_{j=1}^{n} \lambda_j X_j \leqslant X, \sum_{j=1}^{n} \lambda_j y_j, \lambda_j \geqslant 0, j = 1,K,n\right\}$$

对于生产单位 $(X_0, Y_0) \in T$，投入方向的效率测量可通过以下的线性规划模型来计算：

$$\begin{cases}\min h = h(x_0, y_0) \\ \text{s. t. } \sum_{j=1}^{n} \lambda_j X_j \leqslant h x_0 \\ \sum_{j=1}^{n} \lambda_j y_j \geqslant y_0 \\ \lambda_j \geqslant 0, j = 1, K, n\end{cases} \tag{3-11}$$

其对偶问题为:

$$\begin{cases}\max \mu^T y_0 \\ \text{s. t. } \bar{\omega}^T X_j - \mu^T y_j \geqslant 0, j = 1, K, n \\ \bar{\omega}^T X_0 = 1 \\ \bar{\omega} \geqslant 0, \mu \geqslant 0\end{cases} \tag{3-12}$$

这正好就是 DEA 的 CCR 输入模型。线性规划问题(3-11)的最优值即生产单位的效率测量。关于生产单位为弱 DEA 有效和 DEA 有效的定义为:如果式(3-12)的最优值 $\mu^{0T} y_0 = 1$,则生产单位为弱 DEA 有效;如果式(3-12)的最优值 $\mu^{0T} y_0 = 1$,且存在最优解 $\bar{\omega}^0 > 0, \mu^0 > 0$,则称生产单位为 DEA 有效。

由线性规划对偶定理,式(3-11)和式(3-12)的最优值相等,若生产单位为弱 DEA 有效,则效率测量 $h(x_0, y_0) = 1$;若生产单位为 DEA 有效,则效率测量 $h(x_0, y_0) = 1$,且式(3-11)的所有最优解对应的松弛变量均为 0。因此通过 DEA 方法进行技术效率测量,得到的 DEA 有效的生产单位为真正的技术有效,符合 Koopmans 的定义。

五种常用的技术效率测量方法分别是数学规划方法、修正的数学规划方法、确定的统计前沿面方法、随机前沿面方法以及本章使用的技术效率测量的非参数方法,这几种方法在确定相对有效前沿面的方法、构造前沿面的方法、解释与前沿面的偏差等几个方面有所不同,每一种方法也都有其自身的优势和不足,但只有技术效率测量的非参数方法能够方便地处理多输出生产过程,计算简单,不需要大规模样本数据,且 DEA 有效的生产单位为真正的技术有效,这一点是其他方法不可比拟的,正因为如此,本文采取了技术效率测量的非参数方法来评估我国大中型钢铁企业的经营效率问题。

## 三、数据包络分析(DEA)方法的发展和演变

### (一) 数据包络分析方法的概述

数据包络分析(data envelopment analysis, DEA)是著名运筹学家 Charnes 等

提出的一种效率评价方法。相对于回归分析,DEA 方法是指向边界分析的方法,而并不是拟合一条回归曲线。在评价一组决策单元的绩效方面,DEA 是一种相对较新的数据导向的方法。最近几年中,DEA 方法在评价各种各样的决策单元的投入产出等活动中的运用非常广泛。由于 DEA 方法要求的假设极少,所以相对于其他一些需要以许多假设为前提的研究方法而言,DEA 方法具有更普遍的适用性。Cooper *et al*.(2000)指出,DEA 方法可以为已经运用其他方法研究过的内容提供更新的视角。自从 DEA 方法在 1978 年以最初的形式出现以来,学者们发现它可以很好地运用到许多研究范围中去。Cooper *et al*.(1978)描述 DEA 方法是对可观察数据的一种数学建模,能够对现代经济活动中的许多关系(例如产品功能和产品有效性的关系等)进行实证评估。

DEA 方法的特点和优势在于:第一,它是一种可以用于评价具有多投入、多产出的决策单位的生产(经营)效率的方法,由于 DEA 不需要指定投入产出的生产函数形态,因此它可以评价具有较复杂生产关系的决策单位的效率,这恰好适合钢铁业这种具有多种投入和多种产出的特点;第二,它具有单位不变性(unit invariant)的特点,即 DEA 衡量的决策单位的效率不受投入产出数据所选择单位的影响;第三,DEA 模型中投入、产出变量的权重由数学规划根据数据产生,不需要事前设定投入与产出的权重,因此不受人为主观因素的影响;第四,DEA 可以进行差异分析、敏感度分析和效率分析,可以进一步了解决策单位资源使用的情况,可以供管理者进行经营决策参考(Fare,2008)。

DEA 方法的缺点在于它衡量的生产函数边界是确定性的,因此它无法分离随机因素和测量误差的影响。同时,该方法的效率评价容易受到极值的影响。此外,企业的效率值对投入变量和产出变量的选择比较敏感。因此,投入变量和产出变量的选择对于正确使用 DEA 方法非常关键。

(二) 数据包络分析模型的发展

假设一个样本集包含 $K$ 个生产决策单位,其中,每一个决策单位有 $M$ 项投入,有 $N$ 项产出,则决策单位 $p$ 的技术效率得分($\eta_p$)可以通过表示为:

$$\max \lambda_r, \eta_p$$

约束于:

$$\begin{aligned} & x_{ip} - \sum_{r=1}^{K} x_{ir}\lambda_r \geqslant 0, && i = 1,2,\cdots,M \\ & -y_{jp}\eta_p + \sum_{r=1}^{K} y_{jp}\lambda_r \geqslant 0, && j = 1,2,\cdots,N \\ & \lambda_r \geqslant 0, && r = 1,2,\cdots,p,\cdots,K \end{aligned} \tag{3-13}$$

其中，$\eta_p$ 表示效率得分；$x_{ip}$表示第 $i$ 个决策单位的投入；$y_{jp}$表示第 $i$ 个决策单位的产出；$\lambda$ 表示决策单位的权重。式(3-13)子通过相对产出水平的最小化投入构造出了大致的分段生产前沿面。这是一个以输出导向型的效率测算方法，输入导向型的效率测算方法与此类似。式(3-13)就是 CR 模型(Cooper,1978)，它假设所有的生产决策单位都在最佳的生产规模上生产(constant return to scale, CRS)，但是不完全竞争市场和财务上面的限制等因素通常会导致企业偏离最佳生产规模，Banker *et al*. (1984)将 VRS(variance return to scale)加入 CCR 模型而形成 BBC 模型。

### 四、基于时间序列的钢铁业总竞争力变化：MALM 指数

以上提及的 CCR 模型和后来发展改进的 BCC 模型所测算的效率从本质上来讲都是静态的，即测算的是决策单位在某一个特定时间点上的绩效表现，而对于生产前沿面随着时间发生改变的趋势并没有通过上述模型表现出来。为了解释生产前沿面的动态演变规律，Fare *et al*. (1994)引入了 MALM 指数方法。该方法可以将生产力变化分解为技术变化和效率变化，所以通过该方法可以研究生产力提升的内在机制问题。

关于生产力变化的测算是建立在距离方程(Shephard, 1970; Fare, 1988)定义的基础上的，即：

$$D^t(X^t,Y^t) = \min\{\delta:(X^t,Y^t/\delta) \in S^t\}, \tag{3-14}$$

其中，$\delta$ 表示在时期 $t$ 内，技术水平为 $S^t$，输入变量 $X^t$ 既定的情况下，输出变量 $Y^t$ 可能发生的最大扩张比例。当且仅当输入和输出组合 $D^t(X^t,Y^t)$ 在技术水平 $S^t$ 之内时，距离方程的值小于或等于 1，当 $D^t(X^t,Y^t)=1$ 时，生产就是在技术允许的生产可能性边界上，也就是说这样的生产就是有效率的。

Caves *et al*. (1982)最开始定义 MALM 指数为在一定的技术水平下，决策单位在结束年份($t$)相对开始年份($s$)的生产力的变化，即：

$$M^s = \frac{D^s(X^t,Y^t)}{D^s(X^s,Y^s)}, \tag{3-15}$$

$$M^t = \frac{D^t(X^t,Y^t)}{D^t(X^s,Y^s)}, \tag{3-16}$$

考虑到技术效率问题，Fare *et al*. (1994)在上述模型基础上提出，采用 CRS 假设，即规模报酬不变假设，从时间 $s$ 到时间 $t$ 的输出导向型生产力变化 MALM 指数是上述(3)式和(4)式的几何平均，即：

$$\text{MALM} = \left[\frac{D^s_{\text{CRS}}(X^t,Y^t)}{D^s_{\text{CRS}}(X^s,Y^s)}\,\frac{D^t_{\text{CRS}}(X^t,Y^t)}{D^t_{\text{CRS}}(X^s,Y^s)}\right]^{1/2} \tag{3-17}$$

重新整理方程(3-17),生产力变化可以被分解为两部分,一部分是效率变化(EFFCH);另一部分是技术变化(TECHCH),两者分别由以下方程表示:

$$\text{EFFCH} = \frac{D^t_{\text{CRS}}(X^t, Y^t)}{D^s_{\text{CRS}}(X^s, Y^s)} \tag{3-18}$$

$$\text{TECHCH} = \left[\frac{D^s_{\text{CRS}}(X^t, Y^t)}{D^t_{\text{CRS}}(X^t, Y^t)} \frac{D^s_{\text{CRS}}(X^s, Y^s)}{D^t_{\text{CRS}}(X^s, Y^s)}\right]^{1/2} \tag{3-19}$$

其中,EFFCH 测算的是决策单位在时间 $s$ 和时间 $t$ 之间向生产可能性边界发生的位移;TECHCH 测算的是生产可能性边界在此时间段中发生的位移。而效率变化 EFFCH 又可以进一步分解为纯技术效率变化(TEFFCH)和规模效率变化(SECH):

$$\text{TEFFCH} = \frac{D^t_{\text{VRS}}(X^t, Y^t)}{D^s_{\text{VRS}}(X^s, Y^s)} \tag{3-20}$$

$$\text{SECH} = \frac{D^t_{\text{CRS}}(X^t, Y^t)/D^t_{\text{VRS}}(X^t, Y^t)}{D^s_{\text{CRS}}(X^s, Y^s)/D^s_{\text{VRS}}(X^s, Y^s)} \tag{3-21}$$

其中,纯技术效率(TEFFCH)是指在 VRS 模型下,决策单元向最优生产线位移的情况,而规模效率(SECH)是指通过 VRS 模型测算的距离方程与 CRS 模型下测算的距离方程的比值。因此,MALM 指数可以通过表达为:

$$\text{MALM} = \text{TECHCH} \times \text{TEFFCH} \times \text{SECH}$$

其中,TECHCH 表示技术变化;TEFFCH 表示纯技术效率变化;SECH 表示规模效率变化。

## 第二节　我国大中型钢铁企业的经营效率情况

前面分析指出,数据包络分析方法具有分析多投入多产出的综合优势,同时不需要有明确的生产函数来进行分析。钢铁业的投入产出模式还是比较复杂的,不同企业的生产模式又存在一定的差异性,很难用一个统一的生产函数来概括钢铁业的生产模式。因此,本部分将采用 DEA 模型,结合我国钢铁企业实际数据,来分析我国大中型钢铁企业的实际经营效率情况。

### 一、我国大中型钢铁企业的经营效率情况

#### (一) 大中型钢铁企业样本选择

本研究中所使用的数据来自中国钢铁工业协会 2005—2010 年对我国 61 家大中型钢铁企业的生产、销售、财务指标等信息的统计数据。通过筛选,本研究

最终只选取了2005—2010年的中国钢铁工业协会数据中每年都报告的钢铁企业,一共42家。针对我国大中型钢铁企业中集团企业的特殊情况,比如鞍钢、本钢、莱钢和济钢,只是在地方政府主导下形式上的合并,并没有经营上的整合,所以本研究将集团本部和其子公司统一分开研究,例如对于武钢集团,我们将武钢本部、鄂城钢铁有限责任公司、昆明钢铁股份有限公司和广西柳州钢铁公司视作四个决策单位,研究其每个决策单位的经营效率和总生产力的变化。

(二) 样本钢铁企业的经营效率情况

在数据包络分析中,企业每一年的生产(经营)可能性边界是以该年中表现最好的决策单位为标准的。当企业的效率值达到1时,表明该企业当年的生产(经营)是在生产(经营)可能性边界之上的,我们将2005—2010年至少有一次达到DEA有效的钢铁企业汇总于表3.1中。

**表3.1 基于VRS模型的我国大中型钢铁企业达到DEA有效次数的统计(2005—2010)**

| 企业代码 | 频数 | 2005 | 2006 | 2007 | 2008 | 2009 | 2010 |
|---|---|---|---|---|---|---|---|
| 3 | 2 | | | * | | * | |
| 4 | 6 | * | * | * | * | * | * |
| 5 | 3 | * | * | * | | | |
| 6 | 2 | * | | | * | | |
| 7 | 3 | | | * | * | * | |
| 10 | 5 | * | | * | * | * | * |
| 11 | 6 | * | * | * | * | * | * |
| 13 | 1 | * | | | | | |
| 14 | 6 | * | * | * | * | * | * |
| 15 | 1 | * | | | | | |
| 17 | 6 | * | * | * | * | * | * |
| 18 | 5 | | * | * | * | * | * |
| 19 | 2 | | | | * | | * |
| 20 | 5 | * | * | * | * | | * |
| 21 | 4 | * | * | | | * | * |
| 22 | 4 | * | * | * | * | | |
| 23 | 2 | | | * | * | | |
| 24 | 4 | | * | * | * | | * |

（续表）

| 企业代码 | 频数 | 2005 | 2006 | 2007 | 2008 | 2009 | 2010 |
|---|---|---|---|---|---|---|---|
| 25 | 3 | | | | * | * | * |
| 26 | 2 | * | * | | | | |
| 28 | 2 | | | | | * | * |
| 29 | 4 | | | * | * | * | * |
| 31 | 1 | | | | * | | |
| 32 | 2 | | | | * | * | |
| 34 | 4 | | * | * | | * | * |
| 38 | 1 | | | * | | | |
| 40 | 6 | * | * | * | * | * | * |
| 41 | 6 | * | * | * | * | * | * |
| **合计** | 98 | 15 | 14 | 18 | 19 | 16 | 16 |

注：* 表示该企业在当年达到了经营有效；表中未出现的企业代码表示该企业在 2005—2010 年没有一次达到 DEA 有效。

在所有统计的 42 家大中型钢铁企业中，一共有 29 家在 2005—2010 年至少有 1 年处在生产前沿面上，其中，有 6 家企业每年都处在经营前沿面上，代码分别是 4、11、14、17、40、41。在这 6 家企业中，只有鞍钢（企业代码为 14）1 家是超大型中央直属钢铁企业，其他 3 家超大型钢铁企业的表现分别是：宝钢（企业代码为 18）有 5 年达到了经营有效；武钢（企业代码为 31）只有 1 年达到了经营有效；首钢则在这 6 年中没有 1 年达到经营有效。Ma and Evans (2002) 通过对我国 88 家钢铁企业 1988—1997 年的效率分析得出，中央直属的超大型钢铁企业具有明显的效率优势，而从本研究的结果来看，超大型钢铁企业的效率优势至少在 2005—2010 年没有体现出来，这说明目前国内大规模的钢铁企业并不具备显著的效率优势，其本身存在进一步改善的空间。

## 二、我国大中型钢铁企业经营效率的变化

### （一）我国大中型钢铁企业经营效率的年度变化

图 3.2 显示了我国大中型钢铁企业 2005—2010 年每一年的综合技术效率平均得分情况以及技术效率值在每一年的变差情况。

从图 3.2a 中可以看出我国大中型钢铁企业的综合技术效率呈逐年上升的趋势，从 2005 年的 96% 上升到 2010 年的 97.5%，期间只有在 2009 年的时候略有下降；从图 3.2b 中可以看出我国大中型钢铁企业个体间的技术效率差异性逐

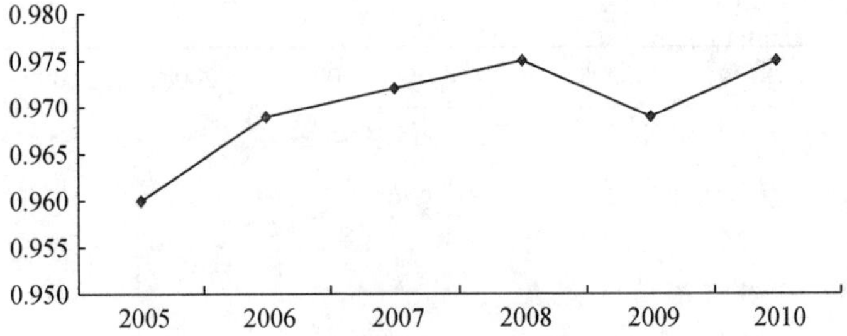


**图 3.2a　2005—2010 年我国大中型钢铁企业技术效率**

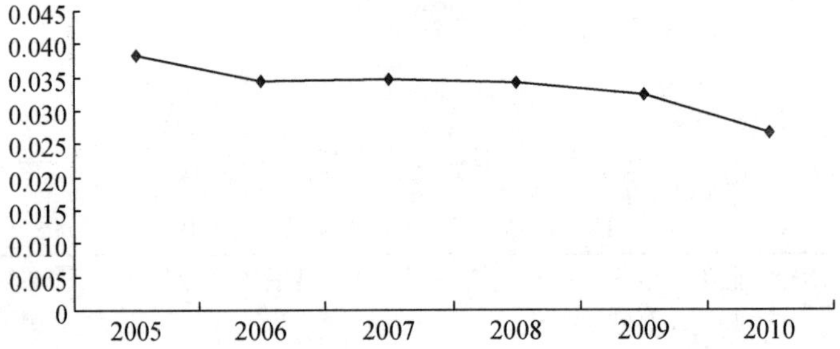


**图 3.2b　2005—2010 年我国大中型钢铁企业技术效率年度变差**

年缩小。这些结果表明我国大中型钢铁企业在 2005—2010 年整体向生产前沿面靠近,综合技术效率普遍提升。

(二) 我国大中型钢铁企业总生产力动态演变(MALM 指数变化规律)

上述对技术效率的测算忽略了生产前沿面的动态变化,因此是相对静态的研究。这种静态的研究能更好地分析企业间的对比差异,但是如果要研究总生产力的动态演变,就需要使用 MALM 指数。因为该指数同时考虑到了生产前沿面的位移以及企业向生产前沿面的位移,所以它是动态的、面板性的分析。图 3.3 显示了总生产力及其构成因素的动态变化。

从图 3.3a 中可以看出,我国大中型钢铁企业的总生产力变化除了在 2010 年基本与上年持平之外,其他年份中均处于相比上年减少的状态,虽然每年减少的幅度并不大,但体现出了我国目前钢铁业整体竞争力提升困难的局面,将总生产力变化分解为两部分,一部分是技术变化,包括原材料采购成本,运输费用等因素;另一部分则是效率变化,是完全由企业自己所操控的部分。图 3.3a 显示出技术变化基本与总生产力的变化趋势保持一致,企业自身的效率变化则长期处于相对稳定的状态,图 3.3b 将企业自身的效率变化进一步分解为纯技术效率变化和规模效率变化两部分,根据图示的内容,企业效率的变化主要是由规模效率变化的拉动所影响。

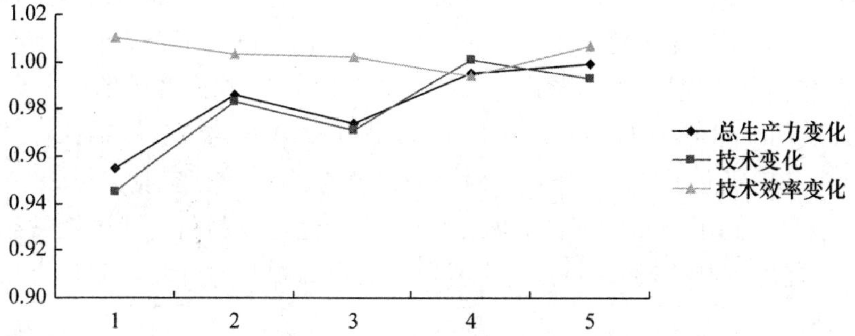


**图 3.3a　总生产力、技术和技术效率的年度变化**

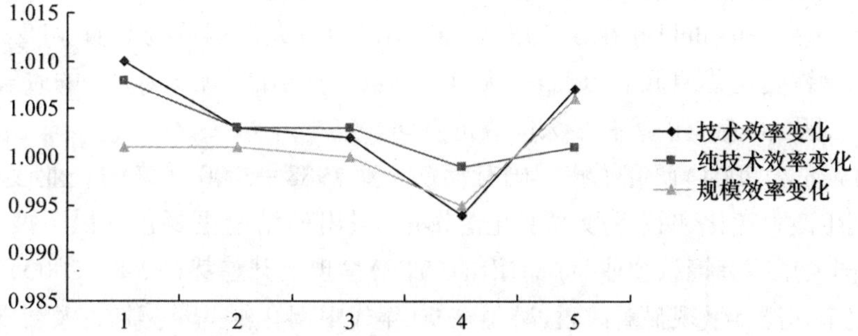


**图 3.3b　技术效率、纯技术效率和规模效率的年度变化**

## 第三节　我国钢铁业经营效率的影响机制研究

从以上分析可以看出,我国钢铁企业间的经营效率虽然存在一定的差异性,但总体差异性不是很大,说明我国钢铁业的经营模式和经营状况比较相似,问题是中国钢铁企业如何提升企业经营效率。本部分将进一步探究影响我国钢铁企业经营效率的因素及其作用机制。

### 一、影响我国钢铁业经营效率和总生产力的因素

#### (一) 经济改革与政策因素

尽管我国的经济改革给经济带来了巨大增长,但是对长期以来低效率的国有企业的重组和改制仍然面临很大的挑战。一直以来,我国政府试图通过一个又一个的经济改革政策来改善和加强国有企业的效率。

Jefferson(1990)比较研究了中央国企和地方国企的竞争力区别,得出以下两

个方面的结论,第一,地方国企通常自给自足(从采购到销售都是以当地市场为主),从而在技术效率上优于中央国企;第二,Jefferson 概括了企业效率变化的主要因素,包括企业规模、资本形式、投资组合、产品组合、监管水平等。

Kalirajan and Cao(1993)以 1988 年(改革开放第 10 年)我国钢铁业统计年鉴数据为基础研究了经济改革政策对企业绩效的影响,该研究指出 1988 年我国钢铁企业只达到了产量潜能的 60%,另外,对于经过改制后的我国钢铁企业只针对自己能够控制的投入项目进行经济规划,而对由政府计划控制投资项目不予以关注。

Steinfeld(1998)通过案例分析,指出 20 世纪 90 年代,因为国家政府部门对首钢和鞍钢在预算方面(融资和投资管理)管理失误,导致企业亏损和技术效率的低下,另外,Steinfeld 提出了 20 世纪 90 年代国有大型钢铁企业的生产效率相对其他钢铁企业普遍低下的现象,认为国家当时提出的“抓大放小”的政策尚有缺陷,大型国有企业仍然有很大的改进空间。

Movshuk(2004)研究了我国国有钢铁企业 1988—2000 年来的企业改革、重组对其生产力变化和技术效率变化的影响,得出的结论主要包括以下两点:第一,我国大型国有钢铁企业生产前沿面(TFP)呈现上升趋势(1988—2000),但是技术效率并没有呈现显著改善,甚至在 90 年代中期有所下降;第二,大型钢铁企业相对小规模企业并没有显著的效率优势。

根据上述文献的结论,可以看到大型国有钢铁企业从经济改革政策实施以来,总生产力整体呈现上升趋势,但是企业层面的技术效率上升速度和趋势并不理想,尤其是在经济改革初期,因为经验不足,以首钢和鞍钢为例,出现了一些决策上的失误而导致企业亏损。另外,从上述学者的研究中也可以看出大型钢铁企业,尤其是中央直属国有大型钢铁企业在面对一些地方所有的国有钢铁企业时,并不具备显著的效率优势。总之,从历史上的研究看出钢铁企业的所有制形式以及政府实施的经济改革政策对其效率和总生产力具有很大的影响力。

(二)企业规模、企业整合战略的影响

我国钢铁企业的整合问题具有特别的意义。目前,我国的钢铁厂家超过了 800 家,其中许多都在政府管制之下,不过政府最近更改了对于钢铁制造商的政策。政府目前的政策是进行整合,因为必须保证供应超过需求增长的速度,同时也是为了满足环保的需要。根据政策,我国应该在 2010 年保留两家生产能力为 3 000 万公吨的大型钢铁公司和少量小型公司。此外,我国计划在 2020 年让前十名炼钢厂的产量占到全国产量的75%。

表3.2是自2002年以来世界范围内的大型钢铁公司整合，此外还出现了许多其他小型钢铁公司的整合。

**表3.2　2002年以来世界范围内的大型钢铁公司整合**

| 年份 | 整合事件 |
| --- | --- |
| 2002 | Usinor公司、Arbed公司、Acerialia公司合并形成Arcelor公司 |
| | ISG收购LTV公司 |
| | ISG收购Georgetown钢铁公司和Weirton钢铁公司 |
| | NKK和川崎公司合并形成JFE公司 |
| 2003 | ISG收购伯利恒钢铁公司，美国钢铁公司收购全国钢铁公司 |
| | Mittal公司购买Nova Hut公司 |
| 2004 | LMN公司接管Iscor公司 |
| | Mittal公司收购Polski Huty Stali、Kryvorizhstal和BH钢铁公司 |
| | Mittal公司合并Ispat公司和LMN公司 |
| 2005 | Mittal公司收购ISG公司 |
| 2006 | Arcelor公司收购Dofasco公司 |
| | 济南钢铁公司和莱芜钢铁公司合并形成山东钢铁公司 |
| | Arcelor公司收购Sicarsta公司 |
| | 鞍山钢铁公司和本溪钢铁公司合并形成鞍本钢铁公司 |
| | Arcelor公司收购Sicarsta公司 |
| 2007 | Mittal公司合并Arcelor公司 |
| | 宝钢公司购买新疆八一钢铁公司 |
| | Evraz公司收购Oregon钢厂，Nucor公司收购Harris钢铁集团 |
| | SSAB公司收购Ipsco公司 |

资料来源：IBM商业价值研究院的公开新闻来源。

从表3.2中可以看出钢铁企业的整合已经成为目前世界范围内钢铁企业发展的趋势，而且整个规模越来越大。但问题在于企业规模的不断扩大能否给企业带来经营效率的改进。有的学者已经对该问题有所研究。

Cockerill（1974）从国际视角比较工业生产中的企业规模对企业效率、生产力的影响。他认为，大规模的钢铁企业能够从产品的多样性中获得更多的利益。主要原因包括两点，第一是半成品和成品之间的运输成本较低；第二是能源得到节约、原材料的运输成本降低了。但是一些学者从实证数据出发，发现大型钢铁企业相对于中小型钢铁企业并不具备显著的效率优势（Movshuk，2004）。Ray（1998）通过对1989年中国钢铁企业的实证数据中得出结论，认为大部分企业没有达到规模效率，并且中小规模的企业处在规模效应递增的区间，所以在规模提升上具有很大的潜力。

我国学者伊淑彪等(2009)通过 DEA 方法进行实证检验得出,大型和特大型钢铁企业相对于部分规模较小的企业而言不具备显著的效率优势,并进一步分析得出,规模经济目前无法成为我国钢铁业重组的理由,钢铁业在重组之后的融合问题亟待解决。但是也有人认为,虽然我国钢铁企业规模与效益之间存在长期均衡关系,但并不存在显著的因果关系,除宝钢以外,钢铁企业的规模经济效应在我国表现得并不明显。必须从市场竞争机制的导入、制度的建设以及企业管理的完善三方面达到规模与效益正向促进的目的(杜春丽等,2009)。李晓辉等(2011)在实证结果的基础上,通过对规模经济性的深入辨析提出:管理和技术是钢铁企业获取规模经济性的关键要素,钢铁企业合理规模边界的划定需要同时考虑企业自身的要素禀赋及外部市场条件,不当的企业规模扩张会成为产业规模经济获取的障碍,相关政策需放松单纯的强调规模,鼓励有利于效率的产业重新配置,以实现合理规模和有效规模基础上的产业竞争力。因此,钢铁企业的规模经济问题也是目前我国钢铁业亟须解决的一个方面。

从上述一些学者的研究结论可以看出,关于企业规模的扩大能否带来效率的提高,并没有一个确定的答案,所以本研究利用我国钢铁业 2005—2010 年的数据来进一步弄清企业的规模对其经营效率的影响机制问题。因为本研究通过数据包络方法测算的我国钢铁企业的经营效率是相对效率而不是绝对效率,所以为了保证量纲的一致性,我们同样选取样本企业的相对规模作为机制分析中的自变量。具体来讲,我们以样本包含的所有 42 家企业规模总和作为分母,以某家企业的规模作为分子,计算出每家钢铁企业所对应的相对规模。

(三) 能源技术水平和能源技术投资的影响

能源问题一直以来都是钢铁业重点关注的问题,无论是从企业经营角度还是从社会效应角度,能源消耗问题都是非常重要的,它既涉及企业的资源优化配置,同时又关系到工业生产过程中的污染排放,因此,研究钢铁企业能源消耗和能源技术投资给企业效率带来的影响意义重大。Zhang and Wang(2008)研究了我国钢铁业在 1990—2000 年的能源节约技术和能源创新投资对我国钢铁企业生产效率的影响力。研究结果表明,生产效率的提升在一定程度上可以归因于能源节约措施的采取以及与能源问题相关的技术更新、转型;另外,特定地域的企业因为能够获得团聚效应(agglomeration)而相对其他企业表现突出。Zhang 和 Wang 在研究中,选择了 PCI(煤粉注入量)、CCR(连铸比率)、TUT(技术更新和转型,包括设备更新等)这些能源技术指标作为输入变量,强调了能源技术指标对企业生产效率、总生产力变化的影响。

### （四）产品结构的影响

Ma *et al.* (2002)通过我国钢铁业1989—1997年的数据，选择了88家钢铁企业，研究了企业的产品结构对其技术效率的影响。Ma等分析了不同类型的钢铁产品在我国的应用范围，比如在我国的钢材市场中，长材多应用于基础建设行业，板材多应用于生产制造行业等；另外，在研究企业效率时，所有的88家钢铁企业根据其生产的钢铁产品被分为四个组，分别为PCF（生产生铁、粗钢、成品钢材）、CF（生产粗钢和成品钢材）、F（生产成品钢材）和P（生产生铁）。该研究的结论指出企业的产品结构在所有因素中对技术效率的影响是最强的。F类型的钢铁企业的平均技术效率达到了90%，P类型的钢铁企业的平均技术效率只有54%。该结果体现出钢铁产品靠近下游产品线相对于靠近上游产品线的技术效率较高。

综合之前学者对产品结构和技术效率之间关系的分析，本研究以生产集中度为出发点，研究钢铁企业的产品生产战略对其技术效率和总生产力的影响。

赫芬达尔-赫希曼指数，简称赫芬达尔指数（Herfindahl-Hirschman index，HHI），是一种测量产业集中度的综合指数。它是指一个行业中各市场竞争主体所占行业总收入或总资产百分比的平方和，用来计量市场份额的变化，即市场中厂商规模的离散度。在本研究中，我们采用HHI的算法来计算我国大中型钢铁企业的产品结构，即产品生产的集中或离散程度。Ma *et al.* (2002)将我国钢铁企业按照生产的钢铁产品分为四个组，但是这样的分组只是考虑了企业是否生产某一类别的产品，而并没有考虑到每一种产品的产量，所以并不能准确反映企业的生产集中度。在本研究中，通过中国钢铁工业协会统计的我国大中型钢铁企业每一类钢铁产品的年度统计，我们可以得到钢铁企业2005—2010年在每一类产品上的具体产量。根据这些数据，我们可以计算我国大中型钢铁企业的生产集中度指标：

$$PC = \sum_{i=1}^{n} (X_i / X_n)^2 \tag{3-22}$$

其中，PC表示生产集中度；$X_i$ 表示第 $i$ 种产品的产量；$X_n$ 表示企业生产的所有产品的总产量。一般情况下，生产集中度越高，表明企业的产品线越单一，反之产品线则越丰富。产品线相对丰富的钢铁企业在销售钢铁产品时可能因为存在产品组合优势和规模优势而相对节约了销售费用。

## 二、经营效率影响机制的研究假设

在我国，企业规模的增加并没有直接带来规模效率，通过企业兼并整合战略的一些超大型钢铁企业的经营效率反而低于其他一些大中型钢铁企业,企业规模扩张的无效率性体现较为明显(Movshuk,2004),所以我们认为在通过企业的整合战略从而达到其经营效率的提升的过程中,存在一些调节或者中介变量,这些变量影响着我国大中型钢铁企业经营效率的实现机制。这些都说明企业所采取的特定的产品策略会影响其经营效率的高低,因此,我们假设:

H1:生产集中度调节企业规模与规模效率之间的关系。

同时,生产集中度本身对企业的规模效率会有影响,比如生产过于集中化,会不利于企业的规模效率,所以我们假设:

H2:生产集中度越高,企业的规模效率越低。

根据DEA方法的原理,我们所研究的企业经营效率可以分解为两部分的乘积,其一就是上述的规模效率,其二就是企业的纯经营效率。本研究在选取DEA方法的输入变量时,选取的是销售费用、管理费用和财务费用,所以我们假设营销效率、管理效率和财务效率对企业的纯经营效率会有影响,即:

H3:企业的营销效率越高,其纯经营效率越高。

H4:企业的管理效率越高,其纯经营效率越高。

H5:企业的财务效率越高,其纯经营效率越高。

同时,企业的产品生产战略可能会对产品销售带来影响,所以我们假设企业的生产集中度对企业营销效率与纯经营效率之间的关系存在调节作用,另外,企业的生产集中度本身也可能对其纯经营效率有影响,所以我们假设:

H6:企业生产集中度对营销效率与纯经营效率的关系具有调节作用。

H7:企业的生产集中度越高,其纯经营效率也越高。

### 三、经营效率影响机制模型的检验和解释

对于上述提出的假设,我们利用实证数据进行检验,数据均来自中国钢铁工业协会对我国大中型钢铁业财务指标和产品线产量的统计,时间跨度为2005—2010年,数据检验结果如表3.3所示。

**表3.3 我国大中型钢铁企业营销效率影响机制**

| 因变量DV | 自变量IV | 2005年 | 2006年 | 2007年 | 2008年 | 2009年 | 2010年 |
|---|---|---|---|---|---|---|---|
| 纯经营效率 | 营销效率 | 0.097*** | 0.042* | 0.082*** | 0.403*** | 0.072*** | 0.437*** |
| | 生产集中度 | — | — | — | 0.622** | 0.519*** | 0.522*** |
| | 营销效率×生产集中度 | — | 0.512*** | — | 0.643** | 0.421***. | 0.532** |

（续表）

| 因变量 DV | 自变量 IV | 2005 年 | 2006 年 | 2007 年 | 2008 年 | 2009 年 | 2010 年 |
|---|---|---|---|---|---|---|---|
| 规模效率 | 企业规模 | $-0.843^{***}$ | — | $-0.146^{*}$ | — | $-0.894^{***}$ | $-0.860^{***}$ |
| | 生产集中度 | $-0.663^{***}$ | — | — | $-0.573^{**}$ | $-0.614^{*}$ | $-0.618^{**}$ |
| | 企业规模 × 生产集中度 | $1.436^{***}$ | — | $0.982^{**}$ | — | $1.501^{**}$ | $1.756^{***}$ |
| | 生产集中度 | $0.066^{***}$ | — | — | — | — | $-0.038^{**}$ |
| | 企业规模 × 生产集中度 | $1.436^{***}$ | — | — | — | $1.501^{**}$ | $1.756^{***}$ |

注：$^{*}p<0.1$；$^{**}p<0.05$；$^{***}p<0.01$；—表示不显著。

根据表 3.3，对于我们提出的假设，除了 H4 和 H5 没有通过检验，其他假设均通过了检验，因此我们将各个变量之间的关系通过图 3.4 的形式展示出来。

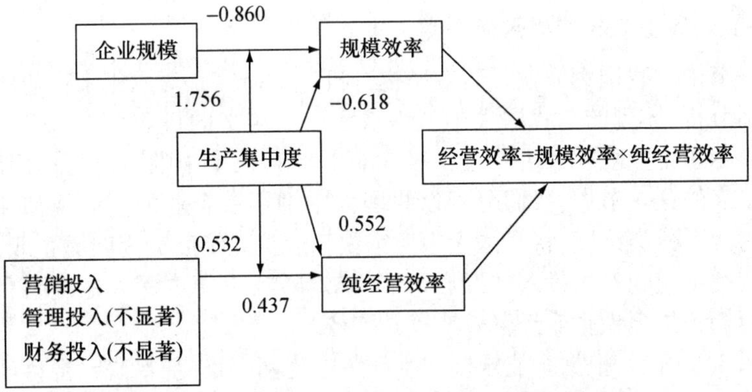


**图 3.4　我国大中型钢铁企业经营效率影响机制**

从图 3.4 所示的关系中，我们可以得出以下几个方面的结论：

第一，从企业规模对规模效率的负向影响关系可以看出我国目前的钢铁企业规模不效率的现象比较严重，虽然国家政策提倡抓大放小，而且我国钢铁企业也经历了许多大规模的兼并和整合，但效果并不理想。

第二，从生产集中度对企业规模影响规模效率的调节作用中可以看出，企业的产品生产战略对企业规模扩张战略影响非常重要，基于提高生产集中度的规模扩张是能够带来企业规模效率提升的，而如果企业规模的扩大只是关注于产品线的丰富，这样的规模扩张则不利于企业规模效率的提升。

第三，生产集中度本身不但不会提升规模效率，而且对规模效率有负向影响，只有在企业规模扩张的前提下提高生产集中度才会对规模效率有正向影响。

第四，营销效率的提升会带来纯经营效率的提升是显而易见的，高生产集中度也会增强营销效率对纯经营效率的正向影响，换句话说就是生产集中度会提升营销费用对企业经营绩效的转换率。

第五,生产集中度本身也会影响纯经营效率,较高的生产集中度会促进纯经营效率的提升。

## 第四节　我国钢铁业的经营效率提升

从以上分析可以看出,企业规模越大,经营效率反而越低,呈现规模不经济的现象,企业生产集中度越高也即专业化程度越高会间接促进企业经营效率的提升。那到底是什么原因造成了我国钢铁企业的规模不经济?又如何提升我国钢铁企业的经营效率?下面我们将结合具体钢铁企业进行更细致的比较分析。

### 一、我国钢铁企业经营模式的分类与效率的比较

#### (一)钢铁企业经营模式的分类方法

上一节中对我国钢铁业经营效率提升机制的研究是对六年来行业的平均情况的概括分析,体现的是我国大中型钢铁企业六年来的行业平均水平。上一节的分析显示了企业规模和生产集中度在企业经营效率中的地位与作用路径,因此在接下来的这一节中,我们分别以我国大中型钢铁企业的企业规模和生产集中度作为两个分类维度,将我国大中型钢铁企业按此维度分为四类企业,并分别观察这四类企业的费用投入情况和市场绩效特点,以便更深入地说明和验证上一节中所提到的钢铁企业经营效率提升路径。

如图3.5所示,根据企业规模和生产集中度两个维度,本研究将目前我国大中型钢铁企业划分为四大类,分别命名为规模扩张型、范围扩张型、专业生产型和市场跟随型。下面我们以具体的钢铁企业为例来说明四种类型的钢铁企业的费用投入和市场绩效表现。

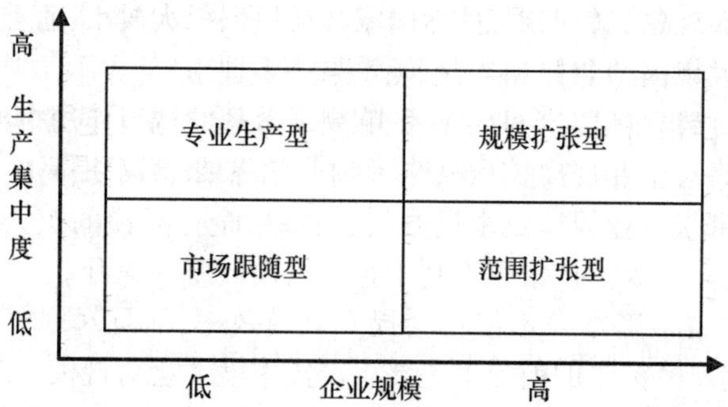


图3.5　我国大中型钢铁企业按企业规模和生产集中度分类

（二）我国钢铁企业的经营模式分类

在我们研究的42家大中型钢铁企业当中，按照其在2010年的生产集中度和生产规模，将这些钢铁企业分别归入上述四大分类中。这42家大中型钢铁企业的具体分布如图3.6所示。图中，横轴表示企业的生产规模，即该企业的产量在所有统计的大中型钢铁企业产量中的比重；纵轴表示该企业的生产集中度。

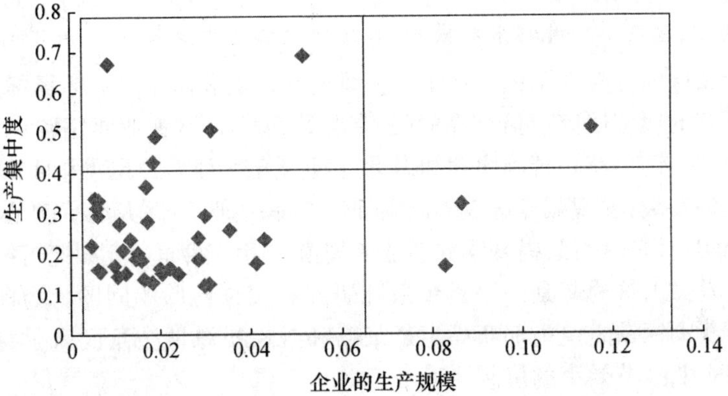


**图3.6　我国大中型钢铁企业2010年按生产集中度和生产规模的具体分布**

目前，我国大中型钢铁企业中，大部分企业都处在左下角的位置，即被我们归类为“市场跟随型”的钢铁企业，这类钢铁企业的特点是生产规模占行业比重较小，普遍在10%—30%，同时，该类企业的生产也较分散，生产集中度普遍低于0.04；位于图形右上角的企业只有宝钢一家，2010年，其生产规模在所有统计的我国大中型钢铁企业中的比重为12%，该年的生产集中度为0.51，在行业中也处于较高的水平，所以其“纵向扩张”的企业发展战略明显；“横向扩张型”特征明显的分别是首钢和武钢，这两家钢铁企业的生产规模均在所有大中型钢铁企业中占据相对较高的比重，但是其生产集中度分别为0.3和0.2左右；“专业生产型”特征明显的钢铁企业以重钢为代表，其生产规模在所有统计的钢铁企业中比重很小，但其生产集中度很高，达到了0.66，另外一个具有代表性的就是太钢，该企业的生产规模虽然相对重钢较高，但同样处于较低的水平，然而这类企业的生产集中度在我们统计的所有大中型钢铁企业中是最高的。

（三）我国钢铁企业经营效率的比较

结合之前关于我国大中型钢铁企业经营效率的数据包络分析的结果，本研究发现，采取纵向扩张战略的钢铁企业的经营效率普遍高于采取横向扩张战略的钢铁企业。例如宝钢是特点明显的纵向扩张型钢铁企业，根据之前的研究结论,宝钢在过去的六年中,有五年达到了 DEA 有效,而对于横向扩张特点明显的代表企业首钢和武钢,虽然也都是属于我国的超大规模型钢铁企业,但其 DEA 有效的情况远不及宝钢,武钢在过去的六年当中,只有在 2008 年达到了 DEA 有效,而首钢甚至在过去六年当中没有一年达到 DEA 有效。

## 二、我国钢铁企业经营效率提升的常规模式探究

### (一) 经营效率提升的常规模式:苦练内功和做大规模

是什么原因导致在国民经济中占据重要地位的我国钢铁业市场绩效水平落后呢?已有的很多研究包括业界的很多建议都认为,钢铁业要摆脱利润率持续下降的两条关键出路是苦练内功和做大规模。苦练内功就是对内通过加强技术改造和设备升级,实现减耗增效和高附加值产品的研发;做大规模就是对外通过并购整合实现做大做强,提升钢铁企业的规模经济。然而究竟如何苦练内功,以及如何有效做大规模却是一个需要系统研究和实证检验的问题。为此,本部分的研究从我国钢铁企业内部产品生产策略和规模扩张两个角度入手,探索提升我国钢铁企业经营效率的机制。

### (二) 依靠苦练内功提升经营绩效的基础是生产专业化

本研究结果表明,我国钢铁企业需要实行专业化生产,即在企业内部提高生产集中度,也就是说企业的产品线不宜过长和过宽。如图 3.4 所示,专业化生产本身对纯经营效率具有正向(系数 0.552)影响(主效应),同时钢铁企业采用专业化生产(如宝钢)会提升企业的纯经营效率,从而提升企业的总体经营效率。

另一方面,专业化生产能够提升营销费用转换率(营销费用转化为企业利润)(调节效应)。需要指出的是,我国钢铁企业的管理费用和财务费用本身变差不大,专业化生产对其影响也并不显著,但是专业化生产对我国钢铁企业的营销费用的调节作用显著。也就是说,企业采用专业化生产能有效地将营销类费用转化为利润,从而提升企业的纯经营效率,最终提升企业的总体经营效率。

### (三) 我国钢铁企业扩大规模时要提升扩张效度

本研究验证了之前学者有关我国钢铁企业盲目扩张导致规模不经济的结论(Steinfeld,1998; Movshuk,2004)。在此基础上,究竟什么样的规模扩张是可取的,而什么样的规模扩张是盲目无效的(甚至起负面作用的)?关于这个问题,本研究通过数据挖掘指出了生产集中度这一变量在我国钢铁企业规模扩张效果中所起到的关键作用。

如图 3.4 所示,目前我国钢铁企业规模对其规模效率具有负向影响(系数

-0.86)，这说明目前我国钢铁企业的规模扩张不仅没有体现规模经济，反而降低了其规模效率。因此，一味地追求规模不仅不能直接提升我国钢铁企业的市场经营效率，反而降低了规模效率从而最终降低了企业的整体经营效率。

另一方面，专业化的规模扩张能够调整规模不经济的现状从而提高企业经营效率。这表明，基于提高生产集中度的规模扩张是能够带来企业规模效率提升的，而如果企业规模的扩张只是关注于产品线的丰富，则不利于企业规模效率的提升。

## 三、我国钢铁企业经营效率提升模式的突破

### (一) 提升经营效率中常规模式的局限性

本研究通过对我国钢铁业2005—2010年六年市场经营数据的动态观察，结果发现在这六年当中，我国大中型钢铁企业整体处于经营效率的高位水平(经营效率值均在0.96以上)，而且逐年上升趋势明显(见图3.2a)；此外，我国大中型钢铁企业之间的经营效率变差很小，特大型钢铁企业和普通大型钢铁企业的经营效率并不存在显著的差异(见图3.2b)。

以上数据和结论表明，一方面我国的钢铁企业在苦练内功、从内部挖潜的角度努力提升企业的经营效率取得了一定的成绩，而且整体钢铁业的经营效率也一直处于高位水平。然而，这些成绩并没有改变我国钢铁业利润率极低的特点，因此仅仅靠对钢铁企业的内部管理挖掘不足以解决其所面临的困局。

另一方面，通过改变企业规模和生产集中度来提升企业经营效率，可能存在更多的局限性。这是因为企业规模的改变和生产结构调整需要有一个过程，同时根据前面的研究结论发现，如果企业规模扩张不是有效的，可能适得其反，无法有效提升企业经营效率。

### (二) 我国钢铁业经营绩效的提升要从内部关注转变为外部关注

事实上，很多业内专家和企业发现真正导致钢铁业利润急剧下降的根本原因并不是企业的内部挖潜问题，而是外部风险环境的冲击，尤其是当我国钢铁业定价权丧失、直接面对外部原材料和钢材产品价格的波动风险时。因此，在分析企业外部风险特别是价格波动风险的基础上，有必要对钢铁企业应对外部风险的经营管理策略主要是营销管理进行探究。

基于上述考虑，本研究将课题设定为“价格波动风险下钢铁业的营销管理研究”，就是希望从当前钢铁企业面临的最大挑战中也即价格波动风险情况下，来系统探究我国钢铁企业如何应对价格波动风险带来的挑战，如何在价格剧烈波动风险下采取化险为夷甚至是化害为利的新经营模式。

钢铁企业应对外部价格波动风险的核心工作是营销管理，这是因为钢铁企业在进行营销时必须面对外部钢材价格波动带来的风险，同时营销还是企业采购和生产的龙头，合理的营销管理可以规避钢铁原材料带来的价格波动风险。下面，本研究将结合钢铁企业的工业品营销的特点，对钢铁企业的营销战略和营销策略进行系统的梳理与探究，特别是对钢铁企业定价模式的分析，为我国钢铁企业应对价格波动风险、提升企业利润提供支撑。

# 第四章 我国钢铁业的大宗工业品营销模式

前面的分析指出我国钢铁业利润率低下的主要原因是规模不经济和生产集中度不高,问题是这种规模不经济和生产集中度不高其实一直存在,但是为什么之前的钢铁企业利润率高而现在的利润率低?似乎我国钢铁企业面临的挑战不仅仅是上面提到的问题,而且还有一些新的因素和问题。很多业界专家都指出,最近几年钢铁企业利润率低的一个重要原因是外部市场环境问题,最大的挑战是价格波动带来的经营风险(骆铁军,2011;罗冰生,2011),甚至于一些在市场竞争中具有相对竞争优势的企业也不能幸免。可见应对外部环境变化带来的挑战,是每个中国钢铁企业都必须认真面对和需要系统性解决的问题。本部分将从钢铁业作为工业品的营销管理模式入手,力图通过梳理钢铁业的营销管理策略,为钢铁企业有效应对外部市场环境的挑战提供思路和对策。

## 第一节 我国钢铁业营销模式研究的意义与现状

由于我国钢铁业竞争日趋激烈,越来越多的企业开始重视市场开发和营销管理工作特别是对销售渠道的建设。本部分在分析钢铁业营销模式研究具有重要价值的基础上,梳理钢铁业营销模式研究的现状。

### 一、我国钢铁业营销模式研究的意义

#### (一)钢铁业营销模式的相对滞后性

钢铁业是国民经济中重要的基础原材料产业,是加快实现工业化的先导产

业，是各国经济的重要支撑力量。世界上成功实现了工业化的国家，尤其是经济规模较大的国家，几乎无一例外地优先发展了包括钢铁工业在内的基础产业，钢铁工业在这些国家的工业化进程中起到了不可替代的作用（许金菁，2007）。改革开放以来，我国钢铁产业布局日趋合理，整体实力明显增强，技术水平大大提高，钢铁产量迅速增长，从新中国成立初期的每年15.8吨发展到1996年的每年突破1亿吨，我国成为世界第一产钢大国，但这并不能说明我国是一个钢铁强国（杨正林，2006）。

目前来说，我国钢铁企业营销方式落后，现代营销和经营水平不高，不少企业营销还处于电话联系、手工操作、人工装卸的较低层次的运作阶段，分销渠道管理机制的落后也限制了钢铁业的发展，这种传统的营销方式非常不适于我国加入WTO的现实和钢铁工业的快速发展的趋势（胡军，2005）。近年来，国内一些钢铁集团如宝钢、鞍钢、武钢、马钢等紧紧围绕构筑现代物流体系的需要，以管理信息化为手段，对内重组物流流程，对外延伸信息管理，整合改造物流资源，初步建立了以物流流程为主线的现代物流营销体制，走上了钢铁营销模式的创新之路（吴欣，2009）。由此，钢铁业的营销模式一直受到企业的密切关注，对其进行的研究具有较为现实的意义。

### （二）钢铁业营销对其绩效影响的敏感性

在当前世界经济衰退，国内钢材产能过剩、需求萎缩、市场竞争激烈的环境下，钢铁企业中营销的作用越来越突出，好的营销体系和策略能够支撑企业的长远发展，相对较差的营销则使企业在竞争中处于劣势。当今钢铁企业只是把钢铁营销看作简单的销售过程，而实际上在钢铁业高度竞争的今天和明天，营销方面的竞争优势是企业最直接也最有效的竞争力，钢铁企业应该把培育营销竞争优势放在战略的高度加以重视。有了营销方面的竞争力，钢铁企业面对“收购”“重组”的信心就会更足，就会在日益严峻的竞争中立于不败之地（王斌，2009）。因此，在钢铁业中，企业的市场绩效、利润率等都受企业市场营销的影响较大。

### （三）钢铁业营销的大宗工业品特性

与一般的消费品和工业品相比，钢铁产品作为生产资料，主要是作为下游企业的原材料，有着典型的大宗商品特点（刘鸿渊，2002）。首先，钢铁产品的用户或购买群体主要是下游的生产企业、流通企业和个体工商户，体现的是生产者与生产者之间的关系。其次，钢铁产品的购买相对比较理性，特别是相对于消费品而言，钢铁产品的消费不易受广告等促销手段的影响。钢铁产品的购买者多为专业购买人员，因此，各种促销手段的使用效果不很明显。再次，钢铁产品的购买行为过程复杂，影响购买决策的因素较多。最后，钢铁产品的交易过程是风险的释放过程。钢铁产品的每一次交易行为都是包含物流、资金流、单据流等诸多因素的系统行为,只有这些要素在买卖双方之间全面实现转换,交易风险才能释放,交易行为才算完成。

基于钢铁产品与一般工业品和消费品的区别而言,一般工业品和消费品的研究远远超过了钢铁产品的研究,从这方面来讲,对钢铁产品的研究也具有较强的理论意义。

## 二、钢铁业营销模式的研究现状

总的来说,目前对我国钢铁业营销模式的研究较少,有关钢铁产品和钢铁业的研究也主要是集中在以下一些方面:

### (一) 钢铁业价格变动规律

目前我国从事钢铁的价格机制理论的研究的学者较多,并且有了一定的研究成果。

由表4.1可知,目前有关钢铁业价格波动的相关文献主要集中在产业经济学领域,例如崔瑞昕(2010)、由国辉(2005)、叶耿介(2007)、李拥军等(2007),而且主要是反映了组织市场中,钢铁业从市场化以后的一些现象和价格的形成机制。例如,李拥军等(2007)分析了我国钢铁市场中价格刚性现象、价格传导现象的成因及机理,但是没有从营销方面给出一些具体的策略。由国辉(2005)对在社会主义市场经济体制下钢铁产品价格形成和变动的规律做探索性研究,那企业在这种情况下该如何去应对呢?吴晓东(2010)探索合乎我国钢铁市场可持续发展之路的价格形成机制。崔瑞昕(2010)研究了宏观经济波动和供求冲击对我国钢铁价格的影响过程,但是没有从企业层面来研究影响钢铁企业定价的因素和企业的对策方面的内容。

**表4.1 我国钢铁业价格的研究**

| 研究问题 | 代表性文献 | 评述 |
|---|---|---|
| 钢材价格管理 | 张丙豪、肖燕敏、杨枫(2005);李拥军(2007) | 结合安钢钢材价格定价机制和销售价格体系,阐述了产品定价在企业管理中的重要性<br>通过对我国钢铁企业价格管理体系的深度分析,总结了中国钢铁企业价格管理方面的基本特性 |
| 中国钢铁业价格现象 | 李拥军、刘云清、陈雪松(2007) | 从我国钢铁市场产业组织结构、产品流通结构的特殊性出发,分析了我国钢铁市场中价格刚性现象、价格传导现象的成因及机理,并提出了减少价格刚性负面效应的基本措施 |

（续表）

| 研究问题 | 代表性文献 | 评述 |
|---|---|---|
| 钢铁产品价格波动率与市场集中度关系分析 | 梁欣、左相国(2007) | 价格波动率与市场集中度的对数之间存在显著线性负相关关系 |
| 钢铁产品价格形成 | 由国辉(2005)；吴晓东(2010)；崔瑞昕(2010) | 对在社会主义市场经济体制下钢铁产品价格形成和变动的规律做探索性研究，得出相应结论，并在此基础上建立钢铁产品价格的预测模型<br>揭示在我国市场竞争体系建设尚不健全的背景下，价格在完全自由竞争中形成的弊端，探索合乎我国钢铁市场可持续发展之路的价格形成机制<br>通过对钢铁价格形成和波动的动态研究，指出宏观经济波动和供求冲击是导致我国钢铁价格波动的主要动因，并从定量的角度，研究了宏观经济波动和供求冲击对我国钢铁价格的影响过程 |
| 我国钢铁业的价格行为 | 叶耿介(2007) | 先用产业组织理论的市场结构、市场行为和市场绩效的分析方法分析了寡头垄断市场的价格形成过程，然后运用同样的方法分析我国钢铁企业价格的形成过程和模式，并指出其中的问题，最后针对这些问题提出建议 |

此外，也开始有文献从一些外部的角度来考虑钢铁价格的影响。例如，梁欣和左相国(2007)对钢铁工业的市场集中度与钢铁产品价格之间的关联关系进行分析，得出价格波动率与市场集中度之间定量关系的初步研究结论：价格波动率与市场集中度的对数之间存在显著的线性负相关关系。这个研究开始从企业的角度来找影响钢铁业的价格因素了。

因此，通过上述文献的研究我们发现，现有研究多从产业经济学的角度去研究钢铁价格的现象及其形成，但是很少有文献从中观层面将钢铁价格的形成及在相应的背景环境下的角度，研究企业该如何去应对这种环境。

### （二）钢铁业的营销问题研究

关于钢铁业营销问题的研究主要是集中在企业整体营销策略的提出和营销渠道的建设方面。

在钢铁业的营销策略方面，胡军(2005)通过对新余钢铁公司（新钢）营销组合的分析，从中找出了新钢公司的营销特点和优势，同时针对该公司面临的新市场环境，有针对性地提出了一些可行性建议和解决方案。王晓全(2004)则是以武钢为具体实例，采用现代科学的分析方法和研究工具，通过对武钢的产品特点和市场环境乃至我国钢铁业特点的战略审视和内部分析，提出了武钢营销管理需解决的问题和具体的营销战略。另外,刘鸿渊(2004)以我国的市场环境为背景,分别研究钢铁企业的营销理念和营销策略的原则、途径选择、产品、价格、分销、促销等内容,并对产品、价格、分销、促销等理论的应用进行了实际研究。

从营销渠道的建设方面,王宏斌(2005)分析了钢铁产品营销特点及武钢营销渠道的现状及存在的问题,根据钢铁产品的特点及用户特性、市场特征,提出了武钢钢材的营销渠道管理策略。邓刚(2005)以营销渠道设计和渠道绩效评价为出发点,研究如何设计以制造商为主的营销渠道及评价渠道整体绩效。邹勇(2010)分析了国内钢铁产品,市场现状和营销现状,并对国家相关产业政策调整方向进行预测和判断,再结合钢铁产品的营销特点及相关市场营销渠道理论,对河南亚星钢材实业有限公司的经营情况和营销渠道现状进行分析,指出存在的问题。

可见,无论是关于钢铁业营销策略的研究,还是钢铁企业营销渠道的建设方面,多是以具体的企业为出发点,通过对具体的企业进行市场分析,然后给出一些针对本企业的营销策略,或是以具体企业为出发点探讨、评价具体企业的营销渠道。但是,以系统的营销理论来研究我国钢铁业营销问题,并探讨我国钢铁业的营销模式的文章则比较少。所以,研究我国钢铁业的营销模式对于理论研究也具有较大的意义。

## 第二节　我国钢铁业的市场细分与特点

钢铁业作为大宗工业品行业,属于产业市场,钢铁业的服务对象都是企业,而一般消费品的服务对象是消费者,本节将结合工业品的特点讨论市场细分的标准和我国钢铁业市场细分的特点。

### 一、产业市场的细分

#### (一) 市场细分的概述

市场细分(market segmentation)这一概念是在20世纪50年代中期由美国市场学家Wendell Smith提出的(董艳华,2000),是指根据消费者对产品的不同的欲望和需求、不同的购买行为和购买习惯,把整个市场分割成相同的小市场(即同质市场)和不同的小市场(即异质市场)。同质市场就是指消费者对产品的需求大致相同的市场,与之对应,异质市场就是指市场群之间的差异大,但各市场群内部差异趋小的市场(甘碧群,2003)。

细分市场主要是运用了求大同存小异的方法，在各个不同的细分市场之间，消费者的需求存在比较明显的区别。在每个细分市场之内，消费者需求的差别就比较细微（徐凤琴，2004）。因此，市场细分的基本假定前提是，需求在不同的细分市场是不同的，在同一细分市场则是相同的。另外，企业在市场竞争中的资源的有限性，也使得企业只能专注于某一个或者某些领域，而不能面面俱到。因此，市场细分也就成为企业参与竞争不可或缺的一部分了（甘碧群，2003）。企业进行市场细分，就是根据不同消费者之间的需求差别进行分类汇总，区隔成一个个的细分市场，然后有针对性地满足不同细分市场的需求（翁智刚，2010）。

（二）产业市场细分的标准

由于消费者市场和产业市场之间存在很大差别，营销者不能用完全相同的标准或者变量来细分这两种不同的市场。也就是说在进行行业的市场细分时，我们应该区别于消费者市场的市场细分，选取和使用合适的变量来进行行业的市场细分。在这里，我们主要讨论的是行业的市场细分。

如表4.2所示，行业市场细分的标准中，客户统计特征变量最重要，其次是经营变量。公司首先必须决定它们要服务于哪个行业，然后在选定的目标行业中，可以根据顾客公司的规模进行进一步的划分，并可能分别为大顾客和小顾客设立独立的经营部门进行销售（Kotler，2009）。当然，行业市场细分也可以用消费者市场细分所使用的某些变量，例如地理因素、追求的利益、产品的使用率等。Bonoma 和 Shapiro 提出了产业市场分类的细分变量。

我国学者李桂华（2001）也总结了产业市场细分的依据，认为（1）从地理区域特点的角度来看，可以有的分类是国内/国际市场、国别/国际区域市场、国内地区市场、工业普查区域市场、邮政区域市场；（2）从人文统计特点上看，主要有标准工业品分类体系、按投入产出分类、按照企业规模分类（雇员数量、销售额、年购买额、平均订购规模、制造附加值等）；（3）从组织购买特点来看，有采购政策、采购程序、采购核心的构成、平均订购规模、购买频率；（4）从购买影响者的个人特点角度来划分，有个性、态度、生活方式、自我形象、风险承受能力、决策方式、认知方式；（5）从供应商/顾客关系来看，主要有目前和过去的使用者或非使用者，大型、中型或小型的使用者，单一资源或复合资源使用者，互惠关系。

**表 4.2 产业市场的主要细分变量**

| 细分变量 | 具体标准 |
|---|---|
| 统计特征 | 1. 行业:服务于哪些行业<br>2. 公司规模:服务于多大规模的公司<br>3. 服务于哪些地区 |
| 经营变量 | 4. 技术:应该把重点放在顾客重视的哪些技术上<br>5. 用户和非用户的状况:服务的对象应该是高度使用者、中度使用者、轻度使用者还是未使用者<br>6. 顾客能力:服务对象是需要大量服务的顾客还是需要少量服务的顾客<br>7. 组织采购能力:服务于采购组织高度集中的公司还是采购组织分散的公司<br>8. 权力结构:服务的公司是工程占主导地位、财务占主导地位还是其他<br>9. 现有关系的质量:服务于与我们有牢固关系的公司还是简单追求最理想的公司<br>10. 总体采购政策:服务于乐于采用租赁的公司、购买服务合同的公司、进行系统采购的公司,还是采用秘密投标的公司<br>11. 采购标准:服务于追求质量的公司、重视服务的公司,还是注重价格的公司 |
| 情境因素 | 12. 紧急:是否应该服务于需要快速和随时交货或提供服务的公司<br>13. 特殊应用:是否应该注重产品特定的应用,而不是所有的应用<br>14. 订单规模:注重大订单还是小订单 |
| 客户个性 | 15. 买卖双方的相似点:是否应服务于那些人员和价值观与我们公司的人员和价值观相似的公司<br>16. 对待风险的态度:服务于敢于冒险的公司,还是服务于回避风险的公司<br>17. 忠诚度:是否应该服务于那些对其供应商非常忠诚的公司 |

### (三) 产业市场细分的方法

产业市场细分主要有定量细分和定性细分两类方法。其中定性细分方法有二阶段细分法、筑巢细分法和垂直市场细分法。定量细分方法有因子分析、聚类分析、判别分析和主成分分析法。

1. 产业市场细分的定性的方法

**二阶段细分法**。首篇关于组织营销市场细分的研究方法由 Cardozo *et al.*(1973)提出,他们提出了一种两阶段市场细分法:第一阶段也称为宏观细分阶段,以采购组织和采购情况的特征为基础进行市场细分;第二阶段是微观细分阶段,以决策中心的特征为基础对第一阶段的结果进行再细分,细分成微观的市场。Choffray and Gary(1980)扩展了这种方法,把采购过程的结构以及这一过程涉及的组织、人员的参与程度也包括了进去。至此,形成了组织市场细分的第一种公认的方法——二阶段细分法。这种细分方法奠定了组织市场细分的理论研究方向,展示了组织市场细分的复杂性。它指出,细分标准的选择既要考虑购买组织的特点和类型等宏观变量,又要考虑每个决策单位的购买决策标准、购买经营权重等微观变量。两阶段可分离,而是否需要微观细分,取决于宏观细分的结果是否满足了公司目标和营销策略的有效对应(可测性、可及性、可偿性、可行性)。最终细分的程度控制取决于公司对细分的成本和预期利益的态度(施娟,2005)。具体方法如图 4.1 所示。

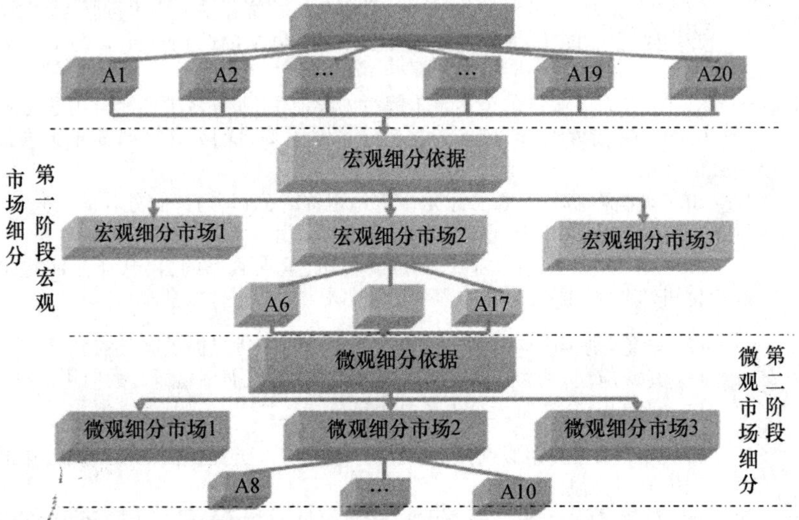


**图 4.1 二阶段细分法**

**筑巢细分法。**筑巢细分法也叫内嵌法,是 Shapiro 和 Bonoma 提出的一个相当复杂的细分方法。他们认为二阶段法的理性化程度还不够综合和全面,提出将细分方法分为几个连续的层次:即通过商业人口统计让细分过程更接近于购买者的实际,更接近于公司对竞争性操作变量的使用,即随着行业竞争的激烈程度的加深,公司为取得竞争优势,就要对组织客户进行更深层次的细分。随着细分层次的增加,细分变量由客观性到主观性渐强,最后深入到人际变量。细分过程中包含的层次越多,获取必要信息的成本就越高(Dominic,1999)。具体方法如图 4.2 所示。

**垂直市场细分法。**垂直市场结构是指一件产品从其最初形态直到最终用户的路径。在垂直市场结构中,形成了相当复杂的交易链,涉及众多的买者和卖者。组织市场的垂直细分就是在这个交易链中进行细分,从中选择一个合适的、有利可图的、符合本企业经营目标的交易点作为自己的目标市场。

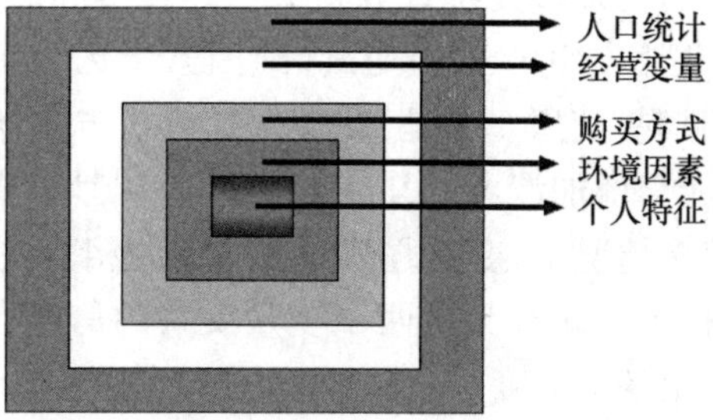


**图4.2 筑巢细分法(或称中心区域法)**

2. 产业市场细分的定量的方法

市场细分的主要方法是聚类分析,聚类分析的方法本身也比较多。应用聚类分析对市场进行细分时,主要包括应用因子分析筛选数据、用聚类分析划分细分市场和基于判别分析描述细分市场。

**因子分析**。因子分析的基本目的就是用少数几个因子去描述许多指标或因素之间的联系,即将相关比较密切的几个变量归在同一类中,每一类变量就成为一个因子(之所以称其为因子,是因为它是不可观测的,即不是具体的变量),以较少的几个因子反映原资料的大部分信息。运用这种研究技术,我们可以方便地找出影响消费者购买、消费以及满意度的主要因素是哪些,以及它们的影响力(权重)运用这种研究技术,我们还可以为市场细分做前期分析。

**聚类分析**。聚类分析是理想的多变量统计技术,主要有分层聚类法和迭代聚类法。其过程正是市场细分的过程:将受访者按某种方法分组,使组内个体之间差别最小而不同组的个体之间差别最大。需要注意的是,采用不同的聚类方法产生的细分方案会很不相同。如果几种聚类分析产生几乎相同的结果,那么应该说这种细分是很接近现实情况的。在市场研究领域,聚类分析主要应用的方面是帮助我们寻找目标消费群体,运用这项研究技术,我们可以划分出产品的细分市场,并且可以描述出各细分市场的人群特征,以便于客户有针对性地对目标消费群体施加影响,合理地开展工作。

**判别分析**。判别分析又称“分辨法”,是在分类确定的条件下,根据某一研究对象的各种特征值判别其类型归属问题的一种多变量统计分析方法。其基本原理是按照一定的判别准则,建立一个或多个判别函数,用研究对象的大量资料确定判别函数中的待定系数,并计算判别指标。据此即可确定某一样本属于何类。判别分析有二级判别、多级判别、逐步判别等多种方法,在气候分类、农业区划、土地类型划分中有着广泛的应用。

此外,还有一种**主成分分析**。主成分分析是将多个变量通过线性变换以选出较少个数重要变量的一种多元统计分析方法。在实际研究中,为了全面分析问题,人们往往提出很多与此有关的变量(或因素),因为每个变量都在不同程度上反映这个课题的某些信息。但是,在用统计分析方法研究这个多变量的课题时,变量个数太多就会增加课题的复杂性。人们自然希望变量个数较少而得到的信息较多。在很多情况下,变量之间是有一定的相关关系的,当两个变量之间有一定相关关系时,可以解释为这两个变量反映的信息有一定的重叠。主成分分析是对于原先提出的所有变量,建立尽可能少的新变量,使得这些新变量是两两不相关的,而且这些新变量在反映课题的信息方面尽可能保持原有的信息。

通常,聚类分析、因子分析、判别分析、主成分分析等方法都会经常用于市场细分的研究。当然没有一种理想的方法可以适用于所有的市场细分研究,每一种方法都有优势和不足。由图4.3可以清楚地理解这四种典型的多元统计分析方法之间的关系。判别分析需要对样本按照正确的类别来分类,是一种事前细分方法。而通过主成分或者因子分析可以提取到相应的主成分变量或因子变量,经过这一过程,可以将大量的普通变量降维,进而用少量的代表性、描述性更强的新变量进行聚类分析。在初始变量本身描述性强的情况下也可以直接对样本进行聚类分析。这一系列通过聚类分析进行的市场细分是一种事后细分(刘亦凡,2008)。

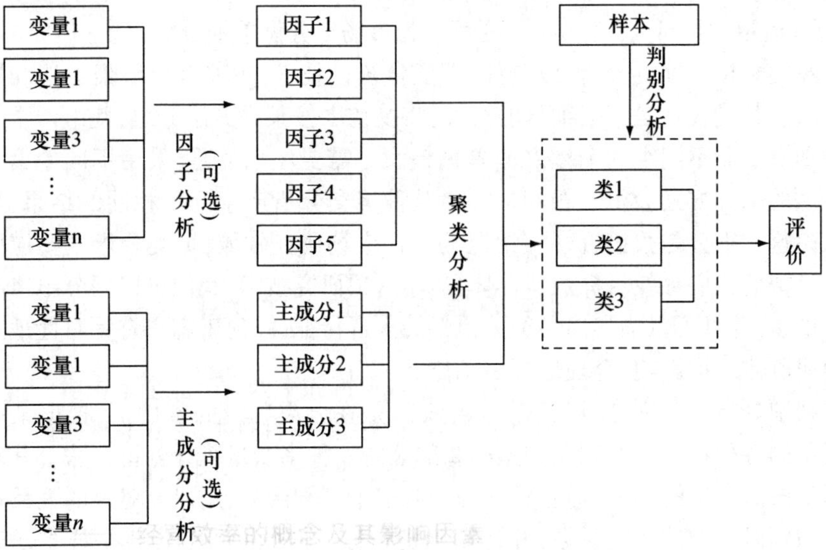


图4.3 产业市场细分定量方法相互关系

## 二、钢材市场的细分

### (一) 钢材产品的分类

钢材产品的分类方法有很多,以往的分类方法多是按钢材产品本身的性质,将钢材分为不同的类型,主要分类方法大致有以下几种:(1) 按照在产业链中的不同环节可以分为上游产品和下游产品;(2) 按照加工的不同程度可以分为半成品和成品;(3) 按品质分类可以分为普通钢、优质钢、高级优质钢;(4) 按化学成分可分分为碳素钢和合金钢;(5) 按成形方法可以分为锻钢、铸钢、热轧钢、冷拉钢;(6) 按金相组织可以分为退火状态的、正火状态的、无相变或部分发生相变的;(7) 按用途可以分为建筑及工程用钢、结构钢、工具钢、特殊性能钢、专业用钢等;(8) 按冶炼方法可以分为按炉分、按脱氧程度和浇注程度分。但是很少能够从钢材本身的用途或者说从钢材在各个行业中的应用来分类。而我们就想从钢材本身在各个行业中的用途出发来研究其分类。

根据钢材产品的用途,我们可以将钢材分为建筑用钢和工业用钢。建筑用钢主要包括螺纹钢和线材,工业用钢主要是圆钢、工字钢、H 型钢、槽钢、等边钢、不等边钢、镀锌管无缝管、焊管、螺旋管、热轧板卷、冷轧板卷、开平板等。下面将按用途来进行细分。

### (二) 建筑行业市场

建筑用钢主要集中在建筑业(房屋建筑、铁路建筑、机场建筑和城市基建),工业用钢主要集中在机械用钢、汽车、船舶制造、集装箱制造、石油石化、家电、电力等诸多行业。我国建筑业钢铁消费结构中,房地产用钢约占 35%,商业地产和工业厂房约占 40%,大型基础设施建设约占 25%(见图 4.4)。与此同时,钢结构占房屋建筑的比例也有所增加。目前,钢结构年产量占全国钢铁产量的比例为 5%,发达国家的钢结构用钢量一般占钢材产量的 10%,而且每平方米建筑钢结构比钢筋混凝土结构增加用钢 40 千克左右,这也意味着建筑业钢材需求的增加。

建筑用钢是我国用钢量最大的行业之一,建筑钢结构的用钢量约占钢产量的 3%。我国钢铁产量的快速增长为建筑钢结构的发展奠定了坚实的基础,也带动了建筑钢结构行业的发展。建筑钢结构产业的发展与我国的经济发展程度和发展速度联系很大,华东地区和各中心城市仍是钢结构发展的重点地区。近年来建筑钢结构企业开始跨区域大规模扩张,多数企业的资本投入大多流向提高产能、扩大规模、区域扩张等用途,而没有输送到创新技术、改进工艺、添置设备、研发材料等方面。真正具有研发、设计、制造、施工一条龙能力的企业为数并不多。

我国建筑用钢企业主要包括一些大型钢结构公司,国有钢结构公司,中小型

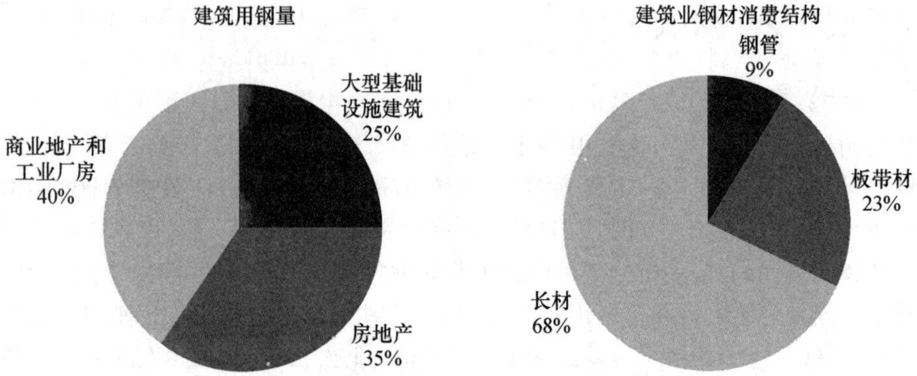


**图 4.4　我国建筑用钢量和建筑业钢材消费结构**

民营钢结构公司和外资、合资企业。据不完全统计，目前具有市场准入条件的建筑钢结构企业在1000家以上，一级资质以上的近100家。大型企业的年产值总共为500亿—600亿元。这些企业资金较充足、品牌较响、质量较好、设计制作施工力量较强、市场范围遍及全国，一般在各地分区域设立分公司，大都具有特定的钢结构体系优势。国有钢结构公司一般为大、中型建筑钢结构企业，市场范围覆盖面较广（如宝冶、中建系统等）。在市场机制下，一大批中小规模的民营加工企业应运而生，虽然年产能力不足10000吨，但这些企业有自己的优势和特长，可弥补大企业的不足，形成配套完整的钢结构加工行业市场格局。这些企业运作灵活、整体实力较弱、质量一般，市场范围集中在所属特定区域，依靠与企业周边区域业主建立相对稳定的业务关系介入市场，生产运营成本较低。

但是，由于钢结构市场具有较高的成长性，导致很多企业对市场盲目乐观。加之企业进入钢结构行业门槛较低，部分地区钢结构企业出现盲目上马的现象。这不仅造成行业产能过剩，也使市场出现了无序竞争、恶性竞争的现象。其结果是加工和安装企业竞相压价，加上钢材价格上涨，造成企业效益逐年降低。

（三）机械行业市场

国内钢铁在机械行业中的主要是农业机械、机床和重型机械等下游行业，其用钢量较为分散，而且以板材居多。工程机械是由钢铁材料构成的机械，包括型材、锻件、铸钢铸铁、球铁等多种。钢材在工程机械制造中具有举足轻重的地位，如图4.5所示。

"十二五"期间，机械工业对钢材的需求，将在保持稳定增量的基础上，对品种和质量提出更高的要求，特别是对特种原材料的需求，主要是满足大型水电、火电、核电、风电，特高压输配电设备，大型石油化工设备（千万吨级炼油、百万

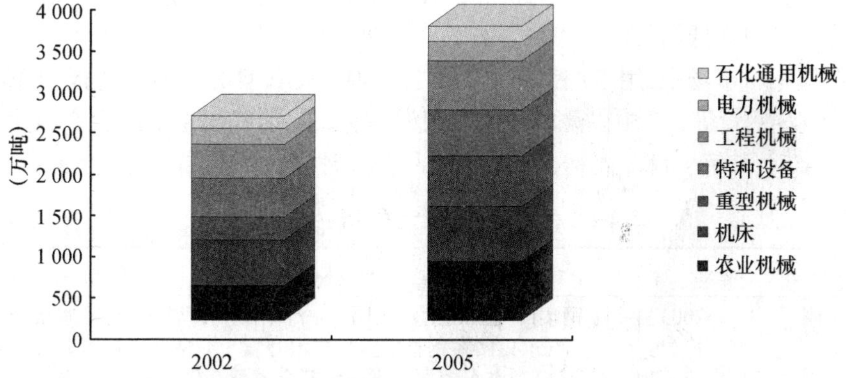


**图 4.5　我国机械业用钢量分布**

吨乙烯等)，高端机械基础件国产化的要求。预计“十二五”期间水电年均新增装机容量 1 500 万千瓦，年均耗钢 20 万吨，核电年均新增装机容量 600 万千瓦，期间特殊钢材年均需要 7 万吨，风电年均新增装机容量 1 300 万千瓦，火电预计年均新增装机容量 5 000 万千瓦，年均耗钢 178 万吨。

2013 年机械工业运行总体上呈现出行业缓慢回升、温和增长、平稳发展的特点，产品结构继续向预期方向调整，表现为与消费、信息化自动化密切相关的子行业景气度明显好于投资类产品制造业。1—10 月全国机械工业企业主营业务收入 163 079.04 亿元，同比增长 13.04%。利润总额 10 523.13 亿元，同比增长 15.14%。2014 年机械行业的用钢消费量为 1.4 亿吨，同比增长 5.3%。2015 年下游行业用钢需求预计保持平稳增长态势，增速减缓，预计 2015 年机械行业的用钢消费量为 1.44 亿吨，同比增长 3%。

但是，由于特殊钢材品种、数量、质量、稳定性方面仍不能满足需求，有些项目还在研发过程中，因此，我们仍然把以下品种作为特钢重点发展和突破的目标：耐高温高压、耐腐蚀的电站用钢；大型变压器用高磁感取向硅钢；轴承、齿轮、模具、量刃具、高档紧固件用高强度特钢；机床滚丝杠、直线导轨专用钢材等。

(四) 汽车行业市场

汽车行业与汽车用钢的关系紧密，汽车用钢品种主要包括钢板、优质钢、型钢、带钢、钢管、金属制品等。汽车用钢中的板材(包括热轧钢板、冷轧钢板和镀层板)是生产汽车的最主要原材料，发达国家板材产量的 50% 以上是供应给汽车制造厂的。目前，全球汽车制造业在全球所消费的钢材已超过了 1 亿吨，加上生产汽车部件所消费的钢材，全球每年仅汽车行业消费的钢材就超过 1.5 亿吨。制造一辆轿车需使用薄钢板 600—800 千克。钢材在相当长的时间内仍是汽车最主要的原材料,并长期稳定在60%—70%的比例。钢材质量是汽车安全、使用寿命长及成本低的关键。

我国钢材市场中,用于汽车制造的钢材品种主要有型钢、中板、薄板、钢带、优质钢材、钢管等, 其中以薄板和优质钢材为主。目前我国主要的汽车板生产企业有宝钢、鞍钢、首钢、武钢、广钢。主要的生产情况如表4.3所示。

**表4.3　主要钢铁企业汽车用钢生产情况**

| 企业名称 | 生产状况 |
| --- | --- |
| 宝钢集团 | 2003年, 宝钢集团先后与上汽集团、一汽集团、东风集团签署战略合作协议, 与三大汽车集团在钢材供应、技术开发、钢材及零部件加工、物流管理、企业管理、汽车销售等方面展开全方位合作<br>截至2005年3月, 宝钢已有15个钢种通过通用北美汽车总部的认证, 用于上海通用中高档车型的45个零部件的生产 |
| 鞍山钢铁集团公司 | 继宝钢之后, 鞍钢成为国内第二家具备轿车面板批量生产能力的企业。鞍钢新轧-蒂森克虏伯镀锌钢板公司年产汽车镀锌板32万吨;其IP冷轧轿车板及IF汽车用钢已用于红旗轿车生产 |
| 首钢总公司 | 首钢也建设了20万吨镀锌板生产线 |
| 武汉钢铁(集团)公司 | 武钢在"十五"期间计划投资的215亿元中, 重点建设的两条精品生产线之一便是以汽车钢板为主的宽带精品生产线 |
| 广州钢铁集团 | 2005年5月,广钢集团珠江钢铁公司与中国国际海运集装箱(集团)股份有限公司宣布,由两家公司合作开发的高强度汽车板已获得成功 |

当然,在国内的钢铁巨头进入汽车用钢市场以后,国外的很多钢铁企业也开始利用技术优势,采用合作、联盟的方式进军中国汽车用钢市场。韩国浦项制铁2003年前便在顺德、大连、张家港、青岛合资建设4座板材生产厂, 并有计划再建新厂; 与此同时, 浦项在对华直接出口中车用钢板已扩大到20万吨,占其汽车钢板年出口总量的25%。

同国外使用的汽车板品种相比, 国内汽车板的品种相对落后, 主要以低碳铝镇静钢为主, 而代表汽车板发展趋势的高强度和镀锌钢板使用比例较少。加入WTO进一步加快了国内汽车工业的发展, 车型更新周期越来越短, 生产量也逐年增大, 特别是轿车。与此同时, 国内轿车用汽车板的要求也逐渐与国际接轨。如一汽奥迪A6、上海大众B5、上海通用的别克轿车、其他一些家用轿车等就大量采用了高强度、镀锌钢板、激光拼焊板等。

(五)造船、集装箱制造业市场

据统计,建造1艘1.2万载重吨货轮需要钢材3 600吨,建造1艘2.5万载重吨散货轮需要钢材5 300吨,建造1艘6.6万载重吨散货轮需要钢材1.1万吨;建造1艘10万载重吨油轮需要钢材1.6万吨,建造1艘20万载重吨油轮需要钢材2.4万吨,建造1艘30万载重吨油轮需要钢材4万吨。以上的钢材需要量均为船舶的设计用量,未考虑钢材的实际利用率。目前,我国船舶的钢材利用率为85%—88%。近几年,我国船舶工业快速发展,船板需求随之增长,这促使钢铁企业加大了对中厚板项目的投资力度,船板产能也得到了快速提升。

2009年,我国船板产量排名前10名的钢企共生产船板1 027万吨,占当年总产量的73%(见表4.4)。其中,鞍钢依然保持第一的位置,为172.59万吨,同比增长11.9%。船板产量超过100万吨的企业还有新钢、宝钢、韶钢和南钢。除鞍钢、韶钢、南钢和武钢的船板产量有所上升外,其他主要钢企的船板产量都有所下降。统计数据显示,截至2009年年底,我国手持船舶订单18 817万载重吨,而且2010年我国造船用钢仍保持平稳增长。而2010年我国造船用钢的特点主要是:从需求层面来看,正如上文所言,我国造船用钢仍保持平稳增长;从价格层面来看,受铁矿石、焦炭、海运运费等成本上涨因素将会推动造船用钢的价格持续增长;从具体的产品种类来看,由于船舶正朝着大型化和多用途化方向发展,同时高技术船舶的需求越来越大,因此造船业对低合金和高强度船板的需求量将越来越大;从进出口层面来看,造船用钢出口量将继续减少;2013年1—11月,全国造船完工3 886万载重吨,同此下降23.10%;承接新船订单5 186万载重吨,同比增长204%;完工出口船3 241万载重吨,同比下降24.2%,承接出口船订单4 807万载重吨,同比增长260%;11月底,手持出口船订单1.0468亿载重吨,同比增长11.5%,出口船舶分别占全国造船完工量、新接订单量、手持订单量的83.4%、92.7%和87.8%。

**表4.4 2009年前10名钢铁企业船板产量**

| 企业名称 | 船板 | | 其中高强度船板 | |
|---|---|---|---|---|
| | 产量(万吨) | 同比增幅(%) | 产量(万吨) | 同比增幅(%) |
| 鞍钢 | 172.59 | 11.9 | 59.8 | |
| 新钢 | 140.09 | -11.0 | 59.62 | |
| 宝钢 | 136.09 | -10.7 | 72.41 | 44.6 |
| 韶钢 | 106.17 | 3.0 | 1.69 | -66.1 |
| 南钢 | 101.32 | 3.1 | 37.53 | 19.4 |
| 重钢 | 93.78 | -6.2 | 35.49 | |
| 济钢 | 88.44 | -42.5 | 39.42 | |
| 湘钢 | 86.38 | -14.0 | 0.00 | |
| 沙钢 | 51.99 | -39.3 | 39.88 | -42.6 |
| 武钢 | 50.32 | 33.9 | 50.32 | 33.9 |
| 合计 | 1 027.86 | -24.0 | 396.16 | 86.4 |

## 三、我国钢铁业的市场细分

### (一) 基于生产集中度的市场细分

钢铁产业的集中度低多年来一直是我国钢铁业面临的一大问题,长久以来没能得到有效的改善。我国学者对于钢铁业的产业集中度问题也进行了一系列的研究。郑博(2011)深入分析国内钢铁业现状及特点,结合相关政策,给出针对我国钢铁业产业集中度低的建议。杨正林(2006)首先考察了我国钢铁产业集中度与利润率之间存在正相关关系,又通过回归计量分析得出,期初集中度、利润率和生产扩张能力与产业集中度相关,并提出了利用兼并合作战略提高产业集中度的政策建议。王鹤(2005)指出我国钢铁业的发展与世界钢铁业逐渐集中的态势不相一致,并形成目前我国钢铁业集中状况的原因。许金菁(2007)指出钢铁产业市场结构特别是集中度水平及其变化的决定因素有重要的现实意义。集中度是衡量市场结构最普遍的指标,钢铁产业集中度是当前以及将来钢铁产业所要重点研究的问题之一。所以我们可以将钢铁业的生产集中度作为细分变量之一来对我国钢铁市场进行市场细分。

在本研究中,我们采用聚类分析的方法对产品生产的集中或离散程度来计算我国大中型钢铁企业的市场细分(生产集中度的算法参见第三章的讨论)。

从表4.5我们可以看出,我国钢铁业的大部分企业生产集中度总体来说比较低,而且生产集中度增长极为缓慢,部分企业甚至出现了集中度不升反降的情况。另外,在我们所研究的42家钢铁企业中仅有15家的集中度超过了0.3,仅仅有6家企业的生产集中度超过了0.4;生产集中度在0.2以下的企业占了21家。根据聚类分析的结果,我们以生产集中度为细分变量将这42家企业分为两类。聚类后的第一类为低生产集中度的企业,这类企业的生产集中度的均值只有0.21左右;而另一类则是高生产集中度的企业,这类企业的生产集中度的均值约为0.55。在这42家企业中,低生产集中度的企业有36家,高生产集中度的企业则只有6家。

**表4.5　2005—2010年我国部分钢铁企业的企业生产集中度**

| 企业名称 | 2005 | 2006 | 2007 | 2008 | 2009 | 2010 |
|---|---|---|---|---|---|---|
| 首钢总公司 | 0.207207 | 0.223454 | 0.236210 | 0.162924 | 0.194542 | 0.165194 |
| 水城钢铁(集团)有限公司 | 0.249637 | 0.262433 | 0.255949 | 0.260530 | 0.268047 | 0.291668 |
| 长治钢铁集团有限公司 | 0.242554 | 0.230975 | 0.235196 | 0.240903 | 0.308534 | 0.295424 |
| 天津天钢集团有限公司 | 0.197229 | 0.182291 | 0.185876 | 0.166091 | 0.159182 | 0.174613 |

（续表）

| 企业名称 | 2005 | 2006 | 2007 | 2008 | 2009 | 2010 |
|---|---|---|---|---|---|---|
| 天津天铁冶金集团公司 | 0.299845 | 0.261204 | 0.248677 | 0.237112 | 0.235224 | 0.259063 |
| 唐钢本部 | 0.186997 | 0.120346 | 0.123729 | 0.121898 | 0.138416 | 0.123582 |
| 宣化钢铁集团有限公司 | 0.222862 | 0.283099 | 0.297397 | 0.280655 | 0.261149 | 0.274286 |
| 承德钢铁集团有限公司 | 0.209756 | 0.172093 | 0.206963 | 0.195663 | 0.193014 | 0.151694 |
| 邯郸钢铁集团公司 | 0.127185 | 0.110661 | 0.123684 | 0.126161 | 0.123993 | 0.120321 |
| 新兴铸管股份有限公司 | 0.432208 | 0.409613 | 0.395632 | 0.406936 | 0.387131 | 0.279069 |
| 抚顺新钢铁有限公司 | 0.316715 | 0.272905 | 0.279718 | 0.317354 | 0.357897 | 0.336588 |
| 太原钢铁集团公司 | 0.428238 | 0.445853 | 0.634882 | 0.636257 | 0.619811 | 0.690589 |
| 包头钢铁（集团）有限公司 | 0.357931 | 0.283169 | 0.270416 | 0.277459 | 0.371162 | 0.163884 |
| 鞍山钢铁集团公司 | 0.225069 | 0.236403 | 0.221701 | 0.221631 | 0.24311 | 0.232557 |
| 本溪钢铁（集团）公司 | 0.451607 | 0.464726 | 0.430264 | 0.426774 | 0.420378 | 0.425056 |
| 攀枝花钢铁（集团）公司 | 0.449037 | 0.725851 | 0.686614 | 0.709278 | 0.692135 | 0.488007 |
| 凌源钢铁集团有限公司 | 0.169385 | 0.185667 | 0.208813 | 0.185370 | 0.169546 | 0.155484 |
| 宝钢集团有限公司 | 0.429292 | 0.529446 | 0.484609 | 0.518573 | 0.522929 | 0.506575 |
| 其中：新疆八一钢铁有限公司 | 0.208327 | 0.298528 | 0.168821 | 0.153200 | 0.146854 | 0.140398 |
| 南京钢铁集团公司 | 0.144894 | 0.141122 | 0.168214 | 0.214107 | 0.165442 | 0.185997 |
| 杭州钢铁集团公司 | 0.448472 | 0.500329 | 0.507003 | 0.536330 | 0.537615 | 0.293187 |
| 马钢股份有限公司 | 0.136382 | 0.132050 | 0.134037 | 0.132866 | 0.149940 | 0.505045 |
| 新余钢铁有限公司 | 0.182189 | 0.189359 | 0.209862 | 0.254258 | 0.174601 | 0.126901 |
| 南昌钢铁集团有限公司 | 0.295774 | 0.293720 | 0.279280 | 0.302687 | 0.288223 | 0.307771 |
| 萍乡钢铁有限公司 | 0.215896 | 0.203269 | 0.203331 | 0.217335 | 0.221966 | 0.202998 |
| 福建三钢集团公司 | 0.270649 | 0.264398 | 0.183371 | 0.163754 | 0.166746 | 0.167203 |
| 济钢集团有限公司 | 0.206809 | 0.195362 | 0.185404 | 0.170698 | 0.148381 | 0.136303 |
| 莱芜钢铁集团有限公司 | 0.180577 | 0.174443 | 0.168168 | 0.187121 | 0.327578 | 0.239638 |
| 青岛钢铁控股集团公司 | 0.240820 | 0.275236 | 0.278208 | 0.302928 | 0.315947 | 0.366622 |
| 安阳钢铁集团有限公司 | 0.165026 | 0.141199 | 0.143097 | 0.138447 | 0.13052 | 0.147501 |
| 武汉钢铁集团公司 | 0.216055 | 0.231809 | 0.162585 | 0.290754 | 0.364662 | 0.322253 |
| 鄂城钢铁集团公司 | 0.195827 | 0.186758 | 0.192304 | 0.221349 | 0.173507 | 0.162019 |
| 昆明钢铁股份有限公司 | 0.155428 | 0.161419 | 0.175873 | 0.170000 | 0.181114 | 0.189709 |
| 广西钢铁集团公司柳钢公司 | 0.179416 | 0.183704 | 0.190779 | 0.184813 | 0.165108 | 0.164262 |
| 华菱集团湘潭钢铁公司 | 0.198351 | 0.226613 | 0.303418 | 0.281244 | 0.249207 | 0.234379 |
| 华菱集团涟源钢铁公司 | 0.199345 | 0.139485 | 0.170507 | 0.165610 | 0.201171 | 0.184176 |

（续表）

| 企业名称 | 2005 | 2006 | 2007 | 2008 | 2009 | 2010 |
|---|---|---|---|---|---|---|
| 广州钢铁集团公司 | 0.261844 | 0.252189 | 0.351325 | 0.375136 | 0.294933 | 0.208878 |
| 广东韶钢 | 0.157220 | 0.159023 | 0.157711 | 0.162644 | 0.179053 | 0.169448 |
| 重庆钢铁股份有限公司 | 0.181444 | 0.185348 | 0.194308 | 0.192192 | 0.196344 | 0.666933 |
| 四川川威钢铁集团公司 | 0.172106 | 0.154870 | 0.146672 | 0.169829 | 0.225994 | 0.219933 |
| 四川达州钢铁集团公司 | 0.500334 | 0.423680 | 0.340282 | 0.325773 | 0.304840 | 0.328652 |
| 酒泉钢铁（集团）有限公司 | 0.144308 | 0.135630 | 0.138240 | 0.133735 | 0.138248 | 0.148048 |

（二）基于企业生产规模的市场细分

我国钢铁工业形成了大企业为主、中小企业并存的生产组织格局。2014年，重点大中型钢铁企业粗钢产量6.6亿吨，同比增长1.7%；中小钢铁企业粗钢产量1.7亿吨，同比降低1.8%，占全国粗钢产量的比重为20%，同比降低1个百分点。2014年全年，97家重点钢企粗钢产量65 767.27万吨，同比增长1.65%，占到全国总产量的79.9%；非重点钢企粗钢产量16 502.53万吨，同比下降2%。同期，粗钢产量排名前十位的钢铁企业合计30 093.84万吨，同比下降0.97%，占到全国总产量的36.6%，低于上年的37.3%。国际钢铁协会（WSA）发布的《2014年世界主要钢铁企业粗钢产量排名》（300万吨以上）中，入围本次排名名单的钢铁企业共有100家，比2013年增加了9家。新增加的这9家钢铁企业，除美国AK钢铁公司、土耳其哈巴斯集团和瑞典奥托昆普钢铁公司外，其他6家都来自中国，中国合计入围53家，大大增强了国际影响力。此外，相比2013年，6家前10名中国企业的平均单体规模减少了89.1万吨，下降了2.33%，单体规模下降幅度高出全球前10名企业平均规模下降2.16个百分点。

近年来，我国钢铁企业联合重组步伐加快，初见成效。河北、山东、广东、广西等以省为单位的钢铁企业加快重组，武钢、宝钢、沙钢、鞍钢、攀钢等跨区域的重组取得重大的进展。根据2013年粗钢产量，将我国钢铁企业规模分为3 000万吨以上级、1 000万—2 500万吨级、500万—1 000万吨级、50万—500万吨级四个类别，重点统计的73家企业（集团），3 000万吨以上级钢铁企业6家，1 000万—2 500万吨级13家，500万—1 000万吨级12家，50万—500万吨级42家。根据中国钢铁工业协会数据显示，2014年我国前十家钢企粗钢产量为3亿吨，同比降低1.99%，占到全国总产量36.58%，而美国的钢铁企业集中度已高达70%，可见我国钢铁业的集中度还有较大提升空间。

钢铁企业规模不断壮大、产量不断提高的同时，生产效率有没有显著提高，这是一个很重要的问题。因此,除了上文所说的钢铁企业的市场集中度是钢铁业面临的一大问题以外,钢铁业的企业规模也是一个问题。我们根据钢铁企业的规模对钢铁业进行市场细分时运用的也是聚类分析法。我们选取样本企业的相对规模作为机制分析中的企业规模。具体来讲,以样本包含的所有 42 家企业规模总和作为分母,以某家企业的规模作为分子,计算出每家钢铁企业所对应的相对规模。按照企业规模可以把我国的钢铁业分为两类:大规模企业和小规模企业。从聚类分析的结果可以看出,大规模企业是高权重企业,其权重均值约为 0.095,是小规模企业权重的 5 倍。

另外,从企业的具体数目来看,大规模企业的数目只有 3 家,分别是宝钢、武钢和首钢。其余的钢铁企业在我们的研究中,按照规模聚类之后都属于小规模企业,表明了我国大部分钢铁企业的企业规模和生产集中度都比较小,而且生产集中度高、企业规模大的企业只有宝钢一家。

(三) 钢铁市场的特性

1. 地域性

从整体上看,钢铁的生产与消费都存在明显的地域特征。具体来说,无论是螺纹钢、线材等钢材市场,还是铁矿石、焦煤等原料市场,都有地域分布的特点。

分区域来看,我国螺纹钢最大产区是华东地区,2009 年华东地区螺纹钢产量为 4 831 万吨,占全国螺纹钢产量的 39.8%,居各大区之首,其次为华北地区,再次为中南地区,西南、东北、西北螺纹钢产量所占比重较低。我国螺纹钢的最大的消费地区也是华东地区,占全国消费总量的 33%—40%;第二为中南地区,所占比重为 17%—23%;第三为华北地区,所占比重为 16%—21%;第四为西南地区,所占比重为 8%—13%;西北地区占 5%—9%。另外,我国的线材则集中在华北地区,2014 年我国线材产量达到 1.5 亿吨,同比增长 3.2%。华北地区产量最高,为 5 166.7 万吨,占总产量的 33.6%;西北地区产量最低,为 808.5 万吨,占总产量的 5.3%。2009 年华北地区线材产量为 3 096 万吨,占全国线材产量为 32.3%,居各大区之首。另外,铁矿石和焦炭也一样,国内焦炭的主要产焦大省山西、河北两省产量占总产量的一半以上,重点产焦省份占总产量的 80%;而铁矿石则主要分布在河北、四川、辽宁,以 2010 年 1—2 月为例,这三省的铁矿石产量接近全国铁矿石产量的 70%。以 2014 年为例,我国铁矿石累计产量为 15.14 亿吨,同比增长 3.9%,河北累计产量的 56 611.12 万吨,占总产量的 37.7%,四川累计产量的 21 175.75 万吨,占比为 14.9%,辽宁累计产量为 19 309.22 万吨,占比为 11.8%,三省的铁矿石产量超全国铁矿石产量的 60% 以上。大型钢铁企业主要分布在沿海地区,这也与这些地区交通便利的区域优势紧密联系;内陆地区则有大量的铁矿石资源,内陆的钢铁企业也常常依赖当地的铁矿资源的发展。

钢铁市场地域性的另一个表现则是区域市场供求的不平衡性。由前面的概述我们大致可知,我国钢材市场(主要是螺纹钢市场和线材市场)产量有明显的区域分布特征,但是往往钢材的产地供给大于需求,与之相对的区域则需求大于供给,由于钢铁市场的区域供求不平衡性,使得钢材跨区域销售的情况大量出现。

2. 层次性

从产业链的角度来看,钢铁业的产业链是从上游的资源开采到下游的工业品的制造。具体来说,钢铁业上游主要是与炼钢紧密相关的铁矿石、焦炭、炼焦煤、铁合金、废钢等,下游则包括建筑、机械、汽车、船舶、铁道、轻工、家电等,可以说钢铁工业对国民经济中的许多领域都有影响,是一个重要的制造业部门。

与钢铁业产业链的上下游相对应的是钢铁业市场的层次性,上游有铁矿石市场、焦炭市场、废钢市场等,下游则是按照钢材的不同用途分为建筑用钢市场、机械用钢市场、汽车用钢市场、造船用钢市场、铁道用钢市场、轻工业用钢市场等。这些子市场又有多个环节和层次,这也使得钢材市场变得更加有层次、更加复杂。由此可见,钢铁市场本身就是一个多层次的市场体系,每一个市场都是由多种子市场组成的复合体。处于不同交易层次的钢铁商品,市场主体、交易客体不同,所涉及的法律法规、政策等影响因素也不同,故需要制定相应的营销策略。

3. 开放性

钢铁市场的开放性是指钢铁市场不断与其他市场进行交流和交换,更准确地说是钢铁市场的发展越来越需要其他要素市场的配合。其中,钢铁业与金融市场的对话越来越多了。以此为例,我国早在1993年就开展过线材期货交易,由于当时国内货币市场发育不成熟,各项法规制度建设滞后,交易量大、流通性强的期货大品种缺乏良好的运作环境,线材期货交易出现了非理性运行的现象。经过20年的培育和发展,基础制度的建设、市场运行秩序和运行框架不断完善,与期货相关的法律法规体系较为完善,“五位一体”的协同监管模式运行有效,钢材期货市场的各项经验和制度也日趋成熟。因此我国钢铁业是比较具备开放性的一个行业。

## 第三节 钢铁业的营销战略分析

企业在分析市场情况后,需要在市场中进行战略性选择,即有所为和有所不为,以发挥出企业的战略优势,确立市场中的竞争地位。本节将在分析钢铁业市场定位方法的基础上，探究我国钢铁企业的市场定位选择，并在市场定位的基础上探究钢铁企业如何进行合理的战略选择，实现企业的市场目标。

## 一、钢铁企业的市场定位

### （一）市场地位概述

市场定位（market positioning）是在20世纪70年代由美国营销学家AL Ries和Jack Trout提出的，是指企业根据竞争者现有产品在市场上所处的位置，针对顾客对该类产品某些特征或属性的重视程度，为本企业产品塑造与众不同的、给人印象鲜明的形象，并将这种形象生动地传递给顾客，从而使该产品在市场上确定适当的位置。

市场定位并不是对一件产品本身做些什么，而是对潜在购买者或者消费者的心目中做些什么。市场定位的实质是使本企业与其他企业严格区分开来，使顾客明显感觉和认识到这种差别，从而在顾客心目中占有特殊的位置。

市场定位可分为对现有产品的再定位和对潜在产品的预定位。对现有产品的再定位可能导致产品名称、价格和包装的改变，但是这些外表变化的目的是保证产品在潜在消费者的心目中留下值得购买的印象。对潜在产品的预定位，要求营销者必须从零开始，使产品特色确实符合所选择的目标市场。企业在进行市场定位时，一方面要了解竞争对手的产品具有何种特色，另一方面要研究消费者对该产品的各种属性的重视程度，然后根据这两方面进行分析，再选定本公司产品的特色和独特形象。

### （二）市场定位的战略及方法

1. 市场定位的方法

**根据产品定位。**随着市场上同类产品的差异越来越小，企业按照传统，根据产品的类型来定位的不足越来越明显，这也要求我们使用产品的特性来给企业进行定位，应侧重于产品的质量、成本、特征、性能、可靠性、款式等。例如，根据产品的特点，宝马突出其良好的性能，本田思域则突出其较低的价格。根据产品的用途来进行定位，王老吉凉茶定位于预防上火的饮料而不是治疗上火的药物，红牛则定位为抗疲劳的功能性饮料。

**根据竞争者的状况定位。**首先，了解竞争者的状况，确定企业相对于竞争者的市场位置，然后采取相应的定位策略。可以根据竞争者进行对抗定位，如美国的百事可乐就是采用对抗竞争方法，直接同位居第一的可口可乐展开竞争，并成为仅处于其后的可乐型饮料。也可以根据竞争者采取避强定位，针对和路雪和雀巢价格较高的冰激凌，伊利采取“低质优价”的避强定位策略。

**根据购买者或者消费者的需求定位**。确定企业的目标顾客群,分析其需求,然后根据消费者的不同的偏好与需求进行相应的定位。例如服装业可以根据不同性别、年龄、职业、收入水平的消费者对服装需求的特点的差异进行定位。

2. 市场定位的方式

**对抗定位**。对抗定位,即企业不服输,与强者对着干,以此显示自己的实力、地位和决心,并力争取得与强者一样的甚至超过强者的市场占有率和知名度。

**避强定位**。避强定位指避开强有力的竞争对手,在无竞争的市场部分定位的策略,是市场定位策略之一。避强定位是一种见缝插针、拾遗补缺的定位方法,其优点是能够使企业远离其他竞争者,在市场上迅速站稳脚跟,树立企业形象,从而在市场上取得领导地位。

**反向定位**。反向定位是指选择与表层的需求趋势相反的方向。在产品差异化越来越小的市场,竞争对手的产品与自己的产品形象可能基本一致,这个时候,反向定位就是一个比较好的办法。

**重新定位**。企业在选定了市场定位目标后,如定位不准确或虽然开始定位得当,但市场情况发生变化(如遇到竞争者定位与本公司接近,侵占了本公司部分市场,或由于某种原因消费者或用户的偏好发生变化,转移到竞争者方面)时,就应考虑重新定位。重新定位是以退为进的策略,目的是实施更有效的定位。例如万宝路香烟刚进入市场时,是以女性为目标群体,它推出的口号是"像5月的天气一样温和"。然而,尽管当时美国吸烟人数年年都在上升,万宝路的销量却始终平平。后来,广告大师Leo Burnett为其做广告策划,他将万宝路重新定位为"男子汉香烟",并将它与最具男子汉气概的西部牛仔形象联系起来,树立了万宝路自由、野性与冒险的形象,使其从众多的香烟品牌中脱颖而出。自20世纪80年代中期到现在,万宝路一直居世界各品牌香烟销量前列,成为全球香烟市场的领导品牌。

**对竞争对手进行再定位**。为了准确地进行产品或品牌的定位,除了对企业自身进行定位以外,有时还可以对竞争对手进行重新定位。

3. 市场定位的步骤

**识别可能的竞争优势**。赢得和保持顾客的关键就是比竞争者更好地理解顾客的需要与购买过程,并向他们提供更高的让渡价值。通过比竞争者低廉的价格销售相同质量的产品,或者以相同的价格提供质量更高的产品,向目标市场提供优越的价值,可以为企业赢得竞争优势。企业可以确立两种基本的竞争优势:低成本和差异性。成本优势可以通过优化企业的价值链实现,差异化则源于企业的有别于其他竞争者的提供物。

**选择正确的竞争优势**。企业可能拥有多种潜在的竞争优势,但是必须准确选择其中几个竞争优势作为市场定位的基础。竞争优势的选择即决定为企业的目标客户推出多少差异。由于定位是指产品和品牌在消费者心中的位置,因此,这些因素(如质量、服务、价格、技术、价值等)能够为目标顾客所感知。应把企业所有的营销活动加以分类,并将主要环节与竞争者相应环节进行分析,以选择正确的竞争优势。

**向市场传播和表达自己的市场定位。**市场定位确定以后,企业必须采取必要的措施即通过各种媒体把市场定位信息有效地传达给消费者,否则企业的市场定位战略就会前功尽弃。企业所有的市场营销组合必须相匹配,全力支持企业所选的市场定位战略。

### (三) 钢铁企业的市场定位

从全球背景下钢铁企业的发展战略来看,钢铁企业大致有四种定位,即三种强势定位和一种弱势定位。三种强势定位为市场份额扩张型企业定位、细分市场型企业定位、价值链延伸型企业定位;弱势定位的弱势企业是指具备一定的规模、成本较低、生产一般用途的钢铁的企业(黄涛,2011)。

**市场份额扩张型企业定位。**市场份额拓张型钢铁企业常常通过并购整合来快速扩大自己的市场份额,以达到拓展市场覆盖率的目标。当然,随着这种类型的企业的市场份额不断增加,企业的影响力也相应提高。经过之前的并购整合,市场份额拓张型企业已经达到相当的生产规模,具备对自身业务较强的控制力,包括较好的投资价值,稳定的产品大纲,在快速增长的市场(中国、印度和南美国家)拥有钢铁产能,能够获得稳定的低成本原燃料供应。对于市场份额拓张型钢铁企业而言,成功的关键是如何平衡规模和规模经济。只有年生产能力超过5000万吨的企业才能成为一个地区的主要强势企业,否则其战略目标应该是价值链垂直整合或进入高附加值产品市场。市场份额拓张型企业需要制定跨地区的全球性战略,在全球各地寻找廉价原材料,实现低成本生产,进入高增长、高利润区域市场。

**细分市场型企业定位。**细分市场型企业主要生产一种或多种专业的、与众不同的钢材,从而获得更高的溢价。细分市场型企业应是生产专业产品的技术领先者,并且有能力通过申请专利保护这一优势,拥有强大的工艺研发和产品创新能力。专业产品生产的钢铁企业也可以是优质服务提供者,但均衡器所提供的服务并非仅仅依靠缩短发货周期来判定。细分市场型企业面对的最大挑战来自两个方面,一是确保新产品生产技术的国际领先地位;二是随着专业产品到通用产品的速度越来越快,必须在有限的时间内确保自己丰厚的溢价。为了确保领先优势,必须保持产品服务的领先地位,特别是在服务竞争中。此外,还需要为其特殊产品拓展新的消费领域，寻找新的客户，并且善于管理需求、供应和价格。

**价值链延伸型企业定位。**价值链延伸型企业致力于提升产品附加值，贴近终端用户需求。拥有高附加值产品生产技术和组织能力的企业能够控制所涉及的整个业务领域，还能够获得稳定的原料供应，实现低成本生产。由于生产贴近终端客户，这类企业必须能够灵活地管理产品品种，具备高附加值产品的生产能力，提供小批量、多规格的产品。这类企业还需要与其他企业建立合作伙伴关系，在进一步提升产品附加值的同时，为其价值更高的产品寻找新用户。

**钢铁企业的弱势定位。**弱势企业具备一定的规模、成本较低，由于无法明确区分竞争对手，生产的产品同质化，不具备强大的品牌效应，不能引领钢铁业的发展趋势。然而，这类企业仍具有较强的盈利能力，主要是因为拥有一定的经济规模，确保了成本竞争优势。规模大、成本低、生产一般产品的钢铁企业未来很可能成为战略收购目标，除非其受到当地法律法规的保护，才能抵御潜在的对手的收购。在经营配置和市场环境允许的前提下，这类企业希望尽快成为并购整合的拥有巨大市场份额的强势企业，或者针对部分产品市场价值延伸的企业。弱势企业的特征包括：(1) 生产一般用途产品，或者低端高价值产品，没有获得细分市场领先地位的产品；(2) 原料来源的不稳定性，缺乏确定的原料供应，成本高于自己拥有资源的企业；(3) 缺乏生产制造环节的低成本优势；(4) 出现管理控制问题、人力资源问题和环境问题。

为了改变这一被动的局面，弱势企业可以采取两种措施：一种是为了短期见效而降低成本；另一种是实施更为永久的解决方案，在一个或者多个细分市场上获得领先地位，从而增加市场份额，确保自身的收入来源。

### (四) 我国钢铁企业的市场定位

针对我国钢铁企业的市场定位，我们主要从所选取的 42 家大中型钢铁企业的市场定位的角度来说明。根据上一节的市场细分我们可知，按照生产集中度，我们可以把企业分为高生产集中度企业和低生产集中度企业两大类；按照企业的生产规模也可以把企业分为大规模企业和小规模企业两大类。当我们同时按照这两个标准对这 42 家大中型钢铁企业进行划分时，可以划分为四个不同的类型：大规模高生产集中度、小规模高生产集中度、大规模低生产集中度和小规模低生产集中度。我们统计的 42 家大中型企业主要是前三种强势的定位，第四种则是一种弱势定位。

#### 1. 大规模高生产集中度型企业的定位

这种类型的企业与上文所说的细分市场型企业定位类似，以提供一种或多种专业的、与众不同的钢材为其主要的产品线，以较大的规模来占领其细分市场，在其目标市场中有着较高的市场份额。这种类型的企业在我们所选的42家大中型钢铁企业中只有上海宝钢集团有限公司，其企业规模居所选42家企业之首，而其产品的生产集中度也位居第三。这种类型的企业往往致力于专业钢铁产品的生产，需要不断研发新的专业产品、创新或者升级难以复制的优质服务和商业模式。这样，当有竞争对手进行模仿或者复制其专业的产品或者服务的时候，这种类型的企业能够迅速地提供新的产品来满足客户的需求，或者调整其独特的服务和商业模式来适应新的竞争形势。其次，大规模高生产集中度型的企业也要致力于保持与客户、其他供应商和自己员工的良好关系。这主要是因为企业研发新产品的一个有效途径就是与关键用户和相关供应商共同创新、共同设计、合作与协作。一般来说，成功的专业生产型企业非常善于管理产品研发和产品质量，控制需求与供给，最终达到溢价最大化的目标。而且企业生产专业性产品还可以使自身避免受到市场波动对于细分市场的影响。

2. 大规模低生产集中度型企业的定位

大规模低生产集中度型企业的显著表现就是其市场份额相对较高，其生产规模很大，但是，这类企业的生产集中度低。也就是说，这种类型的企业往往生产很多种钢铁产品，而且其总产量是相对较大的，使得其市场占有率比较高。这种类型的企业在我们统计的42家大中型企业中比较明显的是武汉钢铁集团公司和首钢总公司。它们的企业规模（按权重来比较）都达到了0.08，在统计的企业中分别位居第二和第三，它们的生产集中度仅为0.33和0.16。这种类型的企业往往定位于市场领先者，它们在价格变动、新产品开发、分销渠道的宽度、促销力量等方面处于主宰地位，为同业者所公认。它们是市场竞争的先导者，也是其他企业挑战、效仿或回避的对象。作为市场份额较大的企业，它们必然会面临竞争者的无情挑战，所以为了维护自己的优势，保住自己的领先地位，这些企业通常可采取以下几种战略。

首先，采取措施扩大市场需求总量。当一种产品的市场需求总量扩大时，受益最大的是处于领先地位的企业。例如，钢铁市场如果增加钢材的消费需求，受益最大的将是宝钢、武钢和首钢，因为它们占有我国钢材市场供应总量的25%以上。

其次，保护市场占有率。市场领先者任何时候也不能满足于现状，必须在产品的创新、服务水平的提高、分销渠道的畅通、成本的降低等方面，真正处于该行业的领先地位。市场领先者如果不发动进攻，就必须严守阵地。防御者的防御措施如何，反应速度快慢，后果大不一样。

再次，提高市场占有率。设法提高市场占有率，也是增加收益、保持领先地位的一个重要途径。市场占有率越高,投资收益率也越大。因此,许多企业在某个市场上的市场占有率达不到第一或第二位,便撤出该市场。但是,也有些研究者对上述观点提出了不同意见。对某些行业的研究发现,除了市场领先者以外,有些市场占有率低的企业,依靠物美价廉和专业化经营,也能获得很高的收益,只有那些规模不大不小的企业收益最低,因为它们既不能获得规模经济效益,也不能获得专业化竞争的优势。按另一项研究,各企业的销售利润与销售额的关系呈 V 形曲线,即不是在任何情况下市场占有率的提高都意味着收益率的增长,这还要取决于为提高市场占有率所采取的市场营销战略是什么。为提高市场占有率所付出的代价,有时会高于它所获得的收益。

最后,提高企业的生产集中度。在企业扩大生产规模和市场份额的同时,可以加大重点产品的生产,使企业产品线集中在重点产品,从而提高生产集中度。这种类型的企业也可以通过联合重组,在整合所有资源的基础上获得新生。通过联合重组,企业可以强强联合,达到资源的优化配置。

3. 小规模高生产集中度企业

这类型企业最明显的特征就是生产集中度高,在钢材生产上的表现就是产品的附加值较高,贴近终端客户的需求。这类型的企业在生产钢材的种类上,提供不同于一般中间产品的高附加值产品,同时,由于贴近用户的终端需求,也可以提供小批量甚至低至 2 吨的小批量生产。这类企业的典型代表就是太原钢铁(集团)公司,其生产集中度达到了 0.69,生产的主要产品仅仅有 4 种,其中热轧薄宽钢带的生产居于 42 家大中型企业的第二位,单单这一种产品就占该企业 80% 以上的产量。这类企业往往专心致力于市场中被大企业忽略的某些细分市场,在这些小市场上通过专业化经营来获得最大限度的收益,而这种有利的市场位置就称为“利基”。获得这种利基的主要策略就是专业化,公司必须在市场、顾客、产品、渠道等方面实行专业化。这种类型的企业往往也会承担较大的风险,因为利基本身可能会枯竭或受到攻击。因此,在选择这种重点产品(利基)时,营销者通常会选择两个或两个以上的利基,以确保企业的生存和发展。也就是说,不管怎么样,只要企业善于经营,就算是小规模也有机会赢得利润。

## 二、中国钢铁企业营销战略分析

### (一) 企业竞争战略概述

上文分析了钢铁企业的市场定位,并以我们选取的 42 家大中型企业为例说明了我国大型钢铁企业的主要类型和定位。定位的最终目的不是定位本身,而是为企业实行更好的战略做准备工作。下面将重点分析钢铁企业在定位之后应该实行怎样的战略。在完成定位之后,企业应该根据自身的特点,把企业与所处的环境结合起来,制定符合企业本身特点的竞争战略。总的来说,企业可以选择以下三种互相有内在联系的一般竞争战略,即成本领先战略、差异化战略和集中型战略(见图4.6)。

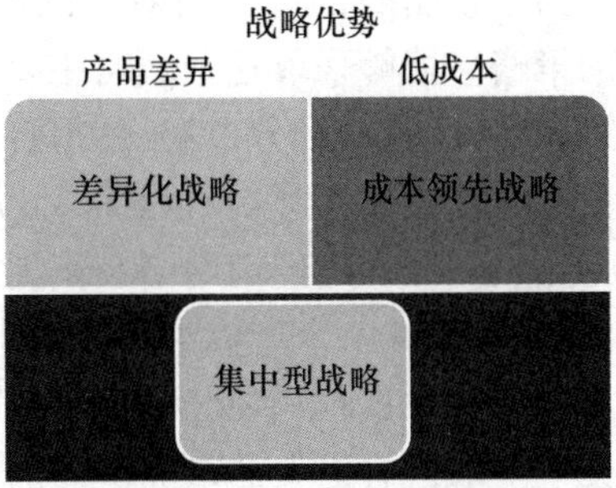


图4.6 三种一般性战略

1. 成本领先战略

成本领先战略是指通过有效途径,使企业的全部成本低于竞争对手的成本,以获得同行业平均水平以上的利润。实行这一战略需要有一整套具体政策,即要有高效的设备,积极降低经验成本,紧缩成本和控制间接费用以及降低研究开发、服务、销售、广告等方面的成本。要达到这些目的,必须在成本控制上进行大量的管理工作,即不能忽视质量、服务及其他一些领域的工作,尤其是要重视与竞争对手有关的低成本任务。成本领先战略是一种重要的战略,它有一定的适用范围,当以下条件符合时使用这一战略会更有效:市场需求具有较大的价格弹性;本行业的企业大多生产标准化产品,从而价格竞争决定企业的市场地位;实现产品差异化的途径很少;多数客户以相同的方式使用产品;用户从一个销售商改变成另一个销售商时不会发生转换成本,因而特别倾向于购买价格最优的产品。当然,这些条件只是会使成本领先战略更加有效,并不是说有这些条件就一定能够使企业的战略取得成功。

可以实行成本领先战略的企业类型主要是上文所提到的大规模低生产集中度型的企业,这种类型的企业因为规模较大,一般满足经验曲线的特点,具有低成本的优势。这类企业的典型代表就是首钢集团,首钢集团2013年销售收入为2 170亿元,实现利润3.45亿元,集团生铁产量为3 257万吨,钢产量为3 152万吨,钢材产量为3 037万吨。2014中国制造业企业500强名单中,首钢列第22位。从我们统计的内容来看,首钢的生产规模占所统计企业总生产规模的8.3%,居统计42家大中型企业的第三位。首钢初步形成了以船板、管线钢、冷镦钢、耐腐蚀板、高强度机械用板、高层建筑用板等系列品牌为集群,以线材、螺纹钢为主导,覆盖了板、管、型、带、线、丝等类型,是国内最大的线材生产基地。2010年,首钢就将低成本开发高效产品战略作为产品开发、公司运行的战略之一。

2. 差异化战略

差异化战略是指企业为了使自身的产品与对手的产品有明显的区别、形成与众不同的特点而采取的策略。能够采取这种战略主要还是得益于这种类型的企业选准了细分市场,然后专注于这一细分市场,使得自己这一细分市场具有较大的市场份额和较大的竞争优势。实现差异化战略可以有许多方式:设计或品牌形象、技术特点、外观特点、客户服务、经销网络及其他方面的独特性。如果差异化战略成功地实施了,它就成为在一个产业中赢得高水平收益的积极战略,因为它建立起了防御阵地对付竞争力量,虽然其防御的形式与成本领先有所不同,但推行差异化战略有时会与争取占有更大的市场份额的活动相矛盾。推行差异化战略往往要求企业对于这一战略的排他性有思想准备。这一战略与提高市场份额两者不可兼顾。在建立公司的差异化战略的活动中总是伴随很高的成本代价,有时即便全产业范围的顾客都了解企业的独特优点,也并不是所有顾客都愿意或有能力支付企业要求的高价格。

这种战略适用的条件主要是有多种产品或服务差异化的途径,而且这些差异化是被某些用户视为有价值的。消费者对产品的需求是不同的,奉行差异化战略的竞争对手不多。在我们统计的42家大中型企业中,适合使用这种战略的是小规模高生产集中度企业。正如上文所讲,小规模高生产集中度企业具有较高的生产集中度,专注于某些细分市场,贴近终端客户的需求。而且相对来说,虽然企业的绝对规模占我们统计企业的规模的比例很小,但是企业在其细分市场上的市场份额还是较高的,即在其所处的细分市场竞争对手不像整个行业那样激烈,所以这样的企业实行差异化战略较为合适。这样类型的典型企业就是太原钢铁(集团)公司,它是集铁矿山采掘和钢铁生产、加工、配送、贸易为一体的特大型钢铁联合企业,也是目前全球最大、工艺技术装备水平最高、品种规格最全的不锈钢企业,具备年产1 000万吨钢(其中300万吨不锈钢)的能力;形成了以不锈钢、冷轧硅钢、高强韧系列钢材为主的高效节能长寿型产品集群,重点产品批量进入石油、化工、造船、集装箱、铁路、汽车、城市轻轨、大型电站、"神舟"系列飞船等重点领域和新兴行业。铁路行业用钢、双相钢、耐热钢、车轴钢、9%镍钢等30多个品种国内市场占有率第一。其专注于不锈钢领域也使得企业实施差异化战略较为方便,这也使它的生产集中度达到了0.69,居42家企业的首位。

3. 集中型战略

集中型战略即聚焦战略，是指把经营战略的重点放在一个特定的目标市场上，为特定的地区或特定的购买者集团提供特殊的产品或者服务。即指企业集中使用资源，以快于过去的增长速度来增加某种产品的销售额和市场占有率。该战略的前提思想是：企业业务专一化，能以更高的效率和更好的效果为某一狭窄的细分市场服务，从而超越在较广阔范围内竞争的对手。这样可以避免大而弱的分散投资局面，容易形成企业的核心竞争力。

集中型战略的实施适用条件：具有完全不同的用户群；在相同的目标市场群中，其他竞争对手不打算实行重点集中的战略；企业的资源不允许其追求广泛的细分市场；行业中各细分部分在规模、成长率、获得能力方面存在很大的差异。在我们统计的42家大中型企业中，比较适合用这种战略的是大规模和高生产集中度的企业，这种类型的企业既具有实施成本领先战略企业的大规模、低成本优势，又有实行差异化战略企业的高生产集中度的生产优势，从而使得企业在进行市场竞争时可以把这两个战略结合起来。这种类型实施的企业竞争战略目标并不是针对某些特定的市场面，而是与差异化竞争战略和成本领先战略一样，以全行业为战略目标范围。实施这种战略的典型企业代表有上海宝钢集团有限公司。2014年宝钢销售商品坯材2 181.7万吨，实现营业总收入1 877.9亿元、利润总额82.8亿元，持续保持国内业界最优。在国际钢铁协会（WSA）发布的《2014年世界主要钢铁企业粗钢产量排名》（300万吨以上）中，宝钢集团以年粗钢产量4 334.7万吨排名第4。入选《财富》中文网“2014年中国企业500强排行榜”，排名第25位；连续3年入选美国《财富》杂志“中国企业社会责任100强排行榜”，排名第5位；连续3年蝉联“亚洲最受尊敬的知识型组织”大奖，成为国内唯一获得该奖项的制造企业。宝钢立足钢铁主业，生产高技术含量、高附加值钢铁精品，已形成普碳钢、不锈钢、特钢三大产品系列，广泛应用于汽车、家电、石油化工、机械制造、能源交通、建筑装潢、金属制品、航天航空、核电、电子仪表等行业。根据我们的计算，宝钢产品的生产集中度达到0.5，居我们统计的42家大中型企业中的第三位，而其企业规模也是我国钢铁企业之首。这种类型的企业实施集中战略有利于发挥其大规模和高生产集中度的优势。

## 第四节　钢铁业的营销策略分析

企业在选择合适的营销战略后，要在目标市场中确立自身的竞争优势，实现市场目标，这需要企业根据市场营销战略制定合适的营销策略。与一般产品类似，作为大宗工业品的钢铁业也需要从营销的4P策略即产品（Product）策略、价格(Price)策略、渠道(Place)策略和促销(Promotion)策略进行策划和执行。

## 一、产品策略

### (一) 产品策略的概述

企业在制定营销策略时,首先要决定发展什么样的产品来满足顾客需求。产品是市场营销组合中的首要因素,因为市场营销的其他策略如定价、促销和分销都是以产品策略为基础,所以产品策略是市场营销策略的基础。

产品策略的核心是产品组合策略。产品组合这一概念是由美国的 Philip Kotler 提出的,是指不同产品类型的组合,有一定的宽度、深度和关联度,其中不包含不同产品类型之间生产量或者销售量的关系(郑艳红,2010)。产品组合的广度,指一个企业所拥有的产品线的数量。产品线较多,说明产品组合的广度较宽。产品组合的长度指企业所拥有的产品品种的平均数,即全部品种数除以全部产品线数所得的商。产品组合的深度指每个品种的花色、规格有多少。产品组合的密度指各产品线的产品在最终使用、生产条件、分销等方面的相关程度。产品组合策略分类方式有多种,无论是从发展方向分类还是从原有基础分类,或者说是从经营范围来分类,多可以较为全面地概括产品组合策略。

从发展方向的角度来划分产品组合策略,可以分为水平式、垂直式和综合式。水平式是指企业在自身的生产设备、技术力量和市场范围内发展新品种,扩展不同的系列产品,增加产品线的长度,或扩大产品组合的宽度。采用这种类型,使企业具有较高的适应性和灵活性,在竞争中有回旋的余地。垂直式是指企业在专业主导范围内,向型号规格齐全的方向发展。综合式是指企业在专业主导产品的基础上,充分利用各种资源,发展新产品。企业不仅可以增加产品型号,还可以利用现有渠道资源开发新产品,在多个方面进行扩张。从经营范围的角度来划分可以分为行业全面型、市场专业化型、产品线专业型、产品线有限专业型和特殊产品专业型。行业全面型是指向市场提供本行业的各种类型的产品,尽量扩大产品组合的规模,增加产品组合的宽度;市场专业化型是向某专业市场提供本行业为主的产品;产品线专业型是指增加产品线的深度,生产某系列的各种型号规格的产品;产品线有限专业型是只生产某类产品中的部分产品,以提高专业化水平,这种企业并不生产某个产品线上的所有产品,而是集中力量生产某几种产品;特殊产品专业型是指一个企业只生产某种特殊产品,以满足市场上某种特殊需求。

### (二) 我国钢铁企业的产品策略

对统计的 42 家大中型钢铁企业,我们按照生产集中度把它们分为两类,即高生产集中度企业和低生产集中度企业。高生产集中度企业一般为市场专业化型和产品线专业化型,如宝钢和马钢,它们的产品宽度较窄,集中在几种产品或产品线。当然,甚至有产品线有限专业型的企业,比如太原钢铁(集团)公司。与它们相反的是低生产集中度的企业,它们基本上属于行业全面型,从统计数据上看,这些企业生产各种各样的产品,其产品宽度也较宽。

## 二、定价策略

### (一) 定价策略的概述

在企业的营销策略中,价格是唯一能够产生收入的要素,也是影响消费者需求的重要因素。同时,企业制定的产品的价格策略直接决定其销售数量、销售收入、市场份额的大小和盈利率的高低。因此,价格策略在钢铁企业的营销组合中占有重要的地位。

1. 影响价格策略的主要因素

影响钢铁产品定价的主要因素分为内部因素和外部因素(王斌,2009)。内部因素主要是指企业的战略目标和生产成本,外部因素则主要是市场特征、市场需求状况和竞争者的相关策略。

**影响定价策略的内部因素**。首先是企业的战略目标。如果企业已经选定目标市场,完成产品市场定位,那么市场营销组合策略包括定价策略就比较简单。因此,定价策略在帮助完成各种目标时,起着重要的作用。一般说来,企业通常可以选择的定价战略目标主要有持续经营目标、当期利润最大化、市场份额最大化、稳定价格目标等。当企业选定不同定价目标的时候,就会采用不同的定价策略。例如,企业以持续经营为其战略目标,那么就会以收入能够弥补经营成本、保证其正常的生产经营为目标来制定价格,这样制定价格时就不会考虑固定成本,因而其产品价格就会低于一般水平。在钢铁、采矿、石油化工等行业中,稳定价格目标则被广泛应用,该目标实质上是通过企业产品的定价来左右整个价格,避免不必要的价格波动。按照这一目标定价,可以使市场价格较为稳定,减少企业的经营风险,以及由于价格竞争造成的损失。

其次是企业的生产成本。成本也给出了企业对产品定价的下限。企业希望所制定的价格能够补偿生产、分销的全部成本,并能带来适当的利润,以回报公司所做出的努力和承担的风险(王斌,2009)。从长远来看,企业的产品价格只有高于产品的生产成本,企业才能盈利,才能产生利润。因此,成本是公司制定价格时的一个重要因素。在考虑成本的过程中,企业需要考虑的成本主要包括总成本费用、固定成本及单位固定成本、变动成本及单位变动成本、边际成本及制造成本和使用成本。在制定产品价格时,了解一些重要的成本概念并对它们进行估算,熟练掌握成本因素往往是定价策略获得成功的重要保证。

**影响定价策略的外部因素。**影响定价策略的外部因素首先是行业的市场特征。处于不同市场特征的行业,企业定价考虑的因素不同,价格也会有很大的差异。在完全竞争市场,没有哪一个卖家或者买家能够影响行业的市场价格,企业也不可能将价格定得高于或者低于市场平均水平,而只能按照行业的平均水平来出售商品,这时企业也无须在定价上花费太大的精力,直接跟着行业制定价格即可。而垄断竞争市场上,虽然有众多的销售者,但是他们的商品或多或少存在一些差异,这也使得消费者愿意以不同的价格购买不同的产品。目前的钢铁业就处于这样一个市场,虽然有众多的钢铁企业,大中型钢铁企业也有很多,但是它们各自有自己的主导产品,因此它们花费大量的精力进行商品的差异化工作,以便减少购买者对于企业的需求的价格弹性。

其次是市场需求状况。根据市场及消费者的不同需求情况,区别对待,差别定价。当产品供过于求时,消费者只愿意支付较低的价格取得商品;而当产品供不应求时,消费者又愿意支付较高的价格去获取商品,因此,企业可以根据市场需求的强度高低,适当降低或提高产品销售价格(陈晓燕,2006)。而这一关系我们通常用需求曲线以及需求价格弹性来反映。需求曲线是显示价格与需求量关系的曲线,是指其他条件相同时,在每一价格水平上买主愿意购买的商品量的表或曲线,其中需求量是不能被观测的。需求曲线可以以任何形状出现,可以符合需求定理的需求曲线只可以是向右下倾斜的。需求的价格曲线只是价格的变化率导致需求变化的敏感程度。了解企业产品的需求价格弹性的特点比较重要,在需求弹性大的市场中,降价比较容易产生更多的收益,而在一个需求弹性缺乏的市场,企业适当提价不会导致销量过多下降。

再次是竞争者的状况。在市场需求和公司成本的价格范围内,公司还要考虑竞争对手的成本、价格和可能的价格反应。如果公司提供的产品包括与其最相似的竞争对手没有提供的某些功能,则应评估它们对于消费者的价值并将其加在竞争对手的产品定价上。如果竞争对手的产品包括本公司没有提供的某些性能,则应当评估其对于消费者的价值并将其从竞争对手的产品定价中减去。这样一来公司就能够确定自己的定价应该是高于、低于还是等于竞争对手的价格。

最后,除了上面所说的那些外部因素外,还有一些外部因素如国内外经济状况、法律及政策的影响等都会影响定价策略,原因在于这些因素将影响产品成本及消费者对产品价格和价值的看法。

2. 主要定价策略

当企业面对具体的产品定价的时候,可以考虑的策略很多,无论是新产品定价策略、心理定价策略、折扣定价策略还是地区定价策略,企业都有很多定价策略。这里我们主要讲新产品的定价方法。总的来说,新产品定价策略主要有两种不同的方式:撇脂定价和渗透定价。

撇脂定价是在新产品上市时就制定较高的价格,希望在短期内获得丰厚的利润,迅速收回投资。使用撇脂定价的产品在市场导入的初期,目标市场通常是具有较高的收入、对价格不太敏感的消费者群体,但是一旦有竞争者进入,企业就会逐步降低价格,一方面是对抗竞争者的挑战,另一方面也是为了吸引新的消费者群体,扩大目标市场。

对于企业来说撇脂定价具有一定的优点。企业除了可以通过撇脂定价获取更大的利润、避免投资风险外,还能利用顾客对新产品尚无理性的认识,制定较高的价格来提高产品身份,在顾客心中树立高价、优质、名牌的印象。此外,一开始制定高价也使得企业有较大的降价空间,不仅使企业具备了一定的竞争优势,由高到低的价格变动也符合大多数消费者的消费心理。但是,实行撇脂定价也有一些缺点。其一,入市初期价格过高,不利于占领和稳定市场,容易使新产品开发失败;其二,高价格导致高利润会极大地促进新竞争者的进入,刺激替代品、仿制品的出现。此外,若价格远远高于价值,会在某种程度上损害消费者的利益,招致公众的反对和消费者的抵制,也不利于企业长期形象的建立。

渗透定价与撇脂定价相反,在新产品上市初期把价定得低些,待产品渗入市场,销路打开后,再提高价格。渗透定价策略设定最初低价,以便迅速和深入地进入市场,从而快速吸引来大量的购买者,赢得较大的市场份额。较高的销售额能够降低成本,从而使企业能够进一步减价,以低价格来换取高销售量,高销售量导致更低的成本,而这又反过来使折扣商能够保持低价。渗透定价的主要优点就是有利于新产品迅速被市场接受,占领较大的市场份额,并借助大批量的销售来降低成本,以低竞争成本的优势来获得长期稳定的市场份额。另一个优点就是低价格会导致低利润,这样就会使竞争者望而却步,减缓了市场竞争的程度。但是,低价格也会使企业的利润微薄,无法形成巨额的利润。另外,新产品在入市初期的价格较低不利于企业形象,而价格由低到高也不符合消费者的心理。撇脂定价与渗透定价的对比如表4.6所示。

表4.6 撇脂定价和渗透定价对比

| 定价类型 | 撇脂定价 | 渗透定价 |
| --- | --- | --- |
| 优点 | 1. 能迅速收回投资,减少了投资风险;<br>2. 提高产品身份,创造高价、优质、名牌的印象;<br>3. 可以通过逐步降价保持企业的竞争力,而且可以从现有的目标市场上吸引潜在需求者,甚至可以争取到低收入阶层和对价格比较敏感的顾客 | 1. 新产品能迅速占领市场;<br>2. 微利阻止了竞争者进入,可增强企业的市场竞争能力 |
| 缺点 | 1. 不利于市场开拓、增加销量,也不利于占领和稳定市场,容易导致新产品开发失败;<br>2. 会导致竞争者的大量涌入,仿制品、替代品迅速出现,从而迫使价格急剧下降;<br>3. 价格远远高于价值,在某种程度上损害了消费者利益 | 1. 利润微薄;<br>2. 降低企业优质产品的形象 |
| 使用条件 | 1. 市场上存在一批购买力强并且对价格不敏感的消费者;<br>2. 暂时没有竞争对手推出同样的产品,本企业的产品具有明显的差别化优势;<br>3. 当有竞争对手加入时,本企业有能力转换定价方法,通过提高性价比来提高竞争力;<br>4. 本企业的品牌在市场上有传统的影响力;<br>5. 在产品进入市场的初期,价格弹性较小 | 1. 市场对价格敏感;<br>2. 生产经营费用随经验的增加而降低;<br>3. 低价不会引起竞争 |

(二)钢铁产品定价需要考虑的因素

前文主要讲了影响定价的一些因素,这里主要是讲影响钢铁产品价格的因素,更具体地说,主要是影响钢材价格的因素。总的说来,影响钢材价格的因素主要包括宏观因素、市场供求关系因素、成本要素因素及其他因素。

首先,从宏观因素来看,出口退税政策、信贷利率、汇率、房产及基础设施建设等方面的因素都会影响到钢铁产品的价格。例如,出口退税政策是国家为了鼓励企业出口而设立的一项补贴方式,就是国家给予出口企业一定比例的退税,如目前的钢铁出口退税是11%。当出口退税比例减少时,企业的收益就减少,出口的量会受到相应的影响,当然具体的影响要看企业出口所获的利益与在国内销售的利益有多大的一个差距。如果出口的利益高于国内的销售,即使出口退税率减少也不会有太大的影响。又如信贷利率。很多公司的资金运作是依靠银行信贷的,如果贷款利率提高,将影响企业预期的贷款成本,钢铁销售企业可能加快出货步骤,造成市场价格走低;同时房地产也会受影响,因为中国的房子大部分是贷款买的,如果贷款利率提高,买房子的人将会减少,开发商的积极性也会降低,房地产市场受影响,进而影响钢铁市场价格。

其次,从供求关系来看,供求关系是影响钢材市场价格的主导力量,需求状态主要受机械制造企业(造车、造船、生产设备等)的生产状态和建设工地的施工进度(天气、政策等)的影响。当需求旺盛时,市场处于一个卖方市场,市场价格看涨;当市场需要萎缩时,市场处于一个买方市场,市场价格看跌。如每年的钢铁市场价格都有一个价格周期,年前年后都是钢铁看涨的时候,因为年前很多生产型公司都要准备一些生产物资,以备开年时立即使用,降低开年采购的风险;开年后,一般公司会有一个大的生产机会,同样会有一个大的采购行动。同时,过年这段时间钢厂是放假的,产能会减少,供给市场的资源会减少,所以年前年后一般看涨。

最后,从成本因素来看(见表4.7),生产成本是钢铁产品价格变化的基础,正如上文所说,成本也给出了公司对产品定价的下限。公司希望所制定的价格能够补偿生产、分销的全部成本,并能带来适当的利润,以回报公司所做出的努力和承担的风险(王斌,2009)。所以,在钢铁的定价中,成本是钢企需要认真考虑的一个因素。

**表4.7　影响钢材价格的成本因素**

| 成本因素 | 说明 |
|---|---|
| 原材料成本 | 铁矿石是钢铁生产最重要的原材料。不同的钢铁企业采购的进口矿、国产矿的价格和数量不同,且各自高炉的技术经济指标不同,因此各个钢铁企业的原材料成本相差较大 |
| 能源成本 | 焦炭是钢铁生产必需的还原剂、燃料和料柱骨架。同时,钢铁生产还要大量消耗炼焦煤、水、电、风、气、油等公用介质。不同的钢铁企业采购的这些公用介质的价格、数量不同,且各自的技术经济指标不同,因此各个钢铁企业的能源和公用介质的成本相差较大 |
| 人工成本 | 人工成本是钢铁业的重要成本。尽管我国的实物劳动生产率与发达国家存在很大的差距,但单位工时成本(主要是人均收入水平)的差距更大。因此,我国钢铁吨发货量中的人力成本约为发达国家的1/3,国外平均数的1/2。总体上看,我国钢铁企业间人工成本的差距不太明显 |
| 折旧与利息 | 设备投入大是钢铁业的重要特征。全球范围看,除日本采用快速折旧外,美国、欧洲、韩国和我国的钢铁企业一般采用正常折旧,俄罗斯的折旧速度最慢 |
| 吨钢投资成本 | 钢铁业作为资金密集型行业,投资成本的高低也是影响钢材价格的一个重要因素。2001年以来吨钢投资呈下降趋势 |

### (三) 我国钢铁产品的定价机制

钢铁产品的定价机制中最主要的是铁矿石的定价。目前,长期合同谈判制是国际铁矿石市场的主流定价方式，即亚洲市场与欧洲市场的需求方代表和必和必拓、力拓及淡水河谷三大铁矿石供应商在前一年进行价格谈判，从而确定来年的铁矿石价格（彭颖等，2011）。

长期合同价格分别确定亚洲市场和欧洲市场铁矿石产品离岸价格。谈判内容主要包括钢铁公司和铁矿石公司的经济状况、营业业绩、钢铁价格、运费率以及铁矿石预期的供需事项。多年的铁矿石价格谈判形成了同品种价格同步变动、N 对 N 谈判方式、首发价格跟随和离岸价四个原则。谈判价格一旦确定，未来一财年的铁矿石长协矿均以此价买卖，不受现货价格波动的影响。价格谈判一年一次，每年第四季度开始下一年价格谈判。每个铁矿石的起止年度为 4 月 1 日到来年的 3 月 31 日。谈判双方之所以愿意遵循这些规则，是为了尽可能缩短和简化议价过程，最大限度避免巨大交易成本。

长期合同价格首先谈判的是铁矿石粉矿价格，这是贸易量最大的一种货物。一旦达成粉矿价格协议，铁矿石的基准价格也就确立。这个价格起初是以在卸货港的交货价为基准，然后 FOB 价格通过这个卸货港交付价格减掉一个公认的装货港至卸货港的合同运费。此后，其他供应商使用已经决定的价格作为基准价格继续谈判并且使用同样的方法来推算确定 FOB 价格。一旦 FOB 价格确定，海运费就成了影响钢铁生产者的关键因素。铁矿石块矿和球团的谈判在粉矿价格确定之后，其谈判点是在粉矿价格之上加价多少的问题。一旦块矿和球团达成价格协议后，供应商的 FOB 价按照铁矿石粉矿的价格原则确定。

由于欧洲市场、亚洲市场与澳大利亚和巴西的海运距离不同，因此离岸价格的算法也有所不同。如果首发价格是由欧洲公司代表与供应商确定的，则亚洲的 FOB 是澳大利亚到欧洲市场的 FOB 价减 6%。当首发价格由亚洲公司与供应商确定时，则程序相反。

如图 4.7 所示，影响铁矿石价格的因素有很多，主要分为铁矿石供需、供需双方市场力量、现货贸易、远洋海运价格和社会政治经济因素（彭颖等，2011）。从上面的分析可以看出，我国钢铁业的定价其实是一种被动的调整式定价模式，也就是说我国钢铁企业并没有完全独立的定价选择权，钢铁企业在定价时必须受到很多相关因素的牵制，这也是钢铁企业在面临外部价格剧烈波动的环境下承受着巨大的价格调整压力的原因。相关内容将在下一章中进行更为详细的分析。

### 三、渠道策略

#### （一）影响渠道建设的主要因素

营销实战经验表明，影响、确定营销渠道变量选择的因素很多。归结起来，

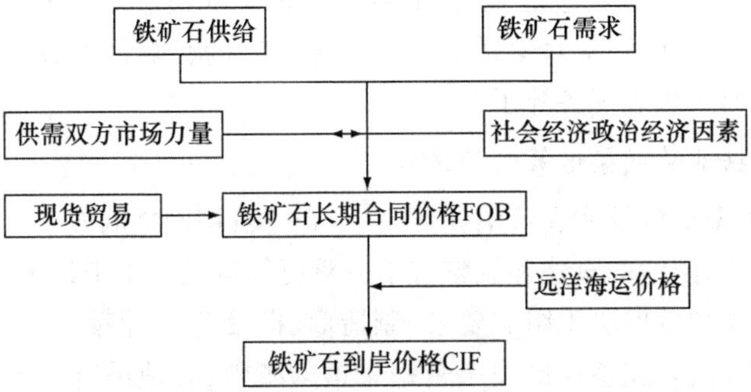


**图 4.7　铁矿石价格影响因素结构图**

主要有以下四个方面的因素:市场因素、产品因素、企业因素和渠道经销商因素。(王宏斌,2005)

**市场因素**。影响渠道长度的市场因素有用户数量、用户密度、用户层次、地理分散度、销售时间、用户平均订货量等。如果市场存在企业的潜在用户数量较多,则适宜采用分销形式的长渠道,反之,则采用直销更经济;如果市场存在企业的潜在用户密度较高,则适宜采用直销,反之,则适宜采用分销;如果市场存在企业的潜在用户层次较高,则直销较分销更具优势。同理,当市场在地理位置上较为分散,销售时间较短而用户平均订货量又较小的情况下,选择分销比选择直销更合适。

**产品因素**。影响渠道长度的产品因素有产品体积、重量、保存性、单位价值、产品标准化程度、技术特性、产品毛利等。通常情况下,对于体积大、笨重、不易保存、单位价值高但同时产品的标准化程度低、技术含量较高而毛利又相对较低的产品,企业适宜采用直销的方式。

**企业因素**。影响渠道长度的企业因素有企业规模、财务实力、管理能力、企业对渠道的控制期望和企业对用户的了解程度。在企业的规模较小、缺乏财务实力,同时管理经验不足的情况下,选择分销的方式更具优势。同样,若企业对渠道控制的期望较低而本身又缺乏对市场、对用户的深入了解,在这种情况下,若采用直销方式势必事倍功半,选择分销则可能达到事半功倍的效果。

**渠道经销商因素**。影响渠道长度的渠道经销商因素是渠道经销商的存在性、素质和服务质量以及使用渠道经销商的成本。如果在有限的市场范围内,因为种种原因渠道经销商不易寻找,或者即便能找到但素质也很一般,这种情况下渠道经销商的服务意识和服务质量都不可能很好,企业就适宜采用直销方式。另一方面,若企业采用渠道经销商的成本较高,也可能使企业从分销转向直销。

在营销实战中,上述提到的市场因素、产品因素、企业因素以及渠道经销商因素，不仅影响渠道变量中的长度，而且同时影响到渠道变量中的宽度和广度，只是各个不同的影响因素对渠道宽度和渠道广度的影响程度或大小不同而已，自然，影响的形式也表现各异了。

（二）钢铁业营销渠道策略的选择

一条营销渠道的效率和价值如何，一个企业营销网络的效率与价值如何，对于企业整个营销网络的重建和调整有十分重要的意义。由于系统是由不同的成员构成的，整体绩效取决于组成要素（制造商、批发商、零售商）的绩效及他们之间的关系。因此，要完整评价一条营销渠道的绩效，必须进行整体绩效、各个成员绩效评价，其中，整体绩效最重要（邓刚，2005）。营销渠道绩效确定了顾客价值、财务绩效、运行状态和渠道价值四方面的内容，分别从外部、内部和整体定义了渠道应达到的绩效水平，因此对渠道整体绩效进行评估时也必须从这四个方面入手。

**顾客价值评价。**顾客价值是营销渠道整体绩效的外部体现，顾客满意是消费者价值的具体反映。综合许多的研究成果，顾客满意一般可以采用柔性、可靠性、价格和质量四个二级指标来描述。但这四个指标还不够具体，我们还必须引入更详细、能直接利用客观数据评价的三级指标。

**财务绩效评价。**营销渠道在使目标顾客满意的同时，必须使渠道主体得一定的经济利益。渠道绩效考核除了有顾客满意方面的目标外，还必须有财务方面的目标。营销渠道的选择与调整在很大程度上就是在这两个目标之间进行平衡，因为提高顾客满意度意味着成本增加。

**运行状态评价。**顾客满意度和财务绩效情况都与渠道运行状态息息相关。营销渠道运行状态是指渠道成员的功能配合、关系衔接、积极性发挥等方面情况的综合，包括营销渠道开发、分销产品的规模数量、畅通性、渠道覆盖面、渠道流通率及其利用率、渠道冲突等方面的内容。它主要指渠道本身运行的过程而不是指这个过程运行的结果，因此是对渠道功能而非运行效益的评估。评估指标主要有渠道畅通性、渠道覆盖面、渠道流通率及其利用率、渠道冲突。

**渠道价值评价。**任何一家企业的营销渠道都是有价值的，而且也应该是整体公司价值的重要组成部分。从公司的长远发展来看，有必要在渠道设计时考虑其增值目标，这样会使渠道系统更加具有稳定性、长期性、忠诚性。同时，也可以通过提高渠道价值的方法提高公司价值。通过营销渠道整体价值评估可以在三方面受益：一是有意识地对整体将渠道作为一种资产来经营，使其保值增值；避免短期赢利、长期降低渠道价值的事件发生。二是在企业购并、联合、重组的过程中，将渠道作为资产评估，增加自己的股本份额。三是在制定和调整渠道策略时以渠道长期价值增加为目的,评估成为调整和改进的依据之一。

### (三) 我国钢铁营销渠道策略分析

经过十年的发展,我国的钢铁业的市场营销渠道的构建形式多样。从渠道主体来看,钢铁营销渠道可以分为三类,即钢厂自营渠道、经销商渠道和直供用户(王宏斌,2005)。

钢厂自营渠道的形式主要有销售办事处、销售分公司、商家参股经营、独立子公司等几种。销售分公司业务人员主要从本部选派政治素质好、专业技术强、业务素质高的营销人员,采用利润为中心的绩效考核模式。建立有利于企业制定灵活的销售政策、销售策略;有利于产品快速进入市场,然后向全国推广;有利于销售分公司对企业保持高忠诚度。由于经销商在销售产品时,主要从自身的利益出发,而且往往销售多家钢厂的产品,这些产品之间具有相似性、替代性,从而发生冲突;销售分公司会专心专一销售本企业的产品,会在市场上维护本企业的利益,必然在激烈的市场竞争中奋力拼杀。

经销商渠道分为特约代理商和直供代理商。特约代理商是指企业授权经营本企业各类钢材产品的经销商。直供代理商是指受企业和直供用户的联合授权,为指定直供用户在本企业采购钢材的经销商。

直供用户又称"零层次营销",是指企业不经过任何层次的经销商而直接将钢材销售给消费者。很多钢铁企业不断与重点行业中的龙头企业建立了直接销售的渠道模式,如武钢同汽车、石油、石化、铁道车辆、造船、集装箱、变压器、家电、煤炭等行业中的龙头企业建立了直供模式。直供用户一直备受企业青睐,一直致力于不断提高直供用户的比例,2014 年 1—10 月专用钢比例达到 61.08%,直供用户比例达 80% 以上。在对直供用户的服务模式上也不断改进,如建立配送中心,执行适时供货等。

当然这些渠道都只是传统的营销渠道方式,相比这些也有一些新兴的营销渠道方式,如期货市场、电子盘交易等。

## 四、促销策略

### (一) 广告促销

现代市场营销不仅要求企业生产适销对路的产品,制定恰当的价格,在适当的地点为顾客提供所需的产品,还需要采取适当的促销方法吸引顾客购买。可见,促销是市场营销策略的重要组成部分。此处讲的促销策略主要是与钢铁业促销相关的广告和营销费用等相关的内容。

广告是战术性促销策略中运用最为广泛、收效最大的手段,具有公众性、渗透性、表现性、易推行等特点。广告在促销活动中有巨大作用,广告具有悠久的历史,目前已发展成为一门具有完善的理论体系,具有很强的实践性、科学性和艺术性的学科。广告对企业来说,是一项投入而非费用,因此,企业在进行广告促销时,一定要根据自身的营销目标,科学地制定广告目标、编制预算,并及时对广告效果进行评估(刘鸿渊,2002)。

许多钢铁企业认为广告支出是企业的费用。因此,在广告支出上存在任意性和随意性,不计投入,不计广告收益,没有真正地把广告支出作为企业的一项投资而进行可行性研究。同时,许多企业把广告促销活动列入企业的精神文明范畴,其主要职责是树立企业形象,扩大企业知名度,与企业的产品促销没有直接的关系,使促销活动缺乏针对性,影响促销效果。

(二) 营销费用投入不足

营销过程中所支付的一切成本和费用都属于营销费用。随着市场竞争的加剧,大部分行业已进入微利时代,然而许多企业对营销过程中的成本费用的管理和控制没有足够注意,其实可节省的空间很大。由于营销费用的增加可以是无限的,而受市场需求量、行业竞争状况影响的销售量的增长则是有限的,建立企业营销费用的财务预警管理机制,加强营销费用管理势必能事倍功半,是企业营销过程中亟须解决的一个重要问题。图 4.8 描述了 2004—2009 年我国钢铁企业钢材期间费用和销售费用走势,从中可以看出期间费用在逐步增长,但销售费用的增长幅度不大,钢铁企业有待进一步加强产品的销售和营销投入。

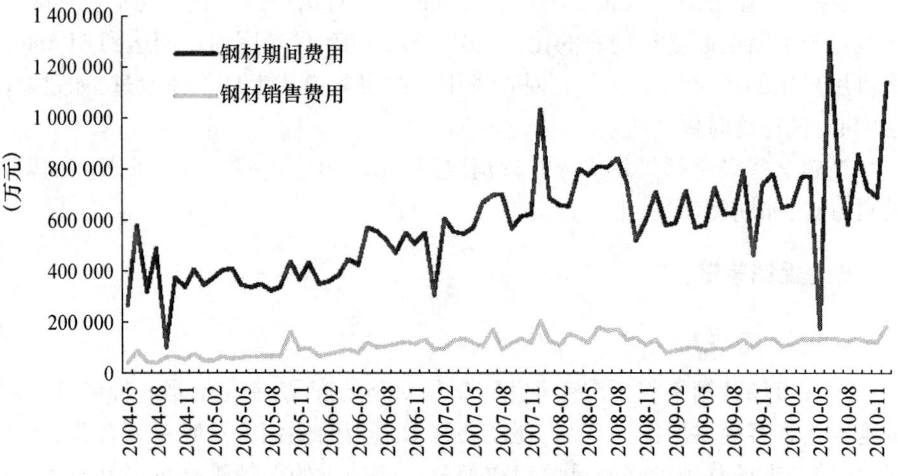


**图 4.8　2004—2009 年我国钢铁企业钢材期间费用和销售费用走势**

在钢铁业中,营销费用相比管理费用和财务费用而言,大部分所占比例相对较低。我们以42家大中型企业的销售费用比上销售费用、财务费用和管理费用之和,结果显示我国钢铁企业营销费用支出所占的比例差距较大,2009年和2010年钢铁企业的钢材销售费用分别为116亿元和164亿元,钢材期间费用分别为784亿元和914亿元,钢铁企业的销售费用占整个期间费用(销售费用、管理费用、财务费用)的比例为21%。大部分企业的营销费用所占比例在20%以下,甚至有企业营销费用仅占三项费用的3.4%,这一比例远远低于平均水平。

## 第五节 典型钢铁企业的营销模式

为了更好地把握钢铁企业的营销模式,本节以典型钢铁企业为例探究大宗工业品的营销模式。这里选择了四家代表性钢铁企业:钢铁企业中的后起之秀——宝钢集团有限公司,典型的老牌钢铁企业——武汉钢铁集团公司,民营钢铁企业代表——江苏沙钢集团有限公司以及国外的钢铁企业代表——韩国浦项制铁集团公司(见表4.8)。

**表4.8 典型钢铁企业的营销模式比较**

| 营销策略 \ 企业 | 宝钢 | 武钢 | 沙钢 | 韩国浦项制铁 |
|---|---|---|---|---|
| 产品策略 | 立足钢铁主业,生产高技术含量、高附加值钢铁精品,形成普碳钢、不锈钢、特钢三大产品系列 | 定位于技术含量、附加值相对较高的板带材,满足钢材市场日益增长的需求 | 注重研发结构优化 | 覆盖炼铁、炼钢、连铸、热轧、冷轧、厚板、不锈钢等产品外,注重新产品研发 |
| 价格策略 | 定价由基价、品种差价、钢级加价、规格加价和优惠价五部分组成 | 基本定价策略;批量订货优惠策略;贴息策略;运补策略 | 量价结合周期定价 | 每个季度开始之前宣布下个季度的销售价格变化 |
| 渠道策略 | 直供为主,约占总资源的70%;代理渠道占流通资源的10%—15%;零销主要通过宝钢国贸公司来实现 | 以武汉为中心,沿长江和海岸线的"一点两线"营销网络 | 内外并举大进大出 | 国内设联营、投资单位;国外建立生产厂和办事处 |

## 一、宝钢营销模式

### （一）企业概况

宝钢立足钢铁主业，生产高技术含量、高附加值钢铁精品，已形成普碳钢、不锈钢、特钢三大产品系列，广泛应用于汽车、家电、石油化工、机械制造、能源交通、建筑装潢、金属制品、航天航空、核电、电子仪表等行业。其生产集中度达到0.5，居我们统计的42家大中型企业中的第三位，而其企业规模也是我国钢铁企业之首。

目前，宝钢拥有1个国家级技术中心、6个市级技术中心，2014年宝钢股份连获通用汽车、东风本田、广汽本田、东风日产、广汽菲亚特“优秀供应商”称号，汽车板市场占有率保持50%，高端取向硅钢国内市场占有率达46.72%。2014年，宝钢股份提出以钢铁主业为“体”，以“电子商务”和“IT业务”为两翼的“一体两翼”的发展战略。2014年成立上海银行业动产质押信息平台，推动重塑钢贸行业信用体系，该平台已有14家银行完成注册，并正式对接50多家认证仓库。

至2012年，宝钢拥有授权专利8 711件（其中发明专利1 668件），一批重大创新成果获得国家、省市和行业表彰，初步形成了以宝钢研究院为核心、子公司技术中心为支持的研发基地雏形，先后启动了34项集团公司重点科研开发项目，其中纯净钢冶炼、高炉喷煤等技术已得到广泛运用并显著提升了效益。

### （二）营销策略

在新产品开发上，发挥“产—销—研”一体化的作用，加速新产品的开发和应用。生产、销售和科研是企业的三个重要组成部分。“产—销—研”一体化的运营模式，将新产品的研究开发、工业生产与市场有机地结合起来，发挥了企业的整体综合实力，加快了新产品从研究开发、投入生产到走向市场和扩大应用的速度，从而增强了企业在市场中的竞争能力（崔健，2000）。

宝钢是国内供应板、管、带的大户，特别是冷轧板几乎占国内供货总量的50%，宝钢产品的价格对国内钢材市场有较大的影响。随着宝钢经营规模的不断扩大，单一的随行就市的定价模式已经不能满足企业发展的需要，市场的多变与机制的不完善也迫使企业自谋出路、自我保护。20世纪末，宝钢就组建经营管理处，作为公司对外销售基价制定与管理的职能部门。基价的制定主要根据公司的年度经营目标，结合市场的行情与资源分配情况，制定独立的价格方案，各销售部门再根据此基价制定对外销售的价格。

宝钢的定价策略一直注重稳定、不高大波动的方针。根据市场紧俏或疲软等不同情况，营销部采取了以出厂基价为准及时制定相应政策，以利于销售工作的开展，按照市场动态和市场行情，随时调整优惠幅度及批量档次，并有常规优惠、贴息优惠、批量优惠等优惠政策，整个价格方案出台的思路是在市场经济的机制下，既体现平等竞争，又对集团内外企业略微体现差别。

宝钢产品的定价由基价、品种差价、钢级加价、规格加价和优惠价五部分组成，出厂价的计算方法为：出厂价 = 基本价 ± 品种差价 + 钢级加价 ± 规格差价 − 优惠价组成。基本价、品种差价主要考虑制造成本与市场行情；钢级加价体现优质优价的原则；规格加价体现机组能力与市场需求；优惠价体现宝钢的销售政策与产品导向。

在有关新产品的定价策略上，宝钢每年花费巨额资金与新产品的开发与试制，并且不惜承担风险，对新产品定价执行特殊的价格政策，取消以前新产品价格在相应老产品价格的基础上加一块的做法。

宝钢非常注重营销渠道的建设和营销能力的提升。宝钢的营销渠道分为直供、代理、零销和加工配送中心四种类型。其特点是，直供为主，约占总资源的70%。在直供上，以120多个用户为对象，由宝钢销售处负责管理，并对其中的重要直供户进行培育，结成战略双赢的利益共同体。代理渠道占流通资源的10%—15%；零销主要通过宝钢国贸公司在上海、广州、成都和天津的四个具有独立法人的全资子公司来实现，用户按属地原则与国贸公司的子公司签订合同，子公司与宝钢销售处签订合同并取得代理费；2000年以来，宝钢加强了加工配送中心的建设力度，先后在华北、东南、西南、西北、东北建立了八个全资钢材配送物流实体（马苏，2006）。

## 二、武钢营销模式

### （一）企业概况

武钢经过近50年的不断发展与完善，目前已建立了较完整的产品体系，形成了6个大类、8大系列、500个品种的产品结构，成为国内生产大型型材、高速线材、棒材、中厚板、热轧薄板、冷轧薄板、硅钢片等较齐全产品的钢铁企业。总之，武钢的产品主要定位于技术含量、附加值相对较高的板带材，这样才能满足钢材市场日益增长的需求。特别是武钢拟在华南沿海建设的全板材钢铁精品基地，在很大程度上响应了国家西部大开发政策，将充分发挥区域市场优势，替代部分国外进口产品，一方面将进一步提升武钢综合竞争力，另一方面将有助于我国钢铁产业布局调整、产品品种结构优化，符合国家钢铁产业政策和实现我国钢铁工业从大到强转变的要求（俞先慧，2006）。

（二）营销策略

面对日趋激烈的市场形势以及钢铁企业下游企业产品不断更新的双重压力，为了实现增强武钢竞争力和发展后劲，提高企业综合效益，使企业走可持续发展道路的目标，新产品开发具有十分重要的意义（王晓泉，2004）。武钢一直十分重视新产品开发，并建有国内一流的钢铁新产品开发基地——武钢技术中心，它是武钢新产品、新技术、新工艺的研发中心。目前，技术中心固定资产总值达1.6亿余元，各类先进设备仪器700余台（套），其中，从国外引进的具有国际先进水平的研试设备达100余套，为科研工作的顺利开展提供了良好的设备条件。

武钢产品在国内的定价策略基本可以概括为四点：(1) 基本定价策略。武钢产品的基价比国内同类产品略高（仅低于宝钢），并且价格在一个季度内一般不变。(2) 批量订货优惠策略。直供用户和代理商的价格在公布价格基础上下浮1%—3.5%，重点行业的战略用户的批量优惠可再考虑适当优惠。(3) 贴息策略。对于购买武钢产品期货的用户如能提前付款，武钢按天计算退还用户。对于用银行承兑汇票付款的用户，推后兑现付款，推后的天数由银行按截止付款日期进行按天贴息。(4) 运补策略。对于某些产品，根据市场情况和地域特点，给予一定的运费补贴，以增强该产品在该地区的竞争力。

武钢在营销体系的完善和定型过程中，从经济性、安全性、可控性和适应性四个方面对渠道进行评估及选择，最终形成了具有自身特点的渠道战略。武钢在淘汰一部分不能按要求还债以及经营能力差的传统流通企业的同时，形成了"一点两线"的营销网络。同时，通过发展100多家特约代理商和专项代理商及50余家直销厂家组成的"三足鼎立"的营销网络体系。各渠道优势互补，规模适中，适度竞争，实现销售效率最大化与销售成本最小化的有机结合，建立了连续、均衡、稳定的分销机制，为武钢的发展建立了健全、通畅的营销渠道（王宏斌，2005）。

武钢的渠道体系包括：

**直供用户**。武钢近几年不断与重点行业中的龙头企业建立了直接销售的渠道模式，如汽车、石油、石化、铁道车辆、造船、集装箱、变压器、家电和煤炭等行业中的龙头企业。武钢承担了直供营销流程中所有环节的工作和风险。直供用户一直备受武钢青睐，武钢一直致力于不断提高直供用户的比例，2004年武钢可控直供用户钢材用量比例达到60%，2005年直供用户比例目标为70%。在对直供用户的服务模式上也不断改进，如建立配送中心、执行适时供货等。

**经销商**。近几年，武钢共发展了100多家特约代理商和直供代理商。特约代理商是指武钢授权经营武钢各类钢材产品的经销商。直供代理商是指受武钢和直供用户的联合授权，为指定直供用户在武钢采购钢材的经销商。武钢将社会上具有相当实力的经销商按一定的结合原则（不是以产权为纽带）组合起来，形成特约代理商和直供代理商销售网络。这样就能充分发挥经销商的功能，在无须增加投资营销体系建设的前提下，实现钢铁产品的分销任务，实现了武钢产品低成本高效率的营销。而且，武钢规定了各渠道成员应遵循的规则，成员之间的责任、权利、义务以及营销目的，这样武钢能够将自己的营销战略在规则上予以体现，并对不执行者予以惩戒，以达到对渠道的有效控制。

**销售分公司**。从 1997 年开始，武钢在武汉、上海、广州、长沙、天津、济南、成都、重庆、南京、合肥、福州、西安、郑州 13 个大中城市建立了销售分公司，形成以武汉为中心，沿长江和海岸线的"一点两线"的营销网络。分公司业务人员主要从本部选派政治素质好、专业技术强、业务素质高的营销人员。

最后，根据国内钢材市场的特点、武钢自身的条件及我国加入 WTO 后所面临的形势，武钢以内向国际化为主，在本土上面对国际竞争，与世界钢铁巨头展开了有充分准备的角逐。在国内市场国际化的同时，国外的钢材市场同样向我们开放，给武钢也带来了外向国际化的外部环境和条件，武钢可以借此努力开拓国外市场。在保持自身竞争优势的情况下，进行市场渗透、市场开发、产品开发和集中化多元经营，实现从替代进口到主动进攻的转变。只有积极参与国际分工，才能在全球范围内实现资源优化配置，提高武钢产品的国际竞争力。

## 三、沙钢营销模式

### （一）企业概况

沙钢集团经过 36 年的创新发展，从一个名不见经传的小轧钢厂嬗变为全国最大的民营钢铁企业、国家创新型企业，2009 年、2010 年连续两年成功进入世界 500 强，且 2010 年排名较 2009 年递进 49 位。

### （二）营销策略

从产品结构来看，沙钢的产品结构得到了进一步优化。2011 年，沙钢充分发挥科技人才集群、先进工艺装备等优势，围绕市场加速产品结构优化取得突破性进展。全年共开发 20 大系列 60 多个高科技含量、高附加值板材、线材产品，为企业年销售收入突破 2 075 亿元、出口创汇突破 15.8 亿美元注入强劲动力。目前，沙钢主导产品宽厚板、热轧卷板、不锈钢热轧和冷轧板、高速线材、大盘卷线材、带肋钢筋、特钢大棒材等，已形成 60 多个系列、700 多个品种、近 2 000 个规格，"十一五"以来，沙钢研发的新产品销售额已经超过 600 亿元（陈黎明，

2012)。

从价格策略来看,针对钢材市场跌宕起伏、市场竞争日趋激烈的新特点,沙钢强化营销管理,创新定价机制,坚持以市场为中心,以年度保证金制度为基础,采取"量价结合、周期定价"的基本模式,主要依据不同产品种类的不同市场特点,采取不同的定价策略,进一步贴近市场,适应市场,提高销售效益。沙钢在上年度末就确定下一年度的销售总量计划目标,每年年初通过召开不同品种钢材的订货会、用户恳谈会等形式,与经销商、直供用户签订年度订货协议,锁定年度计划销售量,并以年度协议量为基础与经销商协商,将年度总量再分解到月度进行实物交货。同时,每月在应销量的基础上,沙钢通过对市场动态的收集、分析和快速反应机制,按固定周期来随行就市地调整阶段性价格政策。其中建材和优线"按旬定价",热卷板、宽厚板"按月定价",尽可能实现各类钢材及时与市场价格走势准确衔接,使企业和广大用户能够适时规避市场急剧波动带来的风险。与此同时,沙钢实施建材和线材"按旬定价"、热卷板、宽厚板"按月定价"这一机制,显示出两大鲜明的特点:一是这一定价机制使沙钢将市场经营的重点放在与客户建立长期稳定、风雨同舟的供求合作关系上,而不在于计较某一时期、某一阶段的盈亏与否。无论市场如何变化,始终做到沙钢稳定供货,客户稳定提货,价格贴近市场,最大限度地做到稳定销售渠道和方便生产安排。二是沙钢钢材的定价周期适中,价格出台时机紧密结合市场当前运营状况,价格政策兼顾稳定性、灵活性和市场贴近性,使客户易于理解接受,并且便于结合提货成本进行市场操作。

从渠道建设来看,沙钢坚持实施"内外并举,大进大出"的经营战略,全力拓宽优质钢材出口和废钢、矿石等原辅材料的进口渠道。此外,沙钢还根据市场变化情况配合实施计划外销售模式,包括办事处自销、门市销售以及计划外合同销售,贴近市场调整价格,与计划内销售及价格政策相辅相成,相互促进。

## 四、韩国浦项制铁营销模式

### (一)企业概况

韩国浦项制铁集团公司(Pohang Iron and Steel Co. Ltd),简称POSCO,成立于1968年,是全球最大的钢铁制造厂商之一,每年为全球超过60个国家的用户提供2 600多万吨钢铁产品。浦项制铁公司分别在韩国浦项市和光阳市设有完善的厂房,生产各种先进的钢铁产品,包括热轧钢卷、钢板、钢条、冷轧钢板、电导钢片和不锈钢产品等,被美国摩根士丹利投资银行评定为"全球最具竞争力的钢铁制造商"。在国际钢铁协会(WSA)发布的《2014年世界主要钢铁企业粗钢产量排名》(300 万吨以上)中,韩国浦项集团粗钢产量增长显著(包括浦项特钢、浦项印尼和浦项中国产量),由 2013 年的 3 826 万吨攀升至 4 143 万吨,位居第五。

与世界最高技术水平相比,浦项制铁的现有技术在某些方面还是领先的。然而,进入 21 世纪后,钢铁生产形势发生了急剧的变化,为了进一步推进技术发展,浦项制铁拟定了一项中期技术开发规划(2000—2004 年),开展五个战略课题的研究。在每个课题中,都规定了衡量成果水平及应完成的项目的性能参数。根据年度计划规定了关键性能参数的目标值,同时为其性能量化提供了准则,在选项方面采取了严肃的态度,开发的技术对实现浦项制铁的中期经营规划具有重要意义。五个战略课题总共选择了 211 个主要项目,规定了 179 个关键性能参数(徐国群,2002)。

(二) 营销策略

从产品策略上讲,浦项制铁除了覆盖炼铁、炼钢、连铸、热轧带钢、冷轧带钢、厚板以及不锈钢产品外,最重要的是它在新产品研发上的特色。浦项钢铁公司自 1968 年成立以来开发了很多新技术,这对提高产品质量和降低成本起着重要作用。

从价格策略上看,浦项制铁改变了过去根据原材料价格或市场环境随时调整钢价的传统,在每个季度开始之前宣布下个季度的销售价格变化,无论是否调价,均在新季度开始前 10 天左右宣布。此举的目的在于使用户对钢材价格变化具有一定的预见性,以便提前制订采购计划。调价的决定因素仍是原材料价格变化和市场供求关系(刘友存,2010)。

从渠道建设上看,为了适应全球化的需要,从 20 世纪 90 年代起,浦项制铁不断扩展其经营范围及经营区域。在韩国已经有 14 个联营或者浦项投资经营单位,如海上运输业、工程建设施工单位、机械设备制造、电气控制装备制作厂、特殊钢棒等制造服务单位。在国外则侧重建立联营、合资性质的生产厂,到目前为止已经有 30 多处,其中有 1/3 以上是在中国,如张家港、大连、青岛、广州、上海等地都有合资建设的不锈钢厂等。除此之外,浦项制铁还在美国、加拿大、日本和东南亚国家都设有生产厂。另外,世界各地设立了销售和售后服务的办事处多达 17 家(薛传钊和王文瑾,2004)。

# 第五章 我国钢铁业的价格联动机制

前面的分析指出造成目前钢铁企业利润率低下的根本原因是外部环境的恶化，特别是经济全球化带动了大宗商品价格尤其是铁矿石价格和钢铁价格的剧烈波动，造成了市场的不确定性，给我国钢铁企业的经营带来了巨大的风险。2014年，中国大中型钢铁企业实现销售收入近3.6万亿元，实现利润304亿元，增长40.36%，但销售利润率却仅仅为0.85%，行业整体销售利润率只有0.9%，仍处于工业行业最低水平。是什么原因造成了钢铁业这种高收入、低利润、增产不增效的困境呢？钢铁业的相关大宗商品的价格波动是否为造成这种困境的缘由呢？本章将基于我国钢铁业2004—2010年的现状，探究钢材产品价格波动、上游的铁矿石和焦煤价格波动以及钢铁业经济效益之间的联动机制，为钢铁企业驾驭价格波动、提升运营管理和风险管理能力提供建议与工具支持。

## 第一节 大宗工业品的定价机制

钢铁业的相关产品属于工业品和大宗商品，它的定价模式不同于一般消费品，钢铁业的相关产品定价是多方利益主体间的博弈结果，本部分将结合工业品和大宗商品定价特点和模式来讨论钢铁业的定价机制。

### 一、大宗工业品定价的特点

#### （一）国际化

随着全球经济一体化的发展，各国市场的联动性不断增强，各种资源在全球范围内实现优化配置，工业品的定价也越来越表现出国际化的特点。大宗工业品定价国际化的特点主要表现在两个方面：其一，某些工业品价格由国际范围内的供应商和生产商协商谈定，例如铁矿石定价；其二，某些工业品价格始终与国际主流价格保持一致或保持一定的比价关系，例如大豆、棉花等农产品的价格，铜、铝等金属的价格。

### （二）金融化

随着国际金融市场尤其是期货等金融衍生品市场的不断发展，金融市场对工业品定价的影响越来越大、影响范围越来越广。主要表现在三个方面：其一，以各种大宗工业品为标的物的金融衍生产品和金融创新产品的出现，为工业品定价金融化奠定了基础；其二，国际期货市场的不断成熟，使越来越多的工业品采用了期货定价的模式，形成了芝加哥期货交易所、伦敦金属交易所和纽约商业交易所三大商品定价中心；其三，金融资本对工业品定价的影响越来越大，工业品的金融属性逐步增强。

### （三）博弈化

大宗工业品定价国际化使得全球最有实力的供应商和制造商同台竞技。出于自身利益最大化的考虑，每个参与者都希望制定对自己最有利的价格。定价参与者面临多个层次的博弈：其一是供应商之间的博弈；其二是制造商之间的博弈；其三是供应商与制造商之间的博弈；其四还可能面临与政府、金融资本和其他利益相关者之间的博弈。

### （四）复杂化

大宗工业品定价的复杂化主要表现为：其一，影响定价的因素更复杂，不仅要考虑供需、货运等传统因素的影响，还要考虑资本、汇率、关税、法规、文化等因素的影响；其二，定价的模式更多，有长协定价、现货定价、期货定价、指数定价等；其三，定价参与者结构更为复杂，除了传统意义上的供应商和制造商之外，还可能包括政府、金融资本和其他利益相关者。

## 二、大宗工业品的定价权

### （一）定价权的内涵

定价权就是指价格的制定权（叶姗，2009）。但是由于研究的视角不同，学者们对定价权的内涵有着不同的理解。何新貌（2007）把定价权定义为在既定的交易规则下，与完全竞争市场上由供求关系决定的价格相比，供需双方能获得更有利于自己的交易价格的能力。汝小洁（2005）认为在国际贸易中，定价权是指确定商品的国际贸易价格的权利,包括确定定价的机制、基本规则和参考的基准价格。唐衍伟等(2006)认为成熟的期货市场是形成大宗商品基准价格的中心,也是大宗商品的定价中心。国际定价权就是指有定价权的期货市场主导全球能源、金属、农产品等大宗商品价格的能力。肖振红和王喆(2007)根据企业并购双方在谈判中地位和实力的不同,把并购谈判中出价方拥有的出价权称为定价权,并认为有定价权的一方提出价格后,另一方只能被动选择接受或拒绝,而不能讨价还价。秦娟娟和赵道致(2009)认为在供应链中处于强势地位的零售商拥有定价权,并把这种定价权定义为决定商品批发价格和订货量的权利。梅新育(2005)认为定价权只可能存在于完全垄断或垄断竞争的市场上。一般而言,寡头垄断方都掌握着定价的主动权,而高度分散的一方只能被动地接受由垄断方制定的价格。国际定价权决定了国际经贸关系的分配格局,定价权的背后是巨大的经济利益。丁博(2008)从定价对象、定价原因、定价主体、定价依据和定价方式五个方面对定价权的内涵进行了全面的分析。

综合以上观点,本文认为定价权是指企业在参与市场竞争的过程中,对所出售(或采购)产品的自主定价(或议价)的权力。也就是说,具有定价权的企业在销售产品时,可以根据目标市场的特点,结合企业自身的情况,有充分的权力和空间去选择适合自己的定价策略;而有定价权的企业在采购时,可以充分发表企业的看法,提出企业的需求,有权力和空间去与卖方进行议价,从而影响卖方的定价策略。同时,企业的定价权是一个多方博弈的结果,会受到供需方市场结构、相关金融衍生市场、政府行为等多种因素的影响,企业可以借助各方的力量来获得产品的定价权。

### (二) 定价权丧失的原因

Taylor(2000)认为企业的商品定价权正逐渐减弱。他通过对多个国家数据的横向和纵向比较,认为汇率改变对商品价格的影响逐渐减弱,这说明汇率改变的影响传递到商品价格的能力变弱,企业的定价权逐渐减弱。Kaufmann(2004)研究发现,随着世界上其他国家特别是俄罗斯的石油产量的不断提高,OPEC 对世界石油价格的影响与决定力量在不断下降,相反,OECD 成员的原油储备对世界油价的影响力量在不断上升。现有文献对定价权缺失的原因的分析主要包括以下几个方面:

1. 我国期货市场还不成熟、企业参与期货市场的程度不高

我国期货市场刚刚起步,与西方国家成熟的期货市场相比,我国的期货市场还比较落后,期货市场的价格发现功能没有得到充分的发挥,没有形成有影响力的期货定价中心(陈玉财和李姝,2009)。目前我国期货市场上仅有商品期货,

还没有金融期货品种,而后者是西方发达期货市场的主要品种。即便如此,我国商品期货的交易品种还十分有限,各品种的成交量不高,期货市场的价格发现和风险规避功能有限,加之企业对期货市场的了解不深,入市意愿不强,导致我国企业参与期货市场的程度不高(张吉楠,2009)。

2. 行业集中度低,企业议价能力较弱

以钢铁企业为例,2007 年我国产量排名前 5 的钢铁企业总产量仅占全国的 24%,而日本是 89%,韩国仅浦项一家就占据了全国的 69%,阿赛洛钢铁公司更是几乎囊括了整个法国的钢铁生产。行业集中度低,使得我国企业在与国外垄断企业的谈判中没有发挥整体的力量,处于明显的弱势地位,对价格的影响力不大,逐渐丧失了大宗商品的定价权。

3. 企业缺乏大局意识,行业缺乏监管

企业往往从自身利益出发,私下与国外企业达成交易,使我国的整体利益受到损害。以铁矿石为例,国内的部分中小型钢材往往在铁矿石谈判的关键时期与矿山企业签订采购协议,助涨矿山企业提高铁矿石价格的气焰。在稀土的出口方面,情况却恰恰相反,国内企业的无序竞争使得稀土资源以极低的价格被出售。在宏观层面,政府的政策指导作用还没有充分体现,缺乏良好协调和熟悉国际市场经营的行业协会,行业监管的作用没有得到有效的发挥(陈玉财和李姝,2009)。

4. 其他因素

丧失定价权的原因还包括以下几个方面:缺乏有效的商品信息来源(张吉楠,2009);相关监管部门对现代商品经济的运行规律和定价规则还不熟悉,企业决策僵化(陈玉财和李姝,2009);国际资本炒作因素(黄先明和孙阿妞,2006),等等。

(三) 提升我国企业定价权的对策

现有文献在争夺定价权的对策方面主要是从政府、行业协会和企业三个层面来论述的。在政府层面上,学者们认为应该:(1) 建立国际资源战略,统筹国际国内两个市场。政府应该从国际战略的高度制订各种资源和相关产业的发展规划,对国内较为贫乏的资源要制定积极的海外资源战略,积极引导企业收购、参控股海外资源企业,保证资源的稳定供应;对国内丰富的资源要合理控制资源开发力度,引导资源的合理、有效的利用(黄先明和孙阿妞,2006)。(2) 以国家为主导,建立关键资源的战略储备。有效的战略储备制度有利于缓解资源的供需,稳定资源价格。欧美发达国家很早就开始构建国家的资源储备系统,例如,美国从 1976 年就开始建设石油战略储备系统;日本由于资源贫乏,几乎对所有的重要资源都实施了战略储备。我国应借鉴欧美发达国家的经验,从我国的实际情况出发,构建多层次、多品种的战略储备体系。这也有利于增加中国在世界资源市场的话语权,取得资源定价权(张吉楠,2009;汝小洁,2005)。(3) 促进国内期货市场的快速发展,建立定价中心。目前大宗商品的定价权大都由国际三大期货交易所所掌控。利用期货市场争夺商品定价权的方式值得我国期货市场借鉴,也是我国扩大对商品价格影响力、培育国际定价中心、获得定价权的最好的路径选择(陈玉财和李姝,2009)。(4) 加强对商品进出口资质的审批,控制与外国企业谈判的企业数量,增加企业的话语权。

在行业协会层面上,学者们认为行业协会应该借鉴国外行业协会的经验,从全行业的共同利益出发,监督、协调行业内企业行为,使行业内企业"用一个声音说话",提高中国企业在国际商品上的话语权;也要熟悉、掌握国际商品的定价规则和定价机制,在必要的时候要勇于承担与国际商家谈判的责任(黄先明和孙阿妞,2006)。

在企业层面上,学者们认为企业应该:(1) 借鉴国际企业经验,积极参与资源全球配置,积极寻找海外资源,实施"走出去"战略,通过投资建厂、股权收购、合作开发等多种形式参与海外资源的开发、利用。(2) 加快行业内的兼并重组步伐,构建大型企业集团,不断提高行业集中度,增加企业在国际谈判中的话语权。(3) 建立企业之间的联盟,形成价格卡特尔,将各个企业的力量汇集在一起,与外国企业争夺定价权(黄先明和孙阿妞,2006)。

## 三、大宗工业品的定价模式

目前工业品定价的模式主要包括长协定价、现货定价、期货定价、指数定价四种。国内外关于定价模式的研究主要集中于对长协定价模式、现货定价模式和期货定价模式的研究,而对指数定价模式的研究相对较少。而且,对工业品定价模式的相关研究主要集中在金融学、经济学和国际贸易学领域,在营销领域还缺乏系统的研究,现仅对相关文献做简要梳理。

### (一) 长协定价模式

长协定价是指某种工业品的主要供应商和制造商根据各自对工业品价格的预期,采用谈判的方式确定未来一段时间内该工业品的交易价格。一般而言,对于没有成熟期货品种的工业原材料,往往采用长协定价的模式。例如,国际铁矿石的定价就是典型的长协定价。目前,国际铁矿石亚洲价格由主要的供应商巴西淡水河谷、澳大利亚的力拓、必和必拓同亚洲主要的钢铁制造商日本新日铁、韩国浦项和我国宝钢进行"三对三"的谈判,只要一个供应商与一个制造商在价格上达成一致,谈判即结束,其他各方都跟随以上谈定的价格。铁矿石谈判每年进行一次。我国国内企业之间在进行矿石、煤炭等工业原材料交易时往往也采用长协定价的方式。长协定价的实质是一个多方博弈,博弈的结果受到各方力量大小、预期、博弈技巧等因素的影响。

国内长协定价模式的文献主要集中于对铁矿石定价模式和定价机制的研究。

钱成和刘宇(2009)对铁矿石的定价机制与其他大宗商品的定价机制进行了比较分析,把铁矿石的长协价格与铁矿石现货价格和其他大宗商品价格进行了比较分析。他们认为相对于其他大宗商品和铁矿石现货价格而言,铁矿石长协价格的波动较小,这对于铁矿石供应商和钢企都有利。

张帆(2009)研究了国际铁矿石定价模式的特点和我国的谈判地位。他认为国际铁矿石定价模式具有三个特点:(1) 供需寡头通过谈判确定长协价;(2) 遵循首发定价惯例;(3) 长协矿与现货矿并存并相互影响。他还认为,由于对外依存度高、卖方垄断、买方联盟难以形成等原因,我国在谈判中处于弱势地位。

钱成等(2009)从经济学的角度分析了铁矿石的定价机制以及这种机制对我国钢铁业原材料成本的影响。垄断定价模型的结论显示,长协定价模式是对我国不断增长的铁矿石需求的一种保护,世界其他国家的钢企承担了部分因需求上升而导致的成本上涨。由于我国对铁矿石需求缺乏弹性,独立议价会升高铁矿石采购成本,而其他国家脱离我国进行议价会获得更为有利的价格。

褚永和贺婷婷(2007)通过建立国际铁矿石定价机制模型,对铁矿石生产商和钢铁企业的行为进行了博弈分析。他们认为由于铁矿石的供需关系短期不会发生根本改变,铁矿石的价格仍将维持在高位。

纪超(2009)研究了影响铁矿石长协价格的因素。他重点分析了宏观经济状况、市场供求关系和矿山投资情况对铁矿石长协价格的影响,并认为其他一些因素如谈判双方的盈利状况、海运价格的变化、汇率的变动等都会对铁矿石长协价格产生影响。

### (二) 现货定价模式

现货定价是指某种工业品的供应商和制造商按照市场通行的价格或主要市场的平均价格进行交易。采用现货定价会产生一定的价格收集成本,但随着信息技术的进步和网络信息提供商(如长江现货网、我的钢铁网等)的出现,获得工业品的现货市场价格更加方便、快捷,大大降低了价格收集成本,使现货定价有了扎根的土壤。国际和国内钢材的定价属于现货定价。虽然国际国内都有与钢材相关的期货品种，例如印度孟买多种商品交易所的钢平板期货和钢条期货、日本中部商品交易所的废钢期货、伦敦金属交易所的钢坯期货、我国上海期货交易所的螺纹钢和线材期货等，但各品种在世界范围内的影响都不大，还没有形成有影响的钢材定价中心。现货价格波动较大，供应商和制造商都面临较大的价格风险。

杨英和林在进(2009)对现货铁矿石的价格形成机制进行了实证分析。分析的结果显示钢铁现货价格、海运价格会对铁矿石现货市场价格产生较大影响，但这种影响都有一定的滞后性。此外，长协价对现货价格具有明显的指导作用，但对现货价格短期波动的影响比较有限。

(三) 期货定价模式

期货市场是为了规避现货市场价格波动风险而产生的。期货市场的主要功能包括风险规避和价格发现。对于有成熟期货品种的工业品而言，其价格一般由该品种的期货价格决定(钱成和刘宇,2009)。期货定价的具体方法是采用期货基准价加升贴水，其中升贴水综合考虑了运距、运力、支付方式等因素对价格的影响。例如，国际原油的交易价格大都采用美国西得克萨斯轻质油(WTI)期货价格加升贴水的方式来确定。在国际市场上大豆、铜、铝等工业品定价都采用期货定价。目前全球已形成了芝加哥期货交易所、伦敦金属交易所和纽约商业交易所三大商品定价中心，它们分别决定了世界主要农产品、有色金属和能源的价格。相关内容讲在第六章进行更详细介绍。

(四) 指数定价模式

随着国际金融市场的发展，工业品价格的指数化程度越来越高。价格指数是某些权威机构在大量采集现货价格信息的基础上，按照一定的规则测算、编制出来的指数化价格。价格指数能较全面地反映工业品的价格走势，成为一些企业指导工业品定价的有效工具，一些金融机构甚至以价格指数为标的物开发各种金融衍生产品，例如铁矿石掉期合约，使得某些工业品的金融属性越来越强。指数定价是介于期货定价与现货定价之间的一种定价模式，兼具期货定价和现货定价的特点。目前采用指数定价的工业品还比较少，适用的范围也比较小，例如我国大庆原油出口价格以印尼原油价格指数和远东石油价格指数的均值为基础(王晓东,2007)。近期，三大铁矿石供应商试图用指数定价取代原有的长协定价模式，未来采用指数定价模式的工业品可能会越来越多。

(五) 各种定价模式的比较

通过以上对各种定价模式的分析，我们认为四种定价模式在很多方面都存在较大的差异。例如，在价格变动方面，长协定价模式的价格在协议期间内保持不变,价格持续时间比较长,而现货定价模式、期货定价模式和指数定价模式的价格都随市场的变化而不断改变,某个价格持续时间很短。四种定价模式的比较如表5.1所示。

**表5.1　四种定价模式的比较**

| 定价方式 | 长协定价 | 现货定价 | 期货定价 | 指数定价 |
|---|---|---|---|---|
| 价格是否变化 | 协议期内不变 | 随市价改变 | 随期价改变 | 随指数改变 |
| 价格持续时间 | 较长 | 很短 | 很短 | 很短 |
| 价格确定形式 | 谈判 | 市场平均价格 | 期货价格+基差 | 指数 |
| 参考价格 | 上年长协价 | 现货价格 | 期货价格 | 现货价格 |
| 参与企业数量 | 几个 | 多个 | 多个 | 多个 |
| 定价主体 | 企业 | 市场 | 市场 | 市场 |

## 第二节　钢铁业价格联动机制研究的意义与现状

从以上分析可以看出,钢铁业的定价模式发生着深刻的改变,钢铁企业需要具备管理价格风险波动的能力。为了更好地了解钢铁业的价格波动风险性,有必要从价格联动视角来考察钢铁业的价格形成与波动。

### 一、价格联动机制的研究意义

钢铁业的上游原材料(铁矿石和焦煤)属于价格易波动的大宗商品,产成品(钢材、线材等)也是。相比其他制造行业,此特点决定了钢铁业的价格波动更为剧烈,企业在生产和销售过程中的风险性更高,市场不确定性更大。大宗商品由于其同质性和大宗交易性也被用作期货、期权等金融工具,以实现价格发现和价格风险规避,所以,大宗商品的现货和期货价格会影响到整个行业的效益,更会波及整个国计民生,例如:对于钢铁业来说,国际铁矿石供应目前垄断于三大矿(力拓、必和必拓、淡水河谷),铁矿石谈判使我国钢铁业处于不利地位,铁矿石价格的持续上涨导致钢铁业生产成本和钢材价格的上涨,并带动煤炭等能源价格的提高,进一步抬高了建筑、机械、电力和电子等行业的生产成本。因此,大宗商品制造业是国家战略性的支撑产业,而且主要都是国有大型企业(钢铁业中80%的产能都是国有企业),它们对保障整个国民经济快速、稳步、良性的发展具有重要贡献。由此,钢铁业相关大宗商品的价格波动及其成因一直受到政府、业内和研究机构的密切重视。

大宗商品面对的市场环境更为复杂,价格波动剧烈,相关企业的市场风险性也更高。首先，一般消费品仅仅面对其目标消费者市场（即现货市场）；大宗商品同时面对组织客户的现货市场、具有价格管理功能的期货市场，以及流动性极强的国际市场（如 Cody and Mills（1991）、Deaton and Laroque（1996）、刘凤军和刘勇（2006）、仰炬等（2008））。其次，影响大宗商品价格波动的因素不再局限于供需水平和企业成本利润的加成，国际市场的扰动（如 Hammoundeh *et al.*（2003））、政府调控（如仰炬等（2008））、宏观经济（如 Pindyck and Rotemberg（1990））、资金流动（如李艺等（2008））、期现市场联动（如 Fortenbery and Zapata（1993））、投机行为（如 Deaton and Laroque（1996））、存货水平（如 Johnson and Song（1999））、关联性大宗商品浮动（如蒋舒和吴冲锋（2007））等均会影响到大宗商品的价格波动。那么，由于价格剧烈波动，大宗商品制造企业受到的市场风险往往难以预料，企业正常利润随时可能受到冲击，市场绩效更加难以掌控。

因此，消费品制造企业的经营问题主要是市场营销问题，关注的是客户需求管理和市场的供需关系，而大宗商品制造企业除了关注客户需求等营销管理基本问题外，还必须考虑对市场价格波动风险的管理，而且要利用风险管理工具将满足客户的需求与价格风险的管理有机结合起来。已有的文献大量关注消费品制造企业的问题（如 Morgan and Rego（2006）、Pauwels（2004）、Srinivasan and Hanssens（2009）），而甚少探讨大宗商品的价格风险与企业的生产、销售和市场绩效之间的关系。由于大宗商品的价格波动及其联动效应的存在，使得中国制造企业的市场空间逐步受到很大的挤压，典型的就是整个钢铁业的利润率只有3%左右，利润还不到600亿元，而铁矿石的进口和采购成本却高达6 000亿元（中国钢铁工业协会，2011）。

基于上述背景，研究钢铁业的价格波动及其联动机制具有十分重要的现实和理论意义。本章将基于我国钢铁业2004—2010年的经营现状，探究上游进口铁矿石价格波动（国际大宗商品市场）、国产铁矿石价格波动（国内大宗商品市场）、焦煤价格波动（关联性大宗商品市场）、下游钢材价格波动（国内期货和现货市场）、钢铁业经济效益（企业利润）五者之间的联动机制，以帮助理解中国钢铁业的价格联动机制。

## 二、价格联动机制的研究现状

目前，有关大宗商品价格波动机制及其对宏观经济发展和微观企业效益影响的实证研究主要在金融学领域，还很少有研究将金融学和市场学相结合，来综合探讨上游大宗原材料、下游大宗产成品商品的价格波动、企业生产和销售利润之间的联动机制（见表5.2）。

表 5.2 大宗商品价格机制及其对企业经济效益影响的研究

| 研究问题 | 代表性文献 | 评述 |
| --- | --- | --- |
| 大宗商品的现货和期货市场之间的价格机制 | Fortenbery and Zapata(1993);Deaton and Laroque(1996);刘凤军和刘勇(2006) | 金融领域的价格研究<br>探讨期现价格的联动关系;没有分析价格变动与经济和企业的关系 |
| 大宗商品跨国市场之间的价格机制 | Hammoundeh *et al*. (2003);管清友和魏政(2011);仰炬等(2008);张鹤和黄琨(2007) | 金融领域的价格研究<br>探讨了国际和国内的期现货市场之间价格的"传染"机制;没有分析价格与经济和企业的关系 |
| 大宗商品不同品种之间的关联性研究 | Wilson *et al*. (2006);蒋舒和吴冲锋(2007);方毅和张屹山(2007) | 金融领域的价格研究<br>探讨不同品种和期货合约之间的关联性;没有分析与企业的关系 |
| 大宗商品价格波动与宏观经济之间的关系 | Pindyck and Rotemberg (1990);李敬辉和范志勇(2005);肖争艳等(2009) | 金融与经济的结合<br>探讨价格波动与经济发展、CPI、PPI之间的关系;没有分析微观企业 |
| 大宗商品价格波动对企业效益的影响 | Anderson and Danthine(1983);Brolla and Wong(2002);Collins(1997);Lien(2004);华仁海和仲伟俊(2002);刘建和蒋殿春(2010) | 金融与企业管理的结合<br>探讨价格波动对企业利润的影响以及企业如何利用期货进行套保的问题;没有分析价格风险与企业效益的联动机制 |
| 大宗商品价格波动与企业效益之间的联动机制 | 本章节 | 将大宗商品置身于产业链中进行研究,分析上下游价格波动与企业效益间的因果联动机制 |

通过上述研究可以发现,在微观层面将金融学和市场学领域的研究相结合,需要进一步探讨大宗商品的期货和现货价格波动与企业经济效益之间互为影响的联动机制。

鉴于目前我国经济飞速发展,钢铁业相关的大宗商品期货和现货市场激增,大宗商品的价格波动直接影响到整个产业链和国民经济的发展。我们将大宗商品置身于钢铁业产业链中进行研究,分析上游原材料、产成品、企业效益之间的联动机制。

## 第三节 上下游大宗商品与钢铁业间的价格联动机制

本节将着重分析上游进口铁矿石价格(国际大宗商品市场)、国产铁矿石价格(国内大宗商品市场)、焦煤价格(关联性大宗商品市场)、下游钢材价格(国内期货和现货大宗商品市场)、钢铁业经济效益(企业利润)五者之间的联动机制。研究发现原材料、钢铁产品、行业利润之间存在互为影响的联动机制,进口铁矿和焦煤价格的增长导致企业利润的降低;并且,我国钢铁业目前缺少对进口铁矿石的定价权。

### 一、分析框架和联动机制图

在评估原材料价格变动对钢铁企业经济效益的影响时,考虑产业的成本特征,本研究将铁矿石和焦煤的采购成本作为衡量上游原材料价格变动的两个指标。在评估产成品价格变动对钢铁企业经济效益的影响时,以钢材价格指数作为衡量产品价格变动的指标。对于期货产品的上市、转炉钢铁料消耗、企业期间费用视为外生于上述三者系统的外生。本项目提出价格联动机制的理论模型(见图5.1),在接下来的部分,我们将通过向量自回归模型来验证此理论模型,以找出上游原材料、产成品以及钢铁业利润之间的真实的价格联动机制和传导规律(本节第三部分)。

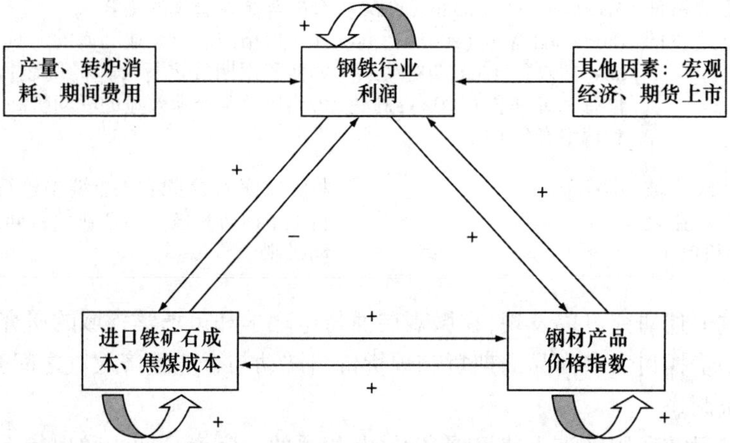


**图5.1 上下游大宗商品价格波动与钢铁业经济效益之间的联动机制**

目前,铁矿石和焦煤两大原材料价格持续走强,钢材生产成本刚性增加,钢材现货市场和期货市场的价格波动都比较剧烈。因此,上游大宗原材料商品和下游钢材价格的波动对钢铁业经营业绩产生了巨大影响。与此同时,虽然我国钢铁业的实力和国际竞争力在不断增强,是否意味着钢铁业的议价能力也在不断增强呢?钢铁业的壮大能否限制进口铁矿石价格、焦煤价格、下游钢材等大宗商品价格的波动呢?因此,为科学地评价钢铁业的经营业绩,需要综合评估上游进口铁矿石价格波动、焦煤价格波动、下游钢材市场价格以及钢铁业效益四者之间的互为因果的联动机制。

本部分的研究主要包括:(1) 在控制产量、转炉消耗、期间费用和宏观经济因素影响的情况下,基于向量自回归模型来探讨进口铁矿石价格波动(以铁矿石成本为测量指标)、国产精矿粉价格波动(以国产精矿粉采购成本为测量指标)、焦煤价格波动(以焦煤成本为测量指标)、下游钢材价格波动(以钢材价格综合指数为测量)、钢铁业经济效益(以钢企总利润为测量)五者之间是否存在互为因果的联动机制? (2) 上下游价格波动是否影响、如何影响,以及在多大程度上影响钢铁业的经济效益? 从短期和中长期来看,上下游价格波动的影响程度哪一个大?

## 二、数据来源及研究方法

### (一) 数据来源

钢铁业和钢铁企业的经营、财务、产品数据来自中国钢铁工业协会,数据范围为2004 年 5 月至 2010 年 12 月(见表 5.3)。钢材价格指数、国际钢材价格指数来自凤凰财经网站。

**表 5.3　数据来源和变量含义**

| 变量 | 变量名称 | 变量含义 | 测量 | 数据来源 |
|---|---|---|---|---|
| DVP | 行业利润 | 钢铁业的利润 | 每月各钢企利润总和 | 中钢协 |
| IVP | 钢材价格 | 钢材价格综合指数 | 钢材价格综合指数 | 中钢协 |
| IVQ | 销售量 | 钢材销售量 | 每月各钢企钢材销售量总和 | 中钢协 |
| IVK | 铁矿石 | 进口铁矿石的采购成本 | 平均每吨进口铁矿石的采购成本 | 中钢协 |
| IVKguo | 精矿粉 | 国产精矿粉的采购成本 | 平均每吨国产精矿粉的采购成本 | 中钢协 |
| IVM | 焦煤 | 炼焦煤采购成本 | 平均每吨炼焦煤的采购成本 | 中钢协 |
| IVF | 期间费用 | 企业期间费用 | 各钢企每月的钢材销售费用、管理费用、财务费用总和 | 中钢协 |
| IVMKT | 营销 | 企业的营销费用 | 各钢企每月的销售费用总和 | 中钢协 |
| IVT | 技术 | 转炉钢铁料消耗 | 每吨消耗的钢铁料(kg) | 中钢协 |
| IVFuture | 期货 | 期货产品的上市 | 虚拟变量,上市前为1 | |

### (二) 研究方法:向量自回归模型

本研究使用向量自回归模型(vector auto-regression)来探讨上下游大宗商品与钢铁企业之间的价格联动机制。

对于如何分析时间序列数据以探讨不同变量之间的动态性关系,传统的回归分析和联立方程模型在这方面是有弊端的。因为,内生变量既可以出现在等式的左端,也可以出现在等式的右端,使得方程的参数估计、理论推断变得异常复杂。向量自回归模型可以有效地分析这些问题,它使用模型中的所有当期变量对所有变量的若干滞后变量进行回归,用于相关时间序列系统的预测和分析随机扰动对变量系统的动态影响,是一种常用的计量经济模型。

VAR 模型描述在同一样本期间内的 $n$ 个变量(内生变量)可以作为它们先前值的线性函数,例如,一个 $n$ 个方程 VAR 可以表示为:

$$\begin{pmatrix} x_{1t} \\ \vdots \\ x_{nt} \end{pmatrix} = \begin{pmatrix} a_{10} \\ \vdots \\ a_{n0} \end{pmatrix} + \begin{pmatrix} a_{11} & \cdots & a_{1n} \\ \vdots & \ddots & \vdots \\ a_{n1} & \cdots & a_{nn} \end{pmatrix} \begin{pmatrix} x_{1t-1} \\ \vdots \\ x_{nt-1} \end{pmatrix} + \begin{pmatrix} \varepsilon_{1t} \\ \vdots \\ \varepsilon_{nt} \end{pmatrix}$$

其中,$a_{ij}$为滞后算子,$a_{i0}$为截距项,$\varepsilon_{it}$是白噪音,$\varepsilon_{it} \sim N(0,\sigma^2_{\varepsilon_{it}})$。

因此,对于本研究问题,即探讨钢铁业利润、进口铁矿石采购成本、焦煤采购成本以及钢材价格指数之间的相互动态关系,可以构建如下模型:

$$\begin{bmatrix} \mathrm{DVP}_t \\ \mathrm{IVP}_t \\ \mathrm{IVK}_t \\ \mathrm{IVM}_t \end{bmatrix} = \begin{bmatrix} a_{10} \\ a_{20} \\ a_{30} \\ a_{40} \end{bmatrix} + \begin{bmatrix} A_{11} \\ A_{21} \\ A_{31} \\ A_{41} \end{bmatrix} \times H + \begin{bmatrix} A_{12} \\ A_{22} \\ A_{32} \\ A_{42} \end{bmatrix} \times \begin{bmatrix} \mathrm{DVP}_{t-1} \\ \mathrm{IVP}_{t-1} \\ \mathrm{IVK}_{t-1} \\ \mathrm{IVM}_{t-1} \end{bmatrix} + \begin{bmatrix} A_{13} \\ A_{23} \\ A_{33} \\ A_{43} \end{bmatrix} \times \begin{bmatrix} \mathrm{DVP}_{t-2} \\ \mathrm{IVP}_{t-2} \\ \mathrm{IVK}_{t-2} \\ \mathrm{IVM}_{t-2} \end{bmatrix} + \begin{bmatrix} \varepsilon_{1t} \\ \varepsilon_{2t} \\ \varepsilon_{3t} \\ \varepsilon_{4t} \end{bmatrix}$$

其中,$H$ 为外生变量。

构建四个联立方程,基于似乎不相关回归(seemingly unrelated regression)进行参数估计。可以通过脉冲响应函数(impulse response function)进行脉冲分析,以探究四个变量之间的短期、中期和长期关系。

## 三、大宗商品价格与钢铁业绩效的联动机制

### (一) 数据检验和模型确定

在使用向量自回归模型(VAR)探讨上下游产品价格变动与钢铁业绩效之间的联动机制之前,需要分析时间序列是否平稳、是否存在格兰杰因果关系,并确定模型滞后项阶数。

1. 时间序列是否平稳:单位根检验

在建立向量自回归模型之前,对 DVP、IVP、IVK、IVKguo、IVM 五个时间序列做单位根检验(unit root test)。结果发现序列是平稳的,可以构建向量自回归模型来探讨它们之间的动态关系。

有关单位根的检验过程详见附录 5.1。

2. 时间序列是否存在因果关系:格兰杰因果检验

在确定五个序列是平稳序列之后,正式建立模型之前,需要检验它们之间是否存在互为因果和互为影响的动态关系。格兰杰因果检验(Granger causality test)发现,钢材价格变动不受企业利润和原材料价格变动的影响,钢铁业的利润不能够影响进口铁矿石的价格变动,但是可以影响焦煤价格的变动。其他两两变量间的因果关系均成立,可以构建向量自回归模型。

对于"钢铁业的利润不能够影响进口铁矿石的价格变动,但是可以影响焦煤价格的变动",与目前我国钢铁业的现状是吻合的,铁矿石价格受制于国外三大铁矿厂商,国内钢铁企业并没有谈判的主导权。焦煤主要是国内生产,相比焦煤行业,钢铁业在我国处于优势地位,能够影响到焦煤市场的未来走势。

有关格兰杰因果检验的过程详见附录5.2。

3. 模型滞后项阶数的确定及模型稳定性检验

在建立向量自回归模型时,由于存在DVP、IVP、IVK、IVKguo、IVM五个变量的滞后项,首先要确定滞后项阶数。通过施瓦茨准则(AIC)和赤池准则(BIC),确定滞后项的阶数为3(详见附录5.3)。

运行模型后,通过单位根过程检验发现,特征根的倒数全在单位圆之内,因此模型是稳定的(详见附录5.3)。可以做进一步的动态分析。

有关模型滞后项阶数的确定及模型稳定性检验过程详见附录5.3。

### (二)钢材价格、进口和国产铁矿石、炼焦煤、钢企利润之间的动态关系

根据图5.1的理论模型,构建DVP、IVP、IVK、IVKguo、IVM为互为因果的自回归系统,滞后阶数为3,IVFuture、IVC、IVF为系统外生变量,构建五个联立方程,基于似乎不相关回归(seemingly unrelated regression)进行参数估计,反复剔除不显著的变量,汇总参数估计和模型结果如表5.4所示(详细参数估计过程参见附录5.4)。

基于表5.4的估计情况,图5.2刻画了进口铁矿石、国产精矿粉、焦煤成本、钢材价格、钢企利润五者之间的动态关系。

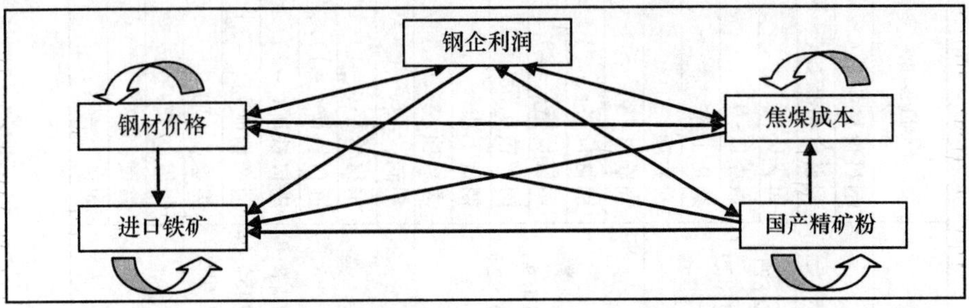


**图5.2 原材料、钢材价格、钢企利润之间的动态关系(显著性关系)**

表 5.4 向量自回归模型的参数估计结果

| 因变量 | 自变量 | 系数 | 标准误 | $T$ 值 | $P$ 值 | 自变量涨 1%，因变量增加值 | 自变量涨 1%，因变量涨（%） |
|---|---|---|---|---|---|---|---|
| 利润（万）（均值 = 432 821）Adj-$R^2$ = 0.829 | 钢材价格指数（-1） | 36 704.57 | 8 541.539 | 4.297184 | 0.0000 | 42 740.3470 | 9.875 |
| | 钢材价格指数（-3） | -28 663.03 | 9 338.993 | -3.069178 | 0.0024 | -33 376.4392 | -7.711 |
| | 焦煤（-2） | 3 093.218 | 1 338.888 | 2.310288 | 0.0216 | 29 625.4727 | 6.845 |
| | 焦煤（-3） | -3 438.582 | 897.7291 | -3.830312 | 0.0002 | -32 933.2163 | -7.609 |
| | 期货上市 | 0.427317 | 0.221837 | 1.926261 | 0.0551 | | |
| | 常数项 | 43 521.29 | 12 831.41 | 3.391777 | 0.0008 | | |
| 钢材价格指数（均值 = 116.4）Adj-$R^2$ = 0.926 | 利润（-3） | 0.00000422 | 0.00000178 | 2.373129 | 0.0183 | 0.0183 | 0.016 |
| | 钢材价格（-1） | 1.382672 | 0.143761 | 9.617887 | 0.0000 | 1.6100 | 1.383 |
| | 钢材价格（-2） | -0.555062 | 0.225402 | -2.462538 | 0.0144 | -0.6463 | -0.555 |
| | 国产精矿份（-3） | 0.040897 | 0.018153 | 2.252896 | 0.0250 | 0.3215 | 0.276 |
| | 期货上市 | -7.597042 | 2.341537 | -3.244469 | 0.0013 | | |
| | 常数项 | 21.49895 | 8.216746 | 2.616480 | 0.0094 | | |
| 进口铁矿石（均值 = 745）Adj-$R^2$ = 0.982 | 利润（-3） | 0.000027 | 0.0000103 | 2.607037 | 0.0096 | 0.1169 | 0.016 |
| | 钢材价格（-1） | 2.028443 | 0.836758 | 2.424169 | 0.0160 | 2.3620 | 0.317 |
| | 进口铁矿（-1） | 0.638238 | 0.107544 | 5.934668 | 0.0000 | 4.7572 | 0.638 |
| | 进口铁矿（-2） | 0.415439 | 0.117457 | 3.536944 | 0.0005 | 3.0965 | 0.415 |
| | 国产精矿粉（-3） | -0.182308 | 0.105660 | -1.725426 | 0.0856 | -1.4332 | -0.192 |
| | 焦煤（-1） | 0.136897 | 0.081581 | 1.678054 | 0.0945 | 1.3111 | 0.176 |
| | 焦煤（-2） | -0.373261 | 0.131162 | -2.845799 | 0.0048 | -3.5749 | -0.480 |
| | 焦煤（-3） | 0.249937 | 0.087945 | 2.841986 | 0.0048 | 2.3938 | 0.321 |
| | 期货上市 | -27.11352 | 13.62891 | -1.989412 | 0.0476 | | |

（续表）

| 因变量 | 自变量 | 系数 | 标准误 | $T$ 值 | $P$ 值 | 自变量涨 1%，因变量增加值 | 自变量涨 1%，因变量涨(%) |
|---|---|---|---|---|---|---|---|
| 国产精矿粉（均值 =786）Adj-$R^2$ =0.978 | 利润(-3) | 0.0000264 | 0.0000145 | 1.816084 | 0.0704 | 0.1143 | 0.015 |
| | 国产精矿粉(-1) | 1.457035 | 0.135373 | 10.76315 | 0.0000 | 11.4543 | 1.457 |
| | 国产精矿粉(-2) | -0.736166 | 0.220940 | -3.331968 | 0.0010 | -5.7873 | -0.736 |
| | 国产精矿粉(-3) | 0.374303 | 0.148230 | 2.525150 | 0.0121 | 2.9425 | 0.374 |
| | 工业品生产值增长率 | 4.621490 | 1.763458 | 2.620698 | 0.0093 | 0.6887 | 0.088 |
| | 期货上市 | -71.01972 | 19.12000 | -3.714420 | 0.0002 | | |
| 焦煤成本（均值 =947.7）Adj-$R^2$ =0.986 | 利润(-1) | 0.000034 | 0.0000155 | 2.201268 | 0.0285 | 0.1472 | 0.015 |
| | 利润(-2) | -0.0000522 | 0.0000149 | -3.511987 | 0.0005 | -0.2259 | -0.024 |
| | 钢材价格(-2) | 4.728059 | 1.978983 | 2.389136 | 0.0176 | 5.5056 | 0.575 |
| | 钢材价格(-3) | -4.666938 | 1.380025 | -3.381778 | 0.0008 | -5.4344 | -0.567 |
| | 国产精矿粉(-3) | 0.388676 | 0.159380 | 2.438680 | 0.0154 | 3.0555 | 0.319 |
| | 焦煤(-1) | 1.187822 | 0.123058 | 9.652541 | 0.0000 | 11.3764 | 1.188 |
| | 工业品生产值增长率 | 3.506926 | 1.896101 | 1.849547 | 0.0654 | 0.5226 | 0.055 |
| | 期货上市 | -60.68201 | 20.55816 | -2.951723 | 0.0034 | | |

为进一步检验进口和国产精矿粉、焦煤成本、钢材价格、钢企利润之间的动态关系（见图5.2）是否稳定，在附录部分，我们详细列出了钢企利润、进口铁矿石、焦煤成本、钢材价格四者之间的联动机制（详见附录5.6）；钢企利润、国产精矿粉、焦煤成本、钢材价格四者之间的联动机制（详见附录5.7）；进口铁矿石和国产精矿粉之间的价格联动机制（详见附录5.8）。结论表明，图5.2的动态关系是稳定的，各变量之间的正负和因果关系成立。

因此，从向量自回归模型（VAR）结果看，原材料、钢铁产品、行业利润之间存在互为影响的联动机制。但是，进口铁矿石对行业利润、钢材价格指数、国产精矿粉以及焦煤成本并无显著影响。这可能因为，进口铁矿石的定价权在三大矿场手中，并且是长协商定价（季度指数定价从2010年开始）。

从VAR结果看，对于原材料市场，钢铁业尚不能影响到进口铁矿石的价格变动，但是可以限制焦煤价格的变动。

从VAR结果看，对于钢材市场，钢材价格的上涨在给钢企带来利润的同时，也推动了进口铁矿石价格的上涨。

从VAR结果看，期货产品的上市降低了焦煤成本、进口铁矿石以及国产精矿粉的成本，但同时也降低了钢材价格指数。

对于影响钢企利润的因素，钢材价格指数增长1%（滞后1个月和3个月），钢企利润则相应增长2.16%；焦煤成本增长1%（滞后2个月和3个月），则钢企利润相应的增长降低0.76%。

对于影响钢材价格综合指数的因素，钢企利润增长1%（滞后3个月），价格指数增长0.016%；钢材价格指数存在自影响，价格指数每增长1%（滞后1个月、2个月、3个月），未来的价格指数增长1.104%。

对于影响进口铁矿石成本变动的因素，钢企利润增长1%（滞后3个月），则进口铁矿石成本增长0.016%；钢材价格指数增长1%（滞后1个月），则进口铁矿石成本增长0.317%；国产精矿粉成本增长1%（滞后3个月），则进口铁矿石成本降低0.192%；焦煤成本增长1%（滞后1个月、2个月和3个月），则铁矿石成本增长0.017%；进口铁矿石本身会有自影响，成本增长1%（滞后1个月和2个月），铁矿石成本则增长1.054%。

对于影响国产精矿粉成本变动的因素，钢企利润增长1%（滞后3个月），则进口铁矿石成本增长0.015%；进口铁矿石本身会有自影响，成本增长1%（滞后1个月、2个月、3个月），铁矿石成本则增长1.095%。

对于影响焦煤成本变动的因素，钢企利润增长1%（滞后1个月和2个月），焦煤成本下降0.008%；钢材价格指数增长1%，焦煤成本下降0.007%；国产精矿粉成本增长1%（滞后3个月），则焦煤成本增长0.319%；焦煤成本变动存在自影响,每增长 1%(滞后 1 个月),未来的焦煤成本增长 0.188%。

(三) 价格传导机制的详细分析

下面将逐步分析钢铁业的利润传导机制、价格指数传导机制、进口铁矿石成本传导机制、国产精矿粉成本传导机制、国产焦煤成本传导机制。

1. 钢铁业的利润传导机制

基于图 5.2 和表 5.4,图 5.3 刻画了钢铁业的利润传导机制。影响钢铁业的利润因素包括焦煤成本和价格指数。

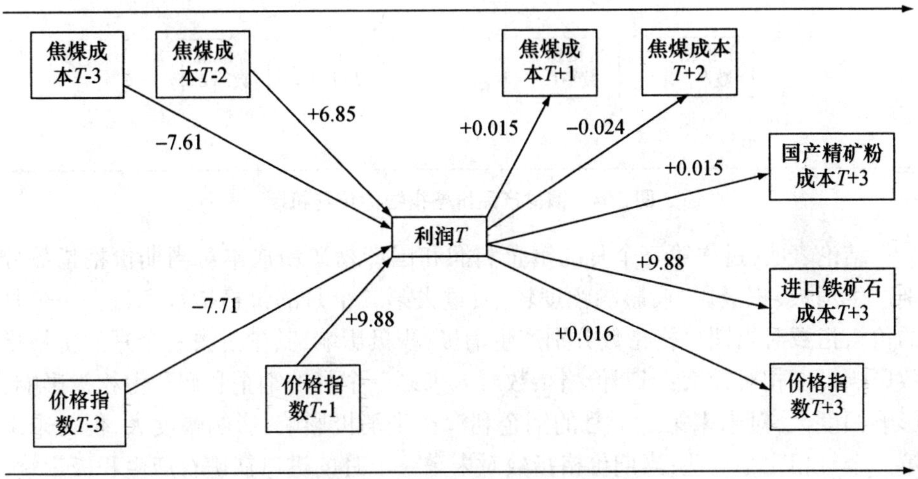


**图 5.3 钢铁业的利润传导机制**

结论表明,钢企利润的影响因素有焦煤成本和价格指数两个,过去第三个月的价格指数和焦煤成本对钢企利润产生消极影响,而过去一个月的价格指数和过去两个月的焦煤成本对钢企理论产生积极影响,影响的浮动幅度非常大。作为原料的国产精矿粉和进口铁矿石成本的变动对利润的影响不显著,这也论证了我国钢铁业利润非常低,丧失了进口铁矿石和国产精矿粉的定价权的结论。当期钢企利润对未来两个月的焦煤价格、未来第三个月的钢材价格指数、国产精矿粉的价格的产生一定影响,推动了价格的上升,但是上升的幅度非常小;当期钢企利润对未来第三个月的进口铁矿石价格影响幅度大,当期钢企利润增长 1%,未来第三个月的进口铁矿石价格上涨 9.88%。

2. 钢材产品价格指数的传导机制

基于图 5.2 和表 5.4,图 5.4 刻画了钢铁业的下游,钢材产品价格指数的传导机制。影响钢材产品价格指数的因素包括钢企利润、过程精矿粉成本以及过往的价格指数水平。

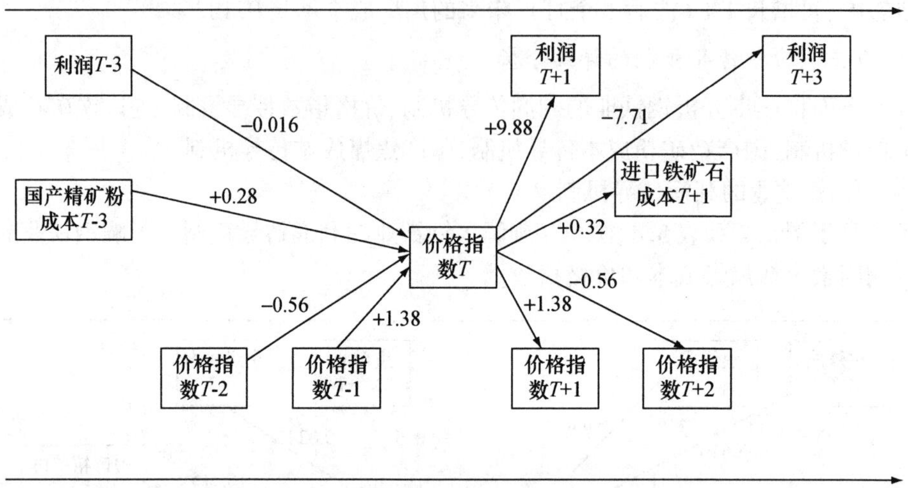


**图 5.4　钢材产品价格指数的传导机制**

结论表明,过去第三个月的钢企利润和国产精矿粉成本对当期价格指数分别产生消极、积极影响,影响幅度较小;过去第二个月的价格指数和过去一个月的价格指数对当期价格指数分别产生消极、积极影响,其中过去一个月的价格指数影响幅度相对较大;当期价格指数对未来第一个月的钢企利润产生积极影响,影响幅度大,对未来第三个月的钢企利润产生消极影响,影响幅度大,但与未来第一个月相比小一些;当期价格指数对未来一个月的进口铁矿石产生积极影响,当期价格上升,未来一个月进口铁矿石价格肯定上升,但是国产精矿价格不受此影响。

3. 进口铁矿石成本的传导机制

基于图5.2和表5.4,图5.5刻画了进口铁矿石成本的传导机制。影响进口铁矿石成本的因素包括钢企利润、国产精矿粉成本、焦煤成本、价格指数以及过往进口铁矿石成本的高低。

结论表明,进口铁矿石成本的影响因素包括焦煤成本、国产精矿粉成本、钢企利润、钢材价格指数以及前两个月进口铁矿石成本,其中受到前两个月的进口铁矿石成本、前一个月的钢材价格指数影响最大;进口铁矿石对焦煤成本、国产精矿粉、钢企利润、钢材价格指数的影响不显著,这也从侧面说明了进口铁矿石的定价模式中已经充分考虑了国内钢企的利润水平以及国产精矿粉、钢材价格、焦煤成本的变动趋势。

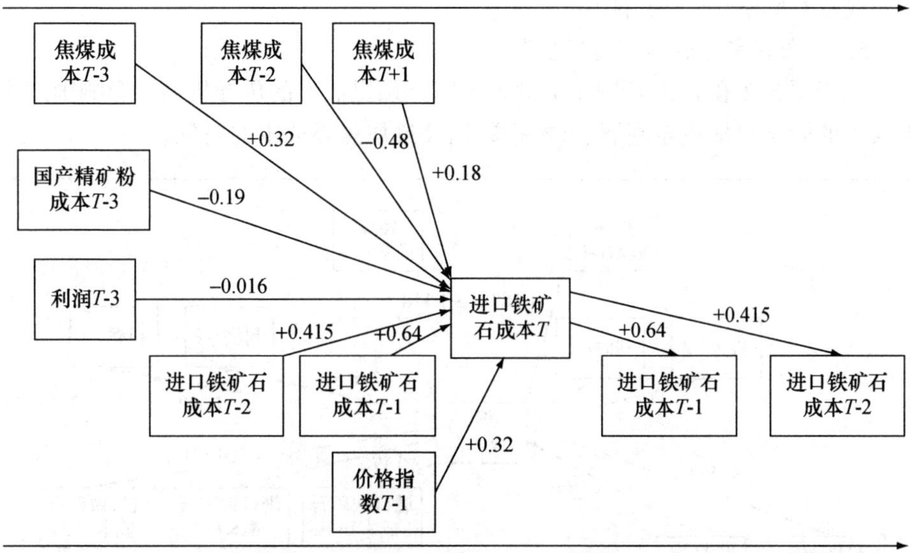


**图 5.5　进口铁矿石成本的传导机制**

4. 国产精矿粉成本的传导机制

基于图 5.2 和表 5.4,图 5.6 刻画了国产精矿粉成本的传导机制。影响国产精矿粉成本的因素包括钢企利润和过往国产精矿粉成本的高低。

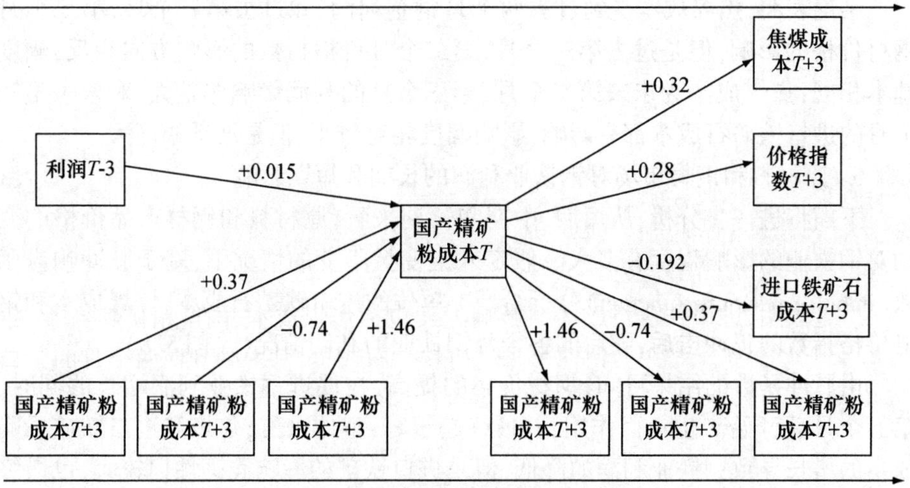


**图 5.6　国产精矿粉成本的传导机制**

结论表明,国产精矿粉成本的自影响程度较大,但是受过去第三个月钢企利润的影响最小;国产精矿粉对未来第三个月的焦煤成本、钢材价格指数、进口铁矿石成本有影响,但是影响幅度不大。

5. 国产炼焦煤成本的传导机制

基于图5.2和表5.4,图5.7刻画了国产焦煤成本的传导机制。影响国产焦煤成本的因素包括钢企利润、价格指数以及过往焦煤成本的高低。

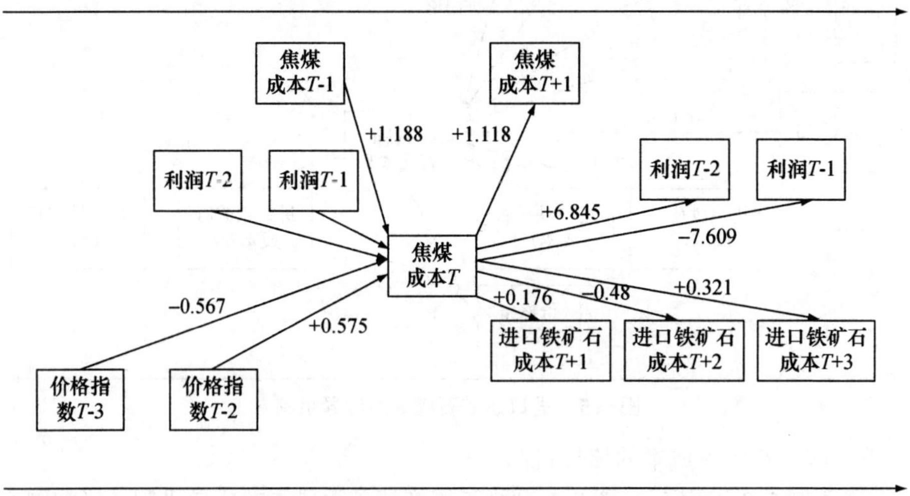


图5.7　国产炼焦煤成本的传导机制

结论表明,焦煤成本受到过去两个月钢企利润,和过去第三个月、第二个月钢材价格的影响,但是过去第三个月、第二个月价格指数的影响方向相反,幅度基本相同;焦煤成本为未来第二个月、第三个月的利润影响非常大,对未来第三个月的进口铁矿石成本都有影响,影响幅度相对较小,但是波动幅度大。

6. 原材料和钢材市场对钢铁业利润的长期和短期影响

下面将进一步分析,从短期、中期和长期来看,原材料和钢材产品价格的变动对钢铁业的影响程度有多大。假定外生变量不变的情况下,基于脉冲响应函数(impulse response function)分析给予1单位的进口铁矿石成本、焦煤成本和钢材价格指数的正冲击后,随后的各个月钢铁业的利润情况(见图5.8)。

由脉冲函数的结果可知,钢材价格的提高,在促进钢铁业利润增长的同时,第五个月后开始产生负面作用,并最终趋于零;整体来看,焦煤和进口铁矿采购成本的增长导致钢铁业利润的降低,但是进口铁矿的影响震荡性比较大,也最终趋于零。因此,从短期来看,钢铁业本身的发展惯性(路径依赖)起主要作用;从中期来看,钢材价格指数的增加和焦煤成本的降低起主要作用;从长期来看,外部市场变动的作用将趋于零。

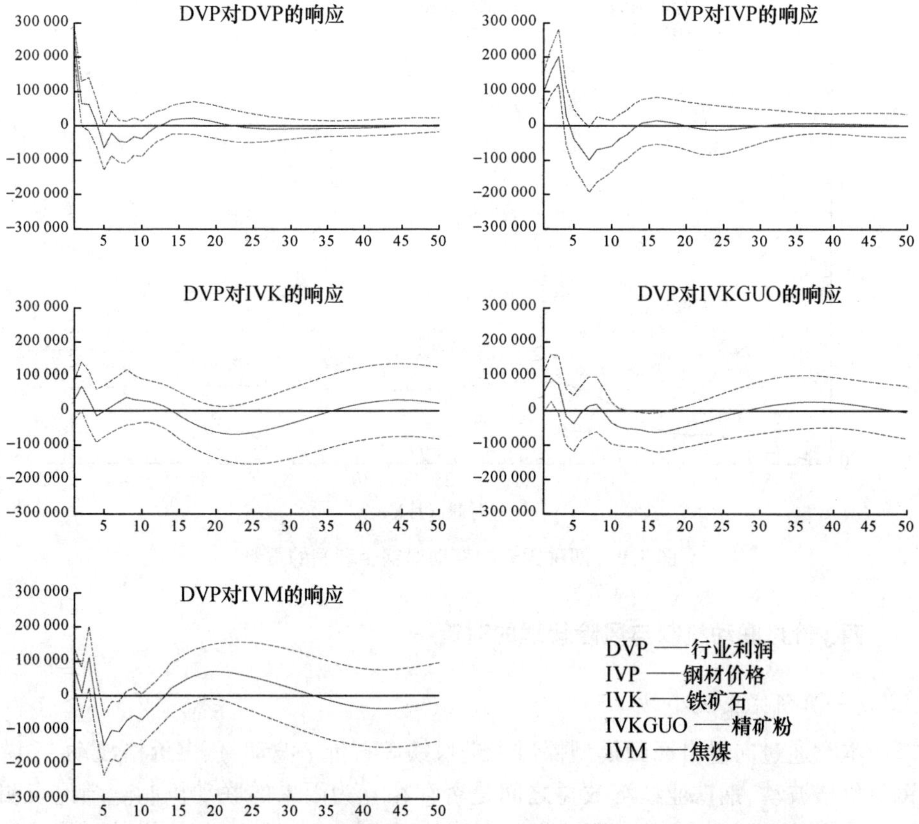


**图 5.8　价格变动对钢铁业短期、中期和长期的边际利润：脉冲响应函数**

注：横轴表示时间（月），纵轴表示行业利润的金额（万元）。在初始状态给自变量一个单位的正冲击，在随后的 50 个月内行业利润的变动情况（边际利润）

进一步基于方差分解（variance decomposition）解释原材料和钢材产品价格的变动对钢铁业利润增长的贡献。从图 5.9 中的方差分解图可以看出，利润的波动受钢铁产品价格变动的影响，高于受焦煤价格变动的影响，高于国产精矿粉，高于受进口铁矿价格变动的影响。第十个月后，各因素的作用均趋于收敛。

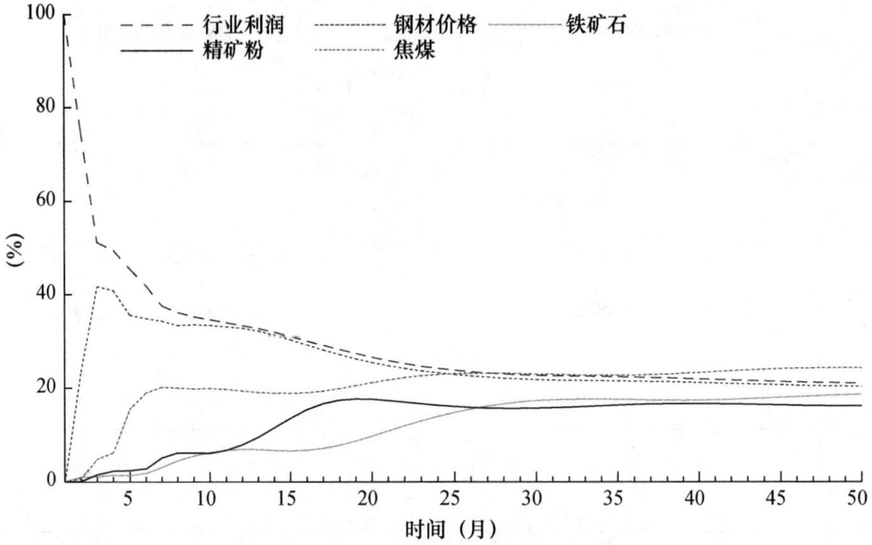


**图 5.9　四种因素的变动对钢企利润的贡献**

## 四、价格联动机制与风险管理的对策

### （一）研究发现小结

本章通过向量自回归模型探讨了进口铁矿石价格波动、焦煤价格波动、下游钢材价格波动、钢铁业经济效益之间是否存在互为因果的联动机制。结论表明该价格联动机制存在，并且影响钢企利润的因素是焦煤成本、价格指数。值得注意的是，作为原料的国产精矿粉和进口铁矿石成本的变动对钢企利润的影响并不显著，这也论证了我国钢铁业利润非常低，丧失了对进口铁矿石的定价权。与之对比，进口铁矿石对焦煤成本、国产精矿粉、钢企利润、钢材价格指数的影响均不显著，而反过来焦煤、国产精矿粉、钢企利润和钢材价格指数均显著影响进口铁矿石成本，这也进一步说明了进口铁矿石的定价模式中已经充分考虑了国内钢企的利润水平以及国产精矿粉、钢材价格、焦煤成本的变动趋势。

### （二）管理对策

钢铁业面对价格风险，应当密切关注上下游大宗商品的价格变动情况，尤其是进口铁矿石的动向，正确认识钢铁业效益受市场因素影响的特点。国际铁矿石主要供应商垄断趋势的加剧，铁矿石谈判使钢铁企业处于极为不利的地位，钢铁企业被迫接受进口长协铁矿石由年度定价机制改为季度定价，成本压力持续增大。同时，在国家严厉整顿煤炭开采的影响下，优质煤炭资源将处于偏紧状态,市场价格难有大幅下降的可能。大宗原燃材料价格持续走强使钢材成本刚性增加。在这种情况下,企业应当主动采取措施,规避价格风险,改变产品价格策略。在第六章和第七章,我们将分析企业如何将期货和日常运营结合,来有效地利用价格波动,规避风险。

在价格风险规避上,借助期货工具来提升价格风险和提升运营能力。期货市场具有做多、做空机制,适应价格波动,企业可以主动管理风险;在期货市场上对远期合约进行交易,提前管理风险,防患于未然;期货市场的虚拟的标准合约交易,利用虚拟库存,灵活调整生产和销售。第五章将详细分析钢铁期货和风险管理,分析企业如何利用期货市场的钢材套期保值交易策略、钢材期货套利策略来规避价格风险,并结合进口铁矿石和炼焦煤价格波动,来很好地对产品进行定价。

在利用期货市场进行价格管理时,不能纯粹进行期货交易,因为割裂企业经营与期货(金融)之间的关联必将导致背离企业经营的投机交易,如东航、中信泰富在期货市场上巨亏的行为。第六章将分析钢铁制造业应对价格波动风险的营销管理策略,解决钢铁企业借助金融工具的营销管理问题,从企业营销管理问题出发来利用期货工具服务于客户和公司生产运作。

进一步,第七章将分析钢铁相关企业应对价格波动风险的营销管理策略。例如:优化采购模式方面,结合钢铁业对铁矿石和焦煤行业的议价能力,根据原材料价格走势,在综合考虑公司市场和客户需求的基础上,制定原材料采购时间点、采购量、采购周期的最优组合;提升客户服务方面,利用钢铁业对下游用钢企业的议价能力,根据钢材价格走势,在借助期货工具的基础上,进行有效的客户管理,提高客户满意度;优化营销组合方面,在借助期货工具的基础上,通过产品创新、多样化产品组合、销售能力的提高、价格管理能力等策略,提升钢铁企业的市场绩效。

另外,面对价格风险和市场的不确定性,在科学评估钢铁企业业绩评价时,企业业绩与市场价格指数挂钩进行评价,考虑钢材价格指数、铁矿石、炼焦煤价格、海运费等影响企业经济效益的市场因素,客观评价企业的经营业绩。根据原材料市场、钢材市场以及企业自身发展的变化情况,定期对钢铁企业受外部市场环境的波动的影响情况,以及钢铁企业自身的运营能力进行评估和优化,构建完善系统的钢铁企业评估体系。

在企业运营上,为分散上游原材料、下游产成品的价格联动带来的风险,企业可以适当围绕自身的钢铁主业,延伸产业链,实现多元化经营,适度分散经营风险,增强抗价格风险能力。例如宝钢的以钢铁主业为核心主业,以资源开发、钢材延伸加工、工程技术服务、煤化工、金融、再生资源利用、生产服务等为战略性多元业务的“1+6”组合发展模式。

## 附录 5.1　时间序列的平稳性：单位根检验

| 方法 | 统计量 | 概率.** | 横截面 | 观察值 |
|---|---|---|---|---|
| 零：单位根（假定相同的单位根过程） | | | | |
| Levin *et al.* t* | -1.47508 | 0.0701 | 5 | 378 |
| 零：单位根（假定不同的单位根过程） | | | | |
| Im, Pesaran and Shin W-stat | -2.90241 | 0.0019 | 5 | 378 |
| ADF-Fisher 卡方检验 | 25.5178 | 0.0044 | 5 | 378 |
| PP-Fisher 卡方检验 | 15.6647 | 0.1096 | 5 | 385 |

注：** Fisher 检验的概率使用的是渐近卡方分布计算。所有其他的测试假定渐近正态性。

## 附录 5.2　时间序列是否存在因果关系：格兰杰因果检验

| 因变量：DVP | | | |
|---|---|---|---|
| 排除 | 卡方统计量 | 自由度 | 概率 |
| IVP | 33.684850 | 3 | 0.0000 |
| IVK | 1.089494 | 3 | 0.7796 |
| IVKGUO | 4.765478 | 3 | 0.1898 |
| IVM | 16.360500 | 3 | 0.0010 |
| All | 83.894250 | 12 | 0.0000 |
| 因变量：IVP | | | |
| 排除 | 卡方统计量 | 自由度 | 概率 |
| DVP | 4.819253 | 3 | 0.1855 |
| IVK | 1.513064 | 3 | 0.6793 |
| IVKGUO | 9.459405 | 3 | 0.0238 |
| IVM | 11.759590 | 3 | 0.0083 |
| All | 20.283730 | 12 | 0.0619 |
| 因变量：IVK | | | |
| 排除 | 卡方统计量 | 自由度 | 概率 |
| DVP | 6.317344 | 3 | 0.0972 |
| IVP | 8.055322 | 3 | 0.0449 |
| IVKGUO | 9.408230 | 3 | 0.0243 |
| IVM | 6.726505 | 3 | 0.0811 |

（续表）

| 因变量:DVP | | | |
|---|---|---|---|
| 排除 | 卡方统计量 | 自由度 | 概率 |
| All | 45.531490 | 12 | 0.0000 |
| 因变量:IVKGUO | | | |
| 排除 | 卡方统计量 | 自由度 | 概率 |
| DVP | 2.468466 | 3 | 0.4810 |
| IVP | 2.541149 | 3 | 0.4679 |
| IVK | 1.569491 | 3 | 0.6663 |
| IVM | 15.534840 | 3 | 0.0014 |
| All | 21.189600 | 12 | 0.0477 |
| 因变量:IVM | | | |
| 排除 | 卡方统计量 | 自由度 | 概率 |
| DVP | 12.652390 | 3 | 0.0055 |
| IVP | 10.589720 | 3 | 0.0142 |
| IVK | 0.843550 | 3 | 0.8390 |
| IVKGUO | 7.468492 | 3 | 0.0584 |
| All | 55.018690 | 12 | 0.0000 |

## 附录5.3　模型滞后项阶数和特征根检验

| Lag | LogL | LR | FPE | AIC | SC | HQ |
|---|---|---|---|---|---|---|
| 0 | -2564.646 | NA | 2.87E+25 | 72.80693 | 73.44430 | 73.06039 |
| 1 | -2219.709 | 602.42600 | 3.52E+21 | 63.79461 | 65.22870* | 64.36490 |
| 2 | -2184.090 | 57.19019 | 2.66E+21 | 63.49550 | 65.72631 | 64.38262 |
| 3 | -2138.647 | 66.56402* | 1.56e E 21* | 62.91964 | 65.94717 | 64.12360* |
| 4 | -2121.872 | 22.20989 | 2.11E+21 | 63.15132 | 66.97557 | 64.67210 |
| 5 | -2100.620 | 25.14346 | 2.63E+21 | 63.25689 | 67.87786 | 65.09450 |
| 6 | -2068.719 | 33.24866 | 2.57E+21 | 63.06250 | 68.48019 | 65.21694 |
| 7 | -2035.734 | 29.73284 | 2.65E+21 | 62.83758* | 69.05198 | 65.30885 |

注：*指示选定标准的滞后顺序；LR为连续改进的LR统计量检验（每个测试在5%水平）；FPE为最终预测误差准则；AIC为赤池信息准则；SC为Schwarz信息准则；HQ为汉南奎因信息准则。

**模型稳定性检验:特征根**

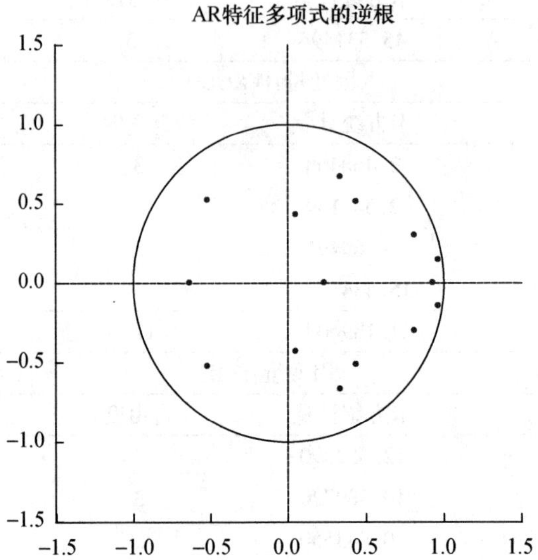


# 附录 5.4　模型参数估计结果

估计方法:似不相关回归

| | 系数 | 标准误差 | $t$ 统计量 | 概率 |
|---|---|---|---|---|
| C(1) | 0.032655 | 0.104559 | 0.312307 | 0.7550 |
| C(2) | -0.157445 | 0.100537 | -1.566038 | 0.1185 |
| C(3) | 0.007673 | 0.105621 | 0.072649 | 0.9421 |
| C(4) | 36 704.570000 | 8 541.539000 | 4.297184 | 0.0000 |
| C(5) | 2 213.036000 | 13 392.300000 | 0.165247 | 0.8689 |
| C(6) | -28 663.030000 | 9 338.993000 | -3.069178 | 0.0024 |
| C(7) | 956.220500 | 1 097.798000 | 0.871035 | 0.3845 |
| C(8) | 256.943400 | 1 198.990000 | 0.214300 | 0.8305 |
| C(9) | -748.086900 | 1 115.039000 | -0.670906 | 0.5028 |
| C(10) | 1.274739 | 985.008400 | 0.001294 | 0.9990 |
| C(11) | -2 257.157000 | 1 607.624000 | -1.404033 | 0.1614 |
| C(12) | 1 674.035000 | 1 078.564000 | 1.552096 | 0.1218 |
| C(13) | -705.696300 | 832.765500 | -0.847413 | 0.3975 |

（续表）

| | 系数 | 标准误差 | $t$ 统计量 | 概率 |
|---|---|---|---|---|
| C(14) | 3 093.218000 | 1 338.888000 | 2.310288 | 0.0216 |
| C(15) | -3 438.582000 | 897.729100 | -3.830312 | 0.0002 |
| C(16) | -459 712.400000 | 488 198.400000 | -0.941651 | 0.3472 |
| C(17) | 43 521.290000 | 12 831.410000 | 3.391777 | 0.0008 |
| C(18) | 0.427317 | 0.221837 | 1.926261 | 0.0551 |
| C(19) | -128 252.500000 | 139 122.500000 | -0.921867 | 0.3574 |
| C(20) | 9.60E-08 | 1.76E-06 | 0.054562 | 0.9565 |
| C(21) | -2.35E-06 | 1.69E-06 | -1.386447 | 0.1667 |
| C(22) | 4.22E-06 | 1.78E-06 | 2.373129 | 0.0183 |
| C(23) | 1.382672 | 0.143761 | 9.617887 | 0.0000 |
| C(24) | -0.555062 | 0.225402 | -2.462538 | 0.0144 |
| C(25) | -0.035256 | 0.157182 | -0.224299 | 0.8227 |
| C(26) | -0.007995 | 0.018477 | -0.432732 | 0.6655 |
| C(27) | -0.019338 | 0.020180 | -0.958266 | 0.3388 |
| C(28) | 0.023490 | 0.018767 | 1.251674 | 0.2117 |
| C(29) | 0.004928 | 0.016578 | 0.297252 | 0.7665 |
| C(30) | -0.016378 | 0.027058 | -0.605311 | 0.5455 |
| C(31) | 0.040897 | 0.018153 | 2.252896 | 0.0250 |
| C(32) | -0.000527 | 0.014016 | -0.037620 | 0.9700 |
| C(33) | -0.026010 | 0.022534 | -1.154237 | 0.2494 |
| C(34) | 0.008888 | 0.015109 | 0.588246 | 0.5568 |
| C(35) | 21.498950 | 8.216746 | 2.616480 | 0.0094 |
| C(36) | 0.242728 | 0.215962 | 1.123937 | 0.2620 |
| C(37) | 1.01E-06 | 3.73E-06 | 0.271591 | 0.7861 |
| C(38) | -7.597042 | 2.341537 | -3.244469 | 0.0013 |
| C(39) | -5.37E-06 | 1.02E-05 | -0.523979 | 0.6007 |
| C(40) | 5.69E-06 | 9.85E-06 | 0.577985 | 0.5637 |
| C(41) | 2.70E-05 | 1.03E-05 | 2.607037 | 0.0096 |
| C(42) | 2.028443 | 0.836758 | 2.424169 | 0.0160 |
| C(43) | -1.450594 | 1.311955 | -1.105674 | 0.2698 |
| C(44) | -1.079907 | 0.914879 | -1.180382 | 0.2389 |
| C(45) | 0.638238 | 0.107544 | 5.934668 | 0.0000 |

（续表）

| | 系数 | 标准误差 | t 统计量 | 概率 |
|---|---|---|---|---|
| C(46) | 0.415439 | 0.117457 | 3.536944 | 0.0005 |
| C(47) | -0.175583 | 0.109233 | -1.607416 | 0.1091 |
| C(48) | 0.071532 | 0.096495 | 0.741306 | 0.4591 |
| C(49) | 0.204769 | 0.157488 | 1.300215 | 0.1946 |
| C(50) | -0.182308 | 0.105660 | -1.725426 | 0.0856 |
| C(51) | 0.136897 | 0.081581 | 1.678054 | 0.0945 |
| C(52) | -0.373261 | 0.131162 | -2.845799 | 0.0048 |
| C(53) | 0.249937 | 0.087945 | 2.841986 | 0.0048 |
| C(54) | 54.599160 | 47.825570 | 1.141631 | 0.2546 |
| C(55) | 1.373503 | 1.257009 | 1.092676 | 0.2755 |
| C(56) | 3.26E-06 | 2.17E-05 | 0.150225 | 0.8807 |
| C(57) | -27.113520 | 13.628910 | -1.989412 | 0.0476 |
| C(58) | -4.14E-06 | 1.44E-05 | -0.287996 | 0.7736 |
| C(59) | -5.46E-06 | 1.38E-05 | -0.395505 | 0.6928 |
| C(60) | 2.64E-05 | 1.45E-05 | 1.816084 | 0.0704 |
| C(61) | 1.613435 | 1.173888 | 1.374437 | 0.1704 |
| C(62) | -2.880945 | 1.840542 | -1.565270 | 0.1186 |
| C(63) | 0.771376 | 1.283484 | 0.601002 | 0.5483 |
| C(64) | -0.029900 | 0.150874 | -0.198176 | 0.8431 |
| C(65) | -0.073111 | 0.164781 | -0.443688 | 0.6576 |
| C(66) | 0.189811 | 0.153243 | 1.238629 | 0.2165 |
| C(67) | 1.457035 | 0.135373 | 10.763150 | 0.0000 |
| C(68) | -0.736166 | 0.220940 | -3.331968 | 0.0010 |
| C(69) | 0.374303 | 0.148230 | 2.525150 | 0.0121 |
| C(70) | -0.023811 | 0.114449 | -0.208050 | 0.8353 |
| C(71) | -0.225195 | 0.184007 | -1.223840 | 0.2220 |
| C(72) | 0.082863 | 0.123377 | 0.671623 | 0.5024 |
| C(73) | 36.342730 | 67.094490 | 0.541665 | 0.5885 |
| C(74) | 4.621490 | 1.763458 | 2.620698 | 0.0093 |
| C(75) | 3.63E-05 | 3.05E-05 | 1.191397 | 0.2345 |
| C(76) | -71.019720 | 19.120000 | -3.714420 | 0.0002 |
| C(77) | 3.40E-05 | 1.55E-05 | 2.201268 | 0.0285 |

（续表）

| | 系数 | 标准误差 | $t$ 统计量 | 概率 |
|---|---|---|---|---|
| C(78) | -5.22E-05 | 1.49E-05 | -3.511987 | 0.0005 |
| C(79) | 1.87E-05 | 1.56E-05 | 1.198396 | 0.2318 |
| C(80) | 0.096489 | 1.262185 | 0.076446 | 0.9391 |
| C(81) | 4.728059 | 1.978983 | 2.389136 | 0.0176 |
| C(82) | -4.666938 | 1.380025 | -3.381778 | 0.0008 |
| C(83) | -0.016349 | 0.162222 | -0.100780 | 0.9198 |
| C(84) | -0.082885 | 0.177175 | -0.467813 | 0.6403 |
| C(85) | 0.006021 | 0.164770 | 0.036539 | 0.9709 |
| C(86) | 0.144409 | 0.145555 | 0.992125 | 0.3220 |
| C(87) | -0.309940 | 0.237559 | -1.304689 | 0.1931 |
| C(88) | 0.388676 | 0.159380 | 2.438680 | 0.0154 |
| C(89) | 1.187822 | 0.123058 | 9.652541 | 0.0000 |
| C(90) | -0.306720 | 0.197848 | -1.550283 | 0.1222 |
| C(91) | -0.014591 | 0.132658 | -0.109988 | 0.9125 |
| C(92) | -21.114640 | 72.141180 | -0.292685 | 0.7700 |
| C(93) | 3.506926 | 1.896101 | 1.849547 | 0.0654 |
| C(94) | 3.91E-05 | 3.28E-05 | 1.193114 | 0.2338 |
| C(95) | -60.682010 | 20.558160 | -2.951723 | 0.0034 |
| 行列式残差协方差 | | | 1.04E+20 | |

方程式：DVP = C(1) × DVP(-1) + C(2) × DVP(-2) + C(3) × DVP(-3) + C(4) × IVP(-1) + C(5) × IVP(-2) + C(6) × IVP(-3) + C(7) × IVK(-1) + C(8) × IVK(-2) + C(9) × IVK(-3) + C(10) × IVKGUO(-1) + C(11) × IVKGUO(-2) + C(12) × IVKGUO(-3) + C(13) × IVM(-1) + C(14) × IVM(-2) + C(15) × IVM(-3) + C(16) + C(17) × IVC + C(18) × IVF + C(19) × IVFUTURE

观察值：75

| | | | |
|---|---|---|---|
| $R$ 平方 | 0.870650 | 因变量均值 | 432 820.8 |
| 调整后的 $R$ 平方 | 0.829074 | 因变量标准差 | 609 599.6 |
| 回归标准差 | 252 028.1 | 残差平方和 | 3.56E+12 |
| 德宾-沃森统计量 | 1.890515 | | |

方程式：IVP = C(20) × DVP(-1) + C(21) × DVP(-2) + C(22) × DVP(-3) + C(23) × IVP(-1) + C(24) × IVP(-2) + C(25) × IVP(-3) + C(26) × IVK(-1) + C(27) × IVK(-2) + C(28) × IVK(-3) + C(29) × IVKGUO(-1) + C(30) × IVKGUO(-2) + C(31) × IVKGUO(-3) + C(32) × IVM(-1) + C(33) × IVM(-2) + C(34) × IVM(-3) + C(35) + C(36) × IVC + C(37) × IVF + C(38) × IVFUTURE

（续表）

| | 系数 | 标准误差 | t 统计量 | 概率 |
|---|---|---|---|---|
| 观察值:75 | | | | |
| R 平方 | 0.943773 | 因变量均值 | | 116.4442 |
| 调整后的 R 平方 | 0.925700 | 因变量标准差 | | 15.56173 |
| 回归标准差 | 4.241822 | 残差平方和 | | 1 007.611 |
| 德宾-沃森统计量 | 2.074699 | | | |
| 方程式:IVK = C(39) × DVP( −1) + C(40) × DVP( −2) + C(41) × DVP( −3) + C(42) × IVP( −1) + C(43) × IVP( −2) + C(44) × IVP( −3) + C(45) × IVK( −1) + C(46) × IVK( −2) + C(47) × IVK( −3) + C(48) × IVKGUO( −1) + C(49) × IVKGUO( −2) + C(50) × IVKGUO( −3) + C(51) × IVM( −1) + C(52) × IVM( −2) + C(53) × IVM( −3) + C(54) + C(55) × IVC + C(56) × IVF + C(57) × IVFUTURE | | | | |
| 观察值:75 | | | | |
| R 平方 | 0.986240 | 因变量均值 | | 745.3656 |
| 调整后的 R 平方 | 0.981817 | 因变量标准差 | | 183.0989 |
| 回归标准差 | 24.68953 | 残差平方和 | | 34 136.08 |
| 德宾-沃森统计量 | 1.982017 | | | |
| 方程式:IVKGUO = C(58) × DVP( −1) + C(59) × DVP( −2) + C(60) × DVP( −3) + C(61) × IVP( −1) + C(62) × IVP( −2) + C(63) × IVP( −3) + C(64) × IVK ( −1) + C(65) × IVK( −2) + C(66) × IVK( −3) + C(67) × IVKGUO( −1) + C(68) × IVKGUO( −2) + C(69) × IVKGUO( −3) + C(70) × IVM( −1) + C(71) × IVM( −2) + C(72) × IVM( −3) + C(73) + C(74) × IVC + C(75) × IVF + C(76) × IVFUTURE | | | | |
| 观察值:75 | | | | |
| R 平方 | 0.983317 | 因变量均值 | | 786.1375 |
| 调整后的 R 平方 | 0.977955 | 因变量标准差 | | 233.2824 |
| 回归标准差 | 34.63694 | 残差平方和 | | 67 184.19 |
| 德宾-沃森统计量 | 1.961710 | | | |
| 方程式:IVM = C(77) × DVP( −1) + C(78) × DVP( −2) + C(79) × DVP( −3) + C(80) × IVP( −1) + C(81) × IVP( −2) + C(82) × IVP( −3) + C(83) × IVK( −1) + C(84) × IVK( −2) + C(85) × IVK( −3) + C(86) × IVKGUO( −1) + C(87) × IVKGUO( −2) + C(88) × IVKGUO( −3) + C(89) × IVM( −1) + C(90) × IVM( −2) + C(91) × IVM( −3) + C(92) + C(93) × IVC + C(94) × IVF + C(95) × IVFUTURE | | | | |
| 观察值:75 | | | | |
| R 平方 | 0.989698 | 因变量均值 | | 957.7557 |
| 调整后的 R 平方 | 0.986387 | 因变量标准差 | | 319.1914 |
| 回归标准差 | 37.24225 | 残差平方和 | | 77671.16 |
| 德宾-沃森统计量 | 1.907786 | | | |

# 附录5.5　钢企利润、铁矿石、焦煤、钢材价格变动的脉冲响应

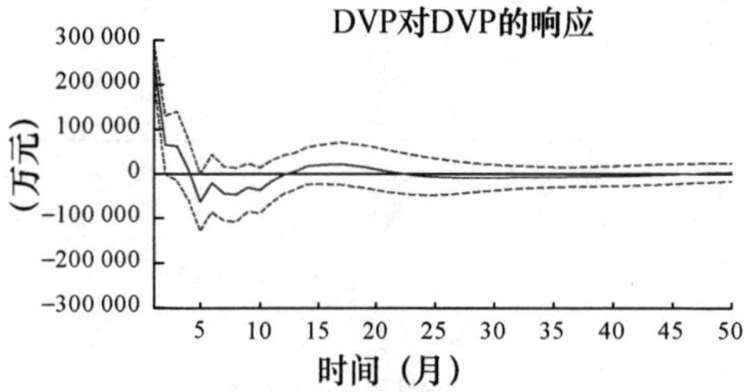


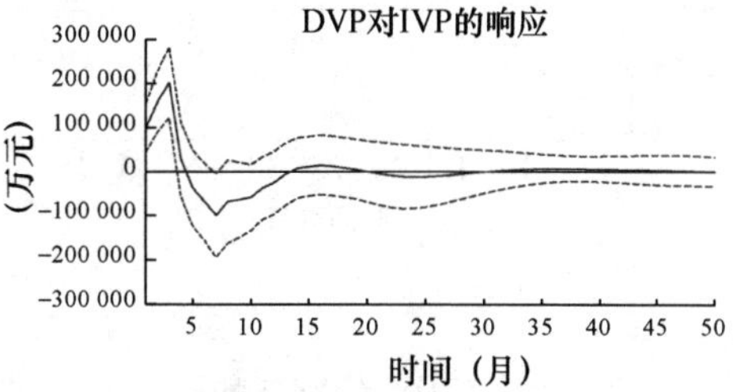


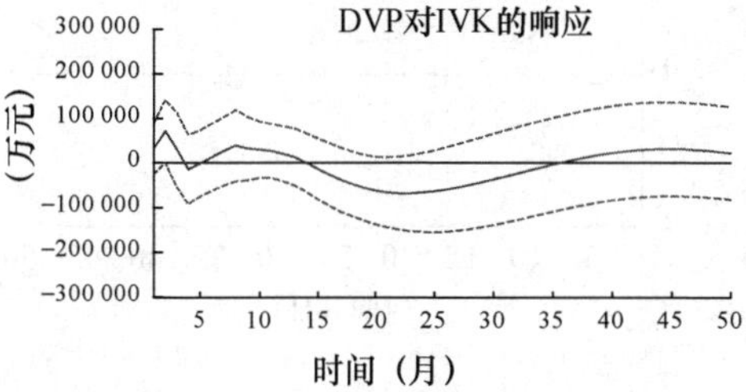


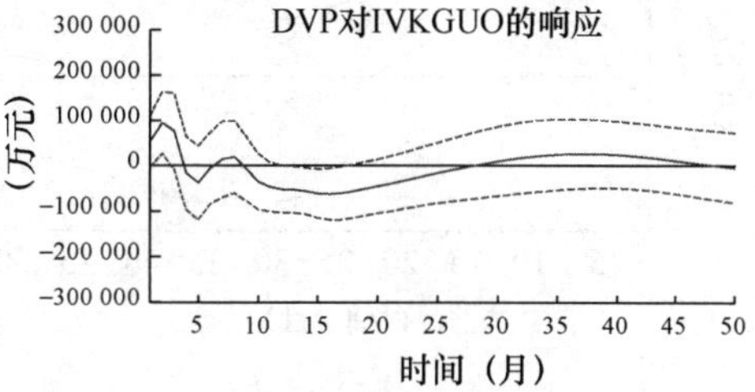


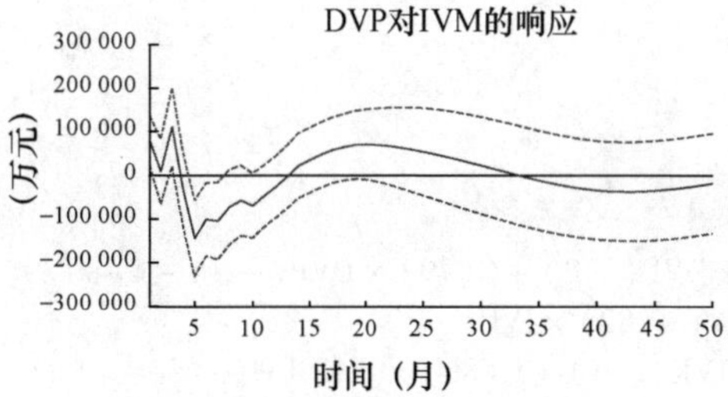

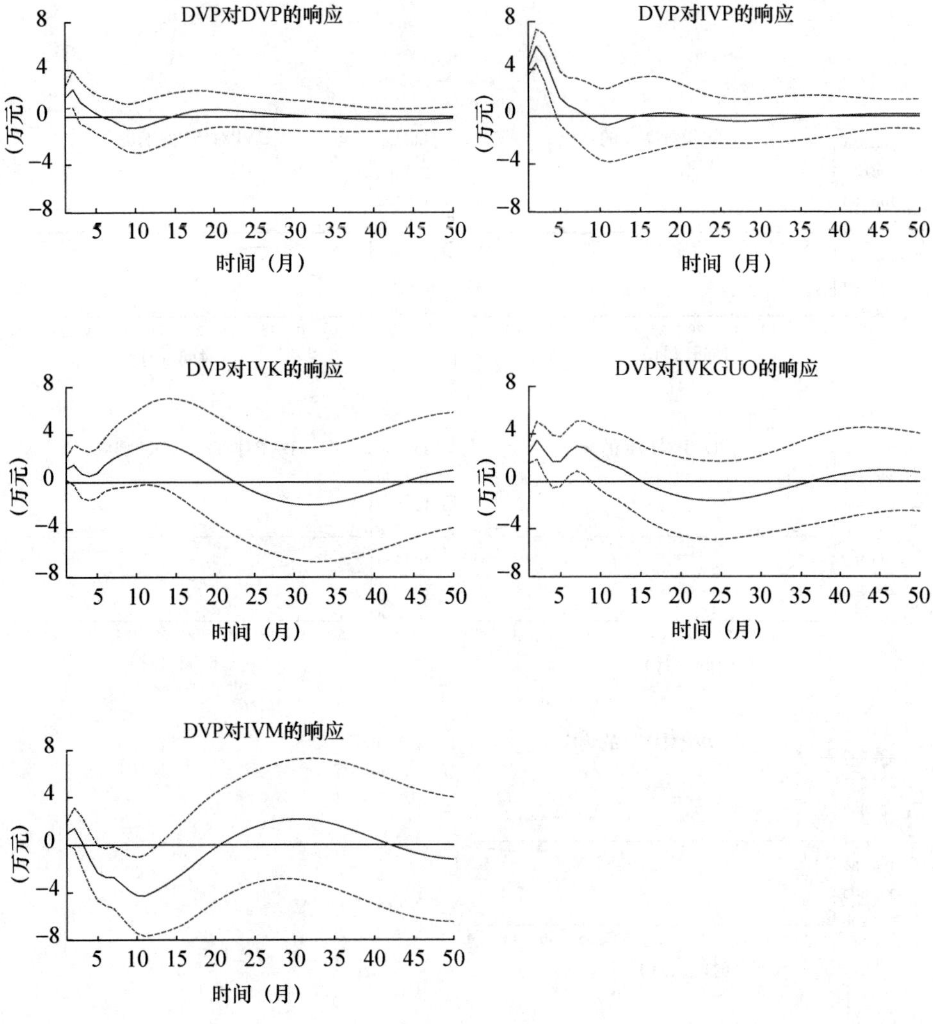
DVP对DVP的响应
DVP对IVP的响应
DVP对IVK的响应
DVP对IVKGUO的响应
DVP对IVM的响应
（万元）
时间（月）
8
4
0
-4
-8
5
10
15
20
25
30
35
40
45
50

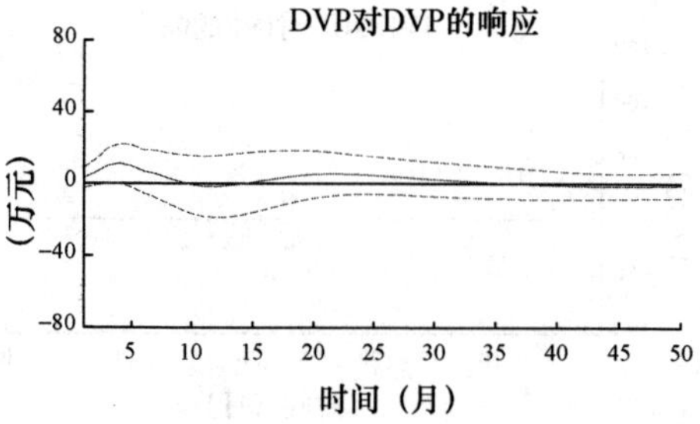
DVP对DVP的响应
80
40
0
-40
-80
(万元)
5 10 15 20 25 30 35 40 45 50
时间（月）

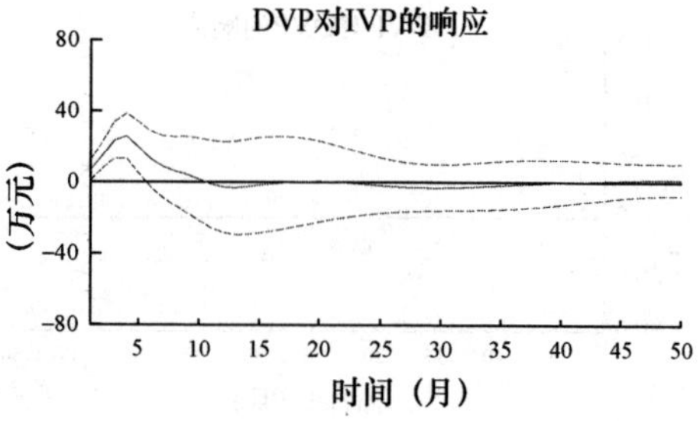
DVP对IVP的响应
80
40
0
-40
-80
(万元)
5 10 15 20 25 30 35 40 45 50
时间（月）

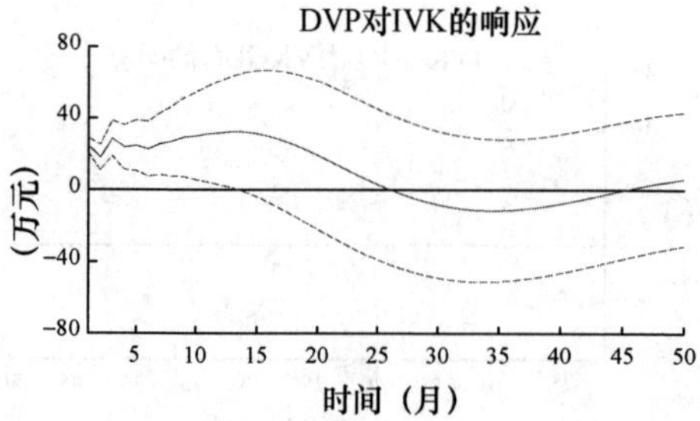
DVP对IVK的响应
80
40
0
-40
-80
(万元)
5 10 15 20 25 30 35 40 45 50
时间（月）

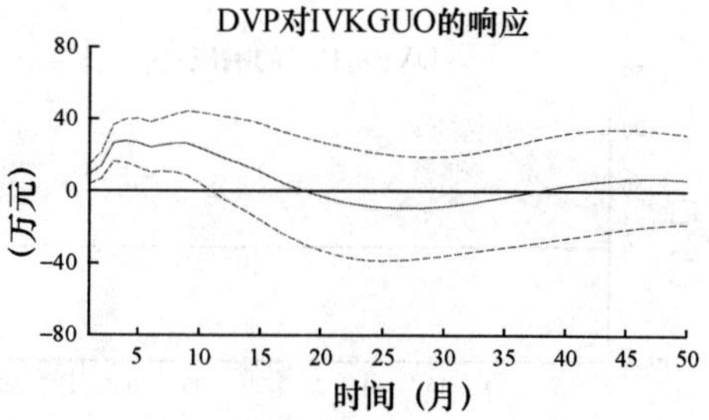
DVP对IVKGUO的响应
80
40
0
-40
-80
(万元)
5 10 15 20 25 30 35 40 45 50
时间（月）

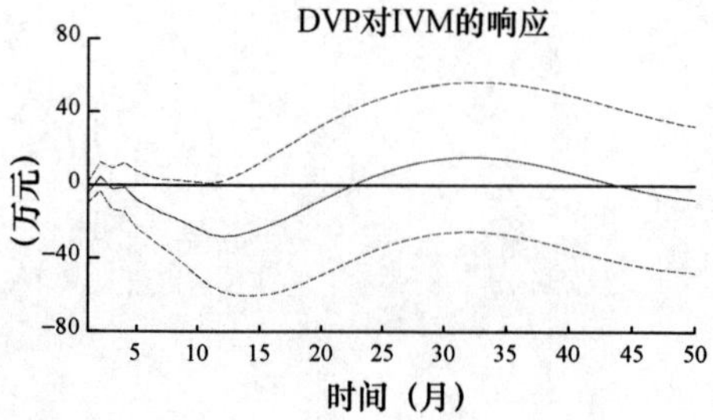
DVP对IVM的响应
80
40
0
-40
-80
(万元)
5 10 15 20 25 30 35 40 45 50
时间（月）

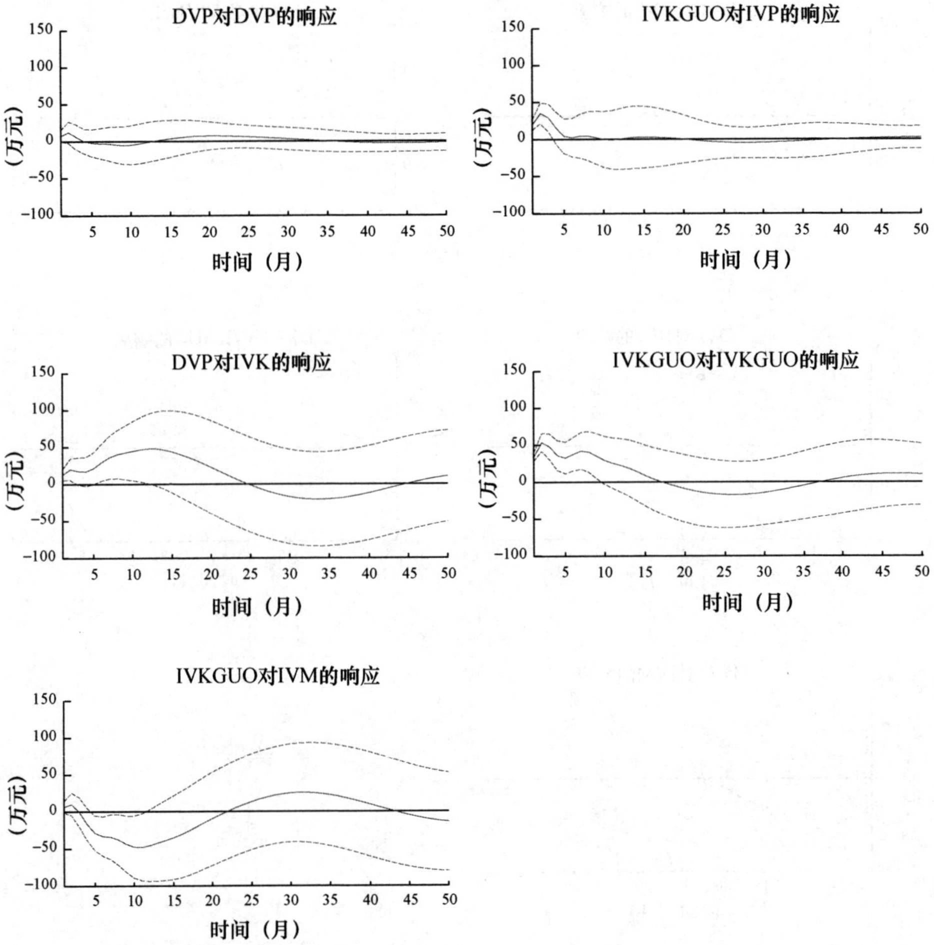
DVP对DVP的响应
IVKGUO对IVP的响应
DVP对IVK的响应
IVKGUO对IVKGUO的响应
IVKGUO对IVM的响应
（万元）
时间（月）
150
100
50
0
−50
−100
5
10
15
20
25
30
35
40
45
50

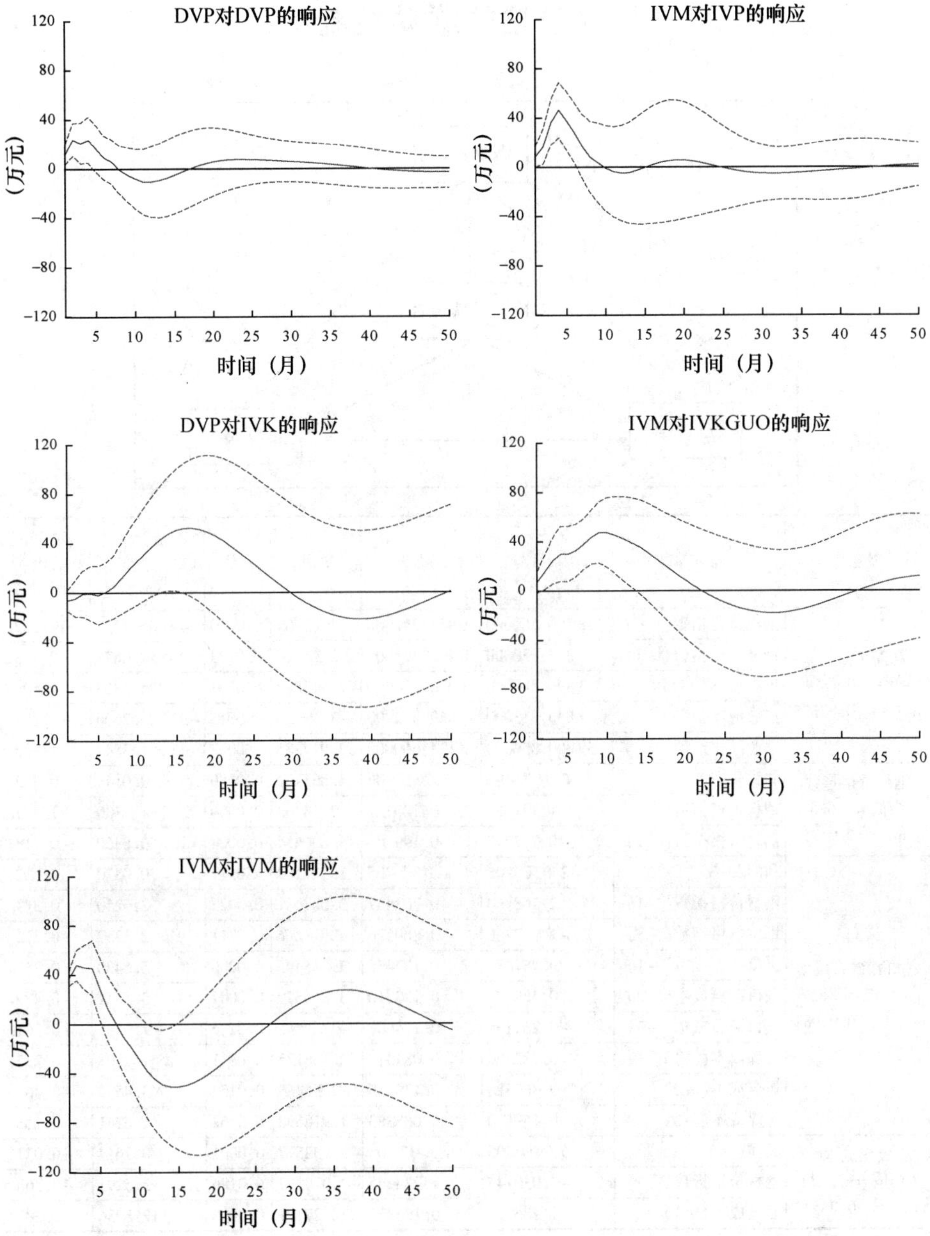
DVP对DVP的响应
IVM对IVP的响应
DVP对IVK的响应
IVM对IVKGUO的响应
IVM对IVM的响应
120
80
40
0
-40
-80
-120
（万元）
5 10 15 20 25 30 35 40 45 50
时间（月）

# 附录 5.6　钢企利润、进口铁矿石、焦煤成本、钢材价格的联动机制

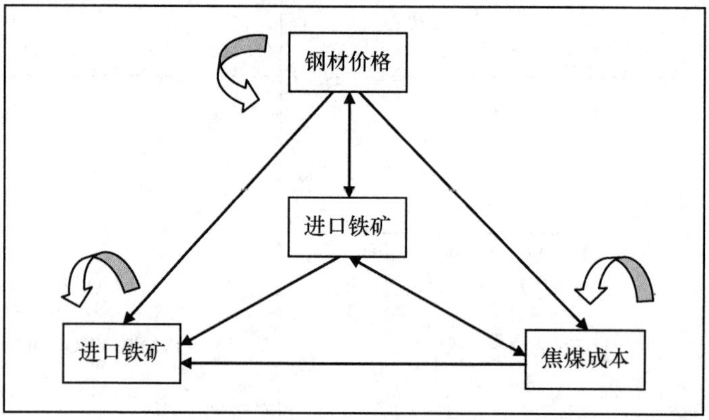


| 因变量 | 自变量 | 系数 | 标准误 | $T$ 值 | $P$ 值 | 自变量涨1%，因变量的增加值 | 自变量涨1%，因变量涨(%) |
|---|---|---|---|---|---|---|---|
| 利润（万元）（均值=439 891）Adj-$R^2$=0.82395 | 钢材价格指数(-1) | 38 590.560000 | 6 911.242000 | 5.583737 | 0.0000 | 44 936.4732 | 10.382 |
| | 钢材价格指数(-3) | -21 366.530000 | 8 466.665000 | -2.523607 | 0.0123 | -24 880.0873 | -5.748 |
| | 焦煤成本(-2) | 2 894.849000 | 1 370.124000 | 2.112838 | 0.0357 | 27 725.5823 | 6.406 |
| | 焦煤成本(-3) | -2 840.313000 | 869.592200 | -3.266259 | 0.0013 | -27 203.2606 | -6.285 |
| | 工业品生产值增长率 | 39 600.850000 | 13 124.660000 | 3.017285 | 0.0028 | 5 901.3847 | 1.363 |
| 钢材价格指数（均值=116.5）Adj-$R^2$=0.91756 | 利润(-2) | 3.26E-06 | 1.78E-06 | -1.833122 | 0.0680 | -0.0141 | -0.012 |
| | 钢材价格指数(-1) | 1.471057 | 0.120731 | 12.18463 | 0.0000 | 1.7130 | 1.471 |
| | 钢材价格指数(-2) | -0.717917 | 0.199386 | -3.600634 | 0.0004 | -0.8360 | -0.718 |
| 进口铁矿石成本（均值=738）Adj-$R^2$=0.97984 | 利润(-3) | 2.01E-05 | 1.05E-05 | 1.907102 | 0.0577 | 0.0870 | 0.012 |
| | 钢材价格指数(-1) | 2.168460 | 0.702437 | 3.087051 | 0.0023 | 2.5250 | 0.339 |
| | 钢材价格指数(-3) | -1.997260 | 0.860526 | -2.320976 | 0.0211 | -2.3257 | -0.312 |
| | 进口矿石成本(-1) | 0.757080 | 0.107456 | 7.045495 | 0.0000 | 5.6430 | 0.757 |
| | 进口矿石成本(-2) | 0.479107 | 0.123910 | 3.866579 | 0.0001 | 3.5711 | 0.479 |
| | 进口矿石成本(-3) | -0.261151 | 0.114608 | -2.278645 | 0.0236 | -1.9465 | -0.261 |
| | 焦煤成本(-1) | 0.182799 | 0.084310 | 2.168175 | 0.0311 | 1.7508 | 0.235 |
| | 焦煤成本(-2) | -0.360628 | 0.139255 | -2.589692 | 0.0102 | -3.4539 | -0.463 |
| | 焦煤成本(-3) | 0.169570 | 0.088383 | 1.918593 | 0.0562 | 1.6241 | 0.218 |
| 焦煤成本（均值=942.7）Adj-$R^2$=0.98535 | 利润(-2) | 6.04E-05 | 1.54E-05 | -3.932577 | 0.0001 | -0.2614 | -0.027 |
| | 钢材价格指数(-3) | -3.030743 | 1.278645 | -2.370277 | 0.0186 | -3.5291 | -0.368 |
| | 焦煤成本(-1) | 1.286713 | 0.125275 | 10.27109 | 0.0000 | 12.3236 | 1.287 |

# 附录5.7　钢企利润、国产精矿粉、焦煤、钢材价格的联动机制

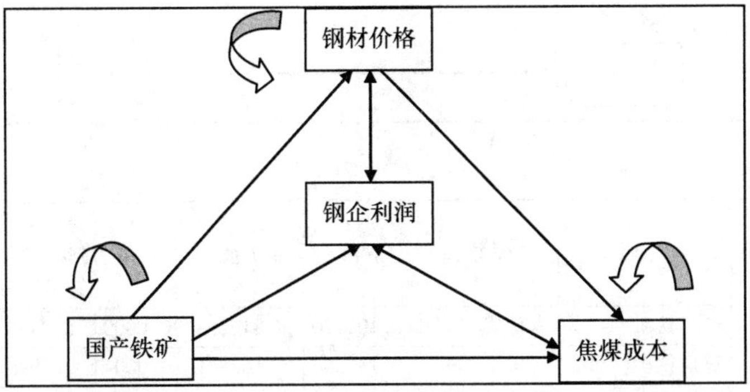


| 因变量 | 自变量 | 系数 | 标准误 | $T$值 | $P$值 | 自变量涨1%，因变量增加值 | 自变量涨1%，因变量涨(%) |
|---|---|---|---|---|---|---|---|
| 利润(万元)(均值=432821) Adj-$R^2$=0.834 | 钢材价格指数(-1) | 35756.040000 | 8526.141000 | 4.193696 | 0.0000 | 41635.8387 | 9.620 |
| | 钢材价格指数(-2) | -29959.350000 | 9332.060000 | -3.210369 | 0.0015 | -34885.9288 | -8.060 |
| | 国产精矿粉(-3) | 1806.341000 | 1045.068000 | 1.728444 | 0.0852 | 14200.3240 | 3.281 |
| | 焦煤成本(-2) | 3118.449000 | 1314.226000 | 2.372841 | 0.0185 | 29867.1241 | 6.901 |
| | 焦煤成本(-3) | -3228.053000 | 851.722200 | -3.790030 | 0.0002 | -30916.8627 | -7.143 |
| | 期间费用 | 0.417274 | 0.213933 | 1.950490 | 0.0523 | 2476.7127 | 0.572 |
| | 常数项 | 47468.310000 | 12353.730000 | 3.842428 | 0.0002 | | |
| 钢材价格指数(均值=116.4) Adj-$R^2$=0.927 | 利润(-3) | 3.23E-06 | 1.65E-06 | 1.956022 | 0.0516 | 0.0140 | 0.012 |
| | 钢材价格指数(-1) | 1.393975 | 0.144033 | 9.678183 | 0.0000 | 1.6232 | 1.394 |
| | 钢材价格指数(-2) | -0.564147 | 0.227342 | -2.481490 | 0.0138 | -0.6569 | -0.564 |
| | 国产精矿粉(-3) | 0.041648 | 0.017654 | 2.359064 | 0.0191 | 0.3274 | 0.281 |
| | 期货上市 | -6.365291 | 2.104952 | -3.023960 | 0.0028 | | |
| 国产精矿粉(均值=786) Adj-$R^2$=0.978 | 常数项 | 20.397580 | 8.182372 | 2.492868 | 0.0134 | | |
| | 国产精矿粉(-1) | 1.499047 | 0.127454 | 11.761450 | 0.0000 | 11.7846 | 1.499 |
| | 国产精矿粉(-2) | -0.801900 | 0.218457 | -3.670735 | 0.0003 | -6.3040 | -0.802 |
| | 国产精矿粉(-3) | 0.428434 | 0.144229 | 2.970508 | 0.0033 | 3.3681 | 0.428 |
| | 工业品生产值增长率 | 4.474051 | 1.704930 | 2.624184 | 0.0093 | 0.6667 | 0.085 |
| 焦煤成本(均值=947.7) Adj-$R^2$=0.986 | 期货上市 | -65.107970 | 17.196590 | -3.786099 | 0.0002 | | |
| | 利润(-1) | 3.27E-05 | 1.50E-05 | 2.180784 | 0.0302 | 0.1415 | 0.015 |
| | 利润(-2) | -5.40E-05 | 1.46E-05 | -3.697535 | 0.0003 | -0.2337 | -0.024 |
| | 钢材价格(-2) | 4.603326 | 1.984361 | 2.319803 | 0.0212 | 5.3603 | 0.560 |
| | 钢材价格(-3) | -4.646136 | 1.376027 | -3.376486 | 0.0009 | -5.4102 | -0.565 |
| | 国产精矿粉(-3 | 0.351609 | 0.154097 | 2.281743 | 0.0234 | 2.7641 | 0.289 |
| | 焦煤成本(-1) | 1.200911 | 0.120688 | 9.950522 | 0.0000 | 11.5018 | 1.201 |
| | 工业品生产值增长率 | 3.361219 | 1.821576 | 1.845225 | 0.0663 | 0.5009 | 0.052 |
| | 期货上市 | -57.611960 | 18.373120 | -3.135665 | 0.0019 | | |

# 附录 5.8　进口铁矿石和国产铁矿石的价格联动机制

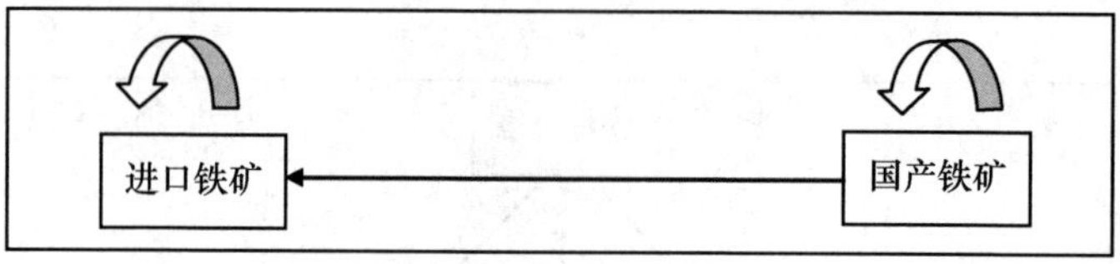


| 因变量 | 自变量 | 系数 | 标准误 | $T$ 值 | $P$ 值 | 自变量涨1%，因变量增加值 | 自变量涨1%，因变量涨(%) |
|---|---|---|---|---|---|---|---|
| 进口铁矿石（均值=745）Adj-$R^2$=0.978 | 进口铁矿(−1) | 0.798193 | 0.102120 | 7.816258 | 0.0000 | 5.9495 | 0.798 |
| | 进口铁矿(−2) | 0.482962 | 0.131854 | 3.662841 | 0.0004 | 3.5998 | 0.483 |
| | 进口铁矿(−3) | −0.296921 | 0.096127 | −3.088846 | 0.0024 | −2.2131 | −0.297 |
| | 国产精矿(−1) | 0.255250 | 0.078798 | 3.239300 | 0.0015 | 2.0066 | 0.269 |
| | 国产精矿(−3) | −0.250404 | 0.092084 | −2.719311 | 0.0074 | −1.9685 | −0.264 |
| 国产精矿粉（均值=786）Adj-$R^2$=0.972 | 国产精矿(−1) | 1.668461 | 0.113444 | 14.70732 | 0.0000 | 13.1164 | 1.668 |
| | 国产精矿(−2) | −0.990662 | 0.198746 | −4.984561 | 0.0000 | −7.7880 | −0.991 |
| | 国产精矿(−3) | 0.244038 | 0.132572 | 1.840801 | 0.0679 | 1.9185 | 0.244 |
| | 工业品生产值增长率 | 5.530808 | 1.788775 | 3.091953 | 0.0024 | 0.8242 | 0.105 |
| | 常数项 | −80.419940 | 40.685380 | −1.976630 | 0.0501 | | |

# 第六章 钢材期货与价格波动风险管理

通过钢铁业价格联动机制的研究可以发现,进口铁矿石价格、国产铁矿石价格、焦煤价格、钢材价格、钢铁业经济效益间存在联动机制,说明钢铁企业的利润受到诸多方面的影响。如何规避价格波动风险,保证钢铁企业合理利润的获取呢?由于钢铁业价格的决定是一个相互博弈的过程,钢铁企业很难也不可能主导价格的制定,因此钢铁企业要确保正常利润的获取,就必须在企业的日常营销管理中采取有效的价格波动管理工具来规避价格波动风险。为此,本章首先通过对波动率的测算来清晰地揭示出钢材相关品种价格波动的风险,同时检验了不同品种之间的相关性是稳定的,进而分析钢铁企业如何结合自身特点来运用期货中的套保与套利等工具来管理营销活动中的价格波动风险。

## 第一节 钢材期货相关品种现货价格波动率测算

期货作为管理价格波动风险的有效工具,同样也可以应用于钢铁业。目前,与钢铁业相关的钢材期货品种有螺纹钢、线材和焦炭。下面就这几个相关品种的价格波动情况进行测量,为后续利用期货工具管理价格波动风险打下基础。

### 一、价格波动率的测算方法

#### (一) 波动率的测算方法

国内外关于波动率的测算主要集中于资产收益率的波动率测算,方法选用计量经济学的 GARCH 模型等(Andersen and Labya,1996)(潘颜亮和林鹏辉,

2011)(屈文洲和吴世农,2002),指标上主要选用持续时间、波幅。由于文献中关于波动率的研究主要是反映一些因素对收益率的影响,并没有揭示影响因素自身波动的特点。本章旨在揭示价格自身波动的特点,通过波幅、频次、持续时间来衡量价格波动的风险。

本章对波动率的定义是指一段时间内品种现货价格变化的百分比,衡量的指标主要选取波幅、频次、持续时间。数学表达式为:

$$V = \frac{P_n - P_{n-1}}{P_{n-1}}$$

其中,$V$ 代表波动率,$P_n$ 代表期末价格,$P_{n-1}$ 代表期初价格。

(二)钢材期货相关品种价格波动率的测算方法

结合文献中对波动率时间段的考虑(Bannouh and Martens(2009)、陶雄华等(2010)、王金媛(2009)、曾勇等(2005),再针对螺纹钢、线材现货价格受钢厂调价影响较大,及套期保值时间段(月度)、套利时间段(月度)等特点,根据宝钢、武钢等钢厂调价规律(月调),对两者月波动率进行测算;根据沙钢集团、鄂钢等钢厂调价规律(旬调),对两者周波动率进行测算;另外,为了更好地对比螺纹钢、线材期货上市后对现货价格波动的影响,对两者年波动率也进行了测算。测算内容主要包括价格变化率、频次、持续时间。根据螺纹钢、线材价格短期内波动较小这一特点,本章对两者周与月波动率的测算仅限于对价格变化率与频次的统计,而在年波动率测算中涉及持续时间的统计,以期更好地揭示两者现货价格波动特点。这里没有考虑隔日波动率是因为螺纹钢、线材的日波动率在0%附近(见图6.1、图6.2),另外,重点对月波动率、周波动率进行测算也是为了印证价格波动时间段与套期保值和套利的时间段是否吻合,说明期货工具的引入对规避现货价格波动风险的可行性。

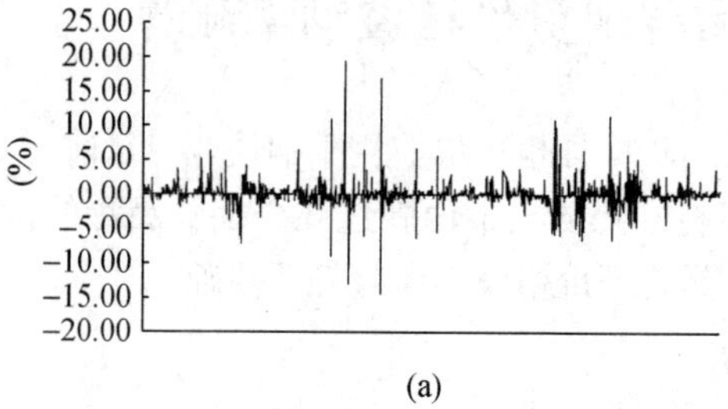


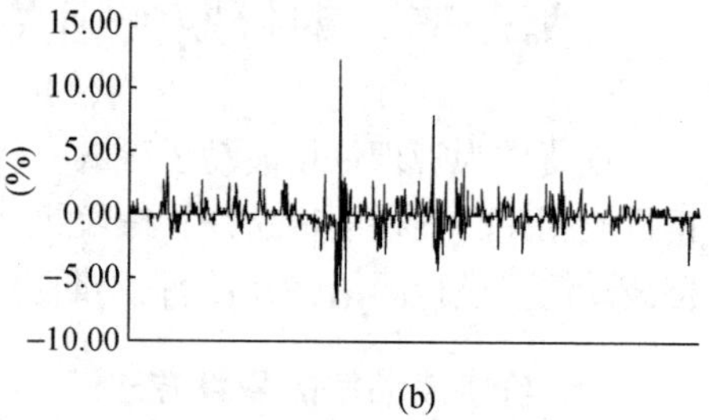


**图6.1 (a)螺纹钢隔日波动率与(b)线材隔日波动率**

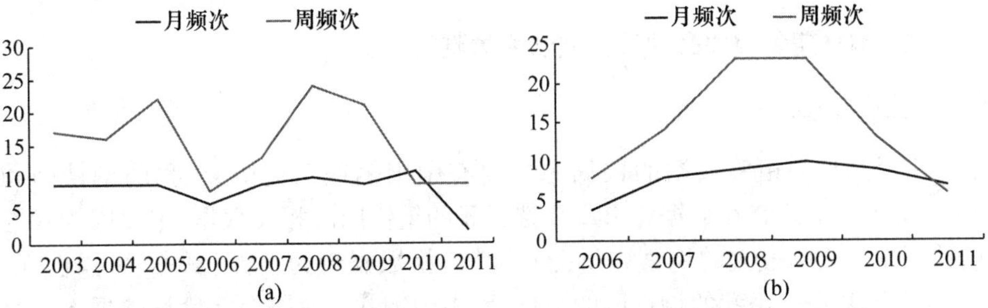


**图 6.2　(a)螺纹钢/(b)线材月波动率与周波动率波幅 2%以上的比较**

在周波动率及月波动率波幅区间的设定上,考虑到钢材相关品种价格波动的特点,并且为了结合银行 1 年期存款基准利率和钢铁业利润率(见图 6.3),更好地揭示价格波动风险,我们在频次上主要统计波幅在 2% 以上的次数,通过比较周波动率、月波动率 2% 以上的频次数,揭示出钢材相关品种价格波动的特点及年度内的价格趋势。

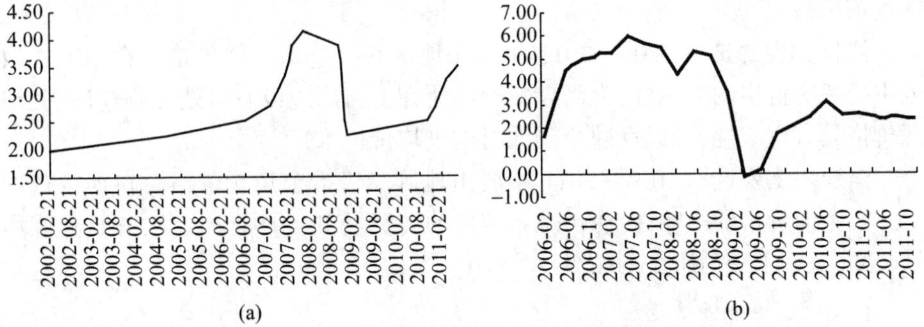


**图 6.3　(a)一年期存款基准利率与(b)钢铁业利润率**

针对焦炭这个品种,由于其受上游煤炭和下游钢铁的双重影响,本章仅对其进行月波动率与年波动率(隔日波动率基本为 0%,见图 6.4)进行测算,以期揭示出焦炭自身的价格波动特点。

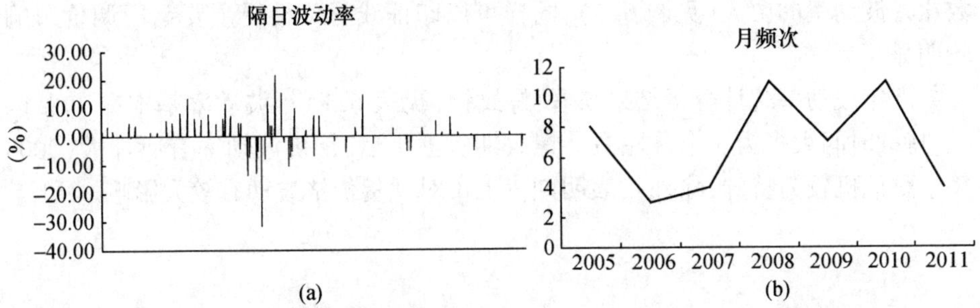


**图 6.4　(a)焦炭隔日波动率与(b)月波动率 2%以上的频次走势图**

## 二、钢材期货相关品种价格波动率的测算

### （一）数据选取

钢材品种的相关数据的数据源主要有中国钢铁工业协会、我的钢铁网和Wind资讯。本研究在数据源上主要选择我的钢铁网的相关数据，主要因为我的钢铁网作为全国最大的钢铁咨询公司，其价格数据较为全面、真实、可靠性强。Wind资讯基本引用我的钢铁网的数据，而中国钢铁工业协会在价格数据上不全面，主要公布产能、产量数据。为获取综合性数据，本文选用我的钢铁网的数据。

**螺纹钢**。主要选取2003—2011年上海地区16—25毫米三级螺纹价格。在地区选取上主要考虑价格的影响性，由于上海是华东地区的中心，而华东地区螺纹钢价格在全国影响力较大，并且上海期货交易所在上海周边设有多处交割仓库，其地区价格具有权威性，可以反映全国螺纹钢的平均价格水平。在型号选取上主要考虑螺纹钢的大众型号及期货交割问题，所以最终选取16—25毫米三级螺纹钢价格。

**线材**。主要选取2006—2011年上海地区6.5毫米高线价格。在地区选取上主要考虑价格的影响性，上海期货交易所在上海周边设有多处交割仓库，其地区价格具有权威性，可以反映全国线材的平均价格水平。

**焦炭**。主要选取2005—2011年唐山地区二级冶金焦炭价格。在地区选取上主要考虑价格的影响性，唐山地区焦炭的消费量在全国居于高位，并且焦炭质量较高，接近于交易所交割品级。

### （二）主要分析结论

从月波动率、周波动率统计分析结果来看，螺纹钢月波动率相对隔日波动率较大，但波幅在2%以上的频次统计中，周波动率的频次数比月波动率的要大（见图6.1），更加可以印证钢价受主要钢厂调价影响较明显。线材方面，月价波动相对螺纹钢来说要大些。但波幅在2%以上的频次统计中，周波动率的频次数比月波动率的要大（见图6.3），同样可以印证线材价格受主要钢厂调价影响较明显。

从年波动率统计分析结果来看，螺纹钢（见表6.1）年波动率基本在20%以上，持续时间大多为3个月左右。螺纹期货上市后，钢价波动率有所加大（2008年金融危机较为特殊，除外），表明期货上市对现货价格波动有较大影响。

表 6.1 螺纹钢年均价变化率及持续时间统计

| 年份 | 2003 | 2004 | 2005 | 2006 | 2007 | 2008 | 2009 | 2010 |
|---|---|---|---|---|---|---|---|---|
| 变化率(%) | 25.7 | 37.3 | 20.8 | 15.6 | 20.5 | 43.8 | 29.7 | 21.8 |
| 持续时间(天) | 120 | 75 | 120 | 30 | 120 | 124 | 121 | 123 |

线材方面(见表 6.2),年波动率基本在 20% 以上,持续时间大多在 1.5—2 个月。线材期货上市后,线材价格波动持续时间有所延长(2008 年金融危机较为特殊,除外),表明期货上市对现货价格波动有较大影响。

表 6.2 线材年均价变化率及持续时间统计

| 年份 | 2006 | 2007 | 2008 | 2009 | 2010 | 2011 |
|---|---|---|---|---|---|---|
| 变化率(%) | 22 | 19 | 36 | 20 | 20 | 10 |
| 持续时间(天) | 60 | 30 | 150 | 120 | 90 | 60 |

焦炭方面,月波动率主要集中在 0.73% 左右,区间频次统计上来看(见图 6.2),2% 以上的次数明显多于其他区间段,与钢材月波动较为一致。年波动率基本在 5% 左右(2007、2008 年钢价行情较为特殊除外),持续时间大多为 8—12 个月(见表 6.3)。可见焦炭现货价格波动率较小,从持续时间来看,价格走势较为平稳。由于焦炭期货刚刚上市,对于期货上市对现货价格波动的影响有待进一步观察。

表 6.3 焦炭年均价变化率及持续时间统计

| 年份 | 2005 | 2006 | 2007 | 2008 | 2009 | 2010 | 2011 |
|---|---|---|---|---|---|---|---|
| 变化率(%) | 3.30 | 12.3 | 42.10 | 67.50 | 5.57 | 7.50 | 5.52 |
| 持续时间(月) | 12 个 | 8 个 | 12 个 | 8 个 | 5 个 | 4 个 | 8 个 |

综上所述,钢材品种的现货价格波动率较为剧烈,而钢铁业整体利润率较低,不及银行一年期存款利率。在这种情况下,钢铁企业有必要借助合适的工具来管理价格波动风险。

## 第二节 钢材期货品种的相关性分析

从前面的分析可知,钢材现货价格波动很大,那如何规避价格波动风险呢?一个重要的工具是利用相关期货合约进行风险对冲,如果现货和期货合约价格波动存在很好的相关性,才有可能借助期货管理价格波动风险,这是因为如果期货价格和品种价格间存在相关性,那么可借助期货制定套期保值和套利策略来管理风险,将所谓的绝对价格风险转化为相对价格风险。本节将对钢材期货品种的相关性进行分析,包括螺纹钢期货与现货价格的相关性分析(由于线材期货成交量较小,焦炭期货刚上市不久,此处不做分析)、螺纹钢与线材价格相关性分析、螺纹钢与焦炭价格相关性分析。

## 一、协整相关分析模型

### (一) 相关分析模型

国内外对于相关性研究的分析方法主要有调整后判定系数法、组合报酬率法及灰色关联分析法。这些研究方法主要对系统内时间序列有关统计数据的几何关系进行比较,不能很好地揭示单纯两个变量间的关系。本章所采用的协整方法也是国内外相关性研究的主流方法,此方法的优点在于可以验证几个同阶单整的时间序列之间是否可能存在一种长期的稳定关系,其线性组合是否可能降低单整阶数。而其他方法只采用平稳时间序列来建立回归模型,或者先将非平稳时间序列转化为平稳时间序列,然后再做回归。相比之下,此方法更能形象地揭示出两变量间是否存在长期均衡关系。

### (二) 协整关系模型

1. 协整的含义

协整不仅证明两个变量间是否存在相关性,并且可以测算出因变量和自变量之间是否存在长期的均衡关系。数学上对协整的定义为:

(1) $k$ 维向量 $Y=(y_1,y_2,\cdots,y_t)'$ 的分量间被称为 $d,b$ 阶协整,记为 $Y\sim CI(d,b)$,如果满足 $Y\sim I(d)$,要求 $Y$ 的每个分量 $y_t\sim I(d)$;(2) 存在非零向量 $\beta$,使得 $\beta'Y\sim(d-b)$,$0<b\leqslant d$,简称 $Y$ 是协整的,向量 $\beta$ 又称为协整向量。

随着协整理论的发展,误差修正模型的建立(ECM)可以很好地通过误差修正项系数体现出修正机制,并且如果变量偏离均衡水平,则可以从量上测算出纠正到均衡水平力度的大小。

2. 协整检验步骤

利用计量经济学协整检验的常用分析过程。首先运用线性回归中的最小二乘法(OLS),对变量建立以下模型:

$$\ln Y_t = b_0 + b_1 \ln X_t + E_1 \tag{6-1}$$

这里对各变量采用自然对数的形式,主要是因为这样可以消除数据的异方差性,使模型的拟合效果好,变量的显著性高,同时不影响协整关系的检验。为了使时间序列数据能够对模型进行有效估计,我们必须保证变量是平稳的,只有这样,采用最小二乘法对模型的估计才是有效的。因为如果变量是非平稳的,即变量是含有单位根的，那么用 OLS 估计出来的模型有可能拟合优度、显著性水平等指标都很好，但解释变量和因变量之间不存在稳定的均衡关系，不能预测未来的信息，就会产生“伪回归”现象。

为了避免“伪回归”现象的发生，保证时间序列数据对模型估计结果的真实可靠，我们首先要对变量进行平稳性检验。如果变量是非平稳的，就要运用 Engle and Granger(1987)提出的协整检验方法。

经过协整检验，如果 $\ln Y$ 和 $\ln X$ 两个序列是一阶单整序列，即原序列在平稳性检验的过程中是通过一次差分由不平稳的时间序列变成平稳的，并且残差序列是平稳的，那么这个时候我们就可以建立误差修正模型(ECM)。误差修正模型弥补了简单差分的不足，是对协整分析的进一步延伸。如果 $\ln Y$ 和 $\ln X$ 两个变量存在协整关系，则说明这两个变量存在长期均衡的稳定关系。这种关系是在短期动态的不断调整下实现的。所以 ECM 模型是将短期波动和长期均衡结合在一起的模型，表述为：

$$\Delta Y_t = \alpha_1 \Delta X_t - \lambda \times \mathrm{ecm}_{t-i} + \mu_t \tag{6-2}$$

其中，ecm 表示误差修正项；$\mu_t$ 表示白噪声；$\lambda$ 为短期调整系数，并且 $0 < \lambda < 1$。

为了更好地揭示变量间因果关系，我们还需要通过 Granger 因果检验。由于滞后效应的存在，$Y$ 对其他变量回归时，不单要考虑自身过去水平，而且要考虑 $X$ 的前几期值的影响。检验 $X$ 的变化是否为引起 $Y$ 变化的原因，可以对下面两个模型进行回归：

$$Y_t = \sum_{i=1}^{p} \alpha_i X_{t-i} + \sum_{i=1}^{p} \beta_i Y_{t-i} + \mu_{1t} \tag{6-3}$$

$$X_t = \sum_{i=1}^{p} \lambda_i Y_{t-i} + \sum_{i=1}^{p} \sigma_i X_{t-i} + \mu_{2t} \tag{6-4}$$

约束条件：

$$H_0: \alpha_1 = \alpha_2 = \cdots = \alpha_m = 0; \quad H_{1:}: \lambda_1 = \lambda_2 = \cdots \lambda_m = 0$$

然后用各回归的残差的平方和计算 $F$ 统计量，如果拒绝 $H_0$，接受 $H_1$，我们就认为变量 $X$ 是引起变量 $Y$ 的 Granger 原因。这里面滞后阶数的选取非常重要，选取的阶数不同则得到的结果也不同。

### （三）数据选取

现货方面，螺纹钢、线材、焦炭沿用第一节波动率测算中选用的数据。期货方面，螺纹期货数据选取 2009 年 3 月 26 日到 2011 年 11 月 17 日连续合约收盘价，数据来自富远行情。

## 二、钢材期货品种的协整关系检验

### (一) 螺纹钢期现相关性:强

1. 平稳性检验

如前所述,如果变量是不平稳的时间序列,则会产生“伪回归”现象。所以我们首先要对 $Y$(螺纹钢现货价格对数)和 $X$(螺纹钢期货价格对数),两个变量进行单位根检验。最常用的单位根检验方法有 DF 检验、ADF 检验、PP 检验、KPSS 检验、DFGLS 检验等,本文的单位根检验方法主要选取 ADF 检验方法,主要是通过下面三个模型完成的:

模型 1:$\Delta X_t = \eta X_{t-1} + \sum_{i=1}^{n} \beta_i \Delta X_{t-i} + \varepsilon_t$

模型 2:$\Delta X_t = \alpha + \eta X_{t-1} + \sum_{i=1}^{n} \beta_i \Delta X_{t-i} + \varepsilon_t$

模型 3:$\Delta X_t = \alpha + \beta t + \eta X_{t-1} + \sum_{i=1}^{n} \beta_i \Delta X_{t-i} + \varepsilon_t$

假设 $H_0:\eta = 0$。只要其中有一个模型的检验结果拒绝了原假设,说明时间序列是不含单位根的。当三个模型的检验结果都不能拒绝原假设时,则认为时间序列是含有单位根的。我们用 Eviews 5.1 对 $X$ 和 $Y$ 进行严格的 ADF 检验,检验结果如表 6.4 所示。

**表 6.4 变量的平稳性检验结果**

| 变量 | 检验形式 $(c,t,k)$ | ADF 值 | 1% cv | 5% cv | 10% cv | SIC | D. W. 值 | 检验结论 |
|---|---|---|---|---|---|---|---|---|
| $X$ | (C,0,1) | -1.825025 | -3.440736 | -2.866014 | -2.569211 | 10.03915 | 1.979443 | 不平稳 |
| $Y$ | (C,0,0) | -2.487272 | -3.440719 | -2.866060 | -2.569207 | 10.87288 | 1.895176 | 不平稳 |
| $\Delta X$ | (C,0,0) | -18.903690 | -3.440763 | -2.866014 | -2.569211 | 10.02537 | 1.977643 | 平稳 |
| $\Delta Y$ | (C,0,0) | -23.866400 | -3.440736 | -2.866014 | -2.569211 | 10.87084 | 2.000973 | 平稳 |

其中:$c$、$t$ 和 $k$ 分别表示截距项、趋势项和滞后阶数;$\Delta$ 表示变量的一阶差分;cv 表示临界值;$k$ 的选择标准是以 SIC 值达到最小。

由表 6.4 可以看出,$X$ 和 $Y$ 的 ADF 值均大于 10% 的临界值,因此这两个变量都存在单位根,都是非平稳的时间序列。经过一次差分后,这两个变量的 ADF 值都小于 1% 临界值,两者在 1% 的显著性水平下为平稳时间序列。综上所述,$X$ 和 $Y$ 都是一阶差分平稳的,即 $XI(1)$、$YI(1)$ 是平稳序列,进而可以对两者进行协整检验。

2. 因果关系检验

由表 6.5 的分析结果知，对于滞后长度 2、3、4，不存在从序列 $X1$ 到 $Y1$ 的单向因果关系，即 $X1$ 不是 $Y1$ 的 Granger 原因；对于滞后长度 2、3、4，均存在从 $Y1$ 到 $X1$ 的单向因果关系，即 $Y1$ 是 $X1$ 的 Granger 原因。根据分析的结果，可以大致认为存在从 $Y1$ 到 $X1$ 的单向因果关系，但不存在反方向的因果关系。

**表 6.5 Granger 因果关系检验结果**

| 检验的原假设 | 滞后长度 | $F$ 检验统计量 | $F$ 统计量的概率值 | 5% 水平上对原假设的判断 |
|---|---|---|---|---|
| $Y1$ 不是 $X1$ 的 Granger 原因 | 2 | 46.10130 | 0.0000 | 拒绝原假设 |
| $X1$ 不是 $Y1$ 的 Granger 原因 | 2 | 1.04228 | 0.3533 | 接受原假设 |
| $Y1$ 不是 $X1$ 的 Granger 原因 | 3 | 31.97670 | 0.0000 | 拒绝原假设 |
| $X1$ 不是 $Y1$ 的 Granger 原因 | 3 | 0.44978 | 0.7175 | 接受原假设 |
| $Y1$ 不是 $X1$ 的 Granger 原因 | 4 | 24.01810 | 0.0000 | 拒绝原假设 |
| $X1$ 不是 $Y1$ 的 Granger 原因 | 4 | 1.22500 | 0.2990 | 接受原假设 |

注：$X1$ 表示 $X$ 的一阶差分序列，$Y1$ 表示 $Y$ 的一阶差分序列。

3. 变量协整关系分析

从图 6.5 大致可以看出 $X$ 和 $Y$ 两个变量存在协整关系，且不存在趋势项。而上述的单位根检验结果显示，$X$ 和 $Y$ 两个变量都是一阶单整的，可能具有协整关系。

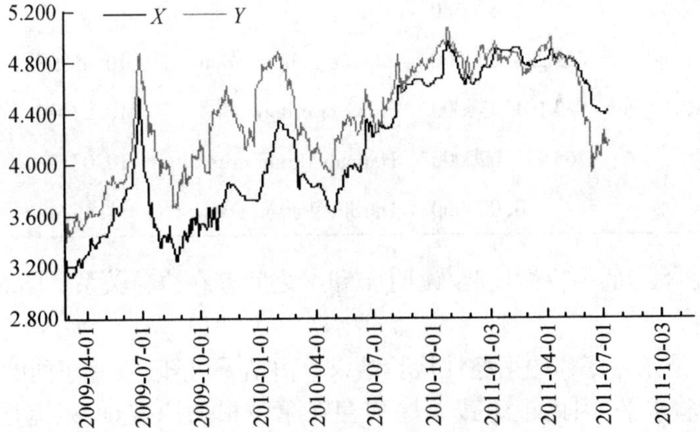


**图 6.5 $X$，$Y$ 序列折线图**

我们根据 Engle and Granger (1987) 提出的协整检验方法，分两步对 $X$ 和 $Y$ 两个变量进行协整关系检验。首先，我们建立 $X$ 对 $Y$ 的协整回归模型，回归方程为：

$$X_t = \beta_0 + \beta_1 Y_t + \varepsilon_t \qquad (6\text{-}5)$$

采用最小二乘法(OLS)，运用 Eviews 5.1 对协整回归模型(6-5)进行估计，得到：

$$X_t = \underset{(112.6419)}{-880.1978} + \underset{(0.025517)}{1.141442}Y_t + \varepsilon_t \qquad (6\text{-}6)$$

$$D.W. = 0.061992, \quad R^2 = 0.764615.$$

D. W. 没有通过检验，说明回归的残差中存在自相关。在加滞后项后，分布滞后模型为(协整关系检验结果见表 6.6)：

$$x_t = \underset{(16.60117)}{-38.26251} + \underset{(0.007279)}{0.035179}Y_t + \underset{(0.005551)}{0.972311}X_{t-1} + \varepsilon_t$$

$$D.W. = 1.459480, \quad R^2 = 0.995368$$

**表 6.6　变量协整关系检验结果**

| 变量 | 导数 | 标准误差 | $t$ 统计量 | 概率 |
|---|---|---|---|---|
| $C$ | -38.262500 | 16.601170 | -2.30481 | 0.0215 |
| $Y$ | 0.035179 | 0.007279 | 4.83312 | 0 |
| $X(-1)$ | 0.972311 | 0.005551 | 175.15600 | 0 |
| $R^2$ | 0.995368 | Mean dependent var | 4 137.58500 | |
| 调整后的 $R^2$ | 0.995353 | S. D. dependent var | 542.35850 | |
| S. E. of regression | 36.670680 | | | |
| Sum squared resid | 839 234.200000 | Akaike info criterion | 10.06298 | |
| Log likelihood | -3 101.430000 | Schwarz criterion | 10.08449 | |
| $F$ 值 | 65 977.020000 | Hannan-Quinn criter. | 10.07134 | |
| Prob($F$-statistic) | 0.000000 | Durbin-Watson stat | 1.45948 | |

通过检验 $\varepsilon_t$ 的平稳性检验，说明 $X$ 和 $Y$ 之间存在协整关系。图 6.6 显示的是残差序列。

表 6.7 是残差序列的平稳性检验结果。由结果可知，残差序列的 ADF 值小于 1% 的检验水平，因此拒绝残差序列存在单位根的原假设，残差序列是平稳的。根据协整关系定义，可以认为序列 $X$ 和序列 $Y$ 之间存在协整关系。

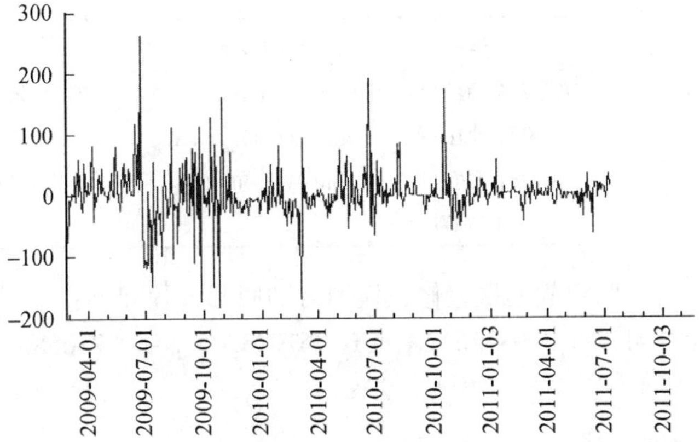


**图 6.6　残差序列 $\{e_t\}$**

**表 6.7　残差序列的平稳性检验结果**

| | | | |
|---|---|---|---|
| ADF 统计量 | −18.9376 | 1% level | −2.569 |
| $c,n,k$ | 0,0,0 | 5% level | −1.941 |
| 概率 | 0 | 10% level | −1.616 |

4. 建立误差修正模型

上述的协整关系分析表明,$X$ 和 $Y$ 两个变量存在均衡关系。为了进一步检验协整关系的稳定性,还需通过误差修正模型来检验。建立误差修正模型首先要以这种关系构成误差修正项,然后建立短期模型,将误差修正项看作一个解释变量,连同其他反映短期波动的解释变量一起,建立短期模型,即误差修正模型。因为两个变量存在协整关系,根据 Granger 定理,总有一个误差修正模型可以表述它们间的短期非均衡关系。从表 6.8 来看,说明钢材期、现货价格的相关性具有很好的稳定性。

**表 6.8　误差修正模型的估计结果**

| 变量 | 导数 | 标准误差 | $t$ 统计量 | 概率 |
|---|---|---|---|---|
| $C$ | −38.194370 | 16.020570 | −2.384083 | 0.0174 |
| $Y$ | 0.039264 | 0.007040 | 5.577027 | 0 |
| $X(-1)$ | 0.967983 | 0.005375 | 180.098600 | 0 |
| ECM2(−1) | 0.270586 | 0.039078 | 6.624327 | 0 |
| $R$-squared | 0.995713 | Mean dependent var | 4 139.156000 | |
| Adjusted $R$-squared | 0.995692 | S. D. dependent var | 541.392900 | |
| S. E. of regression | 35.534540 | Akaike info criterion | 9.985360 | |

（续表）

| 变量 | 导数 | 标准误差 | t 统计量 | 概率 |
|---|---|---|---|---|
| Sum squared resid | 772 774.700000 | Schwarz criterion | 10.01408 | |
| Log likelihood | -3 071.491000 | Hannan-Quinn criter. | 9.996528 | |
| F-statistic | 47 381.820000 | Durbin-Watson stat | 1.983219 | |
| Prob(F-statistic) | 0.000000 | | | |

现构建 $x$ 与 $y$ 两者间的误差修正模型得到回归方程如下：

$$\Delta X_t = -38.19437 + 0.039264\Delta Y_t + 0.967983\Delta X_{t-1} + 0.270586\ ecm_{t-1} + \varepsilon \quad (6\text{-}7)$$

（二）螺纹钢与线材相关性：强

主要分析过程同上，检验结果如下：

1. 平稳性检验

由表 6.9 可以看出，$X$ 和 $Y$ 的 ADF 值均大于 10% 的临界值，因此这两个变量都存在单位根，都是非平稳的时间序列。经过一次差分后，这两个变量的 ADF 值都小于 1% 临界值，两者在 1% 的显著性水平下为平稳时间序列。综上所述，$X$ 和 $Y$ 都是一阶差分平稳的，即 $XI(1)$、$YI(1)$ 是平稳序列，进而可以对两者进行协整检验。

**表 6.9　变量的平稳性检验结果**

| 变量 | 检验形式 (c,t,k) | ADF 值 | 1% cv | 5% cv | 10% cv | SIC | D.W. 值 | 检验结论 |
|---|---|---|---|---|---|---|---|---|
| $X$ | (C,0,2) | -1.821771 | -3.43563 | -2.86376 | -2.56834 | -6.848030 | 1.993184 | 不平稳 |
| $Y$ | (C,0,3) | -2.088501 | -3.43554 | -2.86372 | -2.56798 | -6.518653 | 1.999248 | 不平稳 |
| $\Delta X$ | (C,0,5) | -11.745950 | -3.43576 | -2.86382 | -2.56803 | -6.818945 | 2.003736 | 平稳 |
| $\Delta Y$ | (C,0,0) | -16.145140 | -3.43554 | -2.86372 | -2.56798 | -9.520905 | 1.998943 | 平稳 |

注：$X$ 为螺纹钢价格对数，$Y$ 为线材价格对数。

2. 因果关系检验

由表 6.10 的结果可知，螺纹钢价格和线材价格都是影响螺纹钢价格的原因。

**表 6.10　Granger 因果关系检验结果**

| 检验的原假设 | 滞后长度 | F 检验统计量 | F 统计量的概率值 | 5% 水平上对原假设的判断 |
|---|---|---|---|---|
| Y1 不是 X1 的 Granger 原因 | 2 | 13.158700 | 0.000002 | 拒绝原假设 |
| X1 不是 Y1 的 granger 原因 | 2 | 11.651000 | 0.000010 | 拒绝原假设 |

（续表）

| 检验的原假设 | 滞后长度 | F 检验统计量 | F 统计量的概率值 | 5% 水平上对原假设的判断 |
|---|---|---|---|---|
| Y1 不是 X1 的 Granger 原因 | 3 | 13.222100 | 0.000000 | 拒绝原假设 |
| X1 不是 Y1 的 Granger 原因 | 3 | 8.272100 | 0.000020 | 拒绝原假设 |
| Y1 不是 X1 的 Granger 原因 | 4 | 11.600500 | 0.000000 | 拒绝原假设 |
| X1 不是 Y1 的 Granger 原因 | 4 | 6.641260 | 0.000020 | 拒绝原假设 |

注:X1 表示 X 的一阶差分序列,Y1 表示 Y 的一阶差分序列。

3. 变量协整关系分析

从图 6.7 大致可以看出 X 和 Y 两个变量存在协整关系,且不存在趋势项。而上述的单位根检验结果显示,X 和 Y 两个变量都是一阶单整的,可能具有协整关系。

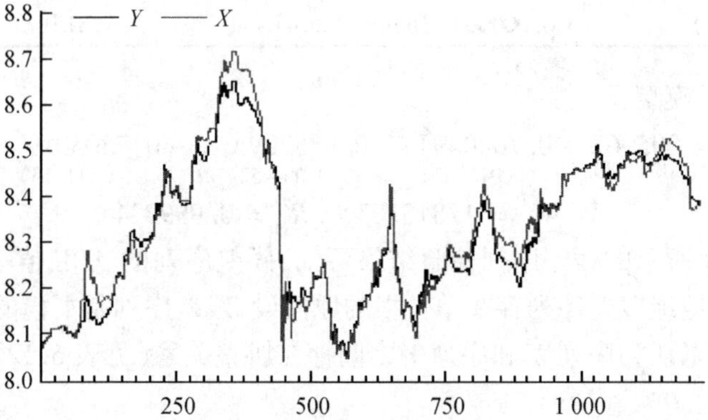


**图 6.7　X,Y 序列折线图**

我们根据 Engle and Granger (1987)提出的协整检验方法,分两步对两个变量进行协整关系的检验。首先,我们建立 x 对 y 的协整回归模型,回归方程为:

$$x_t = \beta_0 + \beta_1 Y_t + \varepsilon_t \tag{6-8}$$

采用最小二乘法(OLS),运用 Eviews 5.1 对协整回归模型(6-8)进行估计,得到:

$$X_t = \underset{(0.038139)}{0.504242} + \underset{(0.004576)}{0.938419} Y_t + \varepsilon_t \tag{6-9}$$

$$\text{D.W.} = 0.029018, \quad R^2 = 0.972052$$

DW 通不过检验,残差存在自相关。需加加滞后项,分析结果如表 6.11 所示。

**表 6.11　变量协整关系检验结果**

| 变量 | 导数 | 标准误差 | $t$ 统计量 | 概率 |
|---|---|---|---|---|
| $C$ | 0.005962 | 0.006336 | 2.940979 | 0.0315 |
| $Y$ | 0.764049 | 0.010967 | 69.666120 | 0 |
| $X(-1)$ | 0.985729 | 0.004452 | 221.430900 | 0 |
| $Y(-1)$ | -0.750500 | 0.011715 | -64.065500 | 0 |
| $R$-squared | 0.999331 | Mean dependent var | 8.323667 | |
| Adjusted $R$-squared | 0.995353 | S. D. dependent var | 0.151912 | |
| S. E. of regression | 36.670680 | | | |
| Sum squared resid | 839 234.200000 | Akaike info criterion | -8.234820 | |
| Log likelihood | -3 101.430000 | Schwarz criterion | -8.217890 | |
| $F$-statistic | 65 977.020000 | Hannan-Quinn criter. | -8.228450 | |
| Prob(F-statistic) | 0.000000 | Durbin-Watson stat | 1.815103 | |

分布滞后模型：

$$X_t = \underset{(0.006336)}{0.005962} + \underset{(0.010967)}{0.764049}Y_t + \underset{(0.004452)}{0.985729}X_{t-1} - \underset{(0.011715)}{0.750501}Y_{t-1} + \varepsilon_t$$

$$D.W. = 1.815103, \quad R^2 = 0.999331$$

由图 6.8 所示的残差序列检验结果可知，残差序列的 ADF 值小于 1% 的检验水平，因此拒绝残差序列存在单位根的原假设，残差序列是平稳的。根据协整关系定义，可以认为序列 $X$ 和序列 $Y$ 之间存在协整关系（见表 6.12）。

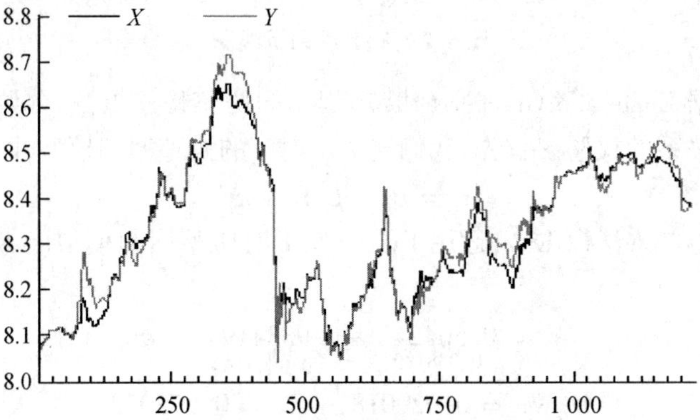


**图 6.8　残差序列 $\{e_t\}$**

**表 6.12　残差序列的平稳性检验结果**

| | | | |
|---|---|---|---|
| ADF 统计量 | −31.42735 | 1% level | −2.5669 |
| $c,n,k$ | 0,0,0 | 5% level | −1.94109 |
| Prob.* | 0 | 10% level | −1.61652 |

4. 建立误差修正模型

现构建 $X$ 与 $Y$ 两者间的误差修正模型得到回归方程为：

$$\Delta X_t = 5.67E\text{-}05 + 0.760835\Delta Y_t + 0.267983\Delta X_{t-1} + 0.081883\,\mathrm{ecm}_{t-1} + \varepsilon \tag{6-10}$$

从表 6.13 可以看出，$X$ 与 $Y$ 之间的相关关系是稳定的。

**表 6.13　误差修正模型的估计结果**

| 变量 | 导数 | 标准误差 | $t$ 统计量 | 概率 |
|---|---|---|---|---|
| $C$ | 0.0000567 | 0.000114 | 2.497076 | 0.0374 |
| $Y$ | 0.760835 | 0.011043 | 68.900020 | 0 |
| $X(-1)$ | 0.267983 | 0.005375 | 3.098600 | 0 |
| ECM (−1) | 0.081883 | 0.029137 | 2.810307 | 0.005 |
| $R$-squared | 0.802640 | Mean dependent var | 0.000253 | |
| Adjusted$R$-squared | 0.802309 | S. D. dependent var | 0.008870 | |
| S. E. of regression | 0.003944 | Akaike info criterion | −8.230811 | |
| Sum squared resid | 0.018540 | Schwarz criterion | −8.218043 | |
| Log likelihood | 4920.909000 | Hannan-Quinn criter. | −8.226000 | |
| $F$-statistic | 2423.863000 | Durbin-Watson stat | 1.981705 | |
| Prob($F$-statistic) | 0.000000 | | | |

(三) 螺纹钢与焦炭相关性：较强

主要分析过程同上，检验结果如下：

1. 平稳性检验

由表 6.14 看出，ln$X$ 和 ln$Y$ 均大于 10% 的临界值，因此这两个变量都存在单位根，都是非平稳的时间序列。经过一次差分后，这两个变量的 ADF 值都小于 1% 临界值，两者在 1% 的显著性水平下为平稳时间序列。由此，ln$X$ 和 ln$Y$ 都是一阶差分平稳，即 ln$X$(1)、L$Ny$I(1) 是平稳序列，进而可以对两者进行协整检验。

表 6.14　量的平稳性检验结果

| 变量 | 检验形式 $(c,t,k)$ | ADF 值 | 1% cv | 5% cv | 10% cv | SIC | D. W. 值 | 检验结论 |
|---|---|---|---|---|---|---|---|---|
| ln$X$ | (C,0,1) | -2.211083 | -3.43551 | -2.863706 | -2.567973 | -5.048793 | 1.944236 | 不平稳 |
| ln$Y$ | (C,0,3) | -2.005652 | -3.43552 | -2.863712 | -2.567977 | -6.865214 | 1.999413 | 不平稳 |
| Δln$X$ | (C,0,0) | -33.93716 | -3.43551 | -2.863708 | -2.567974 | -5.044641 | 1.999315 | 平稳 |
| Δln$Y$ | (C,0,2) | -15.65375 | -3.43552 | -2.863712 | -2.567977 | -6.867742 | 1.999089 | 平稳 |

注:$X$ 表示螺纹钢价格,$Y$ 表示焦炭价格。

2. 因果关系检验

由表 6.15 的分析结果可以得出,滞后期 2、3、4,焦炭价格是影响螺纹钢价格的原因,而螺纹钢价格不是影响焦炭价格的原因。

表 6.15　Granger 因果关系检验结果

| 检验的原假设 | 滞后长度 | $F$ 检验统计量 | $F$ 统计量的概率值 | 5% 水平上对原假设的判断 |
|---|---|---|---|---|
| ln$Y$1 不是 ln$X$1 的 Granger 原因 | 2 | 14.484000 | 0.000001 | 拒绝原假设 |
| ln$X$1 不是 ln$Y$1 的 Granger 原因 | 2 | 0.771900 | 0.462400 | 接受原假设 |
| ln$Y$1 不是 ln$X$1 的 Granger 原因 | 3 | 11.710800 | 0.000000 | 拒绝原假设 |
| ln$X$1 不是 ln$Y$1 的 Granger 原因 | 3 | 0.256930 | 0.856400 | 接受原假设 |
| ln$Y$1 不是 ln$X$1 的 Granger 原因 | 4 | 9.077430 | 0.000000 | 拒绝原假设 |
| ln$X$1 不是 ln$Y$1 的 Granger 原因 | 4 | 0.197720 | 0.939600 | 接受原假设 |

3. 变量协整关系分析

首先,我们建立 ln$X$ 对 ln$Y$ 的协整回归模型,结果如图 6.9 所示。

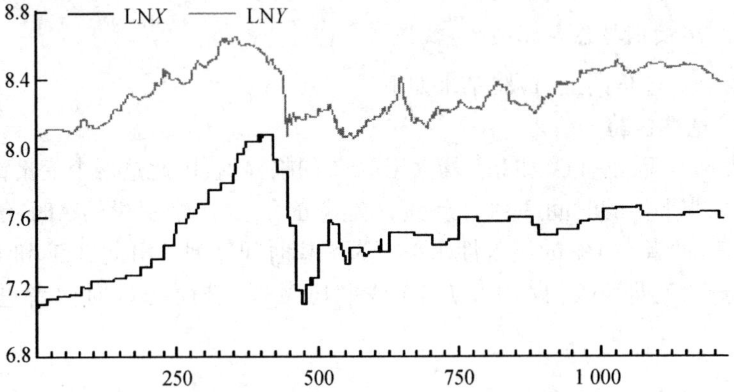


图 6.9　ln$X$,ln$Y$ 序列折线图

回归方程为：

$$\ln X_t = \beta_0 + \beta_1 \ln Y_t + \varepsilon_t \tag{6-11}$$

采用最小二乘法(OLS)，运用 Eviews 5.1 对协整回归模型(6-11)进行估计，得到：

$$\ln x_t = \underset{(0.215035)}{-1.666917} + \underset{(0.025831)}{1.103597} \ln y_t + \varepsilon_t \tag{6-12}$$

$$D.W. = 0.023910, \quad R^2 = 0.600180$$

DW 通不过检验，残差存在自相关。加滞后项，分析结果如表 6.16 所示。

**表 6.16 变量协整关系检验结果**

| 变量 | 导数 | 标准误差 | $t$ 统计量 | 概率 |
|---|---|---|---|---|
| $C$ | -0.098258 | 0.030488 | -3.124480 | 0.0018 |
| LNY | 0.036829 | 0.062883 | 1.585669 | 0.5582 |
| LNX(-1) | 0.977053 | 0.004015 | 243.360000 | 0 |
| LNY(-1) | -0.004605 | 0.063641 | -1.872360 | 0.9423 |
| $R$-squared | 0.992336 | Mean dependent var | 7.519137 | |
| Adjusted $R$-squared | 0.992317 | S. D. dependent var | 0.217245 | |
| S. E. of regression | 0.019042 | | | |
| Sum squared resid | 0.439819 | Akaike info criterion | -5.081090 | |
| Log likelihood | 3 095.840000 | Schwarz criterion | -5.064310 | |
| $F$-statistic | 52 354.770000 | Hannan-Quinn criter. | -5.074770 | |
| Prob($F$-statistic) | 0.000000 | Durbin-Watson stat | 1.962663 | |

分布滞后模型为：

$$\ln x_t = \underset{(0.030488)}{-0.095258} + \underset{(0.062883)}{0.036829} \ln y_t + \underset{(0.004015)}{0.977053} \ln x_{t-1} - \underset{(0.063641)}{0.004605} \ln y_{t-1} + \varepsilon_t$$

$$D.W. = 1.962663, \quad R^2 = 0.992336$$

由图 6.10 所示的残差序列检验结果可知，残差序列的 ADF 值小于 1% 的检验水平，因此拒绝残差序列存在单位根的原假设，残差序列是平稳的(见表 6.17)。根据协整关系定义，可以认为序列 $\ln X$ 和序列 $\ln Y$ 之间存在协整关系。

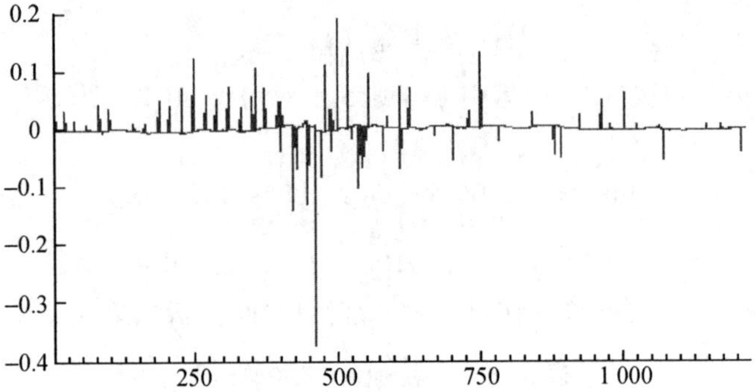


**图 6.10　残差序列 $\{e_t\}$**

**表 6.17　残差序列的平稳性检验结果**

| | | | |
|---|---|---|---|
| ADF 统计量 | -34.2127 | 1% level | -2.56687 |
| $c,n,k$ | 0,0,0 | 5% level | -1.94108 |
| Prob. * | 0 | 10% level | -1.61652 |

4. 建立误差修正模型

现构建 $X$ 与 $Y$ 两者间的误差修正模型得到回归方程如下

$$\Delta \ln X_t = \underset{(0.000554)}{0.000404} + \underset{(0.063048)}{0.085514} \Delta \ln Y_t + \underset{(0.029156)}{0.003582} ecm_{t-1} + \varepsilon_t \qquad (6\text{-}13)$$

从表 6.18 可以看出,$X$ 与 $Y$ 之间的相关关系是不稳定的。

**表 6.18　误差修正模型的估计结果**

| 变量 | 导数 | 标准误差 | $t$ 统计量 | 概率 |
|---|---|---|---|---|
| $C$ | 0.000404 | 0.000554 | 1.727789 | 0.4669 |
| D(LNY) | 0.085514 | 0.063048 | 1.356330 | 0.1752 |
| ECM(-1) | -0.003580 | 0.029156 | -1.722860 | 0.9022 |
| $R$-squared | 0.001537 | Mean dependent var | 0.000426 | |
| Adjusted $R$-squared | -0.000110 | S. D. dependent var | 0.019325 | |
| S. E. of regression | 0.019326 | Akaike info criterion | -5.052230 | |
| Sum squared resid | 0.453063 | Schwarz criterion | -5.039640 | |
| Log likelihood | 3 074.759000 | Hannan-Quinn criter. | -5.047500 | |
| $F$-statistic | 0.933498 | Durbin-Watson stat | 1.949737 | |
| Prob($F$-statistic) | 0.393458 | | | |

## 三、结论

### （一）螺纹钢期现具有强的相关性

从协整关系分析来看，螺纹钢期货价格与现货价格间存在协整关系。误差修正模型显示长期误差项系数不大，表示对偏离长期均衡的调整力度的正向拉动作用一般。而从 Granger 因果关系检验来看，在 5% 的显著性水平下，螺纹钢现货价格不是期货价格的 Granger 原因，而期货价格是螺纹钢现货价格的 Granger 原因。这个结论与以往的研究结论较为一致，表明现货企业可以借助期货工具从事套期保值业务来规避价格风险。

### （二）螺纹钢与线材具有强的相关性

从协整关系分析来看，螺纹钢价格与线材价格间存在协整关系。误差修正模型显示长期误差项系数较小，表示对偏离长期均衡的调整力度的正向拉动作用一般。从 Granger 因果关系检验来看，在 5% 的显著性水平下，螺纹钢价格是线材价格的 Granger 原因，而线材价格是螺纹钢现货价格的 Granger 原因。说明可以借助期货的套利交易减小两者各自的价格波动。

### （三）螺纹钢与焦炭具有较强的相关性

从协整关系分析来看，螺纹钢价格与焦炭价格间存在协整关系。误差修正模型显示结果不理想，有些指标未通过检验。从 Granger 因果关系检验来看，在显著性水平 5% 下，滞后期 2—4，焦炭价格是影响螺纹钢价格的原因，而螺纹钢价格不是影响焦炭价格的原因。说明可以借助期货的套利交易减小两者各自的价格波动。但是，在套利的时候要注意两者之间关系的稳定性。

# 第三节　国内外钢材期货合约介绍

通过前两节对钢材相关品种波动率的测算以及相关性分析，我们可以发现钢材相关品种价格波动率较大，企业在经营中面临较大的风险，而相关性分析结果显示，企业可以借助期货工具有效地管理价格波动风险。本部分将对国内钢材期货合约的具体特性进行分析，并对国外相关的钢材期货合约进行简单介绍。

## 一、期货的内涵与参与

### （一）期货的概述

在引入钢材期货合约之前，我们首先介绍期货的概念。期货是相对现货而言的,是可以现在进行买卖,但在将来进行交收或交割的标的物。这个标的物可以是某种商品,也可以是金融工具,还可以是金融指标。其主要的功能就是让期货参与者将绝对风险转化为相对风险,也就是实现“两条腿”走路。

关于利用金融工具将市场风险中的绝对风险转化为相对风险的研究很多。在金融风险度量指标的设计上,界定了绝对风险指标和相对风险指标,提出了利用资产组合方式将绝对风险转化为相对风险的可能(吴建刚,2010)。从国际资本流动的角度,提出利用将绝对风险转化为相对风险的套利理念规避本国利率变动的风险,即发展到后来的外汇交易中的套利,指投资者或借贷者同时利用两地利息率的差价和货币汇率的差价以赚取利差(丁鹏,2012)。

期货中常用的套期保值和套利交易中核心的理念就是将投资者面临的绝对风险转化为相对风险。投资者一般可以利用现货和期货两个市场,把单一市场的风险转化为两个市场间或期货市场不同品种、合约间的相对风险。根据我们第一节中对品种波动率的测算,可以看出单一市场品种的价格波动十分剧烈,那么相对价格变化就相对平稳,期货工具的引入就是为了实现这个功能。

(二) 期货的定价模式

1. 期货市场的价格发现功能

期货市场的价格发现功能是指在期货市场通过公平、公正、高效、竞争的期货交易运行机制,形成具有真实性、预期性、连续性和权威价格的过程。期货市场是一个有组织的规范化市场,其特殊机制使得它从制度上提供了一个近似完全竞争类型的环境,为市场有效运行提供了制度基础。

Gang and Buteher(1994)研究发现伦敦金属交易所铜期货价格对上海金属交易所铜期货价格具有较强的引导作用,得出 LME 是铜国际定价中心的结论。陈晔和肖明(2008)通过对国外现有钢铁期货品种与我国钢铁现货价格的实证分析,发现国外主要期货品种的价格走势受到我国钢铁现货价格的影响,期货的价格发现功能没有充分发挥。

2. 影响期货价格的主要因素

期货价格反映的是市场对现货价格未来的预期。我们可以用一个单利公式表述期货的理论价格。设 $t$ 为现在时刻,$T$ 为期货合约到期日,$F_t$ 为期货的当前价格,$S_t$ 为现货的当前价格,则期货的理论价格 $F_t$ 为:

$$F_t = S_t e^{(r-q)(T-t)}$$

其中,$r$ 为无风险利率;$q$ 为连续的红利支付率;$(T-t)$ 为从 $t$ 时刻持有到 $T$ 时刻。

从期货的价格公式可以看出,影响期货价格的主要因素是持有现货的成本和时间价值。此外,影响期货价格的因素还包括市场利率、预期通货膨胀、财政政策、货币政策、现货金融工具的供求关系、期货合约的有效期、保证金要求、期货合约的流动性等。

从特定的期货品种来看,王怡文和陈奕播(2009)的实证研究表明,国内燃料油现货价格、国外原料油期货价格和汇率对国内燃料油期货的价格有很大影响。朱晋(2004)利用回归分析的方法检验了商品市场因素、资本市场因素、外汇市场因素外,其他一些因素(如政治因素、心理因素、突发性事件等)也会对金属铜的期货价格产生影响。高昂(2008)认为影响大豆期货价格的因素主要包括交易主体的数量、规模、结构,交易交割制度、市场管理和政府政策也对期货价格有一定的影响。

(三) 期货的参与

期货的参与者们是如何利用这项工具的呢?对钢材期货的参与者而言,钢材现货商可以利用期货平台对现货进行管理,投机者则是借助期货达到其赚取利差的目的。现货商和投机者在期货舞台上分别扮演风险厌恶者和风险偏好者的角色,他们之间是博弈的关系(见图6.11)。

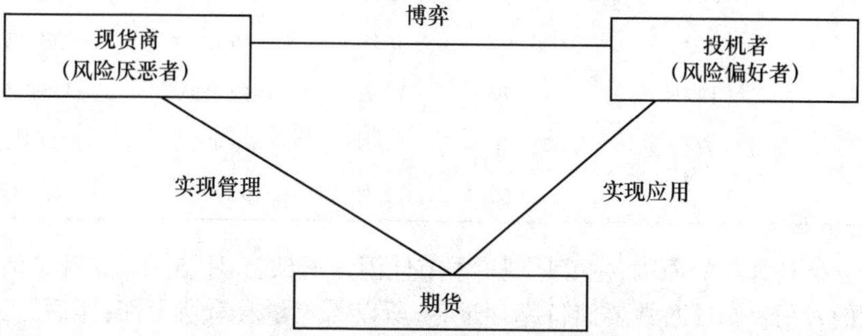


**图6.11　期货参与者的相互博弈**

具体到钢材期货品种上,由于钢材的全球需求旺盛,在价格剧烈波动的背景下,一方面存在钢铁业产能过剩,另一方面诸如中国等钢铁消费大国虽然在世界钢铁市场中占有重要地位,但定价权缺失。因此,迫切需要加快研究推出钢材期货品种,形成完善的钢材定价机制,以规避钢材价格波动的风险、提高企业竞争力(路红艳,2008)。钢材期货的推出除了能帮助消费大国争夺定价权(李哲,2009),也可以降低钢材价格波动剧烈而造成的收益风险,以及保障企业生产的合理计划性,减小库存压力,使资金周转更灵活(蔡大为和罗嘉怡,2010)。因此,钢材期货的推出必定为参与者实现其管理和应用作用,达到管理价格波动风险的目的。

## 二、国内钢材期货相关品种介绍

此处仅对国内钢材期货品种的合约特性进行分析，关于合约具体内容，详见附录6.1和附录6.2。由于线材成交量较小，品种不活跃，焦炭期货又刚上市不久，我们将重点分析螺纹钢期货合约特性。

### （一）螺纹钢期货主力合约月份选择

上海期货交易所螺纹钢期货交易合约是1—12月，但根据上市之后的交易情况来看，只有1月、5月、10月合约最为活跃，也即螺纹钢的主力合约。

期货品种主力合约的评判标准是看交易合约中持仓量最大的即主力，由表6.19可知，螺纹钢期货合约1月、5月、10月持仓量在所有交易合约中最大，所以为主力合约。

**表6.19 螺纹钢期货1—12月合约成交量与持仓量对比** （单位：手）

| | 平均成交量 | 平均持仓量 | | 平均成交量 | 平均持仓量 |
|---|---|---|---|---|---|
| 1月 | 371 819 | 214 051 | 7月 | 444 | 4 019 |
| 2月 | 80 566 | 41 577 | 8月 | 389 | 2 879 |
| 3月 | 11 503 | 20 707 | 9月 | 26 726 | 38 787 |
| 4月 | 1 187 | 8 972 | 10月 | 419 443 | 333 365 |
| 5月 | 373 976 | 373 976 | 11月 | 78 401 | 37 312 |
| 6月 | 1 575 | 8 069 | 12月 | 94 770 | 46 739 |

分析其背后的原因，主要是现货季节性因素所致，1月、5月、10月是消费量最大的月份。1月通常要储备库存过冬，所以需求量会有所上涨；年后，工地逐渐开工，开工率逐步提升，5月消费量将达到最大；经过6—8月的节能减排拉闸限电过程，进入“金九银十”，钢厂将加快生产步伐，10月会进入去库存阶段，需求量也将有所增加。

在参与期货交易的过程中，我们要选择成交量和持仓量大的主力合约，以避免由于合约不活跃而造成的不能及时平仓的风险。

### （二）螺纹连续的隔日波动率

所谓连续合约是指将每个现货合约相连形成的用于分析行情设计的但不属于交易所上市的合约。由于连续合约在期货和现货关系分析中具有重要作用，因此，我们通过分析连续合约的波动揭示螺纹钢期货价格波动的特点。

由图6.12可知，螺纹连续合约的隔日波动率集中在±2%区间内，相比现货价格的隔日波动率较大，所以在利用期货工具时，要注意防范风险，提前设置好止损。

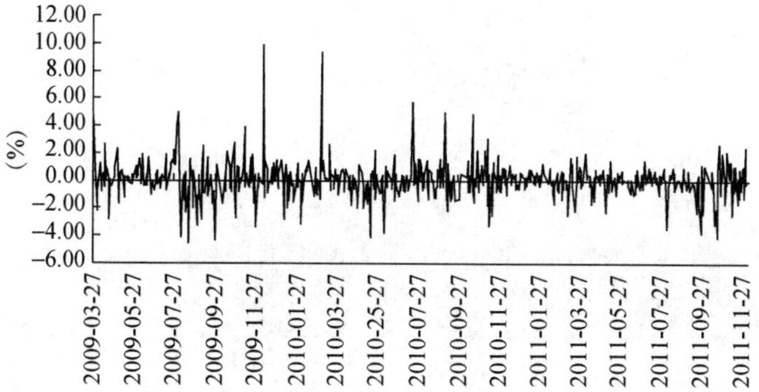


**图 6.12　螺纹隔日波动率**

（三）螺纹主力量、仓、价间关系分析

如图 6.13 可知，螺纹主力成交量与持仓量在价格上涨和下跌的一段趋势开始时均有所增加。持仓量保持在 200 万手以下，日成交量不超过 500 万手。

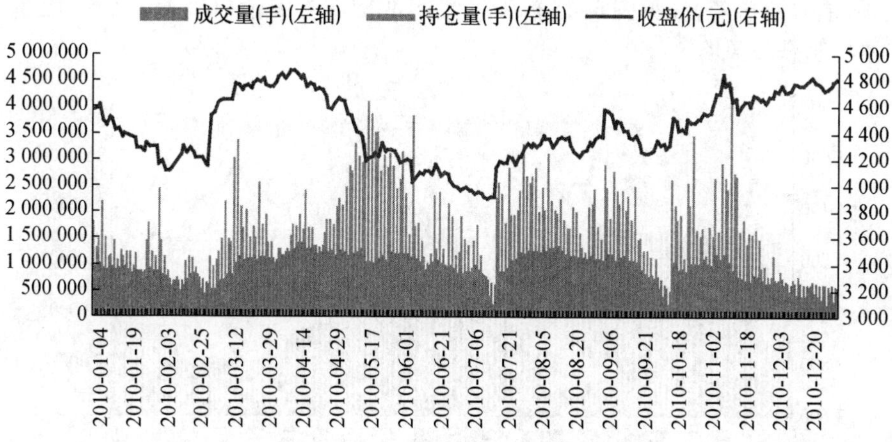


**图 6.13　螺纹主力量、仓、价变化图**

从公司持仓在主力合约上的分布来看，主要分为套保盘和投机盘。主要的套保机构为中钢期货和沙钢集团，投机机构的代表是以浙江永安和海通期货为主的老牌期货公司。为了更深入地分析公司持仓的特点，我们以沙钢集团的持仓分析为例（主产螺纹钢的民营钢铁企业）（见图 6.14），试图揭示其持仓特点。

沙钢集团是江苏省重点企业集团，国家特大型工业企业，全国最大的民营钢

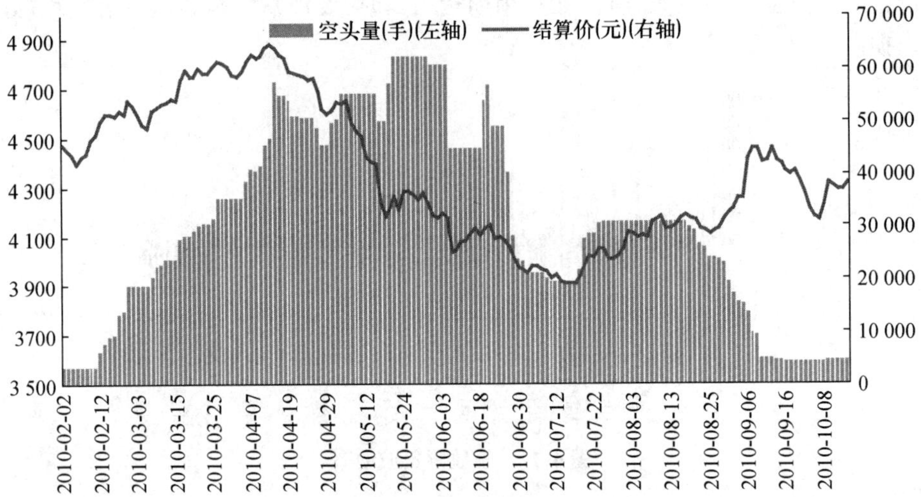


**图 6.14　2010 年沙钢集团 RB1010 合约**

铁企业。集团总部位于江苏省张家港市。沙钢集团年生产能力为炼铁 2 900 万吨、炼钢 3 500 万吨、轧材 3 300 万吨,螺纹钢年产能大约为 600 万吨,月均 50 万吨,从主力持仓来看(见图 6. 15),沙钢集团期货部分保值比例为 10%—125%,严格控制仓位风险。

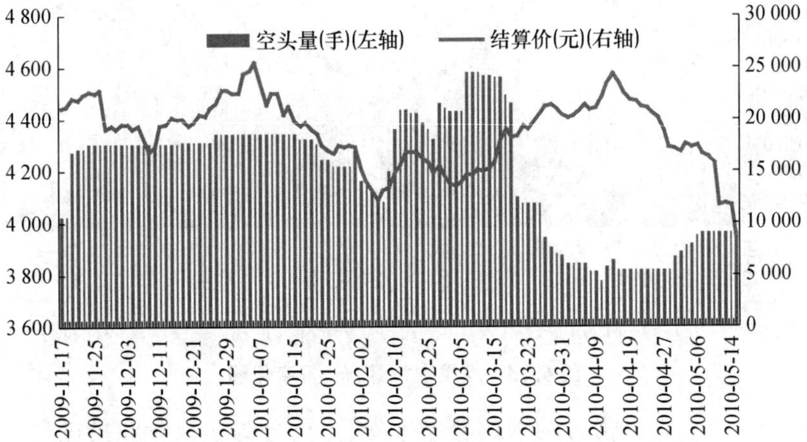


**图 6.15　2009—2010 年沙钢集团 RB1010 合约**

不难计算出沙钢集团 2010 年上半年在 RB1010 合约上持仓亏损非常厉害,累计持仓浮亏达到 3.18 亿元。按照当时螺纹钢平均价格 4 000 元/吨计算,每吨 200 元/吨利润,恰巧吞噬了上半年的利润,尽管如此,账面上的亏损并没有在战略上失去竞争力，截至2010年6月30日，上海期货交易所注册仓单，沙钢集团注册品牌占到整个仓单的80%以上(见图6.16)，扩大市场占有率的同时借助期货市场销售现货。

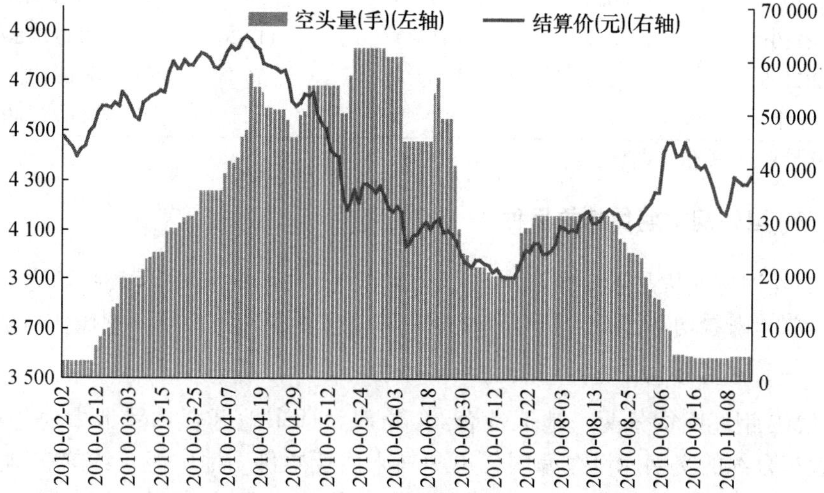


**图6.16　沙钢集团在1005合约上的持仓和结算价走势**

沙钢集团的加减仓值得投资留意，在价格趋向高位时，我们观察到的沙钢集团的头寸逐步小幅度累计建仓，加仓的模式采用"金字塔"确保了期货价格的多空博弈的稳定性，根据我们跟踪的数据来看，空头头寸每次的幅度范围在400—4000手。相反，沙钢集团离场的模式则采用"倒金字塔"，快刀斩乱麻，确保了账面上的资金安全，值得投资者学习。

如表6.20，沙钢集团2010年最高亏损额度为2.2亿元，占到每月盈利的3—4倍，全年整个期货账户亏损约为5 400万元，等同于每月螺纹钢的销售利润。亏损的集中在远月合约的01和05头寸上，在钢材期货上市之初，沙钢集团是主要的空头主力之一，通过在期货市场上卖出钢材头寸而达到套期保值和锁定销售利润的目的，基本符合期货市场的规则，后续由于策略上的变化导致期货盘面吞噬现货应得利润。

**表6.20　2010年沙钢集团头寸统计**　　(单位:元)

| 合约 | 结算价 | 持仓均价 | 平仓数额 | 浮亏 |
|---|---|---|---|---|
| RB1001 | 3 904.2 | 3 861.6 | 11 000 | -4 222 100 |
| RB1002 | 3 930.9 | 4 061.0 | 16 972 | 16 210 710 |

（续表）

| 合约 | 结算价 | 持仓均价 | 平仓数额 | 浮亏 |
|---|---|---|---|---|
| RB1005 | 4 312.1 | 4 343.5 | 31 517 | 4 962 030 |
| RB1010 | 4 280.3 | 4 472.4 | 98 040 | 318 440 690 |
| RB1101 | 4 350.7 | 4 173.1 | 113 205 | -220 177 880 |
| RB1105 | 4 584.7 | 4 457.0 | 56 837 | -169 691 130 |
| 合计 | | | | -54 477 680 |

资料来源:美尔雅期货公司。

### 三、国外钢材期货相关品种

国外钢材期货品种推出较早,品种丰富,包括钢坯、废钢、钢锭、热卷、螺纹等,但总体来看均不活跃。所以钢材期货策略上不存在跨市场套利操作可能。

#### (一) 伦敦金属交易所(LME)钢坯期货

LME 钢坯期货分两个地区性合约,分别为远东地区合约和地中海地区合约,远东合约的交割库设在韩国仁川和马来西亚柔佛。地中海合约的交割库设在土耳其马拉和阿联酋迪拜。之所以选择这些交割地,是考虑到钢坯主要进出口地区的分布和航运费用,此外两个合约也将反映上述市场不同的基本面和定价机制。目前全球主要的钢坯出口国包括乌克兰、俄罗斯、中国、巴西、法国等;而主要的进口国是意大利、越南、土耳其、韩国等。LME 钢坯期货合约具体内容如表 6.21 所示。

**表 6.21 LME 钢坯期货合约**

| | |
|---|---|
| 合约交割日 | 3 个月合约,从 7 月 24 日开始,每个交易日<br>3 个月到 6 个月合约,每个星期三<br>7 个月到 15 个月合约,每月的第三个星期三 |
| 报价 | 美元/吨 |
| 结算货币 | 美元 |
| 最小价格变动 | 圈内交易—公开喊价 0.5 美元,移仓 0.01 美元<br>电子交易系统—公开喊价 0.1 美元,移仓 0.01 美元<br>办公室电话交易—公开喊价/移仓 0.01 美元 |
| 交易单位 | 每手 65 吨,溢短( ±2% )。交割时的每首钢坯必须由同样规格标准和形状的钢坯组成 |
| 交易时间 | 圈内交易:专场:11:40—11:45;13:05—13:10;15:30—15:35<br>综合交易:13:20—14:45;16:15—17:00<br>电子交易:13:00—19:00<br>电话交易:24 小时 |

（续表）

| | |
|---|---|
| 质量标准 | GOST380-94Grade 5sp/ps（3805sp），GOST 为俄罗斯标准<br>GOST380-94 Grade 3sp/ps（3803sp）<br>GB20MnSi，GB 为中国标准<br>GB Q235<br>ASTM A615/A,615M-07 Grade 60(A61560)，ASTM 为美国标准<br>BS4449:2005(BS4449)；BS 为英国标准 |
| 交割地点 | 远东合约:韩国仁川、马来西亚柔佛<br>地中海合约:土耳其马马拉、阿联酋迪拜 |
| 品牌 | LME 认可的品牌 |

自 2008 年 2 月 25 日在 LME Select 电子交易平台和办公室间电话交易市场推出钢坯合约后,测试阶段有近 500 张合约的成交量。据统计,整个 2008 年,地中海合约总共成交 13 206 张,远东合约成交 2 760 张。对 LME 而言,钢坯期货毕竟属于培育期,还无法与 LME 的其他成熟品种相比。其不活跃的原因主要是自合约上市以来,我国政府对钢坯出口征收的 25% 高额关税税率,钢坯出口量骤减,这也导致了我国钢铁生产商无意进入 LME 市场,从而减少了成交量。

钢坯作为钢材轧制的原料成为国际期货的上市品种,对 2009 年国内螺纹钢期货的上市有很强的指导性。首先,作为全球首个钢材品种,LME 钢坯期货的上市使黑色金属在大宗商品远期交易的地位加强。其次,钢坯作为钢材的半成品,其成为期货品种可以指引未来钢材价格。自钢坯期货上市后,国内钢材期货就开始处于酝酿中。

（二）日本的废钢期货

废钢期货市场会员共 52 家,其中做市商 31 家,21 家普通会员钢厂。日本共有废钢生产厂 900 多家,能生产交割品的 40—50 家,其中 21 家是 C-COM 的普通会员。日本主要商社如三井、三菱、伊藤忠、住友等已进入交易。

在 2005 年开出初期,当年总共成交 84 465 手,年末持仓量为 5 763 手;2007 年,成交量萎缩至 17 899 手,年末持仓量仅为 17 手,基本上意味着废钢交易差不多已经“报废”。日本 C-COM 废钢期货合约具体内容如表 6.22 所示。

**表 6.22　日本 C-COM 废钢期货合约**

| 交易的对象 | 废钢铁 |
|---|---|
| 标准品 | 钢铁切割后的边料 A |
| 交割品级 | 钢铁切割后的边料压缩品 A、钢铁切割后的边料 B、钢铁切后的边料压缩品 B |
| 合约交割月份 | 6 个月中的连续每个月 |

（续表）

| 交易的对象 | 废钢铁 |
|---|---|
| 最后交易日 | 每月 10 日(遇休息日则提前) |
| 交割日期 | 最后交易日的第 5 个营业日起至当月的最后营业日 |
| 新合约上市日 | 交割日后的第一个营业日 |
| 最小变动价位 | 10 元/吨 |
| 交易单位 | 20 吨 |
| 交割单位 | 100 吨 |
| 交易方式 | 定盘的电子交易 |
| 交易时间 | (前场)第一节 9:50;第二节 10:50<br>(后场)第一节 13:50;第二节 14:50 |
| 持仓量限制 | 当月 100 手 |
| 一般交易者 | 第二个月 600 手;其他月 1 200 手 |

日本的废钢期货与国内焦炭期货从品种上看都是钢材生产的重要原料。但在合约的设计上却有所不同。焦炭的交易单位比废钢的大,而废钢的最小变动价位比焦炭的高。从这两方面的情况看,国内焦炭期货将主要为产业链客户服务,而废钢期货如果在同样的交易量下,将比焦炭期货更活跃。总之,废钢期货虽然差不多已经"报废",成交量很小,但为国内焦炭期货上市的可行性指引了方向。

（三）印度钢材期货

2004 年 3 月,印度多种商品交易所(MCX)一下推出了两个钢材期货合约,一个是平板钢(steel flat)期货合约,另一个是条钢(steel long)期货合约。2005 年 3 月,印度另一家期货交易所——印度国家商品及衍生品交易所(NCDEX)推出低碳钢锭期货交易。2005 年 4 月,MCX 又增加一个交割地设在巴夫那加尔的条钢期货合约,其代码为 STEELLGBVN。原来的条钢期货交割地事在曼迪哥宾德加。2005 年 12 月,MCX 推出海绵铁期货交易。印度的钢材期货也并不活跃,主要因为印度钢材的消费相对较少,企业套期保值的愿望不强,且投资者对新工具的接受需要时间。MCDEX 条钢期货合约具体内容如表 6.23 所示。

**表 6.23　NCDEX 条钢期货合约**

| 商品名称 | 条钢 |
|---|---|
| 标的物 | 标准品:3.5 ×4.5 英寸的低碳钢锭(长度不小于 48 英寸)<br>替代品:3.25 ×4.25 英寸的低碳钢锭<br>100mm ×100mm—130mm ×130 mm 低碳钢坯(长度 6 m ±100 mm),每吨升水 1 000 卢比 |

（续表）

| 商品名称 | 条钢 |
|---|---|
| 交易单位 | 10 吨 |
| 交割单位 | 10 吨 |
| 报价 | 卢比/吨 |
| 最小跳动点 | 10 卢比/吨 |
| 数量范围 | ±3%或5吨,以较低者为准 |
| 交割中心 | 加济阿巴德 |
| 其他交割区 | 曼迪、哥宾德加、赖布尔、孟买、金奈、贾苏古达、督伽坡、斋浦尔、交易所提前公布其他地区交割升贴水 |
| 交易时间 | 周一至周五:10:00—23:30<br>周六:10:00—14:00 |
| 合约到期日 | 交割月20日,遇假期或周六、周日提前至上一交易日 |
| 价格波动 | 4%,15分钟后可放宽至6% |
| 头寸限制 | 会员:100 000 吨或市场持仓的20%<br>客户:25 000 吨 |

印度钢材期货合约的设计与国内钢材期货合约较相似,而不同点在于上市品种,印度钢材期货标的物是低碳钢锭,钢锭主要指钢水经盛钢包注入铸模凝固物,与钢坯类似,而国内钢材期货上市品种螺纹钢、线材均是轧制好的成品,在交割方面较易实现。在合约设计上,印度钢材期货合约的价格波动设计较为宽松,而国内钢材期货合约的设计能更好地控制风险。

（四）迪拜和美国的钢材期货

迪拜钢筋期货与国内螺纹钢期货不同。首先,迪拜的交易品种是可焊钢筋,应用范围较窄,主要应用于混凝土地基阶段;国内螺纹钢交易品种主要是指建筑带肋钢筋,主要应用于房地产、公里、铁路建设。相比来讲,国内螺纹钢期货品种在钢材产量中所占比重较大,应用范围较广(见表6.24)。

**表6.24　迪拜钢筋合约**

| | |
|---|---|
| 代号 | DSTL |
| 合约名称 | 优质可焊钢筋 |
| 交易单位 | 10 吨/手 |
| 交割品级 | BS4449(1997)W460 B Type2 |
| 报价单位 | 美元/吨 |
| 最小变动价格 | 1 美元/吨 |
| 每日价格最大波动限制 | 25 美元/吨 |

（续表）

| | |
|---|---|
| 合约月份 | 4个远期月份 |
| 交易时间 | 周一至周五 10:00—18:00(迪拜时间) |
| 最后交易日 | 交割月的第一个周四,遇节假日提前 |
| 持仓限制 | 100手 |
| 交割期 | 最后交易日后的四个交易日 |

其次,迪拜钢筋期货每日价格最大波动限制较为固定,而国内螺纹钢期货的每日价格最大波动限制采取浮动制,不超过上一交易日结算价的±5%,这样可以根据每日行情状况及时对波动限制进行调整,可以更好地控制风险。另外,在交易合约月份上,迪拜钢筋期货仅有4个合约,而国内螺纹钢期货有12个合约,市场参与范围更广。

表6.25是美国CME集团热轧钢卷指数。

**表6.25 美国中西部热轧卷钢**

| | |
|---|---|
| 交易单位 | 20短吨 |
| 报价 | 美元和美分/短吨 |
| 最小波动价 | 5美元/短吨 |
| 交易时间(纽约时间) | CME Globex 电子交易平台从周日18:00至周五17:15,其中每天17:15至18:00的45分钟为休息时间<br>通过 NYMEX ClearPort 清算网络清算的场外互换(EFS)或期转现(EFP),提交时间为周一至周五(除假日外)的17:15之前 |
| 交割月份 | 连续18个月 |
| 最后交易日 | 合约月份最后一个周三之前停止交易 |
| 交割 | 现金交割。最终结算价按照到期月合约该月 cru 的价格评估文件所提供的所有可计算价格平均数执行 |
| 代号 | HR |

## 四、国内外钢材期货品种间跨市场套利

跨市套利是指在某个市场买入(或卖出)某一交割月份的某种商品合约的同时,在另一个市场卖出(或买入)同种商品相应的合约,以期利用两个市场的价差变动获利。跨市套利要满足三个基本条件:(1) 期货交割标的物的品质相同或相近;(2) 期货品种在两个期货市场的价格走势具有很强的相关性;(3) 进出口政策宽松,商品可以在两国自由流通。

由于国外钢材期货相关品种在交易品种上与国内钢材期货品种相差较远,并且成交量较小,不活跃,无法完全实现风险对冲,所以不具备跨市场套利条件。

# 第四节　基于钢材期货的套保风险管理策略

通过对品种价格波动率的测算以及品种间相关性分析,可以知道利用期货工具来管理价格波动风险是可行的。基于此,本节首先对钢材套期保值交易策略进行阐述,主要说明企业如何利用期货套期保值方式将绝对价格风险转化为相对价格风险。

## 一、套期保值的概念

### (一) 套期保值的含义

"套期保值",英文"hedge",本来是指"对冲"。金融学上对"对冲"的解释指特意减低另一项投资的风险的投资。它是一种在减低商业风险的同时仍然能从投资中获利的手法。图 6.17 是进行期货操作的流程。

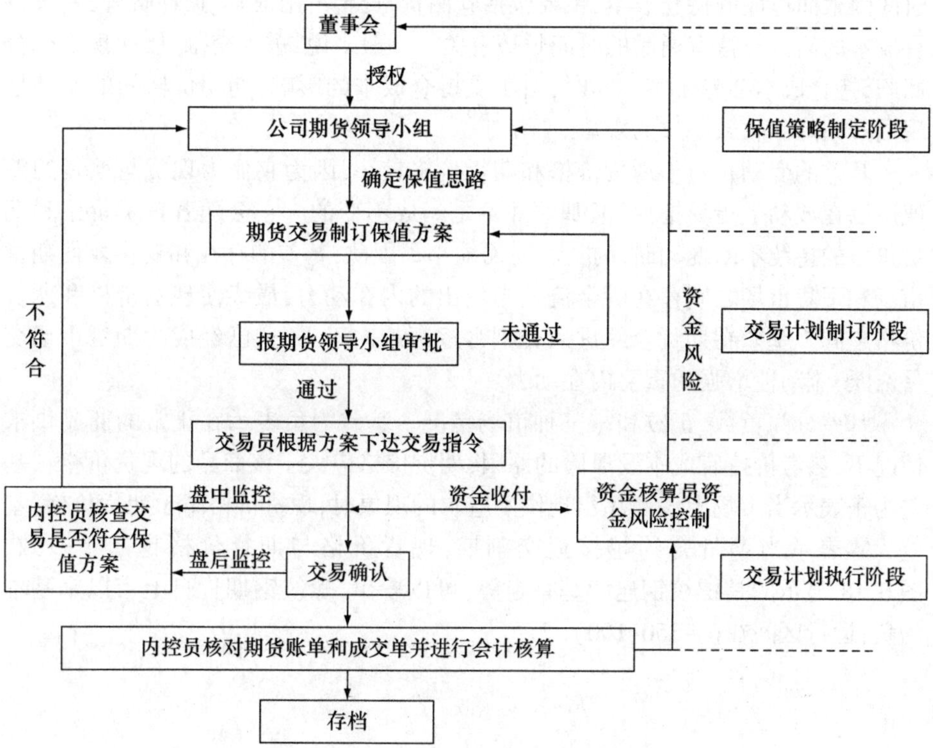


图 6.17　套期保值操作流程图

一般对冲是同时进行两笔行情相关、方向相反、数量相当、盈亏相抵的交易。比如,买进现货的同时卖出同品种的期货,这就形成对冲关系;买进某一月份期货的同时卖出同品种的另一个月份的期货,也形成对冲关系。对冲的结果实际上是将价格锁定了,从而也免除了价格波动导致的风险。人们常把对冲工具称为避险工具。套期保值最真实、最本质的含义是企业可以通过期货与现货两个不同的市场,操作上运用不同的方向和两者有机联系的特殊安排与风险对冲,使生产经营活动不因外部世界环境的不利变化而影响企业自身稳定发展,或者使资产价值得到有效保护。

(二) 基差

基差是指某一特定地点某种商品的现货价格与同种商品的某一特定期货合约价格间的价差,即基差 = 现货价格 - 期货价格。

1. 基差的原理

基差主要衡量期货和现货两种价格之间的差异,它主要反映两个市场由于时间因素而造成的持仓成本,主要包括仓储费、资金占用成本、损耗费等,一般持有成本的高低与持有商品的时间长短有关。一般来说,进入交割月,期现价格会回归,持仓成本会趋于零。同时,由于受持仓成本的影响,期现价格间的变动呈现同升同降和收敛一致的规律。

基差的变动相对于现货价格和期货价格较小,因为它作为现货与期货的差值所以在波动上更易把握,但基差并不是一成不变的。它会随着现货价格和期货价格的持续不断变动时而扩大,时而缩小。因此,基差的存在和变化才使期货市场和现货市场之间存在资金流入与流出的内在动力,最终使现货价格和期货价格趋同。基差在期货合约进入交割月逐渐趋向于零,这已经成为期货市场交易活跃、流动性增强的重要内在动力。

基差分为负数、正数和零三种市场情况。基差为负表示在正常的商品供求情况下,参考价持有成本及风险的原因,期货价格应大于该商品的现货价格。基差为正表示当市场上该商品出现供不应求的现象时,现货价格高于期货价格;基差为零表示当期货合约越接近交割期,现货价格与期货价格越趋于一致。图 6.18 显示的是螺纹钢连续基差走势,可以看出,螺纹钢期货自上市以来基本为负,运行区间在( -350,100)。

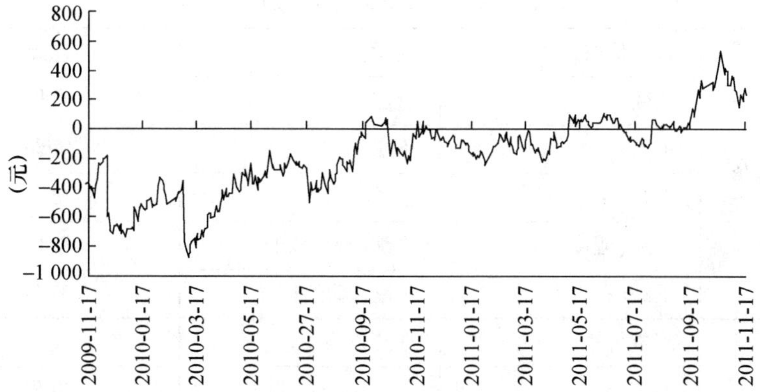


**图 6.18　螺纹钢连续基差**

2. 基差与套期保值效果的关系

基差与套期保值效果的关系如图 6.19 所示。

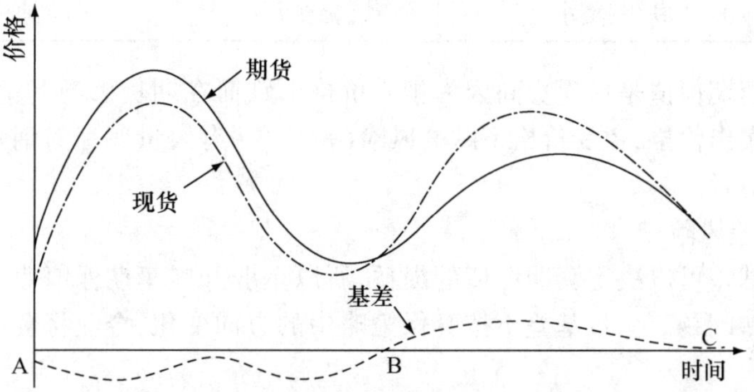


**图 6.19　基差与套期保值效果的关系**

按照套期保值者的买卖方向，套期保值可以分为买进套期保值和卖出套期保值两类。买进套期保值是指现货商因为担心价格上涨而在期货市场上买入期货，目的是锁定买入价格，免受价格上涨的风险（用钢企业），如表 6.26 所示。根据套期保值的分类，我们对基差与套期保值间的具体关系形成如下分析。

表 6.26　买入和卖出保值获利的基差变化

| | | | |
|---|---|---|---|
| 买入保值 | 现货价格 | 期货价格 | 基差 |
| | 不变 | 上涨 | 变弱 |
| | 下跌 | 不变 | 变弱 |
| | 下跌 | 上涨 | 极弱 |
| | 上涨(幅度小) | 上涨(幅度大) | 变弱 |
| | 下跌(幅度大) | 下跌(幅度小) | 变弱 |
| 卖出保值 | 现货价格 | 期货价格 | 基差 |
| | 不变 | 下跌 | 变强 |
| | 上涨 | 不变 | 变强 |
| | 上涨 | 下跌 | 极强 |
| | 上涨(幅度大) | 上涨(幅度小) | 变强 |
| | 下跌(幅度小) | 下跌(幅度大) | 变强 |

卖出套期保值是指现货商因为担心价格下跌而在期货市场上卖出期货,目的是锁定卖出价格,免受价格下跌的风险(钢厂)。有大量库存的钢贸商大多也是卖出保值者。

3. 基差风险

由于基差可以决定套期保值的损益,所以企业开展套期保值业务时应当高度注意基差问题。一旦基差不按套保策略中的方向变化,企业将会面临巨大的风险。

一般情况下的基差风险主要出现在多次移仓、逼仓以及套保期间供需发生牛熊反转等几种情况。大多数企业根据生产计划所设计的套保方案期限可能长于 1 年,而国内期货合约的有效期通常不足 1 年,这就迫使企业使用滚动式套保。由于保值时间较长,基差风险得到累积,一旦发生异常则会对套保企业形成巨大风险。逼仓行为多出现在现货供需紧张、仓单稀缺的情况下。如果逼仓成功,会导致逼仓合约相对现货过高升水,而后期期货合约相对现货明显贴水的异常基差波动。如果逼仓失败,又会导致该挤仓合约甚至后续合约过度贴水现货的情况出现。套保期间供需发生牛熊反转的情况主要表现为,受突发情况的影响,市场趋势逆转,基差变化较大。

## 二、套期保值的发展和作用

### (一) 传统套利保值的理论原则

1. 品种相同或相近原则

该原则要求投资者在进行套期保值操作时,所选择的期货品种与要进行套期保值的现货品种相同或尽可能相近。只有如此,才能最大限度地保证两者在现货市场和期货市场上价格走势基本一致。否则,所做的套期保值交易就难以达到规避价格风险的目的。

由于螺纹钢和线材产量在钢铁产量中所占比重较小,实践中,套保者可能会发现,期货市场中不一定存在与所需保值的品种完全一致的交易品种,尤其对于线材期货自上市以来成交量较小这种情况,那么钢材期货就仅限于螺纹钢一个品种来对现货进行风险对冲。所以,在实践中人们往往采取"交叉套期保值交易"方法来替代。所谓交叉套期保值,就是选择价格走势大致相同的相关品种作为套保交易工具。在钢材产量中,板材的比重较大,对于生产经营卷板的厂商而言,由于目前国内期货市场还没有对应的产品,我们通过测算,这些产品的价格与螺纹钢的价格走势具有高度相关性(热卷与螺纹钢相关度89%,冷卷与螺纹钢相关度85%,中板与螺纹钢相关度90%)。而原料方面,铁矿石、焦炭与螺纹钢也有较高的正相关度(铁矿石与螺纹钢相关度88%,焦炭与螺纹钢77%),仍然可以加以利用,但在数量上应该作出相应的调整。

2. 交易方向相反原则

该原则要求投资者在实施套期保值操作时,在现货市场和期货市场的买卖方向必须相反。由于同种(相近)商品在两个市场上的价格走势方向一致,因此必然会在一个市场上亏损而在另外一个市场盈利,盈亏相抵从而达到保值的目的。如果违反了交易方向相反原则,所做的期货交易就不能称作套期保值交易了。因为这样做不仅达不到对冲价格风险的目的,反而增加了价格风险,其结果是要么同时在两个市场上亏损,要么同时在两个市场上盈利。

3. 数量相等或相近原则

该原则要求投资者在进行套期保值操作时,所选用的期货合约上所载明的商品数量必须与现货市场上要保值的商品数量相当;只有如此,才能使一个市场上的盈利(亏损)与另一个市场的亏损(盈利)相等或接近,从而提高套期保值的效果。例如,某钢厂月产3 000吨螺纹钢,为了规避价格下跌风险,1月卖出5 000吨期货。结果,从1月开始,螺纹钢期货价格开始大幅上扬。到4月期货操作者仍然未能引起足够的重视。进入5月,由于追加保证金不能到位,短期内又不能交货,结果被迫在高位买入平仓,导致亏损。

4. 月份相同或相近原则

该原则要求投资者在进行套期保值操作时,所选用期货合约的交割月份与现货市场的计划交易时间尽可能一致或接近,这样,在套期保值到期时,期货价格与现货价格才会尽可能趋于一致。选用相同或相近时间的期货合约,一方面可以使期货合约覆盖的时间与现货暴露的风险时间一致;另一方面是随着期货合约交割期的到来,期货和现货之间的价格差会缩小。这两方面都有利于增强套期保值的效果。比如,某钢贸企业每月有3 000 吨螺纹钢库存。年初时,螺纹钢现货市场价在4 100 元/吨左右,该企业认可此价格,决定在期货市场进行卖出保值。在选择合约时,最好是一年内每个月份的合约都买进300 手。每个合约都在到期前实施平仓,同时在现货市场上卖出。

(二) 实践中发展的套期保值理论

随着期货交易的发展, 套期保值的内涵在不断地发生变化,经历了从传统概念的套期保值到基差逐利型套期保值,再到组合投资概念的现代套期保值的转变过程(华仁海和仲伟俊,2002)。表6.27 列出了从传统套期保值理论到现代套期保值理论的发展过程及基本交易原则。

**表6.27 套期保值理论的发展过程**

| 指标 \ 理论 | 传统套期保值 | 基差逐利套期保值 | 组合投资套期保值 |
| --- | --- | --- | --- |
| **开拓者** | 凯恩斯、希克斯 | Working(1953) | Johnson (1960)、Stein(1961) |
| **基本假设** | 规避价格风险 | 预期收益最大化 | 风险最小化,预期收益最大化 |
| **交易原则** | 品种相同、数量相等、方向相反、时间相近 | 选择性套保:品种相同、方向相反 | 对冲:调整套期保值比率 |
| **研究问题** | 套期保值是为了规避现货市场上价格波动的风险,起到价格保险功能 | 通过寻找或预期基差的变化来谋取利润,或者说通过发现期货市场与现货市场之间的价格变动来寻找套期保值的机会 | 套期保值者根据组合投资的预期收益和预期收益的方差,确定现货市场和期货市场的交易头寸, 以使收益风险最小化或者效用函数最大化 |

由套期保值理论的发展路径可以看出,套期保值的内涵在发生着变化,期货市场主体参与期货交易不仅是为了降低风险,更重要的是使预期利润最大化。下面将进一步梳理产业客户为什么进行套期保值、如何进行套期保值等问题。

1. 基差逐利型套期保值

20 世纪 50 年代,美国期货专家布鲁克·沃金认为,套期保值的核心不在于消除风险,而在于通过寻求或预期基差变化来谋求利润,即通过发现期货市场与现货市场之间的价格未来波动来寻求获利机会。为了减少基差风险甚至在基差变动中获取额外的利润,可以在保值品种、到期月份、交易部位、持仓数量等变量上做出有效的选择和调整。从这个意义上讲,套期保值是一种套期图利行为。

2. 组合投资型套期保值

马科维茨则提出组合投资型套期保值的观点,主动利用标的资产和期货资产进行组合投资。他认为,套期保值者可以根据投资组合各资产的预期收益率和预期收益的方差,从而计算出投资组合的方差,在组合收益风险最小化或效用函数最大化的约束条件下,得到符合条件的最佳套保比率,从而达到利用期货市场的套期保值主动性管理风险的目的。

3. 发展中的套期保值原则

随着套期保值理论的发展,传统套保的四大原则受到了极大的挑战,主要表现在:(1) 最佳保值月份是可变的。由于不是所有的期货合约月份都恒常活跃,例如螺纹钢期货一般的主力合约是 1 月、5 月、10 月,所以如果企业在保值时间上没有与对应活跃的合约相同或相近,则在理论上保值月份相同或相近原则就不能确保实现最佳保值月份。(2)“数量对等”不一定是最佳配比。在制定套保比率时,传统套保原则讲究数量相等或相近,但在实践中很难做到,同时这样做会带来新的风险。(3)“种类相同”原则局限性较强。传统套期保值原则要求种类相同或相近,但在实际中颇受限制。就国内钢材期货品种来看,主要是螺纹钢,但螺纹钢在钢材产量中的比重较小,难以满足大多企业需求,所以现实中存在大量交叉套保需求。

(三) 套期保值的作用

1. 锁定原材料成本

这对于生产成本相对固定的企业来讲尤为重要。比如钢材生产商,为了避免未来铁矿石价格上涨引起钢材成本增加,可以借助期货市场买入保值,从而控制好成本。

2. 锁定产品销售利润

钢材每月生产钢材,为了避免销售价格下跌致使销售利润受损,可以利用期货市场卖出保值。比如 2011 年 8—9 月,钢价一路下跌,但我国的钢材生产商由于积极利用期货市场卖出套保,反而获得长足发展。

3. 库存管理

库存管理包括降低企业库存成本和锁定库存风险。由于期货合约代表相应的实物量，企业增加库存只需买入对应的期货合约即可。比如钢贸企业需要1 000 吨螺纹钢库存，买入200 吨的现货螺纹钢和买入800 吨的期货铜合约，不仅可以达到买入1 000 吨螺纹钢的目的，而且在资金和仓储费方面也有一定缩减。对现货企业来说，当市场处于高价位时或在下跌趋势中，卖出套保是非常必要的，这样可以防止库存贬值。

## 三、套期保值操作流程

### （一）明确套保需求

企业必须清楚套期保值对企业生产经营的作用，唯有如此才能合理地给套保一个准确的定位；而只有确定套保在企业生产经营中的定位，套保才能真正成为企业整个生产经营中的一个正常环节，套期保值在企业中才能真正具有可操作性。企业在期货市场中的角色是由本企业在产业链中的位置和风险点决定的，即钢铁生产企业担心价格下跌就卖出保值，用钢企业担心价格上涨就买入保值。此外，期货避险的方法一定要和自身的生产经营方式和规模相匹配，即了解企业自身的敞口风险。

### （二）制定套保策略

1. 明确市场方向

分析市场套期保值操作绝不是在简单地买入现货后，就马上在期货市场做一笔卖出交易，也不是未来需要现货就立即在期货市场的远期合约上买入，套保操作能否成功最关键的因素是市场分析。只有通过市场分析，我们才能评估出市场目前处于何种状态，是多头状态、空头状态还是平衡状态，只有确认了市场状态我们才能形成相应的套保策略，是买入还是卖出，或者暂时不需要入市等。

分析市场并不意味着投机，区分投机与套保的关键是期货头寸是否有相对应的现货存在或需求，而不是是否进行市场分析。只要我们的期货头寸有相对应的现货存在或需求，则我们的期货交易就是保值交易。

2. 跟踪价格运动方向和趋势

套保操作只需要关注价格运行的方向和趋势，而不必过分关注价格的每天波动。因为对于套保来讲，我们担心的是市场价格的运行方向对我们不利，而不是每天的价格波动。若过分关注这种日内的波动，最终将难以贯彻套保计划。

3. 使用对冲方式了结

在套保终了时，除非期货价与现货价出现很大的背离才采取实物交割的方式。因为若期货合约到期时与现货价接近，就没有必要在期货市场接现货或卖现货，而可以采取对冲的方式了结期货头寸，这样可以省去交割程序而又不影响现货业务伙伴的关系。当然，若期货价格背离现货价，则交割是个不错的选择。因为要么你可以在期货市场卖出一个高于现货的价格，要么可以在期货市场买到一个低于现货的价格。

4. 始终保持现货和期货头寸的相对应

比如，在未来某个时期需要一定数量的现货，若分析未来价格上涨的可能性较大，则可以先在期货市场买入相当的期货头寸，当现货进来一批后，必须同时减持相应的期货头寸，即做到现货与期货对冲，始终保持期货头寸不要超出现货需求，只有这样才能避免出现套保操作转化为投机操作。套保转化为投机是所有套保业务的大忌，企业必须回避这种现象的出现，因为太多的案例显示了这样做的危害性。

### （三）评估套保效果

某项套期保值活动结束后，均应该按照系统的保值效果评估体系对套保结果进行评估。要计算每笔加减仓后期货与现货对应的金额，并对期货、现货利润进行总计，切忌只计算单边利润，尤其要承担期货面的一定亏损风险。对于保值效果的评估，一方面，企业可以从中总结经验教训，对保值思路或者保值策略进行完善，以利日后的套保取得更好的成绩；另一方面，也是对相关人员考核的依据。

## 四、套期保值的风险管理机制

### （一）风险管理制度

期货属于高风险的金融衍生品，良好的风险控制机制能够保障企业在金融市场稳定、理性地运行。企业在参与期货运作之前，需要通过一系列的制度设计确保“高标准，稳起步”要求落实。事实证明，一套完整的制度、规则设计处处彰显出风险管理的理念，为企业参与期货构建一座相对完备的风险“桥梁”（孙才仁，2009）。

1. 风险管理制度设立原则

**公平、公开、公正原则**。一个健康的期货市场必须保证参与者在公平、公正、公开的市场环境中，同时获得透明的信息，任何一方都不得利用其资金或其他方面的优势达到控制市场的目的，导致钢材期货价格的扭曲。为此，我们严格遵守“三公”原则，以保证期货价格形成机制的公平和公正，维持期货价格体系的真实和透明，建立完善的信息披露制度，及时向经纪公司或交易所如实汇报持仓。

**符合企业特殊需求**。期货风险制度而言具有普遍性，但是企业风险制度的设计也必须充分考虑企业的内外部环境，这是企业能够生存的前提，也是企业风险控制与外界环境相适应的前提。所以企业在设计风险控制时，需要考虑产业链当中企业的风险敞口及所在的位置。所以在设计制度之前需要衡量双方利益关系，顾全大局，符合企业发展特殊要求。

**系统化原则**。风险控制管理制度是一个企业风险管理的基础，它具有整体功能和综合行为。在进行风险管理制度设计时，首先应根据系统哲学思想规划制度，考虑单位整体的需要，以便建立系统、完整与有效的风险管理制度。其次要考虑各子系统的需要与协调。每个单位的整体均是由相互联系、相互制约的各个部分和各个环节组成的，各个组成因素既体现出整体共性，又表现出自己的个性，促使子系统的分工与协作是风险控制制度的目标之一。

2. 风险管理制度构成

金融危机对我国金融业风险防范起到重要的警示作用，未来一段时间我国金融业防范风险的责任将越来越重。有效防范企业的风险、控制风险的任务成为企业必不可少的制度，企业风险管理制度的构成大致可以分为五个方面：

**总则**。即企业在制定期货管理制度时需要达成总的经营目标和期货部分的目标，并将各风险归类阐述明晰。

**风险管理及职责分工**。作为公司的期货风险管理部门，必须明确管理风险的职责和义务，及时揭露风险敞口，确定预案措施，同时识别、分析期货运作的风险流程，确保风险应对方案顺利进行。

**风险评估**。企业在运作期货风险管理时，需要评估风险的承受程度，并将其分为“高”“中”“低”，从定性或定量的角度把风险归类，分析完风险之后结合风险给出应对方案，规避、接受、减少或者分担风险。

**风险管理解决方案**。公司根据风险应对策略，针对各类风险或每一项重大风险制定风险管理解决方案。方案一般应包括风险解决的具体目标，所需的组织领导，所涉及的管理及业务流程，所需的条件、手段等资源，风险事件发生前、中、后所采取的具体应对措施以及风险管理工具。

**风险管理的监督与改进**。公司建立贯穿于整个风险管理基本流程，连接各上下级、各部门和业务单位的风险管理信息沟通渠道，确保信息沟通的及时、准确、完整，为风险管理监督与改进奠定基础。

### （二）各项风险管理制度的设计要点

1. 以交易所制度为前提

各项风险管理制度必须符合交易所规定，例如保证金制度，螺纹钢最低交易保证金标准为期货合约价值的8%；期货交易实行价格涨跌停板制度，由交易所规定各上市期货合约的每日最大价格波动幅度，螺纹钢期货合约每日涨跌停板幅度为前一交易日结算价的±6%；限仓制度，交易所规定会员或者客户按单边计算的、可以持有某一期货合约投机持仓的最大数量；大客户报告制度，会员或者客户持有某期货合约数量达到交易所对其规定的持仓限量80%以上（含本数）的，应当向交易所报告其资金、持仓等情况。根据市场风险状况，交易所可调整持仓报告水平、强行平仓制度等。

2. 突出岗位职能

企业应该通过建立科学严密的期货岗位分离制度，确保期货资金安全有效，防止出现职责不清、信息失密等风险。公司成立专门的期货风险管理部门，专门负责期货相关业务的投资管理、组织、协调工作。

涉及特定保值资产管理业务（研究、投资、交易、风险控制等）岗位必须严格分离，并拥有相互独立的向公司管理层的汇报渠道；监察稽核部负责公司特定仓位的监察稽核工作。

## 五、套期保值中的交割、头寸申请与展期问题

### （一）套期保值与交割的关系

1. 交割与套期保值没有必然的联系

实物交割是指期货合约的买卖双方根据交易所的规则和程序，于合约到期时，通过期货合约标的物的所有权转移，对到期未平仓合约进行了结的行为。客户在进行实物交割操作当中包含两个过程，一是期货交易所对持该合约头寸的多空客户进行平仓，平仓价参考该合约的交割结算价，使多空双方虚盘盈亏均在结算账户体现；二是在最后交割日，多空双方通过交易所的主持，以该合约的最后结算价为货款计算基准，进行仓单与货款的交换，同时空方还需对多方开出相应的增值税发票。

事实上，以实物交割形式来完成套期保值业务在经济上未必合算。首先，在交易所交割，时间和地点未必能适合自己的需求。严格的套期保值要求在时间上匹配，而交易所的交割时间通常是固定的，如果两者不匹配，就会产生时间风险。其次，在交割物的质量和规格方面，尽管交易所的质量标准是无可挑剔的，但超过现货贸易中的实际需求未必受到现货商欢迎。最后，实物交割会产生额外的费用。

2. 套期保值并不排斥交割

从理论上说，期货价格在最后与现货价格应该是一致的，即基差趋向于零，

具有收敛效应。交割与平仓哪个更经济,不难计算。一般而言,基差很小,在期货市场上交割就不经济,只有当不利于自己的基差超过多支付的交割费用时才是经济的。

(二) 套期保值头寸的申报

1. 一般月份套期保值交易头寸的申请与审批

一般月份套期保值交易头寸分为一般月份买入套期保值交易和一般月份卖出套期保值交易。需进行一般月份套期保值交易的客户应当向其开户的期货公司会员申报,由期货公司会员进行审核后,向交易所办理申报手续;非期货公司会员直接向交易所办理申报手续。

申请一般月份套期保值交易头寸的非期货公司会员或客户应当具备与套期保值交易品种相关的生产经营资格。应当填写《交易所螺纹钢一般月份套期保值交易头寸申请(审批)表》,并向交易所提交下列证明材料:企业营业执照副本复印件;当年和上一年的现货经营业绩;企业套期保值交易方案(主要内容包括风险来源分析、确定保值目标、拟交割或平仓的数量意向);交易所要求的其他证明材料。

交易所对一般月份套期保值交易头寸的申请,按主体资格是否符合,套期保值品种、交易部位、买卖数量、套期保值时间与其生产经营规模、历史经营状况、资金等情况是否相适应进行审核,确定其一般月份套期保值交易头寸。一般月份套期保值交易头寸不超过其所提供的一般月份套期保值证明材料中所申报的数量。全年各合约月份一般月份套期保值交易头寸累计不超过其当年生产能力、当年生产计划或上一年度该商品经营数量。

2. 临近交割月份套期保值交易头寸的申请与审批

临近交割月份套期保值交易分为临近交割月份买入套期保值交易和临近交割月份卖出套期保值交易。需进行临近交割月份套期保值交易的客户应当向其开户的期货公司会员申报,由期货公司会员进行审核后向交易所办理申报手续;非期货公司会员直接向交易所办理申报手续。

对临近交割月份套期保值交易头寸的申请,交易所将按照会员或客户的交易部位和数量、现货经营状况、对应期货合约的持仓状况、可供交割品在交易所的库存、期现价格是否背离、市场风险状况等,确定其临近交割月份套期保值交易头寸。临近交割月份套期保值交易头寸不超过其所提供的相关套期保值证明材料中所申报的数量。全年各合约月份临近交割月份套期保值交易头寸累计不超过其当年生产能力、当年生产计划或上一年度该商品经营数量。

### （三）套期保值中的展期

1. 展期的含义

展期是指通过不断使用高流动性的近月期货合约来代替流动性差的远月期货合约以实现对较长期的资产保值方案，即当对一项资产进行套期保值时，如果在到期时间内没有相对应的远月期货合约，只有近月期货合约；又或者远月期货合约的流动性低，无法达到套保所需的量，此时就需要采取展期套保的方式（姜昌武和卢赣平，2010）。

2. 展期交易及展期风险

不难想象，展期交易会有价差风险。对于买期保值来说，如果元月贴水，展期交易可以给套保者带来更多的收益，反之，则会带来展期损失；相反，对于卖期保值来说，如果远期合约升水，展期交易可以给企业带来更多收益，反之，则会带来展期损失。如图 6.20 显示，远月对近月贴水处于高位（130 元/吨），意味对多头展期有利。

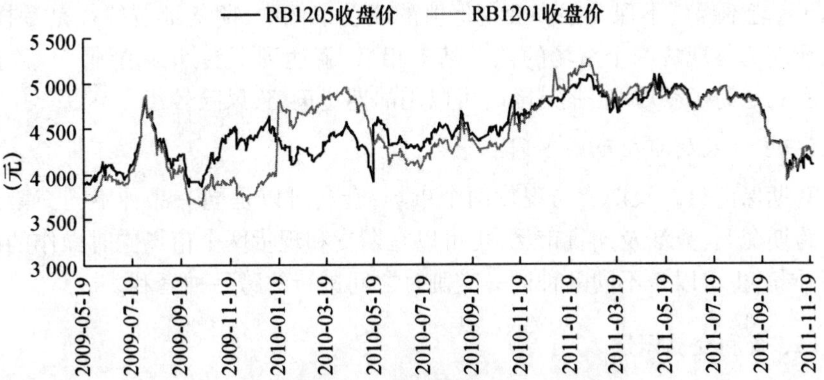


**图 6.20　螺纹钢期货近远合约结构**

## 第五节　基于钢材期货的套利风险管理策略

由于套利关注的也是相对价格变化，所以波动较小，易于管理。本部分首先讨论套利与套期保值的区别与联系，然后重点介绍钢材期现套利、跨期套利和跨商品套利，并结合具体实际展示套利操作方式。由于国外钢材期货交易品种不活跃，成交量较小，所以目前不存在跨市场套利可能，在此不做详述。

## 一、套利与套期保值的区别和联系

套利与套期保值均是基于将绝对风险转化为相对风险操作理念,将单边较高的价格波动转化为双边较低的价差波动。套利者与套期保值者均是建立两个方向相反的交易部位,在对冲后用一个交易部位的盈利弥补另一个交易部位的亏损。两者的区别主要表现在以下几个方面:

(一)基础不同

套期保值者一般是在现货市场上持有头寸,首先基于现货市场交易需求,而在期货市场建立相反的期货头寸以规避现货风险。套利则不同,其持有的多头、空头部位与现货部位是均是套利交易的部分,套利交易者可以从这些头寸的相对变化中获得利润。

(二)目的不同

套期保值在期货策略中被称为“吃药”,意思是只有在现货上出现风险才要“吃药”,能不保就不保。很多套期保值的成功案例中,期货部位往往是亏损的,但只要期货与现货两个市场的盈亏基本相抵,就达到了套期保值锁定风险的目的。套利是为了获取利润,是随时可以用的期货策略,风险较小。

(三)涉及的市场范围不同

套期保值只涉及期货与现货两个市场;套利可以是同一品种不同交割月之间的跨期套利,只涉及期货市场,也可以是期货和现货两个市场同时操作的期现套利,同时也可以是不同品种同一交割月之间进行的跨品种套利。

## 二、套利交易概述

(一)套利交易特点

套利交易主要指利用相关市场或相关合约之间的价差变化,在相关市场或相关合约上进行方向相反的交易,以期价差发生有利变化而获利的交易行为。

1. 风险相对较低

套利交易在本质上是一种对冲交易。在进行套利交易时,交易者关注的是合约之间不合理的价格差价关系,而不是单个合约的绝对价格水平,从而相对规避了市场上价格剧烈波动时单向交易的风险。价差的波动幅度较价格的波动幅度要平缓一些,因此套利交易的风险和收益相对投机交易稳定。

2. 更适合机构投资者

虽然套利交易风险比较低,交易者可能获得较稳定的收益,但在实际操作中对投资者的要求较高。一方面套利交易要同时承担两个市场或者两个合约的交易风险,需要较多资金进行支持;另一方面套利要求投资者对价差走势有深入的跟踪和研究。机构投资者同时具备资金优势和研发优势,而且机构投资者更倾向于获得稳定性收益,因此国际期货市场出现了众多专门进行套利交易的机构投资者。目前我国商品期货市场已经形成了一些专业套利群体,这些机构投资者将通过套利交易平抑市场价格的不正常波动,成为我国期货市场稳定健康发展的重要力量。

### (二) 套利交易影响因素

1. 持仓费用

期货品种的仓储费用、交割费用、资金成本等费用相对稳定,在算好费用总和的基础上,如发现某一商品不同月份合约价差与总费用的价差不合理时,就可以找到套利的机会。对于钢材相关品种持仓费用主要包括仓储费、出入库费用、交割手续费、交易手续费、增值税、资金成本等。

2. 升贴水

不管任何一个期货市场或期货品种,都存在不同程度的升贴水状况,因而升贴水的差异及其变化对套利效果所产生的影响也是比较复杂的。不同市场或品种间的升贴水结构完全不一致。在一个期货升水的正向市场中,合约间的基差分布由近及远价格逐步抬高;在期货贴水的逆转市场中,情形则相反。随着远期合约向交割月份靠近,两者原来的基差呈逆向运行,如果套利交易是在正向市场卖出,而在逆向市场买进,则随着时间的推移,两个套利头寸的基差都会朝着有利方向变动;反之,则可能两边都出现基差损失。而且,如果持有套利头寸期限越长,则因升贴水结构的不一致或背离而造成的可能的损失就越大。

另外,升贴水的幅度的差异以及结果分布的不平衡都会对套利交易效果产生影响。总之,套利头寸持有时间越长,套利效果受升贴水变化的影响程度也就越大。

## 三、钢材期货的期现套利

### (一) 正向套利与反向套利

期现套利是指利用期货市场与现货市场之间的不合理价差,通过在两个试产上进行反向交易,待价差趋于合理而获利的交易。即利用现货交割及持仓成本与期货的价差进行套利交易。其理论依据来自持有成本理论。

1. 正向套利

当期货价格大于现货价格时,称作“正向市场”。这时期货价格对现货价格的升水大于持有成本时,套利者可以实施正向期现套利,即在买入现货的同时卖出同等数量的期货,等待期现价差收敛时平掉套利头寸或通过交割结束套利。

钢材相关品种的正向套利比较适合钢厂和钢材贸易商。因为正向期现套利如果进入现货交割阶段,需要投资者卖出现货,钢厂和贸易商经营的目的是卖出商品,两者的交易流程同向。

2. 反向套利

当期货价格小于现货价格时,称作“反向市场”。反向套利是构建现货空头和期货空头的套利行为。由于现货市场上不存在做空机制,所以反向套利实施会受到很大限制。

钢材相关品种的反向套利比较适合有大量库存的贸易商,因为一般要降低库存成本才会考虑实施反向期现套利。

(二) 期现套利中的无套利区间

所谓无套利区间,是指考虑交易成本后,将期指理论价格分别向上移和向下移所形成的一个区间(见图 6.21)。在这个区间中,套利交易不但得不到利润,反而将导致亏损。具体到钢材相关品种期现套利上,若将螺纹钢(线材成交量较小,此处不做分析)理论价格上移一个持仓成本之后的价位称为无套利区间的上界,将螺纹钢理论价格下移一个持仓成本之后的价位称为无套利区间的下界,只有当实际的螺纹钢价格高于上界时,正向套利才能够获利;反之,只有当实际螺纹钢价格低于下界时,反向套利才能够获利。显然,对于套利者来说,正确计算无套利区间的上下边界是十分重要的。

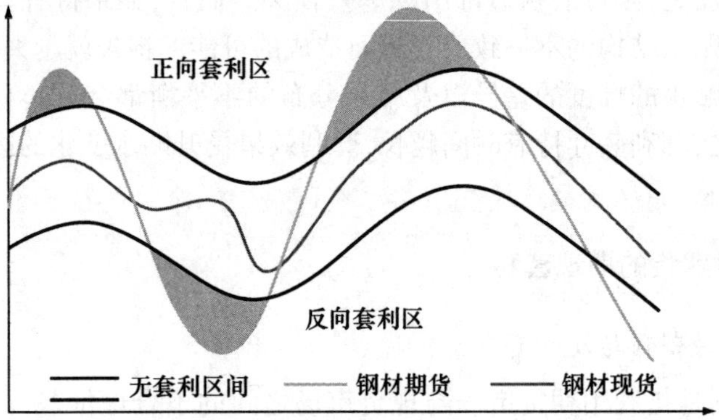


**图 6.21 钢材期现套利的无套利区间**

在正向套利区,可以买入螺纹钢现货,卖出螺纹钢期货;在反向套利区,可以卖出螺纹钢现货,买入螺纹钢期货。

### (三) 期现套利的操作与风险

图 6.22 是期限套利的操作示意图,从发现差价套利空间,开始进场套利,然后到期平仓出场兑现利润。但在操作期现套利时,需要注意下面的风险。

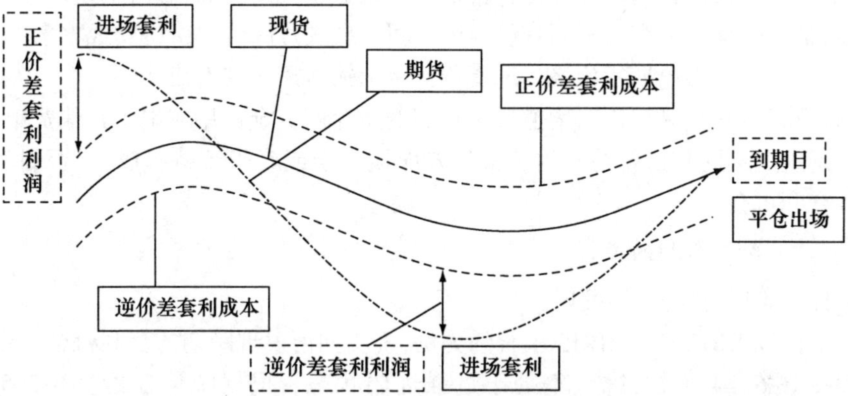


**图 6.22 期现套利操作示意图**

1. 资金管理风险

期货交易是保证金交易,由于资金管理不善而发生的爆仓和强制平仓事件时有发生,因此,单向趋势性交易的投资者都非常注意资金管理问题。但套利交易中的资金管理风险容易被忽视。在实际操作中,套利交易者也应注意做好资金管理。如果保证金投入不足,异常的市场波动将逼迫投资者追加期货保证金,若不能及时追加,期货头寸将会被交易所强平,那么套利活动会被迫提前结束,发生的亏损就将无法挽回。尤其是在有突发事件时出现了期现价差持续扩大的情况,利用统计套利模式进行操作的投资者更要特别注意做好资金管理。

2. 增值税风险

对于进行正向期现套利的投资者,最后进行现货交割时,需要向买方提供增值税发票。因为商品的最终成交价格是按照最后一个月的结算价格计价,是套利方案开始时无法预估的,因此增值税是正向套利持有成本中唯一的变量。如果套利期间商品价格大幅上涨,将大大提高商品的结算价,使得套利投资者需要支付更多的增值税额,造成利润缩水。

## 四、钢材期货的跨期套利

### (一) 跨期套利的理论基础

1. 跨期套利的定义

所谓跨期套利是指在同一市场(或同一交易所)买入(或卖出)某一交割月

份期货合约的同时,卖出(或买入)另一交割月份的同种商品期货合约,以期在两个不同月份的期货价差出现有利变化时对冲平仓获利。

2. 跨期套利的理论基础

跨期套利有两个基本假设前提,第一个是随着交割日的临近,基差逐渐趋向于零;第二个是同一商品不同月份合约之间的最大月间价差由持仓成本来决定。

理论期货价格 = 现货价格 + 运输费用 + 持有成本

持有成本 = 交易费用 + 增值税 + 仓储费 + 存辉资金占用成本 + 其他费用

理论上不同月份合约间的正常价差应该小于或者等于持有成本,否则就会出现套利机会。

(二) 跨期套利的操作

1. 跨期套利机会的发现

下面以 RB1205 与 RB1201 合约为例,说明如何发现跨期的套利机会。由图 6.23 和图 6.24 可知,螺纹钢处于近强远弱状态。根据统计分析,RB1205 与 RB1201 间的合理价差应该在( -100,100)间,合理比价在(0.95,1.05)间。远月合约贴水 100 元/吨,可以做买 1 205 合约卖 1 201 合约套利。

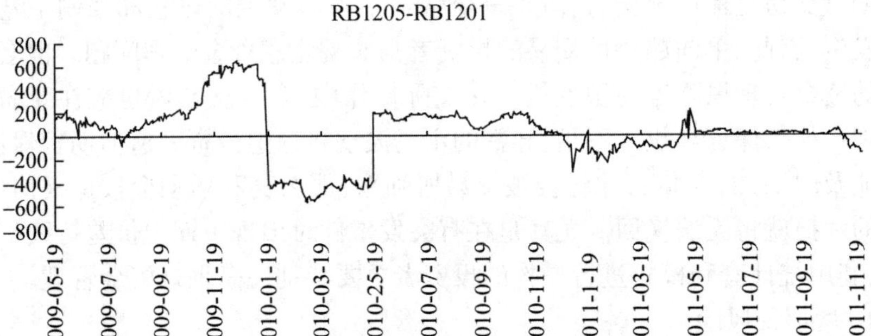


**图 6.23　RB1205 与 RB1201 的关系**

2. 跨期套利的风险分析

跨期套利有两类风险,一类是财务风险,即在正向可交割套利中,仓单要持有到交割日,随着交割日的临近,保证金比率将大幅提高,交易保证金将要占用大量资金。另一类是交割规则风险,即注销仓单不能交割到下一月份。例如螺纹钢期货仓单的有效期为 3 个月,过了有效期,仓单就要注销。

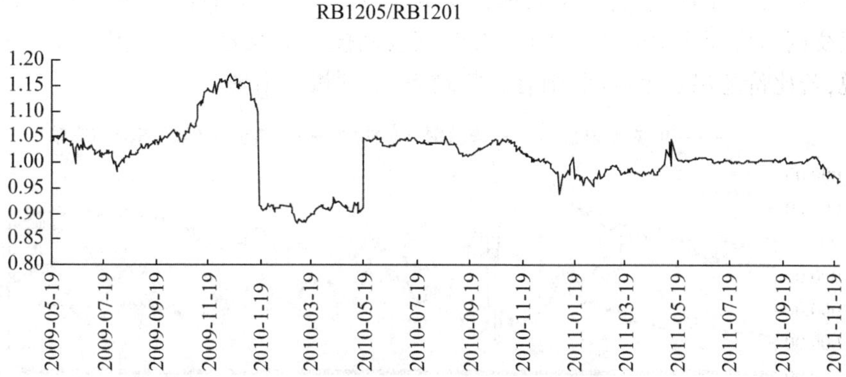


**图 6.24 RB1205 与 RB1201 比价**

## 五、钢材期货的跨品种套利

### （一）跨品种套利的概述

跨品种套利是指利用两种或两种以上相互关联商品的期货合约的价格差异进行套利交易，即买入某一商品的期货合约，同时卖出另一相同交割月份、相互关联的商品期货合约，以期在有利时机同时将这两种合约对冲平仓获利。

跨品种套利一般要有两个基本条件，一是高度相关和同方向运动，进行跨品种套利的两种商品必须具备高度相关和同方向运行，这样一次跨商品套利包含两项类似于对冲性质的反向操作，风险得到相当程度的屏蔽；二是波动程度相当，真正意义上的跨品种套利不仅需要两种商品走势方向一致，还需要它们的长期波动程度相当。

跨品种套利的风险分析。跨商品套利添加了更多的投机色彩，其风险主要来自不同商品，具有不同的个体特征，它们的相关程度和同种商品相比相对较低，波动性也不一致，从而使得相对于跨期和跨市套利，跨商品套利中商品价差的变化区间并非一成不变，并且波动程度也更为剧烈。

### （二）螺纹钢与焦炭间套利

由本章第二节相关性分析可知，螺纹钢与焦炭存在协整关系，相关性较强，具备跨品种套利条件。第一节波动率测算结果显示，螺纹钢波动幅度大于焦炭的波动幅度，由图 6.25 可知，在上涨过程中，螺纹钢与焦炭的比价呈现扩大趋势，在套利操作中可采取买螺纹钢卖焦炭的操作策略；在下跌过程中，螺纹钢与焦炭的比价呈现缩小趋势，即焦炭表现出抗跌性，因此可采取买焦炭卖螺纹钢的策略。

通过统计分析可以测算出，螺纹钢和焦炭的比值主要集中在 2.25 附近，比值在2.0—2.8的样本量占总数据比例为79%。依据统计结果，我们认为焦炭与螺纹钢的合理比价区间为2.0—2.8，其波动核心基准为2.25。因此理论上可以说，若比价超出这个区间，则有回归趋势，套利机会出现。

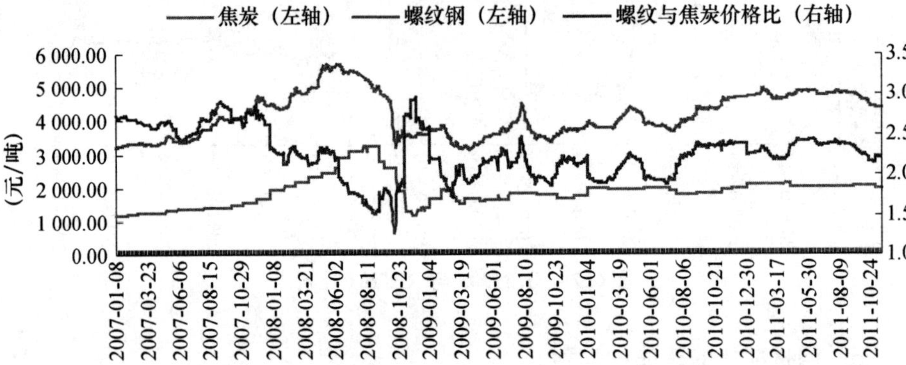


**图6.25 螺纹与焦炭价格比**

（三）螺纹钢与线材间套利

由本章第二节相关性分析可知。螺纹钢与焦炭存在协整关系，相关性较强，具备跨品种套利条件。

由图6.26可知，2008年上半年，螺纹钢与线材价格稳步上涨，但线材涨幅较大，所以价差最低达到－500；2008年下半年，随着螺纹钢、线材价格同步下跌，价差从－500多元快速回归到0附近，表明线材跌幅大于螺纹钢，可以进行买螺纹钢卖线材的套利。2009年两者价差一直在(－100,100)波动，较为平稳。2010年上半年价差继续为负并扩大，表明线材的上涨幅度大于螺纹钢，可以采用买线材卖螺纹钢的套利方式。后下半年又重归正值，螺纹钢与线材齐涨并大于线材涨幅，可以采取买螺纹钢卖线材的套利方式。2011年上半年螺线价格走势较平稳。

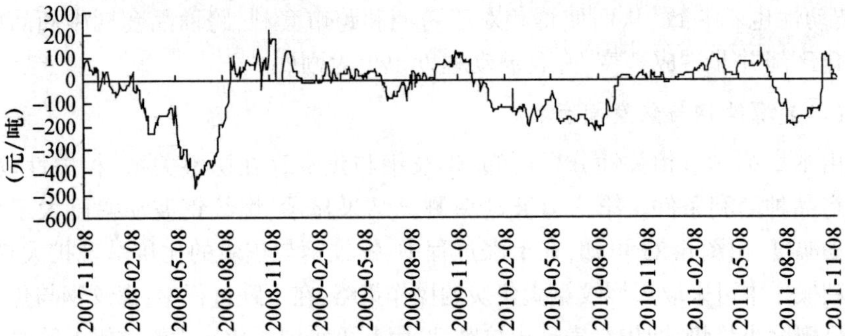


**图6.26 螺纹钢与线材价差**

# 附录 6.1　上海期货交易所螺纹钢、线材期货

## 一、螺纹钢、线材期货合约介绍

**上海期货交易所线材、螺纹钢期货合约**

| 交易品种 | 线材 | 螺纹钢 |
|---|---|---|
| 交易单位 | 10 吨/手 | 10 吨/手 |
| 报价单位 | 元/吨 | 元/吨 |
| 最小变动价位 | 1 元/吨 | 1 元/吨 |
| 每日价格最大波动限制 | 不超过上一交易日结算价 ±5% | 不超过上一交易日结算价 ±5% |
| 合约交割月份 | 1—12 月 | 1—12 月 |
| 交易时间 | 9:00—11:30;13:30—15:00 | 9:00—11:30;13:30—15:00 |
| 最后交易日 | 合约交割月份的 15 日(遇法定假日顺延) | 合约交割月份的 15 日(遇法定假日顺延) |
| 交割日期 | 最后交易日后连续五个工作日 | 最后交易日后连续五个工作日 |
| 交割品级 | 标准品:符合国标 GB1499. 1-2008《钢筋混凝土用钢 第 1 部分:热轧光圆钢筋》HPB235 牌号的 φ8 mm、线材<br>替代品:符合国标 GB1499. 1-2008《钢筋混凝土用钢 第 1 部分:热轧光圆钢筋》HPB335 牌号的 φ6.5 mm、线材 | 标准品:符合国标 GB1499. 2-2007《钢筋混凝土用钢 第 2 部分:热轧带肋钢筋》HRB400 或 HRBF400 牌号的 φ16 mm、φ18 mm、φ20 mm、φ22 mm、φ25 mm 螺纹钢<br>替代品:符合国标 GB1499. 2-2007《钢筋混凝土用钢 第 2 部分:热轧带肋钢筋》HRB335 或 HRBF335 牌号的 φ16 mm、φ18 mm、φ20 mm、φ22 mm、φ25 mm 螺纹钢 |
| 交割地点 | 交易所指定交割仓库 | 交易所指定交割仓库 |
| 最低交易保证金 | 合约价值的 7% | 合约价值的 7% |
| 交易手续费 | 不高于成交金额的万分之二(含风险准备金) | 不高于成交金额的万分之二(含风险准备金) |
| 最小交割单位 | 300 吨 | 300 吨 |
| 交割方式 | 实物交割 | 实物交割 |
| 交易代码 | WR | RB |
| 上市交易所 | 上海期货交易所 | 上海期货交易所 |

资料来源:上海期货交易所。

## 二、交割制度

### （一）螺纹钢交割制度

第1条　交割单位:300吨。

第2条　交割品级见《上海期货交易所螺纹钢期货标准合约》。

第3条　交割螺纹钢质量规定

交割螺纹钢应当是在交易所注册的生产厂生产的注册商品。交割螺纹钢的外形、尺寸、重量及允许偏差应当符合国标GB1499.2-2007《钢筋混凝土用钢 第2部分:热轧带肋钢筋》的规定。交割螺纹钢的每批商品的有效期限为生产日起的90天内,并且应在生产日起的30天内入指定交割仓库方可制作仓单。本款具体操作依据《上海期货交易所交割细则》第十条相关规定,货主向指定交割仓库发货前,应当委托期货公司会员办理入库申报(交割预报)手续。因此,在生成标准仓单的过程中,货主必须在商品生产日起30天内委托会员通过标准仓单管理系统提交入库申报并将货物运抵交易所指定交割仓库的期货垛位。仓库验核商品及单证并将验收结果输入仓单系统后,会员应及时通过仓单系统向交易所提交制作仓单申请。在指定交割仓库交割的螺纹钢其长度为9米和12米定尺。

第4条　交割螺纹钢的包装与堆放

交割螺纹钢包装、标志及质量证明书等应当符合GB1499.2-2007《钢筋混凝土用钢 第2部分:热轧带肋钢筋》。

每一仓单的螺纹钢,应当是同一生产企业生产、同一牌号、同一注册商标、同一公称直径、同一长度的商品组成,并且组成每一仓单的螺纹钢的生产日期应当不超过连续两日,且以最早日期作为该仓单的生产日期。用于交割的螺纹钢每一仓单的标的实物应当作为一个堆放垛位进行堆放。

第5条　交割商品必备单证,应当提供注册生产企业出具的产品质量证明书。

第6条　计量和溢短

交割螺纹钢以实际称重方式计量。每张螺纹钢标准仓单的实物溢短不超过±3%,磅差不超过±0.3%。

第7条　在交割期内,如当日14:00之前办妥标准仓单、增值税专用发票、货款等交割事宜的,交易所当日即清退其相应的交割部位保证金。如当日14:00之后办妥的,交易所将在下一交易日清退交割部位保证金。

第8条　交收地点:交易所指定交割仓库和厂库(由交易所指定并另行公告)。

（二）线材交割制度

第 1 条　交割单位：300 吨。

第 2 条　交割品级见《上海期货交易所线材期货标准合约》。

第 3 条　交割线材质量规定

交割线材应当是在交易所注册的生产厂生产的注册商品。交割线材的外形、尺寸、重量及允许偏差应当符合国标 GB1499.1—2008《钢筋混凝土用钢 第 1 部分：热轧光圆钢筋》的规定。交割线材的每批商品的有效期限为生产日起的 90 天内，并且应在生产日起的 30 天内入指定交割仓库方可制作仓单。本款具体操作依据《上海期货交易所交割细则》第十条相关规定，货主向指定交割仓库发货前，应当委托期货公司会员办理入库申报（交割预报）手续。因此，在生成标准仓单的过程中，货主必须在商品生产日起 30 天内委托会员通过标准仓单管理系统提交入库申报并将货物运抵交易所指定交割仓库的期货垛位。仓库验核商品及单证并将验收结果输入仓单系统后，会员应及时通过仓单系统向交易所提交制作仓单申请。

第 4 条　交割线材的包装与堆放

线材应盘卷交货，包装、标志及质量证明书应当符合国标 GB1499.1—2008《钢筋混凝土用钢 第 1 部分：热轧光圆钢筋》的规定。每一仓单的线材，应当是同一生产企业生产、同一牌号、同一注册商标、同一公称直径的商品组成，并且组成每一仓单的线材的生产日期应当不超过连续两日，且以最早日期作为该仓单的生产日期。

用于交割的线材每一仓单的标的实物应当作为一个堆放垛位进行堆放。

第 5 条　交割商品必备单证

应当提供注册生产企业出具的产品质量证明书。

第 6 条　溢短和磅差

交割线材以实际称重方式计量。每张线材标准仓单的实物溢短不超过 ±3%，磅差不超过 ±0.3%。

第 7 条　在交割期内，如当日 14:00 之前办妥标准仓单、增值税专用发票、货款等交割事宜的，交易所当日即清退其相应的交割部位保证金。如当日 14:00 之后办妥的，交易所将在下一交易日清退交割部位保证金。

第 8 条　交收地点：交易所指定交割仓库和厂库（由交易所指定并另行公告）。

## 三、风险控制

### （一）保证金制度

交易所根据某一期货合约持仓的不同数量和上市运行的不同阶段（即从该合约新上市挂牌之日起至最后交易日止）制定不同的交易保证金收取标准。具体规定如下：

**螺纹钢和线材的持仓量变化时的保证金收取标准**

| 从进入交割月前第三个月的第一个交易日起，当持仓总量（$X$）达到下列标准时（手） | | 交易保证金比例（%） |
|---|---|---|
| 螺纹钢 | 线材 | |
| $X \leqslant 75$万 | $X \leqslant 45$万 | 7 |
| 75万$< X \leqslant 90$万 | 45万$< X \leqslant 60$万 | 8 |
| 90万$< X \leqslant 105$万 | 60万$< X \leqslant 75$万 | 10 |
| $X > 105$万 | $X > 75$万 | 12 |

注：$X$表示某一月份合约的双边持仓量。

交易过程中，当某一期货合约持仓量达到某一级持仓总量时，暂不调整交易保证金收取标准。当日结算时，若某一期货合约持仓量达到某一级持仓总量，则交易所对该合约全部持仓收取与持仓总量相对应的交易保证金，保证金不足的，应当在下一个交易日开市前追加到位。交易所根据期货合约上市运行的不同阶段（临近交割期）调整交易保证金的方法。

**螺纹钢和线材期货合约上市运行不同阶段的交易保证金收取比例**

| 交易时间段 | 交易保证金比例（%） |
|---|---|
| 合约挂牌之日起 | 7 |
| 交割月前第2个月的第十个交易日起 | 8 |
| 交割月前第1个月的第一个交易日起 | 10 |
| 交割月前第1个月第十个交易日起 | 15 |
| 交割月份第1个交易日起 | 20 |
| 交割月份第2个交易日起 | 30 |

当螺纹钢或线材期货合约达到应该调整交易保证金的标准时，交易所应当在新标准执行前一交易日的结算时对该合约的所有历史持仓按新的交易保证金标准进行结算，保证金不足的，应当在下一个交易日开市前追加到位。在进入交割月份后，卖方可以用标准仓单作为与其所示数量相同的交割月份期货合约持仓的履约保证，其持仓对应的交易保证金不再收取。

当某螺纹钢、线材期货合约连续三个交易日(即D1、D2、D3交易日)的累计涨跌幅(N)达到7.5%;或连续四个交易日(即D1、D2、D3、D4交易日)的累计涨跌幅(N)达到9%;或连续五个交易日(即D1、D2、D3、D4、D5交易日)的累计涨跌幅(N)达到10.5%时,交易所可以根据市场情况,采取单边或双边、同比例或不同比例、部分会员或全部会员提高交易保证金,限制部分会员或全部会员出金,暂停部分会员或全部会员开新仓,调整涨跌停板幅度,限期平仓,强行平仓等措施中的一种或多种措施,但调整后的涨跌停板幅度不超过20%。

(二)涨跌停板制度

当某螺纹钢、线材期货合约在某一交易日(该交易日称为D1交易日,以下几个交易日分别称为D2、D3、D4、D5、D6)出现单边市,则D1交易日结算时该合约交易保证金按下述方法调整:螺纹钢、线材期货合约交易保证金比例为10%,收取比例已高于10%的按原比例收取。D2交易日螺纹钢、线材期货合约的涨跌停板为7%(若D1交易日涨跌停板已高于7%的,则D2交易日涨跌停板按D1交易日涨跌停板确定)。

该期货合约若D2交易日未出现单边市,则D3交易日涨跌停板、交易保证金比例恢复到正常水平。

若D2交易日出现反方向单边市,则视作新一轮单边市开始,该日即视为D1交易日,下一日交易保证金和涨跌停板参照《上海期货交易所风险控制管理办法》第十二条规定执行。

若D2交易日出现同方向单边市,则当日收盘结算时该合约交易保证金按下述方法调整:螺纹钢、线材期货合约的交易保证金比例为12%,收取比例已高于12%的按原比例收取。

D3交易日螺纹钢、线材期货合约的涨跌停板为9%(若D2交易日涨跌停板已高于9%的,则D3交易日涨跌停板按D2交易日涨跌停板确定)。

若D3交易日未出现单边市,则D4交易日涨跌停板、交易保证金比例恢复到正常水平。若D3交易日出现反方向单边市,则视作新一轮单边市开始,该日即视为D1交易日,下一日交易保证金和涨跌停板参照《上海期货交易所风险控制管理办法》。

若D3交易日期货合约出现同方向单边市(即连续三天达到涨跌停板),则当日收盘结算时,该螺纹钢、线材期货合约按12%收取交易保证金,收取比例已高于12%的按原比例收取,并且交易所可以对部分或全部会员暂停出金。

当D3交易日期货合约出现同方向单边市(即连续三天达到涨跌停板)时,若D3交易日是该合约的最后交易日,则该合约直接进入交割;若D4交易日是该合约的最后交易日，则 D4 交易日该合约按 D3 交易日的涨跌停板和保证金水平继续交易；除上述两种情况之外，D4 交易日该螺纹钢、线材期货合约暂停交易一天。

（三）限仓制度

经纪会员、非经纪会员和投资者的各品种期货合约在不同时期的限仓比例和持仓限额具体规定如下：

**螺纹钢和线材期货在不同时期的限仓比例和持仓限额规定**

| | 合约挂牌至交割月第二月的最后一个交易日 | | | | 交割月前一月 | | | 交割月份 | | |
|---|---|---|---|---|---|---|---|---|---|---|
| | 某一期货合约持仓量 | 限仓比例 | | | | | | | | |
| | | 期货公司会员 | 非期货公司会员 | 客户 | 期货公司会员 | 非期货公司会员 | 客户 | 期货公司会员 | 非期货公司会员 | 客户 |
| 螺纹钢 | ≥75 万手 | 15 | 10 | 5 | 30 000 | 9 000 | 3 000 | 6 000 | 1 800 | 600 |
| 线材 | ≥45 万手 | 15 | 10 | 5 | 18 000 | 6 000 | 1 800 | 3 600 | 1 200 | 360 |

注：表中某一期货合约的持仓量为双向计算，期货公司会员，非期货公司会员，客户的持仓限额为单向计算，期货公司会员的持仓限额为基数。

同一客户在不同期货公司会员处开有多个交易编码，各交易编码上所有持仓头寸的合计数，不得超出一个客户的限仓数额。交割月前第一月的最后一个交易日收盘前，各会员、各客户在每个会员处螺纹钢、线材期货合约的投机持仓应当调整为 30 手的整倍数（遇市场特殊情况无法按期调整的，可以顺延一天）；进入交割月后，螺纹钢、线材合约投机持仓应当是 30 手的整倍数，新开、平仓也应当是 30 手的整倍数。

（四）大户报告制度

当会员或者客户某品种持仓合约的投机头寸达到交易所对其规定的投机头寸持仓限额 80% 以上（含本数）时，会员或客户应向交易所报告其资金情况、头寸情况，客户须通过经纪会员报告。交易所可根据市场风险状况，制定并调整持仓报告标准。

（五）强行平仓制度

当会员、客户出现下列情况之一时，交易所对其持仓实行强行平仓：

（1）会员结算准备金余额小于零，并未能在规定时限内补足的；

（2）持仓量超出其限仓规定的；

（3）相关品种持仓没有在规定时间内按要求调整为相应整倍数的；

（4）因违规受到交易所强行平仓处罚的；

(5) 根据交易所的紧急措施应当予以强行平仓的；

(6) 其他应当予以强行平仓的。

# 附录 6.2　大连商品期货交易所焦炭期货

## 一、焦炭期货合约介绍

**大连商品交易所焦炭期货合约**

| | |
|---|---|
| 交易品种 | 冶金焦炭 |
| 交易单位 | 100 吨/手 |
| 报价单位 | 元(人民币)/吨 |
| 最小变动价位 | 1 元/吨 |
| 涨跌停板幅度 | 上一交易日结算价的 4% |
| 合约月份 | 1、2、3、4、5、6、7、8、9、10、11、12 月 |
| 交易时间 | 每周一至周五上午 9:00—11:30;下午 13:30—15:00 |
| 最后交易日 | 合约月份第 10 个交易日 |
| 最后交割日 | 最后交易日后第 2 个交易日 |
| 交割等级 | 大连商品交易所焦炭交割质量标准 |
| 交割地点 | 大连商品交易所焦炭指定交割仓库 |
| 最低交易保证金 | 合约价值的 5% |
| 交割方式 | 实物交割 |
| 交易代码 | J |
| 上市交易所 | 大连商品交易所 |

资料来源:大连商品交易所。

## 二、交割制度

**焦炭交割标准品质量要求**

| 指标 | 质量标准(%) |
|---|---|
| 灰分 $A_d$ | ≤12.5 |
| 硫分 $S_{t,d}$ | ≤0.65 |
| 抗碎强度 $M_{40}$ | ≥82 |
| 耐磨强度 $M_{10}$ | ≤7.5 |
| 反应性 CRI | ≤28 |

（续表）

| | | |
|---|---|---|
| 反应后强度 CSR | ≥62 | |
| 挥发分 $V_{daf}$ | ≤1.5 | |
| 焦末（<25mm）含量 | 入库≤5.0 | 出库≤7.0 |
| 粒度（≥25mm） | 入库≥95.0 | 出库≥93.0 |

## 三、风险控制

### （一）交易保证金制度

焦炭期货合约的最低交易保证金为合约价值的5%。交易保证金实行分级管理，随着期货合约交割期的临近和持仓量的增加，交易所将逐步提高交易保证金比例。

**焦炭合约临近交割期时交易保证金收取标准**

| 交易时间段 | 交易保证金（元/手） |
|---|---|
| 交割月份前1个月第1个交易日 | 合约价值的10% |
| 交割月份前1个月第6个交易日 | 合约价值的15% |
| 交割月份前1个月第11个交易日 | 合约价值的20% |
| 交割月份前1个月第16个交易日 | 合约价值的25% |
| 交割月份第1个交易日 | 合约价值的30% |

**焦炭合约持仓量变化时交易保证金收取标准**

| 合约月份双边持仓总量（N） | 交易保证金（元/手） |
|---|---|
| N≤25万手 | 合约价值的5% |
| 25万手<N≤30万手 | 合约价值的8% |
| 30万手<N≤35万手 | 合约价值的9% |
| 35万手<N | 合约价值的10% |

### （二）限仓制度

限仓是指交易所规定会员或客户可以持有的按单边计算的某一合约投机头寸的最大数额。

**焦炭合约限仓标准**

| | 期货公司会员 | 非期货公司会员 | 客户 |
|---|---|---|---|
| 单边持仓量 | >5 万手 | | |
| 限仓单位<br>交易时间段 | % | 手 | 手 |
| 合约一般月份 | 25% ×$N$ | 2 400 | 2 400 |
| 交割月前一个月第一个交易日起 | | 900 | 900 |
| 交割月份 | | 300 | 300 |

$N$ 为期货公司会员持仓比例系数,交易所可以根据相关情况调整。期货合约在某一交易时间段的持仓限额标准自该交易时间段起始日前一交易日结算时起执行。套期保值交易头寸实行审批制,其持仓不受限制。

# 第七章 钢铁业应对营销风险的价格波动管理策略

通过分析可以发现钢材相关品种的价格波动非常大,钢铁产业相关企业有必要借助相关的工具来对价格波动风险进行管理。以往很多企业在管理中,将经营管理和价格风险管理进行了分离,这导致企业无法通过系统性思维来整合资源优化企业的经营管理。事实上,价格波动管理是企业营销活动中的重要组成部分,因为营销策略中四个主要策略之一就是定价策略。本部分的研究将价格波动风险的管理纳入企业的营销管理范畴,通过结合产业客户特点,运用期货套保工具,来优化企业营销活动中的风险管理。

## 第一节 产业企业利用套期保值的研究

近年来,伴随全球经济一体化的加深,大宗商品的价格走势愈加让人难以琢磨,企业经营风险也加大,因此,企业利用期货市场的套期保值和风险管理(risk management)功能来指导现货的生产和流通、规避市场风险、改善经营流程等问题显得至关重要。套期保值的实践不仅关系到期货市场和期货公司的繁荣,更关系到实体产业的健康稳固发展。套期保值(hedging)又称对冲,指利用期货市场对冲现货市场的价格波动风险以达到资产保值的目的。下面将从产业客户利用商品期货进行套期保值的理论发展、国内外研究现状以及服务模式三个方面对此领域进行评述。

## 一、产业企业与商品期货套期保值的利用

### （一）产业企业利用期货套期保值的研究现状

对于产业客户，根据产业链的位置，可以简单将它们分为产业链的上游、中游和下游。上游企业生产期货商品（标的物），中游企业负责对期货商品进行加工或深加工，形成下游消费企业可以使用的半产品，下游企业根据这些半产品再生产出各种供终端消费者购买的产品。各个企业的利润和在产业价值链中的比重，依产业类型而定。

现有关于利用商品期货套期保值的研究主要在上游企业，探讨企业如何进行单期和多期套保、如何确定套保比率、如何依据价格和产量的变化而将生产决策融入套保实务（见表7.1）。然而，由于中游企业和下游消费企业的经营管理和决策相对复杂，有关套期保值问题有待进一步完善，未来研究可以构建能够指导企业实践操作的套期保值模型和策略。

**表7.1　产业企业利用商品期货套期保值的研究现状**

| 企业类型 / 指标 | 期货商品生产企业 | 期货商品加工企业 | 加工品消费企业 |
|---|---|---|---|
| 产业位置 | 上游 | 中游 | 下游 |
| 企业特征 | 销售产品为期货商品 | 采购期货商品，销售半成品 | 利用半成品加工成消费产品 |
| 经营特点 | 生产成本相对固定，产品价格与期货商品高度相关 | 原材料价格与产成品价格都随期货商品的价格而变动 | 原材料与期货商品价格高度相关，而产品价格相关性小 |
| 企业举例 | 农场、铜矿、铅矿 | 棉纺厂、铜杆厂 | 空调、电子、建筑 |
| 风险点 | 产品售价下降；库存合在途价格下跌；销路不畅 | 原材料价格上涨；产品售价下降；库存和在途价格下跌；原材料与产品定价模式、时间和市场不匹配 | 原材料价格上涨；库存和在途价格下跌 |
| 风险方向 | 上游闭口，下游敞口 | 双向敞口 | 上游敞口，下游闭口 |

(续表)

| 指标＼企业类型 | 期货商品生产企业 | 期货商品加工企业 | 加工品消费企业 |
|---|---|---|---|
| 研究问题 | (1) 为什么进行套保、哪些因素影响套保意愿(Musser *et al.*, 1996;马龙龙,2010)<br>(2) 投资组合套期保值:如何确定套保比率和评估效率(王骏和张宗成, 2006; Brown, 1985; Carte, 1999; Collin, 1997; Peek, 1975; McKinnon, 1967)<br>(3) 单期框架、生产产量确定时套保:交易量确定(Danthine, 1978)<br>(4) 多期框架、价格和生产产量不确定是套保:期货价格、现货价格、交易量均为随机变量(Ho, 1984; Mareus and Modest, 1984; Anderson and Danthine, 1983)<br>(5) 基差风险、状态依赖偏好下的套保:交易量确定(Lien, 2004; Briys and Schlesinger, 1993; Brolla and Wong, 2002) | (1) 为什么进行套保<br>(2) 投资组合套期保值:如何确定套保比率和评估效率(Wilson *et al.*, 2006; 高勇,2008;林孝贵,2002)<br>(3) 单一时期框架、需求不确定:产品价格、期货价格、现货价格均为随机变量(Wagner,2001; Wilson *et al.*, 2006; 高勇, 2008) | (1) 期货投资教育系列丛书(2010) |
| 主要结论 | (1) 市场认知、风险、信息渠道等影响企业参与套保的程度<br>(2) 大量研究在农产品领域,套期保值比率和有效性评估问题的解决<br>(3) 卖出产品,平仓<br>(4) 产量分布、风险偏好、交割时期现价差影响套保策略<br>(5) 不同状态下的边际效用适度接近时,部分套保最优;基差风险导致减少交易量 | (1) 风险最小化、预期收益最大化是企业套期保值的根本目的<br>(2) 套期保值可分为纯套保交易、策略性交易和投机性交易 | (1) 套期保值步骤大致分为需求分析、价格预测、保值模式确定 |

因此,虽然国内外研究对此领域做了大量探讨,但是产业客户利用商品期货套期保值的相关研究还有待进一步深入:(1) 识别处于产业链不同位置客户的套期保值需求、风险点和策略;(2) 大多文献关注期货商品生产企业的套期保值,而对加工企业和消费企业的套期保值问题较少涉及;(3) 如何将套期保值策略融入套利策略和经营管理思想,增强企业抵御风险和增强盈利的有效性,探讨

时机选择、时间跨度决策、跨阶段和市场套期保值问题。

更重要的是,我国期货业刚刚起步,有关套期保值的理论和实务研究还处于摸索阶段,如何服务产业客户的套期保值服务模式并有效地服务于实体产业更是空白点。由此,对于我国期货市场和期货公司来说,评估我国背景下的套期保值有效性、摸索适合我国企业的套期保值服务模式,显得尤为重要。

(二)产业客户利用商品期货套期保值的服务模式

期货服务的重要性最近才被业界所认识,而且已有期货服务方面的研究主要集中在对资金客户和机构客户的服务上,例如罗廷坤(2002)探讨了期货产品服务和产品创新;刘宏(2005)研究了在同质业务中构建期货公司的优质客户服务体系。目前对产业客户服务模式的研究还仅停留在理念和认识上,更多的研究是通过案例和事件研究的方式为客户提供期货解决方案(党剑,2009),没有从模式和流程上形成产品化、流程化、标准化的质量可控的服务模式。

国外也很少有文献直接探讨产业客户的服务模式,而更多是从价格发现、产品设计等方面提出套期保值建议。例如 Wilson *et al.* (2006)主要对期货交易、套期保值者和投机者以及交易过程进行描述与解释;凯恩斯、希克斯、卡尔多等经济学家主要研究关于(农产品)期货市场的经济思想、分析方法和期货市场的地位、套期保值和投机,并认为期货交易是一种规避、减小或消除价格风险而进行套期保值的交易活动。

当然,鉴于发达国家产业客户比较集中、数量较少,国外知名期货公司通常采取"个人顾问+分析师支持"的团队服务模式,更多地强调个人专业素养和综合能力,并没有形成标准化、系统化、模式化、质量可控的服务体系。考虑到我国产业客户数量多、产业链条长的国情,我们不能完全模仿国外期货公司的做法,完全依赖个人的作用,而应该通过建立标准化系统化、模式化、质量可控的服务模式,帮助产业客户利用好期货工具。

对于如何制定合适的服务模式,现有文献对界定产业客户服务问题、分析产业客户服务的特征有一定的借鉴意义。例如:金融服务的特征(Auh *et al.*, 2007; Zhou and Pham, 2007)、服务的分类(Jong and Ruyter, 2004; Chan *et al.*, 2010)、服务的质量(Bell *et al.*, 2005)等理论;以及产业营销中的组织决策模式、组织营销管理过程理论(哈利森,1995)。

本研究将在借鉴金融服务理论、组织决策模式和价值链分析(Kaplinsky and Morris, 2002)的基础上,结合产业客户的人、财、物、供、产、销业务流程,构建适合我国企业的系统化、模式化、质量可控的服务模式,帮助产业客户利用好期货的套期保值和风险控制功能。

## 二、产业企业套期保值的研究方法

### (一) 识别企业需求和风险点的研究方法

对于产业企业来说,虽然生产过程和经营流程相对稳定,但是不同企业由于经营模式和战略选择不同,导致企业的利润模式和成本结构也不尽相同,因此需要结合企业的实际情况来识别所面临的潜在风险。一般来说,识别企业的需求和风险点需要深入企业实际来进行研究,通常的研究方法主要有现场调查(问卷和深度访谈)、案例分析方法(搜集二手资料)、回归分析、因子分析、聚类分析等实证分析。

通过现场调查和案例分析可以定性地探究企业的潜在风险和利用专家的专业知识尽快识别风险点。通过回归分析、因子分析、聚类分析等量化实证方法,可以更加准确地把握企业的风险度和影响机制。

### (二) 最优套期保值比率及风险评估的研究方法

自现代套期保值理论开始之后,最佳套期保值比率以及套期保值有效性问题成为期货市场研究的热门和争议话题。根据风险度量方法和目标效用函数选择的不同,对此问题的研究主要可以分为最小风险分析(risk minimization)、均值—方差分析(mean-variance approach),以及风险—报酬权衡(risk-return trade-off)。

**最小风险分析**。该方法应用最为广泛。Johnson(1960)利用 Markowitz 的投资组合理论,整合风险最小化和 Working 的预期收益极大化观念,将现货和期货视为一个投资组合,主张在持有现货头寸的情况下决定期货头寸的大小,并求出使投资组合方差最小的套期保值比率(介于 0 和 1 之间)。

**均值-方差分析**。Anderson(1981)、Kahl(1983)等学者采用报酬与风险并重的均值—方差分析方法,来衡量套期保值组合的期望报酬及其风险,希望在风险最小化的同时使组合的期望收益最大,由此得到一个最优的套期保值比率。

**风险-报酬权衡分析**。此方法参数过多,难以应用。同时考虑报酬与风险的权衡指标,来求出最优的套期保值比率。Howard(1984)以最大化 Sharpe 绩效指数为目标函数。

最小风险分析方法是目前应用最为广泛的测算最优套期保值比率和有效性评估的方法,也是其他两种方法的基础。

表 7.2 列出了现有几种基于最小风险分析的计量方法。

表 7.2　现代套期保值理论下的套期保值比率研究方法

| 指标＼计量方法 | 最小二乘法 OLS | 向量自回归 VAR | 误差修正模型 ECM | 广义自回归条件异方差 GARCH |
|---|---|---|---|---|
| 模型类型 | 单期静态模型 | 多期静态 | 多期静态模型 | 多期动态模型 |
| 代表研究 | Johnson 1960；Ederington（1979）；Myers（1991） | Herbst *et al.*（1993） | Chou *et al.*（1996） | Lien（1996）；Yang and Allen（2004） |
| 基本原理 | 假定一定时期内，现货与期货呈线性，于是可通过简单的线性回归，估计其斜率，该斜率就是符合最小方差目标的套期保值率 | 将滞后项引入模型考虑前期价格因素的影响 | 如果两个序列是协整的，那么一定存在同时包含短期动态信息和长期信息的误差修正模型 | 考虑了条件方差的时滞性 |
| 基本模型 | $\Delta S_t = \alpha + \beta F_t + \varepsilon_t$ | $\Delta S_t = C_s + \sum_{i=1}^{l} \alpha_{si} \Delta S_{t-i} + \sum_{i=1}^{l} \beta_{si} \Delta F_{t-i} + \varepsilon_{st}$<br>$\Delta F_t = C_f + \sum_{i=1}^{l} \alpha_{fi} \Delta S_{t-i} + \sum_{i=1}^{l} \beta_{fi} \Delta F_{t-i} + \varepsilon_{ft}$ | $\Delta S_t = \alpha + h\Delta F_t + \rho e_{t-1} + \sum_{i=1}^{m} \delta_i \Delta F_{t-i} + \sum_{j=1}^{n} \theta_j \Delta S_{t-j} + \varepsilon_t$ | 见参考文献 |
| 套期保值比率 | $\beta = \frac{\mathrm{Cov}(\Delta S, \Delta F)}{\mathrm{Var}(\Delta F)}$<br>$h = \mathrm{Cov}(\Delta S_t, \Delta F_t \mid \Delta S_{t-i}, \Delta F_{t-i})$ | $\mathrm{Var}(\Delta F_{t-i} \mid \Delta S_{t-i}, \Delta F_{t-i})$ | 令 $e_{t-1} = S_{t-1} F_{t-1}$，估计 $h$ | |
| 优缺点 | 简单易行；<br>忽略了协整关系 | 消除残差项序列相关和增加模型的信息量 | 考虑到现货和期货市场前期价格的变动可能会影响到当前价格的变动 | 刻画了比率的时变性；估计困难 |

注：$F_t$ 为期货价格，$S_t$ 为现货价格。

然而,虽然复杂计量技术可能优化套期保值效果,但也存在估计困难的缺陷。因此,依据方法的不同,并不存在唯一的最优套期保值比率,关键点还是在于正确识别客户的套期保值需求和风险点。

## 第二节　基于卖出保值的生产企业营销中的价格风险管理

根据第六章对钢材期货的风险管理策略的相关介绍,具体对于钢铁生产企业而言,其营销管理中最大的风险来自产品销售过程,因此可以借鉴套期保值策略,选用卖出保值方式。

### 一、钢铁生产企业的营销管理模式

#### (一) 钢铁生产企业的概况

通过第二章对我国钢铁业市场结构的分析结果显示,我国的钢铁业呈现出完全竞争格局,而不是寡头垄断行业,这种格局对钢铁业维持协调竞争和保持长期高额利润提出了挑战。从理论上来讲,钢铁业应该属于规模经济型行业,但由于我国地方政府和投资方的急功近利,使全国钢铁生产企业从 10 年前大约 600 家,迅速扩张到 1 000 家左右,遍地开花。这样准入门槛低,使得相当数量的企业生产规模小、技术水平低、设备老化,造成规模经济壁垒失效,钢铁生产企业无法使利润最大化,并且近几年行业利润率急剧下降,平均利润低于银行存款利率。

我国钢铁生产企业主要分布在东北、华北和华东地区,有生产许可证的有 346 家,没有生产许可证的大概有 681 家。近几年,我国钢铁工业在产量上已经一跃成为全球钢铁生产大国。那么对于众多钢铁生产企业,面对我国目前的行业状况,应该如何在管理上运用有效手段应对营销风险,使规模经济可以发挥最大化,将钢铁业变为寡头垄断型行业,使利润最大化的目标得以实现,在此我们对近两年部分生产企业运用钢材期货来应对经营中的风险的实际操作进行概要介绍,为广大钢铁生产企业在经营管理方面提供一些思路。

#### (二) 钢铁生产企业的营销管理模式

由于钢铁生产企业的生产具有连续性的特点,为了维持企业的正常生产经营需要有足够的产品订单,这要求钢铁生产企业有良好的营销模式和稳定的客户群给以保证。为此,钢铁生产企业的营销管理模式是根据客户需求确定订单和价格,然后推动生产部门根据订单制订生产计划和相应的采购计划。尤为关键的是,在制订采购计划时,必须通盘考虑与企业销售计划的匹配性。

**作为龙头的销售管理环节。**钢铁生产企业在销售方面主要采取订单形式。

在国内，钢厂具有定价权，一般根据市场价格和订单量按照月度和旬调价。一般钢厂在年初跟贸易商会定大概一年的协议量，每月月初会跟各种经销商报一个计划合同价，合同价一般按照月初公布的最新调整价格。

**作为支撑的生产管理环节**。钢铁生产企业产能主要依据前期设备投入情况确定，一旦产能确定，每月产量基本保持稳定，一般不调整，但在市场行情持续恶化、厂内库存较高、订单缺少的情况下才会调整产量。只要边际利润存在，产量就不做调整。生产的主要原料主要包括国内铁精矿粉、进口铁矿石、焦炭、废钢。其中铁矿石用料占比在30%以上，钢材低端产品主要用国产铁精矿粉，而高端产品选用进口铁矿石。目前吨钢的冶炼成本在4 100元左右，钢铁生产工艺较长时间不变。

**作为源头的采购管理环节**。钢铁生产企业在采购上主要指铁矿石和焦炭。一般大型钢厂都有自己的焦化厂，所以外采情况较少。铁矿石方面，进口矿的主要供应商为必和必拓、力拓和淡水河谷三大巨头所垄断，铁矿石的长协价采取季度定价方式。

## 二、钢铁生产企业营销管理中的主要风险

### （一）销售环节的风险

通过对钢铁生产企业营销管理模式的分析，可以观察到企业在营销管理中面临多方面的风险。首先，在销售环节中，会面临当初订单确定的价格与当前市场价格的差异性，如果市场价格高于当初确定的价格，就会给企业带来潜在利润的损失。其次，在生产环节中，由于当初的产品订单已经确定了销售价格，企业如果需要获取必要的利润就必须在生产环节合理控制成本，这给企业的生产过程带来了潜在的成本风险，是由生产过程中原材料价格的上涨所带来的。最后，在采购环节中，企业更需要直接面对原材料价格波动的风险，企业如何选择合适的采购时机和采购量安排，这对企业控制采购成本造成很大的调整。

原材料生产成本大幅上升，钢厂虽能一定程度上通过提高销售价格转移成本，降低风险，但往往面临产品销售价格的提高难以跟上成本上涨的局面，同时累积提价也会对需求产生明显的抑制作用，从而导致供过于求出现下跌趋势，2013年第三季度至年底，国内外钢材价格从峰值急速下滑，中国钢材价格如螺纹钢跌幅达37%，此间往往成品销售困难，库存大幅增加，资金周转紧张，给企业带来极大的生产经营风险。钢铁生产企业连续生产的特点进一步放大了这种风险。

以上情况表明：在没有一个好的对冲手段的背景下，钢材生产企业在采购、

生产以及销售过程中,均面临极大的价格波动风险。在钢材期货未上市前,企业主要根据经验预研预判价格走势,来避免价格的波动给公司经营带来的影响。而钢材期货的出现,使企业找到了规避价格风险的工具。

(二) 生产环节的风险

在钢铁的成本构成中(见图 7.1),铁矿石和焦炭是最大的成本支出,分别占 30% 以上,合计占到整个成本的 60% 以上;其次是废钢和铁合金,分别占总成本的 10% 左右。铁矿石、焦炭同属资源性产品,近年来随着经济的高涨,铁矿石、焦炭的价格持续上涨。企业生产所需的原燃料采购成本,受国际主要原燃料生产企业生产能力大幅提高及我国钢铁产量增幅下滑影响,2014 年钢铁原燃料供需格局逆转,价格大幅下降。62% 的进口铁矿石到岸价由年初的 133.1 美元/吨降至年末的 68.7 美元/吨,下降 48%;焦炭由 1 425 元/吨降至 893 元/吨,下降 37%。废钢由 2 445 元/吨降至 1 928 元/吨,下降 21%。2014 年,铁矿石、煤炭等大宗原材料价格降幅大于钢材价格,钢铁企业总体经济效益有所起色。纳入中国钢铁工业协会财务指标统计的会员钢铁企业,全年实现销售收入 35 882.07 亿元,同比下降 2.98%;实现利税 1 090.92 亿元,同比增长 12.15%;实现利润 304.44 亿元,同比增加 87.54 亿元,增长 40.36%。累计亏损面 14.77%,同比下降 4.55 个百分点;亏损额 117.47 亿元,同比下降 8.02%;盈亏相抵后实现利润 304 亿元,增长 40.4%。销售利润率为 0.85%,同比提高 0.26 个百分点,但仍处于工业行业最低水平。

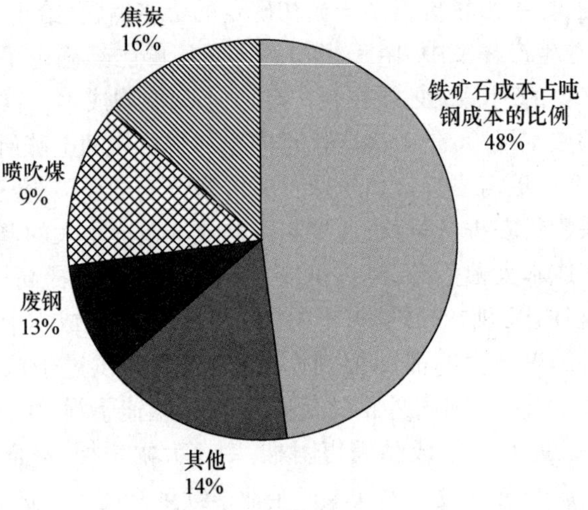


**图 7.1 钢铁成本构成**

### （三）采购环节的风险

随着次贷危机影响蔓延而导致的全球经济下滑，也使2006年以来持续攀升的铁矿石价格出现大幅下滑，企业在前期所采购的矿石也因此造成了大幅贬值。截至2014年11月21日，全国41个主要港口铁矿石库存总量为10 805万吨，较前一个月增加87万吨，同口径库存10 301万吨；其中，澳矿库存量为5 571万吨，巴西矿库存量为1 937万吨，印度矿库存量为75万吨，贸易矿库存量为3 767万吨，精矿粉库存量382万吨，球团库存量为229万吨，块矿库存量为1 030万吨。作为钢铁主产区的山东，目前中小钢企盛产的螺纹钢价格已严重倒挂，预计2016年年初将有约80%的中小钢企会选择停产。矿石价格的波动大大增加了企业在采购阶段的风险，风险主要在于原材料采购后，在加工完成前或者加工完成但成品未销售钱，成品价格下滑或者原料、成品价格共同下滑，形成销售价和成本的倒挂。2010年涟钢爆出27亿的巨额亏损，主要原因就在于，涟钢近两年来铁矿石长协比例逐年降低至40%左右，铁矿石成本明显偏高；同时，涟钢未能把握好铁矿石采购时机，在上年第二季度铁矿石处于年内最高价格时采购了大量铁矿石，并于第三季度到货使用，但第三季度钢材市场价格大幅下挫。

## 三、钢铁生产企业营销中的价格风险管理思路

为了更好地说明钢铁生产企业是如何在营销管理中控制价格波动风险，本部分将结合一代表性企业，具体分析企业是如何利用期货工具来管理营销中的价格波动风险的。

### （一）企业基本情况

武钢集团是新中国成立后兴建的第一个特大型钢铁联合企业，于1955年开始建设，1958年9月13日建成投产，是中央和国务院国资委直管的国有重要骨干企业。本部厂区坐落在湖北省武汉市东郊、长江南岸，占地面积为21.17平方千米。武钢集团拥有从矿山采掘、炼焦、炼铁、炼钢、轧钢及配套公辅设施等一整套先进的钢铁生产工艺设备，是我国重要的优质板材生产基地，为我国国民经济和现代化建设作出了重要贡献。武钢集团经过兼并重组后，已成为生产规模近4 000万吨的大型企业集团，居世界钢铁业第四位，2010年，武钢集团跻身世界500强行列。

武钢集团目前的长材生产主要由其旗下子公司完成，其中子公司一生产的螺纹钢年产量是100万吨，线材是72万吨；子公司二生产的螺纹钢年产量是300万吨，线材是75万吨。

自2007年起，武钢集团下属国贸公司就开始对有色金属（主要是锌）套期保值进行过研究，但由于种种原因未能真正介入期货。钢材期货上市以来，武钢

集团一直密切关注其发展。目前虽然没有正式参与上海期货交易所的钢材期货,但各项准备工具都在有条不紊地进行。首先是人才储备与制度建设。目前公司的期货交易流程、规范已经完成,风险控制制度也在不断完善中。为了解决期货人才储备不足,公司外部引进和内部培训相结合,积极打造人才队伍。其次是交割品牌的申请。集团下的两家企业都已申请了注册钢材期货交割品牌。

(二) 营销风险及控制思路

近几年,钢价波动剧烈,2008 年下半年的金融危机使钢价一路下跌,跌幅达 37%。2009 年、2010 年下半年由于下游需求力度不足,钢价跌破成本位使企业利润受损。为避免 2011 年下半年重蹈历史覆辙,武钢集团预备借助期货工具来管理营销中的价格波动风险。预备采取卖期保值的方式锁定利润,保值对象为螺纹钢 5 万—6 万吨、线材 3 万吨、圆钢 3 万吨。但是,参与了期货套期保值并不代表就没有风险了。因为期货市场是风险与机遇并存的市场,即使是套期保值也存在许多风险,比如流动性风险、财务风险、交割风险、增值税风险等。如果不结合企业实际情况,盲目在期货市场上操作,反而加大了企业的经营风险。为了保证企业套期保值业务的规范发展,武钢集团公司成立了期货业务部,负责市场分析、操盘事宜,建立了管理体系,制定了相关制度、流程,建立了科学的期货业务风险管理体系,其风控措施主要从体系、制度、流程和操作四个方面入手:

**管理体系**。建立适合企业实际、科学合理的期货交易、风险控制管理体系,实行交易决策、操作、风险控制职责、人员分离,做到稳妥积极,风险可控。

**管理制度**。企业制定了严格的期货交易制度,出台了《期货投资风险控制管理办法》,实行投机交易和套保业务分开,对期货投资理财部人员职责分工和要求进行了精确的定位,从源头控制风险。例如规定操作人员在工作期间不得利用任何通信工具与外界交流,且不得开设个人账户,建仓价格、方向一定要在规定范围内等。

**管理流程**。针对套保过程中可能出现的资金调拨、下单流程、流动性风险紧急处理、市场风险紧急处置、操作失误、突发事件风险等种种情况,企业制定了专门的流程,要求相关人员按流程处理。例如,操作流程设计为:分析人员负责与期货公司沟通并制订套保方案,通过后,操作人员严格按照方案执行,然后稽核人员进行核查,并做汇报,最后实施操作。操作告一段落后,期货业务小组进行总结与评估一记录入档案,封存。

**操作流程**。操作方面实行分析人员、操作人员及核查人员分离,并进行有限授权,且每个交易日后需向负责领导进行书面及口头汇报。书面汇报采取统一格式,内容包括操作计划、执行情况、成交结算明细等,领导签名后交付保存。目前公司参与期货的各项制度制定工作已经准备完毕。

（三）保值操作思路

1. 基于风险变化的套期保值体系

对于生产商而言，套期保值，实际上是基于利润的变化对于现货或未来的现货进行提前销售的行为。基于此理论，我们认为，武钢集团参与套期保值的主体思路应该是根据利润变化来确定预销售的数量。

如图 7.2 所示，可以设定，当利润变化超过某一区间时，风险度变化为 $X$，最终套保头寸持有数量可以确认为：

套保头寸持有数量 = 基础套保数量 + $X$ × 浮动套保单位数量

即每当价格向上或向下增加一个区间，套保单数量增加某一个值，距离基准区间越远，套保头寸增加速度越快。经过多次验证，为了满足武钢集团套期保值交易比例的安排，建议 X 值使用斐波拉契数列。

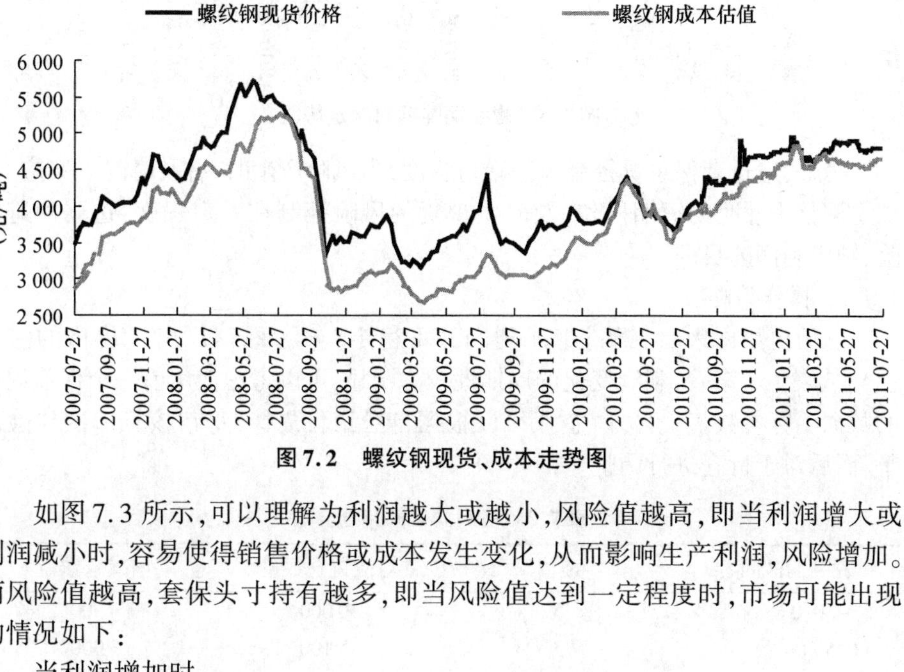


**图 7.2　螺纹钢现货、成本走势图**

如图 7.3 所示，可以理解为利润越大或越小，风险值越高，即当利润增大或利润减小时，容易使得销售价格或成本发生变化，从而影响生产利润，风险增加。而风险值越高，套保头寸持有越多，即当风险值达到一定程度时，市场可能出现的情况如下：

当利润增加时：

销售价格上涨，成本不变，利润扩大。应对措施：增加保单，预防销售价格回调带来的利润损失。

销售价格维持稳定，成本下跌，利润扩大。应对措施：增加保单，预防销售价格跟随下跌带来的利润损失。

当利润减少时：

销售价格下跌，成本不变，利润减少。应对措施：增加保单，预防成本跟随下跌，推动销售价格进一步下跌。

销售价格维持稳定，成本上涨，利润减少。应对措施：增加保单，预防销售价格反向倒逼成本回调。

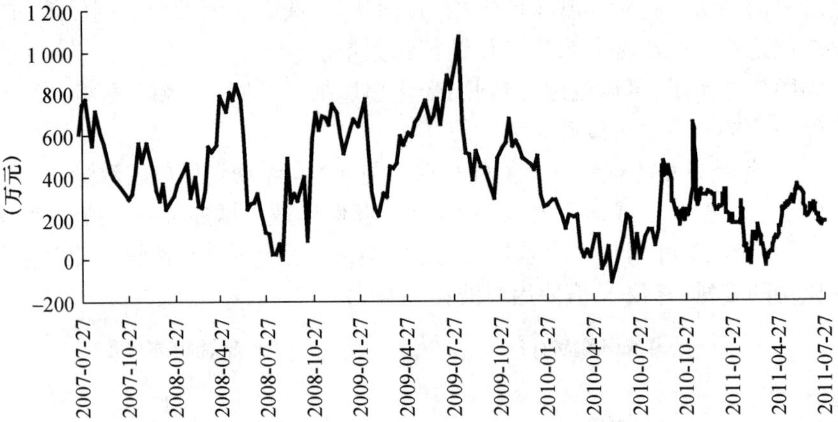


**图 7.3　螺纹钢吨钢利润走势图**

另外，通过套保总量控制风险敞口程度，当风险产生时，有及时的方案应对，加上调整头寸时的短期操作，及时将现货的风险控制在一定程度，达到回避风险、锁定利润的目的。

2. 操作策略

从历史数据来看，钢材生产利润并不稳定（未考虑钢厂出厂价格的滞后性），从表 7.3 来看，利润变化的周期性较为明显，可以考虑使用前一个保值周期的数据测算参数值。另外，企业可以根据自身销售规律，每旬核算一次风险水平，而后对于持仓进行调整。

**表 7.3　各利润区间持仓分布**

| 利润区间 | X 值 | 对应持仓数量 | 增减仓数量 |
| --- | --- | --- | --- |
| [−50,0] | 5 | 10 000 | 4 900 |
| [0,50] | 3 | 5 100 | 3 000 |
| [50,100] | 2 | 2 100 | 2 100 |
| [100,200] | 1 | 0 | 0 |
| [200,250] | 2 | 2 100 | 2 100 |
| [250,300] | 3 | 5 100 | 3 000 |
| [300,350] | 5 | 10 000 | 4 900 |

注：为便于计算，单位区间持仓数量定为整数。

例如,2011 年上半年利润变化区间约为[ -50,350],可以取中值 150 为基本套保线。以 50 元/吨作为的变化测算标准。即设定当利润变化达到 50 元/吨时,风险值 $X$ 进行一次调整,而在区间上缘 350 元/吨或下缘 -50 元/吨时,套保比例达到 100%。因此以 1 万手作为保值总数在各个价格区间的持仓手数如表 7.3 所示。

3. 其他事项

在具体执行的时候,还需要考虑保值合约的合理选择。表 7.4 是结合合约特性进行的资金预算的测量。

**表 7.4 资金预算**

| 利润区间 | $X$ 值 | 对应持仓数量(手) | 保证金预算(万元) | 风险准备金(万元) | 资金合计(万元) |
|---|---|---|---|---|---|
| [ -50,0] | 5 | 10 000 | 6 000 | 3 000 | 9 000 |
| [0,50] | 3 | 5 100 | 3 060 | 1 530 | 4 590 |
| [50,100] | 2 | 2 100 | 1 260 | 630 | 1 890 |
| [100,200] | 1 | 0 | 0 | 0 | 0 |
| [200,250] | 2 | 2 100 | 1 260 | 630 | 1 890 |
| [250,300] | 3 | 5 100 | 3 060 | 1 530 | 4 590 |
| [300,350] | 5 | 10 000 | 6 000 | 3 000 | 9 000 |

注:为便于计算,保证金预算取近似值。

(四) 策略的历史回顾模拟推演

为了更好地将操作思路应用于实践中,下面就建仓策略对 2010 年上半年、2010 年下半年、2011 年上半年以及 2009 年特殊行情(利润急速上升再下降)进行模拟推演(假设基差不变),另外为了更形象地描述建仓过程,本研究以 2009 年特殊行情和 2011 年上半年行情为例,做具体推演过程展示。

1. 2009 年特殊行情

2009 年 7 月 2 日至 9 月 3 日行情较为特殊,利润出现了急速上升再下降的现象,具体表现如图 7.4 所示。

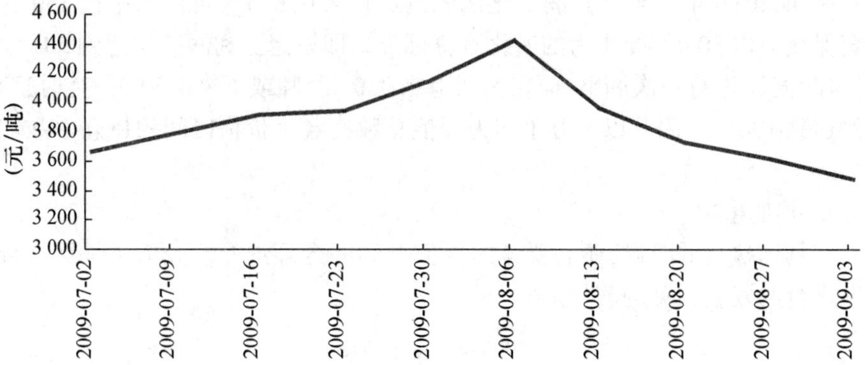


**图 7.4　2009 年特殊行情价格变化**

由图 7.5 可知,2009 年 7 月 2 日至 9 月 3 日期间,行业利润由 648 元/吨升至 1 071 元/吨后又急转直下降至 384 元/吨。

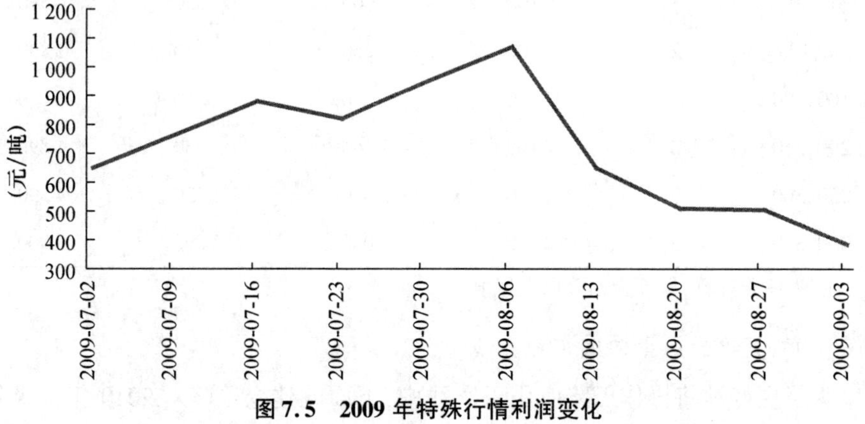


**图 7.5　2009 年特殊行情利润变化**

于是,根据前面分析指出的建仓策略,对此次行情做具体推演如表 7.5 所示。

**表 7.5　2009 年特殊行情推演**

| 时间 | 利润（元/吨） | 价格（元/吨） | 对应仓位（手） | 加减仓 | 现货盈亏（元） | 期货盈亏（元） |
|---|---|---|---|---|---|---|
| 2009-07-02 | 648.2 | 3 670 | 0 | 0 | 45 372 419 | 0 |
| 2009-07-16 | 882.0 | 3 920 | 10 000 | 10 000 | 61 738 945 | 0 |
| 2009-07-23 | 821.8 | 3 940 | 10 000 | 0 | 57 526 847 | −2 000 000 |
| 2009-07-30 | 949.0 | 4 150 | 10 000 | 0 | 66 428 058 | −21 000 000 |

（续表）

| 时间 | 利润（元/吨） | 价格（元/吨） | 对应仓位（手） | 加减仓 | 现货盈亏（元） | 期货盈亏（元） |
|---|---|---|---|---|---|---|
| 2009-08-06 | 1 071.8 | 4 420 | 10 000 | 0 | 75 023 009 | −27 000 000 |
| 2009-08-13 | 650.4 | 3 960 | 10 000 | 0 | 45 527 758 | 46 000 000 |
| 2009-08-20 | 508.1 | 3 730 | 10 000 | 0 | 35 568 916 | 23 000 000 |
| 2009-08-27 | 507.0 | 3 620 | 10 000 | 0 | 35 493 472 | 11 000 000 |
| 2009-09-03 | 384.2 | 3 480 | 10 000 | 0 | 26 894 346 | 14 000 000 |

在此次建仓过程中，现货盈利 44 957 万元，期货盈利 4 400 万元，总体盈利 49 357 万元，如图 7.6 所示。

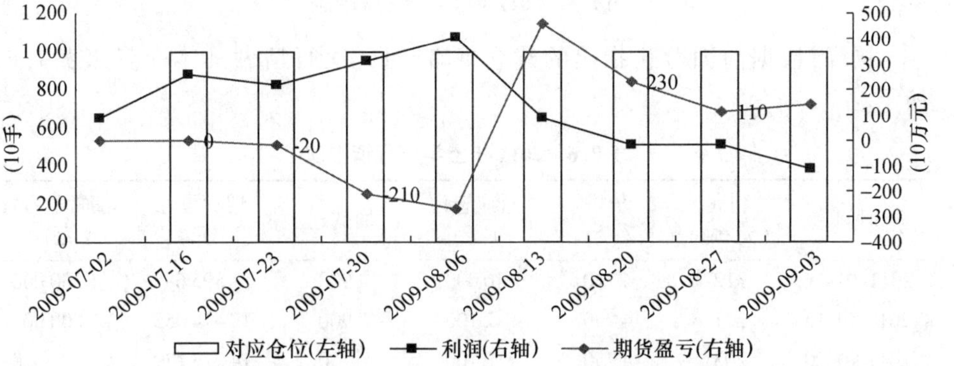


**图 7.6　2009 年 7—9 月特殊行情推演效果**

2. 2011 年上半年行情

2011 年上半年价格走势如图 7.7 所示。

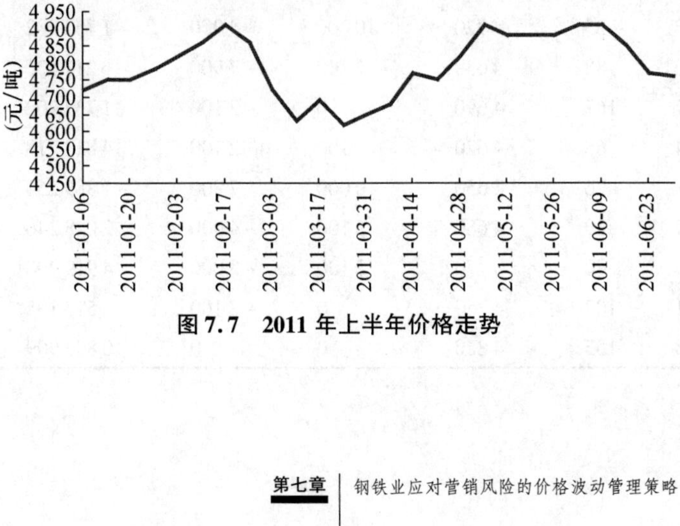


**图 7.7　2011 年上半年价格走势**

基于上面的价格走势,2011 年上半年价格与利润走势较为一致,只在 1 月出现了背离,根据我们的建仓策略,对此次行情做具体推演如图 7.8 所示。

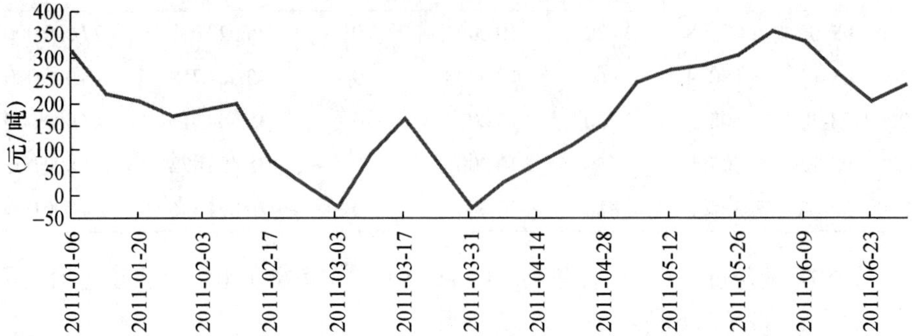


**图 7.8 2011 年上半年利润变化**

同样,根据前面分析指出的建仓策略,对此次行情做具体推演如表 7.6 所示。

**表 7.6 2011 年上半年行情推演**

| 时间 | 利润(元/吨) | 价格(元) | 对应仓位(手) | 加减仓 | 现货盈亏(元) | 期货盈亏(元) |
|---|---|---|---|---|---|---|
| 2011-01-06 | 312 | 4 720 | 10 000 | 4 900 | 21 895 685 | -1 530 000 |
| 2011-01-13 | 221 | 4 750 | 2 100 | -7 900 | 15 474 053 | -3 000 000 |
| 2011-01-20 | 203 | 4 750 | 2 100 | 0 | 14 273 179 | 0 |
| 2011-01-27 | 173 | 4 780 | 0 | -2 100 | 12 133 935 | -630 000 |
| 2011-02-10 | 198 | 4 860 | 0 | 0 | 13 895 711 | 0 |
| 2011-02-17 | 74 | 4 910 | 2 100 | 2 100 | 5 186 163 | 0 |
| 2011-02-24 | 22 | 4 860 | 5 100 | 3 000 | 1 547 983 | 1 050 000 |
| 2011-03-03 | -25 | 4 720 | 10 000 | 4 900 | -1 752 982 | 7 140 000 |
| 2011-03-10 | 88 | 4 630 | 2 100 | -7 900 | 6 217 536 | 9 000 000 |
| 2011-03-17 | 167 | 4 690 | 0 | -2 100 | 11 737 702 | -1 260 000 |
| 2011-03-24 | 68 | 4 620 | 2 100 | 2 100 | 4 812 718 | 0 |
| 2011-03-31 | -26 | 4 650 | 10 000 | 7 900 | -1 889 251 | -630 000 |
| 2011-04-07 | 29 | 4 680 | 5 100 | -4 900 | 2 048 246 | -3 000 000 |
| 2011-04-14 | 70 | 4 770 | 2 100 | -3 000 | 4 919 790 | -4 590 000 |
| 2011-04-21 | 107 | 4 750 | 0 | -2 100 | 7 529 198 | 420 000 |
| 2011-04-28 | 155 | 4 820 | 0 | 0 | 10 893 909 | 0 |

（续表）

| 时间 | 利润（元/吨） | 价格（元） | 对应仓位（手） | 加减仓 | 现货盈亏（元） | 期货盈亏（元） |
|---|---|---|---|---|---|---|
| 2011-05-05 | 245 | 4 910 | 2 100 | 2 100 | 17 193 909 | 0 |
| 2011-05-12 | 272 | 4 880 | 5 100 | 3 000 | 19 103 317 | 630 000 |
| 2011-05-19 | 282 | 4 880 | 5 100 | 0 | 19 795 608 | 0 |
| 2011-05-26 | 304 | 4 880 | 10 000 | 4 900 | 21 330 898 | 0 |
| 2011-06-02 | 356 | 4 910 | 10 000 | 0 | 24 966 187 | -3 000 000 |
| 2011-06-09 | 334 | 4 910 | 10 000 | 0 | 23 430 898 | 0 |
| 2011-06-16 | 263 | 4 850 | 5 100 | -4 900 | 18 463 253 | 6 000 000 |
| 2011-06-23 | 205 | 4 770 | 2 100 | -3 000 | 14 398 543 | 4 080 000 |
| 2011-06-30 | 239 | 4 760 | 2 100 | 0 | 16 769 122 | 210 000 |

在此次建仓过程中，现货盈利 30 437 万元，期货盈利 1 089 万元，总体盈利 31 526 万元。我们对推演的四个阶段的效果进行评估，展示如图 7.9 所示。

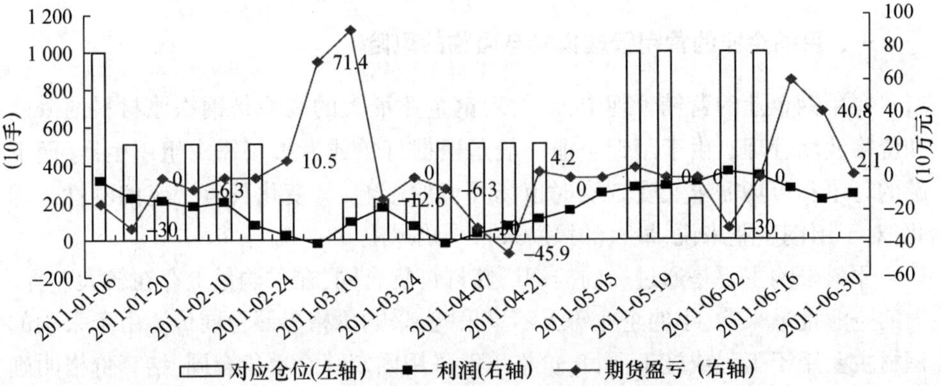


**图 7.9　2011 年上半年行情推演效果**

3. 结论

经过实际行情的推演，我们可以看到，虽然套期保值有产生亏损的可能，但总体套保效果较好，企业可以借助期货工具有效地管理营销中的价格波动风险（见表 7.7）。

表 7.7　行情推演效果评估

| 时间 | 现货盈亏(万元) | 期货盈亏(万元) | 总计(万元) | 期货盈亏占总盈利比重(%) |
|---|---|---|---|---|
| 2009 年特殊行情 | 44 957 | 4 400 | 49 357 | 8.91 |
| 2010 年上半年 | 22 087 | 1 764 | 23 851 | 7.39 |
| 2010 年下半年 | 45 060 | -38 | 45 022 | 0.08 |
| 2011 年上半年 | 30 437 | 1 089 | 31 526 | 3.45 |

## 第三节　基于卖出保值的用钢企业营销中的价格风险管理

用钢企业是指钢材下游的消费行业，所涉及的领域有基础建设、房地产、汽车、机械、能源化工、造船、轻工家电、物流运输等。所有行业在国民经济中均扮演重要角色，因此，用钢企业经营过程中的风险管理也尤为重要。同样对于用钢企业而言，可以借鉴套期保值策略，选用买入保值方式。

### 一、用钢企业的营销管理模式与面临的风险

在用钢企业的营销管理中，制约用钢企业最大的风险是钢铁原材料的采购和价格波动管理。由于用钢企业一般是根据订单或者市场需求组织生产，而下游的订单和市场需求又受到当时市场环境的影响，其变化具有一定的刚性。因此，对于用钢企业来说，最大的风险来自采购风险。

原料采购主要是通过提前与钢厂签订订货合同，在采购量上存在较大差异，大的企业批量采购，小的企业每天零星采购，采购价格参照合同价。由于采购的钢材主要用于工程或施工项目，价格一般采用固定综合单价合同，结算价格明确并且在供应期内固定不变，如在此期间钢材价格出现上涨，可能造成企业在该项目上的预期收益缩小，甚至出现亏损。

基于对用钢企业营销管理过程及其所面临的风险分析，下面将结合一代表性企业，具体分析是如何利用期货工具来管理营销中的价格波动风险的。

### 二、用钢企业营销中价格风险的管理思路

#### （一）企业基本情况

X 公司是我国著名的国家一级建筑施工企业，是 A 公司的全资控股子公司，承担 A 公司的采购配送中心职能。X 公司注册资本为 6 407 万元，净资本为 2 亿

元，集团提供担保、银行信贷授信额度5亿元，物资采购内部配送周转资金2亿元。自2006年以来公司进入快速发展期，虽然2008年国际金融风暴肆虐，但公司依旧有着不错的业绩，当年实现新签订合同额同比增长25.58%，营业额同比增长12.16%。2009年公司业务再上一个新台阶，新签订合同额为30.34亿元，营业额为33.4亿元，同比涨幅分别达到47.85%与83.81%。

2011年6月，为了完成轨道交通2号线的项目工程，公司要采购一批螺纹钢。轨道交通2号线一期工程钢材采购第二标段采用季度固定综合单价合同，即每季度末根据工程造价杂志钢材信息价确定下一个季度固定综合价格。由于此类项目结算价格明确并且在供应期内固定不变，所以一旦价格上涨，该项目的预期收益将缩小，甚至将使X公司面临亏损风险。在这种情况下，我们建议通过期货买入保值方式有效规避风险。

（二）企业利用期货市场经历

X公司2009年采购钢材170万吨，其中螺纹钢、线材共占50%。由于月均采购达到14万吨，其中集团下属的公司采购物资45万吨，集中采购供应量大幅增加，同时螺纹钢价格2007年之后的振幅都在30%以上，价格波动大且频繁增加了企业经营风险，在此背景下，X公司积极参与期货市场进行套期保值操作。

1. 严格科学的套期保值制度保障

在参与期货前，该企业进行了充足的准备，组织相关人员进行培训，让参训人员意识到企业在物资采购中存在的问题，如采购分散、成本过高、信息不畅和价格不稳，认识到参与期货市场套期保值的意义，然后进行期货操作的制度建设，完成《公司钢材期货套期保值业务管理暂行办法》，并安排专人专岗负责公司的期货相关业务，同时对期货的操作实现监督评估。在具体的套期保值操作中，公司制定了严格的规定：

A. 期货保证金最高投入金额（包括追加保证金）为5 000万元；

B. 交易方向：只开展买入套期保值业务；

C. 交易原则：只能做趋势性套期保值且套保价格不超过同期套保施工合同中约定的钢材价格，禁止出现非平仓目的的卖空交易行为；

D. 钢材期货持仓规模不得超过同期企业现货钢材需要量的50%；

E. 止损额度确定为3 000万元，当套期保值业务累计亏损达到3 000万元时，则终止套期保值业务。

2. 积极介入期货市场规避价格风险

2009年公司针对新建铁路天津至秦皇岛客运专线工程项目16万吨螺纹钢

固定综合单价合同,在2009年7月中旬以3 820元/吨左右的价格进行买入套期保值交易,共计买入RB0911合约4 050手40 500吨螺纹钢,2009年8月上旬期货市场价格出现非理性上涨,在4 850元/吨平仓,期货市场盈利3 860万元。公司在后期现货市场回落到3 600元/吨后进行了相应采购。

(三)经营风险及控制思路

由于项目的钢材采购采用季度固定综合单价合同,即每季度末根据工程造价杂志钢材信息价确定下一个季度固定综合价格。例如按合同规定,根据2011年3月工程造价杂志钢材信息价确定4月、5月、6月三个月份固定综合价格为5 136元/吨。由于项目结算价格明确并且在供应期内固定不变,如在此期间钢材价格出现上涨,可能造成X公司在该项目上的预期收益缩小,甚至出现亏损。按照合同的约定,第三季度钢材的供应价格将在6月底根据工程造价钢材信息价确定,未来的7月、8月、9月X公司将面临钢材采购成本上升的风险。

为了锁定采购成本,X公司可以采取在确定供应价格的同时一次性采购所需钢材,但这样做有两个弊端:一是费用较高;二是完全放弃了后期钢材价格可能下跌带来的潜在利润。如果一次性采购全部钢材,X公司将要负担一笔不小的仓储费用;另外,现货会占用大量的资金,而资金是有成本的,由此产生的费用较高。同时,如果后期钢材价格大幅下跌,那么X公司的采购价格就定在了高位,根据我们对当前行情的判断,这是很有可能的,等于完全放弃了降低采购成本的机会。所以,采取一次性采购现货的办法不是最好的选择。

期货正是应企业规避现货价格风险的需求而生,X公司完全可以灵活利用上海期货交易所的螺纹钢期货来规避现货价格上涨的风险,由于"采购期货"是合约不是实物,不用仓储,不需要付仓储费,且买期货只需要少量的保证金,只需付出少量资金占用成本,这就避免了"采购费用较高"的问题。又由于期货的流动性好,一旦确定价格下跌,可以灵活卖出平仓,从而可以抓住价格下跌带来的潜在利润。

综上所述,X公司可以采用"现货+期货",部分套保的灵活套期保值模式,根据行情分析,保值类型选择买入套期保值,保值量为30 000吨二级螺纹钢。

(四)操作策略

1. 建仓策略

在建仓策略上,我们采取浮盈加仓的策略。通过对螺纹钢技术形态的分析和基差走势分析,风险控制按照稳妥做法,期货300个点内,我们初步拟定以下策略供企业参考:

我们对基差风险进行测算，从历史规律来看，平均基差是 150，最大基差是 350，基差大于 150 的概率是 26%，所以最大基差风险不大于(350 - 150) × 0.26 = 52。

基于前面对第三季度钢材基本面分析，结合测算的基差风险以及技术面分析，我们得出 A、B 两种建仓策略，后在附上的交易计划效果评估中，建仓点同时也对应的是现货采购时点。

A 策略(保守型)：保留部分潜在收益，低位开仓，4 700 元。

B 策略(激进型)：保留最大潜在收益，高位开仓，4 900 元。

从 K 线图(见图 7.10)上分析得到关键点位：5 000—4 900—4 750—4 600—4 400元。根据估计，6 月底的供应价在 5 050 元，而平均基差为 150，所以 RB1110 上对应的价位是 4 900 元。也就是说 4 900 是一个平衡点，如果在 4 900 以下全部保值，则可以锁定部分收益。

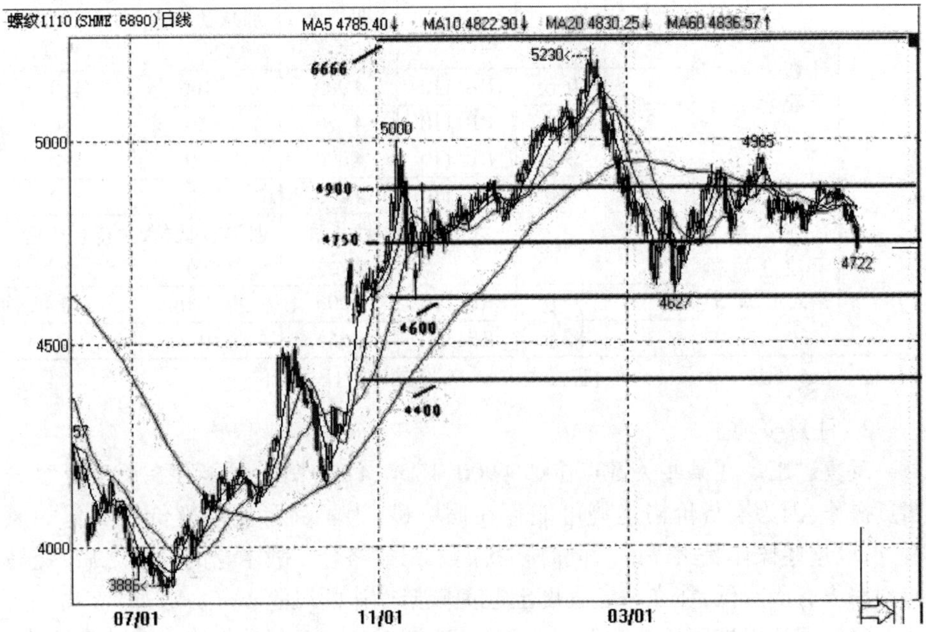


**图 7.10　RB1110**

资料来源：文华财经。

基于上面分析，A 策略和 B 策略的交易计划如表 7.8 所示。

**表 7.8　交易计划**

| 策略 | 计划 | 步骤 | 操作 | 合约 | 期货价（元） | 加减仓比例（%） | 持仓比例（%） |
|---|---|---|---|---|---|---|---|
| A 策略 | 计划 1：适用于建仓后价格即下跌 | 1 | 开仓 | RB1110 | 4 700 | 50 | 50 |
| | | 2 | 减仓 | RB1110 | 4 600 | -20 | 30 |
| | | 3 | 减仓 | RB1110 | 4 400 | -30 | 0 |
| | 计划 2：适用于建仓后价格先上涨，后下跌 | 步骤 | 操作 | 合约 | 期货价（元） | 加减仓比例（%） | 持仓比例（%） |
| | | 1 | 开仓 | RB1110 | 4 700 | 50 | 50 |
| | | 2 | 加仓 | RB1110 | 4 800 | +30 | 80 |
| | | 3 | 加仓 | RB1110 | 4 900 | +20 | 100 |
| | | 4 | 减仓 | RB1110 | 4 800 | -20 | 80 |
| | | 5 | 减仓 | RB1110 | 4 600 | -30 | 50 |
| | | 6 | 减仓 | RB1110 | 4 400 | -50 | 0 |
| B 策略 | 计划 3：适用于建仓后价格即下跌 | 步骤 | 操作 | 合约 | 期货价（元） | 加减仓比例（%） | 持仓比例（%） |
| | | 1 | 开仓 | RB1110 | 4 900 | 100 | 100 |
| | | 2 | 减仓 | RB1110 | 4 750 | -50 | -50 |
| | | 3 | 减仓 | RB1110 | 4 600 | -30 | 20 |
| | | 4 | 减仓 | RB1110 | 4 400 | -20 | 0 |
| | 计划 4：适用于建仓后价格先上涨，后下跌 | 步骤 | 操作 | 合约 | 期货价（元） | 加减仓比例（%） | 持仓比例（%） |
| | | 1 | 开仓 | RB1110 | 4 900 | 100 | 100 |
| | | 2 | 减仓 | RB1110 | 6 666 | -100 | 0 |

注：6 666 不是一个具体点位，它代表大于 4 900 的一个任意点位。

2. 注意事项

**反复进出**。在某些关键点位如 4 900、4 750、4 600 等处可能存在反反复复的期货操作，因为期货价格走势可能存在假突破，为了尽可能规避价格变化的风险，所以这些操作是必需的。同时在我们采用战略仓 + 战术仓的处理之后，交易的频率将有所降低，能在一定程度上避免频繁操作的风险。

**时间同步**。按照传统套期保值理论，套期保值期现货操作应在时间上同步，但由于期货市场价格变化快，机会转瞬即逝，风险突如其来，而现货市场往往价格变化慢、成交时间长，如果一味强调期现货市场时间同步，就会使套期保值的效果大打折扣，甚至无法实现套期保值的目的。因此，在期现货操作时间同步问题上我们应该以达到预期保值效果为目标和指导，灵活处理。

### （五）保值效果评估

基于上述制订的保值策略以及对应的交易计划，可以大致估算出相应的保值收益与风险，其中表格内的数值为单位亏损与收益，保值的数量为30000吨二级螺纹钢。

1. A策略下的保值效果评估

如表7.9所示，计划1中的期货亏损为80万元，现货收益460万元，基差风险为26万元，总保值收益为354万元。

**表7.9　计划1的效果评估**

| 合同价（元） | 5050 | | | | | |
|---|---|---|---|---|---|---|
| 基差偏离（万元） | -52 | | | | | |
| 期货价格（元） | 现货价格（元） | 加减仓比例（%） | 现货收益（万元） | 期货收益（万元） | 基差风险（万元） | 保值收益（万元） |
| 4700 | | | | | | |
| 4600 | 4750 | 0.2 | 60 | -20 | -10.4 | 29.6 |
| 4400 | 4550 | 0.3 | 400 | -60 | -15.6 | 324.4 |
| | | | | | 合计 | 354 |

如表7.10所示，计划2中的期货亏损为130万元，现货收益360万元，基差风险为52万元，总保值收益为178万元。

**表7.10　计划2的效果评估**

| 合同价（元） | 5050 | | | | | |
|---|---|---|---|---|---|---|
| 基差偏离（万元） | -52 | | | | | |
| 期货价格（元） | 现货价格（元） | 加减仓比例（%） | 现货收益（万元） | 期货收益（万元） | 基差风险（万元） | 保值收益（万元） |
| 4700 | | | | | | |
| 4800 | 4950 | 0.3 | 0 | 30 | 0 | 30 |
| 4900 | 5050 | 0.2 | 0 | 20 | 0 | 20 |
| 4800 | 4950 | 0.2 | 20 | -20 | -10.4 | -10.4 |
| 4600 | 4750 | 0.3 | 90 | -60 | -15.6 | 14.4 |
| 4400 | 4550 | 0.5 | 250 | -100 | -26 | 124 |
| | | | | | 合计 | 178 |

2. B策略下的保值效果评估

如表7.11所示，计划3中的期货亏损为160万元，现货收益265万元，基差风险为 52 万元,总保值收益为 53 万元。

**表 7.11　计划 3 的效果评估**

| 合同价(元) | 5 050 | | | | | |
|---|---|---|---|---|---|---|
| 基差偏离(万元) | -52 | | | | | |
| 期货价格(元) | 现货价格(元) | 加减仓比例(%) | 现货收益(万元) | 期货收益(万元) | 基差风险(万元) | 保值收益(万元) |
| 4 900 | | | | | | |
| 4 750 | 4 900 | 0.5 | 75 | -75 | -26 | -26 |
| 4 600 | 4 750 | 0.3 | 90 | -45 | -15.6 | 29.4 |
| 4 400 | 4 550 | 0.2 | 100 | -40 | -10.4 | 49.6 |
| | | | | | 合计 | 53 |

如表 7.12 所示,计划 4 中保值亏损为 52 万元,主要承担基差风险。

**表 7.12　计划 4 的效果评估**

| 合同价(元) | 5 050 | | | | | |
|---|---|---|---|---|---|---|
| 基差偏离(万元) | -52 | | | | | |
| 期货价格(元) | 现货价格(元) | 加减仓比例(%) | 现货收益(万元) | 期货收益(万元) | 基差风险(万元) | 保值收益(万元) |
| 4 900 | | | | | | |
| 6 666 | 6 816 | 1 | -1 766 | 1 766 | -52 | -52 |
| | | | | | 合计 | -52 |

从套期保值交易效果来看,该企业成功的利用期货市场规避部分现货市场价格上涨的风险,同时在基差不合理的情况下,调整相应的保值策略,实现公司利益最大化。期货套期保值的成功运用,表明期货套期保值能够为用钢企业有效规避价格波动带来的风险,同时提高资金的使用效率,节省大量资金利息费用和仓储费用、保险费用和损耗费。

## 第四节　钢贸企业应对营销风险的管理策略

钢贸企业作为生产企业和用钢企业的中间桥梁,需要关注营销中的销售风险、库存风险和采购风险。通过钢材期货的价格发现、套期保值等功能,一方面可以为企业经营保驾护航,另一方面可以增强钢贸流通企业经营的相对独立性。

## 一、钢贸企业的营销管理模式与面临的风险

### （一）钢贸企业的经营特点

在我国独特的钢材市场结构中，钢材贸易企业的数量尽管巨大，但其集中度低，在产业链中最不具有定价能力。据统计，目前经营钢铁贸易的企业有20万家之多。钢贸企业多数规模偏小，绝大多数的经营规模都在几万吨至几十万吨。在牛市中，市场供不应求，贸易商往往要看钢厂脸色拿货，而到了熊市，又不得不为了保住代理资格，按照钢厂供货的价格，就算亏损也要拿货。这其中就有两个问题：一方面是钢厂的定价优势，另一方面是对终端用户必须履约的发货协议。因此，我国钢贸流通企业对于钢价波动束手无策，缺乏主动抗击的能力，钢价的波动风险在很大程度上需要由钢贸企业来承担。对于这种局面，广大涉钢企业就需要借助相应的工具来管理价格波动风险。

### （二）钢贸企业的营销管理模式

钢贸企业的营销模式主要是利用作为中间渠道，通过价格差、时间差和地点差来获取相应的利润。贸易企业的销售定价有两种方式，一种是按照一个月品种的加权平均价，另一种是销售当天的市场价格。贸易企业有时为了满足市场需求，需要进行备货，即有一定的库存，同时通过库存可以增加企业未来赢利的空间，因此贸易企业库存变化很大，当贸易商看多时，库存量很大；当贸易商看空时，库存几乎为零。贸易企业营销的基础是有渠道进货，一般来说，为了获得更好的价格折扣，贸易企业一般与冶炼企业签订长期合同、大量采购，采购价格的确定以三种价格为依据，当期价格、每月定价两次、每月定价三次。当期价格采购是指钢厂不定期调价，最终结算价格以发货当期价格为标准。每月定价两次是指钢厂固定月初出台订货价格，月末根据市场情况，出台结算价格，多退少补。每月定价三次是指钢厂每月固定调价三次，结算价格以发货时间当期出厂价格为准，沙钢、永钢是尾数为1的日期调价，鄂钢是尾数为5的日期调价。

### （三）钢贸企业的营销风险

从上面的营销模式分析可以看出，钢贸企业的营销风险主要有三个方面：销售风险、库存风险和采购风险。具体来说，销售风险是指企业难以把握销售价格、销售利润无法保障、降价促销、同行业销售竞争等；库存风险是指库存贬值、难以调整库存节奏、难以把握入库价格和出库价格等；采购风险是指履约程度差、采购周期长、采购时间受限、供应商惜售心理、价格随机性等。

## 二、钢贸企业营销中的价格风险管理思路

### （一）掌握所在地区螺纹钢贸易行业情况

比如，以武汉地区为例，当地的螺纹钢销售品牌众多，如果以钢厂产能作为划分依据，其中一线钢厂（国家免检品牌）如表7.13所示。

**表7.13　武汉地区螺纹钢销售品牌统计**

| 钢厂名称 | 所在省份 | 武汉地区代理商 | 到货量（万吨/月） | 运补（元/吨） |
|---|---|---|---|---|
| 承钢 | 河北 | | | |
| 邯钢 | 河北 | | | |
| 新兴铸管 | 河北 | 武汉有色 | | |
| 济源钢铁 | 河南 | | | |
| 信阳钢铁 | 河南 | 信钢武汉办事处 | | |
| 鄂城钢铁 | 湖北 | 鄂钢武汉分公司 | | |
| 武钢棒材 | 湖北 | | | |
| 冷水江钢铁 | 湖南 | 浙金、中拓 | | |
| 沙钢 | 江苏 | 沙钢分公司 | | |
| 永钢 | 江苏 | 武汉有色 | | |
| 萍乡钢铁 | 江西 | 浙金、中拓 | | |
| 海鑫钢铁 | 山西 | 武汉五矿 | | |
| 首钢长治 | 山西 | 武汉海城 | | |

同时，要弄清定价模式，比如武汉地区主要的螺纹钢品牌定价方式划分如表7.14所示。

**表7.14　武汉地区螺纹钢品牌定价模式**

| 当期价格采购 | 每月定价两次 | 每月定价三次 |
|---|---|---|
| 萍钢 | 邯钢 | 鄂钢 |
| 冷钢 | 承钢 | 沙钢 |
| 信钢 | | 永钢 |
| 海鑫 | | |
| 首钢长治 | | |
| 武钢棒材 | | |
| 新兴铸管 | | |

其中,鄂钢产螺纹钢在武汉地区属于价格较高的品种,与其他一线品牌差价100元/吨,与二线品牌(省级免检)差价160—200元/吨,与三线钢厂(非免检品牌)差价约200—300元/吨。由于鄂钢是湖北本土品牌,鄂钢产品在很多大型国家重点工程上采用,在民间工程项目上,采用鄂钢产品的较少。

## (二) 比较不同销售方式的特点

螺纹钢销售主要有以下五种方式,根据客户对象和交易方式的不同,销售方式也有所不同(见表7.15),具体如下:

① 钢厂期货合同买卖——分销业务,定量不定价。

② 工程投标——一般在大型项目,例如城际铁路、二七长江大桥、轻轨。

③ 工程直供——一般在民营项目,有专业垫资商,例如房地产项目。

④ 市场交易——现款现货,串货交易。

⑤ 外销——辐射到外地及湖北省的其他区域。

**表7.15 销售方式比较**

| | 期货合同 | 工程投标 | 工程直供 | 市场交易 | 外销 |
|---|---|---|---|---|---|
| 定价方式 | 钢厂价格+固定值 | 锁价锁量 | 市场价格+固定值 | 市场价格 | 市场价格 |
| 回款周期及方式 | 双方商定,一般为到货付款 | 订金+月结或季结+尾款 | 订金+月结或季结+尾款 | 现款现货 | 现款现货 |
| 资金安全 | 一般,极端价格容易出现毁单 | 高 | 低,回收尾款较麻烦 | 高 | 高 |
| 运费承担者 | 卖方 | 卖方 | 卖方 | 买方 | 买方 |
| 人力成本 | 低,合同开始后不需要人力成本 | 高 | 高 | 高 | 低 |
| 其他费用 | 低 | 低 | 低 | 高 | 高 |
| 利润来源 | 运补+固定差价 | 价差 | 固定值 | 价差 | 价差 |

## (三) 选择合适的操作策略

为了进一步说明如何选择合适的操作策略,下面结合一个具体企业进行说明。以武汉地区Y贸易商为例,某年3月将在7月买入100吨未来需要的鄂钢品牌螺纹钢,用材可能面临未来上涨的风险。企业为了管理营销风险,决定利用期货市场进行套期保值,使企业能够集中精力于经营业务上,锁定生产经营成本、稳定预算,并以此取得正常的生产经营利润,降低现货库存风险、减少资金占用、保障企业的效益持续、稳定增长。利用期货管理营销价格风险时,需要注意下面几个方面:

**交易方向和保值数量的选择。** 贸易商购入螺纹钢现货 100 吨，则在期货市场建立多头头寸，即在适当价位买入螺纹钢合约 10 手(10 吨 =1 手)，财务能力许可的情况下，拟全部参与保值。

**参与套期保值产生的相关费用。** 参与交割：手续费、保证金占用的成本、交割费、仓储费、进库费、增值税。不参与交割：手续费、保证金占用的成本。

**财务能力匹配。** 假定市场价 7 月到期的合约价为 3 800 元/吨，期货合约的保证金为 10%，10 手螺纹钢则保证金需求为：3 800 × 10% × 10 × 10 = 38 000 (元)，还需要流动资金 3 万元可供相应的保值资金和应付一定的价格不利波动的保证金需要。

具体操作方案建议如表 7.16 所示。

**表 7.16 具体操作方案**

| | 现货 | 期货 |
|---|---|---|
| 3 月 | 3 600 元/吨 × 100 吨，市值 36 万元 | 以 3 800 元/吨买进 7 月期货合约 10 手 |
| 7 月 | 以 3 900 元/吨买进螺纹钢 100 吨，亏损 3 万元 | 以 4 150 元/吨卖出期货合约 10 手平仓盈利 3.5 万元 |
| 结果 | 现货亏损：3 万元 | 期货平仓盈利：3.5 万元 |
| | 实现现货销售价相当于 3 550 元/吨，盈利 0.5 万元 | |

表 7.17 显示的是操作结果。从企业利用期货管理价格波动的操作结果来看，效果较好，表明贸易企业可以借助期货工具有效地管理经营中的风险。

**表 7.17 参与套保与不参与套保的盈亏比较(不参与交割)**

| | 未参与套保 | 参与套保 | |
|---|---|---|---|
| | 现货市场 | 现货市场 | 期货市场 |
| 3 月 | 3 600 元/吨 | 3 600 元/吨 | 3 800 元/吨 |
| 7 月 | 3 900 元/吨 | 3 900 元/吨 | 4 150 元/吨 |
| 盈亏 | -300 元/吨 | 期货盈利 - 现货亏损 = 350 元/吨 - 300 元/吨 = 50 元/吨 | |
| 购入成本 | 3 900 元/吨 | 3 550 元/吨 | |
| 费用 | | 保证金占用成本：6 万元 × 2.25% × 4/12 = 505 元<br>手续费：3.8 万元 × 1‰ = 38 元 | |
| 收益率 | -8.3% | 6.56% | |

# 主要参考文献

## 英文参考文献


[1] Anderson, R W, and Danthine J P., The Time Pattern of Hedging and the Volatility of Futures Prices, *The Review of Economic Studies*, 1983, 50(2): 249—266.

[2] Andersen, T, Bolleralev, T., Diebold, F. X., and Labya, P., The Distribution of Realized Exchange Rate Volatility, *Journal of the American Statistical Association*, 1996: 42—55.

[3] Ashima, Goyal Industrial Pricing and Growth Fluctuations: Some Tests, *Economic and Political Weekly*, 1996, Vol. 31, M54—M62.

[4] Auh, Seigyoung, Simon J. Bell, Colin S. McLeod and Eric Shih, Co-production and Customer Loyalty in Fnancial Services, *Journal of Retailing*, 2007, 83: 359—370.

[5] Bell, Simon J., Seigyoung Auh and Karen Smalley, Customer Relationship Dynamics Service Quality and Customer Loyalty in the Context of Varying Levels of Customer Exp, *Journal of Academy of Marketing Science*, 2005, 33(2): 169—183.

[6] Brolla, U., and Wong KP., Optimal Full-hedging under State-dependent Preferences, *The Quarterly Review of Economics and Finance*, 2002, 42(5): 937—943.

[7] Bain, J. S., Concentration and Conditions of Entry in Twenty Manufacturing Industries, *American Economic Review*, 1968, 12(6): 99—104.

[8] Banker, R. D., A. Charnes, and W. W. Cooper, Some Models for Estimating Technical and Scale Inefficiencies in Data Envelopment Analysis, *Management Science*, 1984, 30(9), 1078—1092.

[9] Bannouh, Karim, Van Dick J. C., and Martens, Martin, Range-Based Covariance Estimation Using High-Frequency Data: The Realized Co-Range (Fall 2009), *Journal of Financial*

*Econometrics*, 2009, Vol. 7, Issue 4, 341—372.

[10] Barbara, St? ttinger Strategic Export Pricing: A Long and Winding Road, *Journal of International Marketing*, 2001, Vol. 9, 40—63.

[11] Briys, Eric and Harris Schlesinger, Optimal Hedging When Preferences are State Dependent, *Journal of Futures Markets*, 1993, Vol. 13, Issue 5, 441—451.

[12] Brolla, Udo and Kit Pong Wong, Optimal Full-hedging under State-dependent Preferences, *The Quarterly Review of Economics and Finance*, 2002, 42, 5, 937—943.

[13] Brown L. ,The Formulation of the Portfolio Model of Hedging, *American Joumal of Agrieultural Economies*, 1985, 67(3):508.

[14] Bruce,Seifert, and John Ford,Are Exporting Firms Modifying Their Product, Pricing and Promotion Policies?, *International Marketing Review*,1989, 6, 53—68.

[15] Caves, D. W. ,L. R. Christensen, and W. E. Diewer, Multilateral Comparisons of Output, Input, and Productivity Using Superlative Index Numbers, *Economic Journal*, 1982, 92, 73—86.

[16] Carter, C. A. , Commodity Futures Markets: a Survey, *Australian Journal of Agricultural & Resource Economies*,1999, 43(2): 209—247.

[17] Chan, Kimmy Wa, Chi Kin (Bennett) Yim, and Simon S. K. Lam, Is Customer Participation in Value Creation a Double-Edged Sword, *Journal of Marketing*, 2010, 74: 48—64.

[18] Chou,W. L. , K. K. F. Denis, and C. F. Lee, Hedging with the Nikkei Index Futures:The Conventional Model Versus the Error Correction Model, *Quarterly Review of Economics and Finance*, 1996, 36, 495—505.

[19] Collins, R. A. , Toward a Positive Economic Theory of Hedging, *American Journal of Agrieultural Economies*, 1997, 79(2).

[20] Cooper, W. W. , Lawrence M. Seiford, and Joe Zhu, A Unified Additive Model Approach for Evaluating Inefficiency and Congestion with Associated Measures in DEA, *Socio-Economic Planning Sciences*, 2000, 34: 1—25.

[21] Cooper, W. W. , and E. Rhodes, Measuring the Efficiency of Decision Making Units, *European Journal of Operational Research*, 1978, 2(6), 429—444.

[22] Cockerill, Anthony, and Aubrey Silberston,*The Steel Industry: International Comparisons of Industrial Structure and Performance*. Cambridge University Press, London and New York,1974.

[23] Caves, D. W. ,L. R. Christensen, and W. E. Diewert, The Economic Theory of Index Numbers and the Measurement of Input, Output, and Productivity, *Econometrica*, 1982, 50(6): 1393—1413.

[24] Cody, Brain J. , and Leonard O. Mills,The Role of Commodity Prices in Formulating Monetary Policy, *Review of Economics and Statistics*, 1991, 73(2): 358—365.

[25] Collins, R. A. , Toward a Positive Economic Theory of Hedging, *American Journal of Agricul-

*tural Economies*, 1997, 79(2).

[26] Daft, R. L., *Essential of Organization Theory and Design*. South-Western College Publishing, 1998.

[27] Daft, R. L., *Organization Theory and Design(tenth edition)*. South-Western College Publishing, 2009.

[28] Danthine, J. P., Information, Futures Prices, and Stabilizing Speculation, *Journal of Economic Theory*, 1978, 17 (1) 79—98.

[29] De Jong, A. D., Ko de Ruyter, and Jos Lemmink, Antecedents and Consequences of the Service Climate in Boundary-Spanning Self-Managing Service Teams, *Journal of Marketing*, 2004, 65: 64—78.

[30] Dorothy, A., Paun Larry D. Compeau, and Dhruv Grewal, A Model of the Influence of Marketing Objectives on Pricing Strategies in International Countertrade, *Journal of Public Policy & Marketing*, 1997, Vol. 16, 69—82.

[31] Dunne, Timothy, Patterns of Firm Entry and Exit in US Manufacturing Industries, *Rand Journal of Economics*, 1998, 19(4):496—510.

[32] Deaton, Augus and Guy Laroque, Competitive Storage and Commodity Price Dynamics, *Journal of Political Economy*, 1996, 104(5): 896—923.

[33] Ederington, L., The Hedging Performance of the New Futures Market, *Journal of Finance*, 1979, 34(1): 157—170.

[34] Erevelles, Sunil, and Thomas H. Sterenson, Enhancing the Business to Business Supply Chian: Insights From Partitioning the Supply-Side, *Industrial Marketing Management*, 2005, 32 (4), 159—169.

[35] Fare, R., and S., *Grosskopf, Production Frontiers*. Cambridge University Press, 2008.

[36] Fare, R., S. Grosskopf, and Norris, Zhang, Productivity Growth, Technical Progress, and Efficiency Change in Industrialized Countries, *American Economic Review*, 1994, 84(5), 66—83.

[37] Fare, R., *Fundamentals of Production Theory, Lecture Notes in Economics and Mathematical Systems*, Springer, Heidelberg, 1988.

[38] Farrell, M. J., The Measurement of Production Efficiency, *Journal of the Royal Statistic Society*, 1957, 120(28), 253—281.

[39] Forsund, F. R., Lovell, C. A. K., and Schmidt P., A Survey of Frontier Production Functions and Their Relationship to Efficiency Measurement, *Journal of Econometrics*, 1980, 21 (13): 5—25.

[40] Fung, H G., Leung W, Xu X., Information Flows Between the U. S. and China Commodity Futures Trading, *Review of Quantitative Finance and Accounting*, 2003, 21(3): 267—285.

[41] Fortenbery, T R, Zapata H O., An Examination of Cointegration Relations between Futures and Local Grain Market, *Journal of Futures Markets*, 1993, December: 921—932.

[42] Geroski, P. A. , Innocation and the Sectoral Sources of UK Productivity Growth, *Economic Journal*, 1991, Nov. (101): 1438—1451.

[43] George, Haley and Stephen, Goldberg Reciprocally Derived Demand and Pricing Strategy for Mature Industrial Products, *Management Decision*, 2008, Vol. 46, 1066—1080.

[44] Hammoundeh, S. , Li H, Jeon B. , Causality and Volatility Spillovers among Petroleum Prices of WTI, Gasoline and Heating Oil in Different Locations, *North American Journal of Economics and Finance*, 2003, 14: 89—114.

[45] Herbst, A. F. ,D. D. Kare, and J. F. Marshall, A Time Varying Convergence Adjusted Minimum Risk Futures Hedge Ratio, *Advances in Futures and Option Research*, 1993, 6, 137—155.

[46] Ho, T. , Intertem Poral Commodity Futures Hedging and the Production Decision, *Journal of Finance*, 1984, 39(2): 351—376.

[47] Howard, Forman and James M. Hunt, Managing the Influence of Internal and External Determinants on International Industrial Pricing Strategies, *Industrial Marketing Management*, 2005, 34, 133—146.

[48] James, M. Hunt and Howard Forman,The Role of Perceived Risk in Pricing Strategy for Industrial Products: a Point-of-view Perspective, *Journal of Product & Brand Management*, 2006, 15/6, 386—393.

[49] Johnson, Dale G. , and Song Guoqing, *Inflation and the Real Price of Grain in China*[*A*], *in Food Security and Economic Reform: The Challenges Facing Chinaps Grain Marketing System.* Christopher Findlay and Andrew Watson eds. Macmillan Press, 1999.

[50] Jefferson,Gray H. , China's Iron and Steel Industry: Source of Enterprise Efficiency and the Impact of Reform, *Journal of Development Economics*, 1990, 33(2): 329—355.

[51] Johnson, L. L. , The Theory of Hedging and Speculation in Commodity Futures, *Review of Economic Studies*, 1960, 27, 139—151.

[52] Kalirajan, and Yong Cao, Can Chinese State Enterprises Perform like Market Entities: Productive Efficiency in the Chinese Iron and Steel Industry, *Applied Economics*, 1993, 25(8): 1071—1080.

[53] Kaplinsky, R. , Morris M. , *A Handbook for Value Chain Research*, International Development Research Centre: Ottawa, 2001.

[54] Kostis, Indounas, The Relationship between Pricing and Ethics in Two Industrial Service Industries, *Journal of Business & Industrial Marketing*, 2008, 23, 161—169.

[55] Koopmans, *An Analysis of Production as an Efficient Combination of Activities.* Wiley, New York, 1951.

[56] Kreps, David, M. , *A Course in Microeconomics Theory*. Harvester Wheatsheaf, 1990.

[57] Lien,D. , The Effect of the Cointegration Relationship on Futures Hedging, *Journal of Futures Markets*, 1996, 16: 773—780.

[58] Lien, D, State-dependent Preferences and Futures Hedging: the Effects of Basis Risk, *Pacific Economic Review*, 2004, 9(2): 143—149.
[59] Ma, J., David G. Evans, and Donald F. Stewar, Technical Efficiency and Productivity Change of China's Iron and Steel Industry, *International Journal of Production Economics*, 2002, 76, 293—312.
[60] Matthew, B. Myers, S., Tamer Cavusgil, and Adamantios Diamantopoulos, Antecedents and Actions of Export Pricing Strategy, *European Journal of Marketing*, 2002, 36, 159—188.
[61] Movshuk, Oleksandr, Restructuring, Productivity and Technical Efficiency in China's Iron and Steel Industry, 1988—2000, *Journal of Asian Economics*, 2004, 15, 135—151.
[62] McKinnon, Futures Markets, Buffer Stocks, and Income Stability for Primary Producers, *The Journal of Political Economy*, 1967, 75(6): 844—861.
[63] McQuiston, Daniel H., Successful Branding of a Commodity Product: the Case of RAEX LASER Steel, *Industrial Marketing Management*, 2003, 33(8), 345—354.
[64] Michell, Paul and Jacqui King, Brand Values Related to Industrial Products, *Industrial Marketing Management*, 2001, 37(43), 725—37.
[65] Michael, V. Laric, Pricing Strategies in Industrial Markets, *European Journal of Marketing*, 1980, 14, 303—321.
[66] Michael, Morris and Corine van Erkom Schurink, Pricing Behavior in Industrial Markets: The Impact of Environmental Dynamics, *The Journal of Business & Industrial Marketing*, 1993, 8, 28—43.
[67] Miller, Robert R., Price Stability, Market Control and Imports in the Steel Industry, *Journal of Marketing*, 1996, 10(10), 347—367.
[68] Mouzas, Stefanos, Efficiency versus Effectiveness in Business Networks, *Journal of Business Research*, 2006, 24(26), 544—555.
[69] Mohan, Yellishetty, P. G. Ranjith & A., Tharumarajah, Iron Ore and Steel Production Trends and Material Flows in the World: Is this really sustainable?, *Resources, Conservation and Recycling*, 2010, 3, 1—11.
[70] Movshuk, Oleksandr, Restructuring, Productivity and Technical Efficiency in China's Iron and Steel Industry, 1988—2000, *Journal of Asian Economics*, 2004, 15, 135—151.
[71] Moon, J., Damione Wright, Determinants of China's Import Demand for Australia's Iron Ore, *Resources Policy*, 1990, 25, 143—149.
[72] Mudambi, Susan and Peter Doyle, An Exploration of Branding in Industrial Markets, *Industrial Marketing Management*, 1997, 33(4), 345—354.
[73] Mudambi, Susan, Branding Importance in B2B Markets, Three Buyer Clusters, *Industrial Marketing Management*, 2002, 32(7), 159—169.
[74] Musser, W. N. G. Patrick. and DT Eckman, Risk and Grain Marketing Behavior of Large-Scale Farmers, *Review Agricultural Eeonomies*, 1996, 18: 65—77.

[75] Morgan, Neil A., and Lopo Leotte Rego, The Value of Different Customer Satisfaction and Loyalty Metrics in Predicting Business Performance, *Marketing Science*, 2006, 25 (5): 426—439.

[76] Myers, R. J., Estimation Time-varying Hedge Ratios on Futures Markets, *Journal of Futures Markets*, 1991, 11: 39—53.

[77] Nath, Prithwiraj, the Impact of Marketing Capability, Operations and Diversification Strategy on Performance: A Resource-Based View, *Industrial Marketing Management*, 2010, 10(4), 367—368.

[78] Ohlin, B., *Interregional and International Trade*. Haward University Press, 1968.

[79] Pauwels, Koen, How Dynamic Consumer Response, Competitor Response, Company Support, and Company Inertia Shape Long-term Marketing Effectiveness, *Marketing Science*, 2004, 23(4): 596—610.

[80] Pindyck, Robert S., and Julio, J. Rotemberg, The Excess Co-movement of Commodity Prices, *Economic Journal*, 1990, 100(403): 1173—1189.

[81] Peek, AE., Hedging and Income Stability: Implications, Example, *Ameriean Journal of Agricultural Eeonomies*, 1975, 57(3): 410—419.

[82] Peter, M. Noble, and Thomas S. Gruca, Industrial Pricing: Theory and Managerial Practice, *Marketing Science*, 1999, Vol. 18, No. 3, 435—454.

[83] Ray, S. C., L. M. Seiford, and J. Zhu, Market Entity Behavior of Chinese State-owned Enterprises, *International Journal of Management*, 1998, 26(2): 263—278.

[84] Paul, Sukagawa, Is Iron Ore Priced as Acommodity? Past and Current Practice, *Resources Policy*, 2010, 35, 54—63.

[85] Ronald, H. Barback, The Pricing of Industrial Products, *European Journal of Marketing*, 1979, 13, 160—166.

[86] Richard, Lancioni, Pricing Issues in Industrial Marketing, *Industrial Marketing Management*, 2005, 34, 111—114.

[87] Rust, Roland T., and Tim Ambler, Measuring Marketing Productivity: Current Knowledge and Future Directions, *Journal of Marketing*, 2004, 10(4), 367—68.

[88] Saeed, Samiee, and Patrik Anckar, Currency Choice in Industrial Pricing: A Cross-National Evaluation, *Journal of Marketing*, 1998, Vol. 62, 112—127.

[89] Shaw, Eric H., Revisiting and Revising Alderson's Formula to Measure the Productivity of the Aggregate Marketing System, *Marketing Theory*, 2010, 10(4), 347—367.

[90] Sharp, Fredrik, Lars-Erik Gadde, Problem Solving in the Upgrading of Product Offerings: A Case of Study from the Steel Industry, *Industrial Marketing Management*, 2007, 37(39), 725—737.

[91] Sharon, V. Thach, and Catherine N. Axinn, Pricing and Financing Practices of Industrial Exporting Firms, *International Marketing Review*, 1991, Vol. 8, 32—46.

[92] Shephard, R. W., and Ronald W., *Theory of Cost and Production Functions*. Princeton University Press, Princeton, NJ, 1970.

[93] Steinfeld, *Forging Reform in China: the Fate of State-owned Industry*. Cambridge University Press, 1998.

[94] Stephen Labson, Acil Economics, and North Sydney, Changing Patterns of Trade in the World Iron Ore and Steel Market: An Econometric, *Analysis. Journal of Policy Modeling*, 1997, 19, 237—251.

[95] Schwalbach, Joachim, Profitability and Market Share: a Reflection on the Functional Relationship, *Strategic Management Journal*, 1991, 12(4): 299—306.

[96] Steinfeld, *Forging Reform in China: the Fate of State-owned Industry*, Cambridge University Press, 1998.

[97] Srinivasan, Shuba, and Dominique, M. Hanssens, Marketing and Firm Value: Metrics, Methods, Findings, and Future Directions, *Journal of Marketing Research*, 2009, June: 293—312.

[98] Stein, J. L., The Simultaneous Determinations of Spot and Futures Prices, *American Economic Review*, 1961, 51, 1012—1025.

[99] Walter, Achim, and Thilo, A. Mullter, Functions of Industrial Supplier Relationships and Their Impact on Relationship Quality, *Industrial Marketing Management*, 2003, 32 (7), 159—169.

[100] Wagner, R., Risk Management Strategies for Traders and Proeessors, North Dakota State University of Agriculture and Applied Seienee, 2001.

[101] Wu, Y., The Productive Efficiency of Chinese Iron and Steel Firms, *Resources Policy*, 21 (9), 215—222.

[102] Wilson, W. W., Nganje W. E., Wagner, R., Hedging Strategies for Grain Processors, *Canadian Journal of Agricultural Economics*, 2003, 54(2): 311—326.

[103] Working, H., Futures Trading and Hedging, *American Economic Review*, 1953, 43, 314—343.

[104] Yang, W., and D. E. Allen, Multivariate GARCH Hedge Ratios and Hedging Effectiveness in Australian Futures Markets, *Accounting and Finance*, 2004, 45, 301—321.

[105] Zhang, J., and G. Wang, Energy Saving Technologies and Productive Efficiency in the Chinese Iron and Steel Sector, *Energy*, 2008, 33, 525—537.

[106] Zhou, R., and Michel Tuan Pham, Promotion and Prevention across Mental Accounts When Financial Products Dictate Consumers' Investment Goals. *Journal of Consumer Research*, 2004, 31: 125—135.

## 中文参考文献

[107] 华仁海,仲伟俊(2002),期货市场套期保值理论评述[J],经济学动态,2002 年 11 月.

[108] 崔瑞昕(2010),中国钢铁价格形成机理及波动成因与对策研究[D],北京工商大学,2010年3月.
[109] 陈玉财,李姝(2009),我国大宗商品定价权的现实思考与策略选择[J],价格理论与实践,2009年4期.
[110] 陈晔,肖明(2009),国际钢材期货价格与我国现货价格关系实证研究——兼论我国钢材期货的品种选择[J],价格理论与实践,2009年10期.
[111] 程斌武等,配置差异化的工业品定价问题研究[J],价格理论与实践,2009年3期.
[112] 党剑(2009),国企套保的监管缺陷[J],上海国资,2009年7期.
[113] 戴魁早(2008),因子分析在我国钢铁业市场绩效分析中的应用[J],数理统计与管理,2008年2期.
[114] 邓伟根(2001),产业经济学研究[M],经济管理出版社.
[115] 邓刚(2005),营销渠道构建及整体绩效评价研究[D],西南石油学院,2005年4月.
[116] 杜春丽,成金华,邹伟进(2009),我国钢铁企业规模效益实证分析[J],统计观察,2009年2期.
[117] 菲利普·科特勒(2006),营销管理[M],上海:上海人民出版社.
[118] 樊纲(1995),市场机制与经济效率[M],上海三联书店,上海人民出版社.
[119] 方毅,张屹山(2007),国内外金属期货市场"风险传染"的实证研究[J]. 金融研究,2007年5期.
[120] 方虹,陈勇(2008),石油期货最优套期保值比率及套期保值绩效的实证研究[J],中国软科学, 2008年1期.
[121] 冯羽生(2009),谈中国稀土资源定价权[J],中国金属通报,2009年11期.
[122] 甘碧群(2002),市场营销学[M],武汉:武汉大学出版社.
[123] 高勇(2008),基于中国期货市场加工企业套期保值策略研究[D],西南交通大学,2008年.
[124] 管清友,魏政(2011),全球流动性与大宗商品价格探析[J]. 银行家,2011年2期.
[125] 韩松,王稳(2004),几种技术效率测量方法的比较研究[J],中国软科学,2004年4期.
[126] 何维达,万学军(2008),铁矿石国际贸易定价权与议价力的博弈分析[J],国际经贸探索,2008年2期.
[127] 华仁海,仲伟俊(2002),期货市场套期保值理论评述[J],经济学动态,2002年11期.
[128] 黄健柏,陈伟刚,江飞涛(2006),企业进入与行业利润率[J],中国工业经济,2002年6期.
[129] 黄先明,孙阿妞(2006),"三位一体"争取大宗商品进口的国际定价权[J],价格理论与实践,2006年4期.
[130] 黄涛(2011),全球背景下钢铁企业发展战略的重新定位[J]. 冶金管理,2011年4期.
[131] 蒋舒,吴冲锋(2007),国际市场、投机者心理和跨市套利:中国期货市场的考察[J],世界经济,2007年4期.
[132] 焦国华,江飞涛,陈舸(2007),中国钢铁企业的相对效率与规模效率[J],中国工业经

济,2007 年 10 期.
[133] 纪超(2009),对全球化背景下铁矿石定价机制与中国钢铁企业对策的思考[D],复旦大学,2009 年 4 期.
[134] 姜昌武,卢赣平(2010),套期保值实物[M],中国金融出版社,2010.
[135] 金培(1999),产业组织经济学[M],经济管理出版社.
[136] 〔美〕克拉克森和米勒(1989),产业组织:理论、证据和公共政策[M],上海三联书店.
[137] 林孝贵(2002). 一重套期保值、二重套期保值和贡献率[J]. 系统工程, 2002 年 11 期.
[138] 李悦(1998),产业经济学[M],中国人民大学出版社.
[139] 梁欣,左相国(2007),中国钢铁产品价格波动率与市场集中度关系分析[J],武汉工程职业技术学院学报,2007 年 3 期.
[140] 吕政,曹建海(2000),竞争总是有效率的吗?——兼论过度竞争的理论基础[J],中国社会科学,2000 年 6 期.
[141] 李新建,吴春梅,黄敏学,王锐,闫振宇(2011),我国油脂类期货价格之间的联动分析[J],华中农业大学学报(社会科学版);2011 年 2 期.
[142] 李德志,闫冰(2004),中国工业企业进入与退出 Orr 模型的实证分析[J],西北大学学报(哲学社会科学版),2004 年 6 期.
[143] 李敬辉,范志勇(2005),利率调整和通货膨胀预期对大宗商品价格波动的影响[J],经济研究,2005 年 6 期.
[144] 李艺,部慧,汪寿阳(2008),基金持仓与商品期货价格关系的实证研究——以铜期货市场为例[J]. 系统工程理论与实践,2008 年 9 期.
[145] 李拥军(2007),对钢铁企业价格管理体系的分析[J],管理理论与案例,2007 年 10 期.
[146] 李拥军,刘云清,陈雪松(2007),对中国钢铁市场中两类价格现象的剖析[J],市场分析,2007 年 5 期.
[147] 李拥军,仲海洋(2008),中国钢铁产业集中度的政策性因素分析[J]. 发展战略,2008 年 4 期.
[148] 李永周,覃艳平,谭园(2011),我国钢铁产业集中度对能源消耗影响的实证研究[J],工业技术经济,2011 年 10 期.
[149] 李晓辉,周永源(2011),钢铁企业规模、管理与绩效[J],科技管理研究,2011 年 2 期.
[150] 刘凤军,刘勇(2006),期货价格与现货价格波动关系的实证研究——以农产品大豆为例[J].财贸经济,2006 年 8 期.
[151] 刘建、蒋殿春(2010),国际原油价格波动对我国工业品出厂价格的影响——基于行业层面的实证分析[J].经济评论,2010 年 2 期.
[152] 刘国莉(2004),钢铁原料采购与库存优化分析[D].东北大学硕士学位论文,2004.
[153] 刘宏(2005),在同质业务中构建期货公司的优质客户服务体系[J],经济经纬,2005 年 4 期.
[154] 林融,葛四友(1998),效率、效益及其关系的分析和思考[J],浙江大学学报(社科版),1998 年 1 期.

[155] 罗廷坤(2002),期货产品的服务与创新[J],农村金融研究,2002年4期.
[156] 罗伯特(2004),案例研究——设计与方法[M],重庆大学出版社.
[157] 马占新(2010),数据包络分析方法在中国经济管理中的应用进展[J],管理学报,2010年6期.
[158] 马龙龙(2010),中国农民利用期货市场影响因素研究:理论、实证与政策[J], 管理世界, 2010年5期.
[159] 曼昆(2003),经济学原理,机械工业出版社, 4—5.
[160] 潘颜亮,林鹏辉(2011),资产收益波动率测量方法综述[J].金融财税,2011年9期.
[161] 秦海(1996),对中国产业过度竞争的实证分析[J],改革,1996年6期.
[162] 齐明亮(2004),套期保值比率与套期保值的效绩[J],华中科技大学学报(社会科学版),2004年2期.
[163] 瞿国忠,张研(2000),我国钢铁企业规模效益比较分析[J]. 冶金管理,2000年8期.
[164] 翟国忠,戚向东,常建华(1997),中国钢铁产品价格机制与价格战略[M],冶金工业出版社,1997.
[165] 秦娟娟,赵道致(2009),力量不对等供应链中不同定价权下的契约选择[J],管理科学,2009年6期.
[166] 屈文洲,吴世农(2002),中国股票市场微观结构的特征分析[J].经济研究,2002年1期.
[167] 钱成,刘宇,铁矿石定价机制与价格波动研究——与其他大宗商品价格波动比较[J],现代矿业,2009年5期.
[168] 孙才仁(2009),套期保值与企业风险管理实践[M].中国经济出版社,2009.
[169] 苏曦(2005),现代采购管理在钢铁企业中得应用研究[D].东北大学硕士学位论文,2005.
[170] 宋玉卿(2008).钢铁企业采购供应管理研究[J].物流技术,2008年10期.
[171] 陶雄华,杜志维,徐晟(2010),交易持续期、波动率与市场微观结构关系的统计检验[J].财经论坛,2010年6期.
[172] 泰勒尔(法)(1997),产业组织理论[M],中国人民大学出版社.
[173] 王俊豪(1995),市场结构与有效竞争[M],人民出版社.
[174] 王金媛(2009),我国农产品期货价格波动率分析[J].东北农业大学学报,2009年3期.
[175] 王骏, 张宗成(2006). 中国有色金属期货市场套期保值绩效的实证研究:2000—2004年[J]. 中国地质大学学报(社会科学版), 2006年1期.
[176] 王宏斌(2005),钢铁产品营销渠道研究——以武钢为例[D]. 武汉大学,2005年5期.
[177] 吴长慧,杨建伟(1999),钢铁企业新产品定价方法与策略[J],中国物价1999年9期.
[178] 徐康宁(2006),中国钢铁产业的集中度、布局与结构优化研究[J],中国工业经济,2006年2期.
[179] 徐二明,高怀(2004),中国钢铁企业竞争力评价及其动态演变规律分析[J],中国工业

经济,2004 年 9 期.
[180] 肖争艳,安德燕,易娅莉(2009),国际大宗商品价格会影响我国 CPI 吗——基于 BVAR 模型的分析[J]. 经济理论与经济管理,2009 年 8 期.
[181] 肖莉(2011),钢材现货销售定价策略[J]. 河北企业,2011 年 3 期.
[182] 肖振红,王喆(2007),基于定价权的目标企业博弈定价策略[D],哈尔滨工业大学管理学院,2007 年 11 期.
[183] 谢向前(2007),中国钢铁产品市场价格机理及企业价格决策研究[D],武汉理工大学,2007.
[184] 许金菁(2007),基于集中度的我国钢铁产业集中度研究[D],合肥工业大学,2007 年 5 期.
[185] 仰炬,王新奎,耿洪洲(2008),政府管制与大宗敏感商品价格及波动性研究——以世界糖产业为例[J],管理世界,2008 年 6 期.
[186] 杨公朴,夏大慰(2006),现代产业经济学教程[M],上海财经大学出版社.
[187] 杨正林(2006),中国钢铁产业集中度研究[D],华中科技大学,2006 年 4 期.
[188] 杨英,林在进(2009),铁矿石现货市场价格形成机制实证分析[J],中国物价,2009 年 10 期.
[189] 杨新臣(2009),危机中的中国稀土产业:关于定价权的悲剧[J],经济研究导刊,2009 年 36 期.
[190] 杨少文(2009),钢铁企业产品定价决策的研究——基于产能平衡的分析[J],价格理论与实践,2009 年 10 期.
[191] 叶耿介(2007),对我国钢铁行业的价格行为研究[J],海南金融,2007 年 5 期.
[192] 叶姗(2009),论定价权的分立结构及其制衡逻辑[J],学术交流,2009 年 2 期.
[193] 殷善福,何蒲明(2009),小麦期货发现价格功能的实证研究[J],安徽农业科学,2009 年 8 期.
[194] 由国辉(2009),中国钢铁产品价格形成机理研究[D],武汉理工大学,2005 年
[195] 伊淑彪,丁启军(2009),中国钢铁企业规模经济效率分析[J],山西财经大学学报,2009 年 3 期.
[196] 赵国杰,郝清民(2003),中国钢铁企业规模经济性的数据包络分析[J],钢铁,2003 年 2 期.
[197] 张鹤,黄琨(2007),国内外金属期货市场价格联动的比较研究[J]. 世界经济,2007 年 7 期.
[198] 张丙豪,肖燕敏,杨枫(2005),对钢材价格管理的思考 [J]. 河南冶金,2005 年 2 期.
[199] 张帆(2009),论国际铁矿石的定价模式及我国的谈判地位[J],对外经贸实务,2009 年 10 期.
[200] 张鸿翔(2009),中国稀土的忧虑与对策建议[J],战略与决策研究,2009 年 4 期.
[201] 张吉楠(2009),中国企业缺失大宗商品国际定价权问题研究[D],吉林大学,2009.
[202] 邹勇(2010),亚星公司钢材营销渠道策略研究[D],郑州大学,2010 年 5 期.

[203] 曾勇,王志刚,李平(2005),基于高频数据的金融市场微观结构实证研究综述[J],系统工程,2005年3期.

[204] 郑锦荣(2009),铁矿砂谈判中谈判定价权争夺的博弈研究[J],管理世界,2009年3期.

[205] 郑掘金(2009),工业品与消费品的营销差异[J],今日工程机械,2009年7期.

[206] 褚永,贺婷婷(2007),国际铁矿石贸易结构和定价机制的经济学分析[J],中国物价,2007年5期.

[207] 朱晓琼(2008),钢铁企业供应链库存问题研究[D],武汉科技大学硕士学位论文,2008.